# REVISTA DE DIREITO MERCANTIL
## industrial, econômico e financeiro

## 110

Publicação do
Instituto Brasileiro de Direito Comercial Comparado
e Biblioteca Tullio Ascarelli
do Departamento de Direito Comercial
da Faculdade de Direito da Universidade de São Paulo

Ano XXXVI (Nova Série)
abril-junho/1998

MALHEIROS EDITORES

REVISTA DE DIREITO MERCANTIL
industrial, econômico e financeiro
Nova Série — Ano XXXVI — n. 110 — abril-junho de 1998



*REVISTA DE DIREITO MERCANTIL*
publicação trimestral de
MALHEIROS EDITORES LTDA.
Rua Paes de Araújo, 29, conjunto 171
CEP: 04531-940
São Paulo, SP - Brasil - Tels. 822-9205
820-9718 - 820-5549 - Fax. 829-2495

Assinaturas e comercialização:
CATAVENTO DISTRIBUIDORA DE LIVROS S.A.
Rua Conselheiro Ramalho, 928
CEP 01325-000
São Paulo, SP - Brasil
Tel. 289-0811 - Fax. 251-3756

Diretor Responsável: Álvaro Malheiros
Diretora: Suzana Fleury Malheiros

Supervisão Gráfica: Vânia Lúcia Amato
Composição: EDITORA FRASE LTDA.

# SUMÁRIO

*DOUTRINA*

O ACORDO DE ACIONISTAS E O PODER DE CONTROLE DO ACIONISTA MAJORITÁRIO

— Arnoldo wald ........ 7

O CONCEITO DE ÁREA DEMARCADA NA CONCESSÃO COMERCIAL DE VEÍCULOS

— Luiz Gastão Paes de Barros Leães ........ 16

AUTONOMIA E HETERONOMIA NA RELAÇÃO PROFISSIONAL/USUÁRIOS DE SERVIÇOS E AÇÕES DE SAÚDE E AS DECLARAÇÕES DE VONTADE VICIADAS

— Rachel Sztajn ........ 22

EFEITOS DA CONCORDATA E DA FALÊNCIA EM RELAÇÃO AOS CONTRATOS BILATERAIS DO CONCORDATÁRIO E DO FALIDO

— Jorge Lobo ........ 32

ASPECTOS DO CRÉDITO DOCUMENTÁRIO

— Ricardo José Martins ........ 43

*ATUALIDADES*

PRIVATIZAÇÕES, MINORITÁRIOS E MORALIDADE ADMINISTRATIVA

— Arnoldo Wald e Maílson da Nóbrega ........ 146

A EXCLUSÃO DE SÓCIOS PELA MAIORIA SOCIAL NAS SOCIEDADES POR COTAS — A EVOLUÇÃO DO TIPO SOCIETÁRIO

— João Luiz Coelho da Rocha ........ 148

SISTEMA FINANCEIRO IMOBILIÁRIO

— Eduardo Salomão Neto ........ 155

COMENTÁRIOS À LEI DE CULTIVARES, N. 9.456, DE 25.4.97 (*DOU* 28.4.97)

— Newton Silveira ........ 167

PROTESTO DE DUPLICATA SIMULADA E PROCEDIMENTOS JUDICIAIS DO SACADO

— Celso Barbi Filho ........ 172

DAS INSTITUIÇÕES FINANCEIRAS DE FATO OU IRREGULARES — ANÁLISE COM BASE NA LEI N. 4.595/64

— Luiz Alfredo Paulin ........ 196

*JURISPRUDÊNCIA COMENTADA*

O CONCEITO DE "RESERVAS BANCÁRIAS" E AS CARACTERÍSTICAS DO MÚTUO E DO DEPÓSITO BANCÁRIOS

— HAROLDO MALHEIROS DUCLERC VERÇOSA ........ 207

*LEGISLAÇÃO*

A REFORMA DA LEGISLAÇÃO DO CRÉDITO RURAL E DOS TÍTULOS DE CRÉDITO RURAL

— WALDIRIO BULGARELLI ........ 212

*PARECERES*

CONDENAÇÃO IMPEDIENTE DE NOVO ESTABELECIMENTO

— LUIZ GASTÃO PAES DE BARROS LEÃES ........ 231

# COLABORAM NESTE NÚMERO

ARNOLDO WALD
Professor da Universidade Estadual do Rio de Janeiro. Ex-Procurador Geral do Estado da Guanabara. Ex-Presidente da CVM. Advogado

CELSO BARBI FILHO
Professor-Assistente e Mestre em Direito Comercial na Faculdade de Direito da Universidade Federal de Minas Gerais. Procurador do Estado de Minas Gerais

EDUARDO SALOMÃO NETO
Mestre em Direito pela Universidade de Londres. Doutor em Direito pela Universidade de São Paulo

HAROLDO MALHEIROS DUCLERC VERÇOSA
Mestre e Doutor em Direito pela Faculdade de Direito da Universidade de São Paulo. Professor de Direito Comercial nas Faculdades de Direito da USP e da UNICID. Ex-Procurador do Banco Central do Brasil. Advogado em São Paulo

JOÃO LUIZ COELHO DA ROCHA
Professor de Direito Comercial da Pontifícia Universidade Católica do Rio de Janeiro. Advogado no Rio de Janeiro

JORGE LOBO
Mestre em Direito Econômico pela Universidade Federal do Rio de Janeiro. Doutor e Livre-Docente em Direito Comercial pela Universidade Estadual do Rio de Janeiro. Procurador de Justiça aposentado do Ministério Público do Estado do Rio de Janeiro. Professor de Direito Comercial da Escola da Magistratura do Rio de Janeiro. Presidente da Comissão Permanente de Direito Comercial do IAB. Advogado

LUIZ ALFREDO PAULIN
Procurador da Fazenda Nacional junto ao Conselho de Recursos do Sistema Financeiro Nacional. Coordenador-Geral da Representação Judicial da Fazenda Nacional. Doutor em Direito Internacional pela Universidade de São Paulo

LUIZ GASTÃO PAES DE BARROS LEÃES
Professor Titular da Faculdade de Direito da Universidade de São Paulo. Advogado

MAÍLSON DA NÓBREGA
Ex-Ministro da Fazenda. Consultor em São Paulo

NEWTON SILVEIRA
Doutor em Direito Comercial e Mestre em Direito Civil pela Faculdade de Direito da Universidade de São Paulo. Secretário-Geral-Adjunto do Instituto Interamericano de Direito do Autor-IIDA. Procurador junto ao Instituto Nacional da Propriedade Industrial. Advogado

RACHEL SZTAJN
Doutora e Livre-Docente de Direito Comercial da Faculdade de Direito da Universidade de São Paulo. Advogada em São Paulo

RICARDO JOSÉ MARTINS
Mestre em Direito Comercial pela Universidade de São Paulo

WALDIRIO BULGARELLI
Professor Titular de Direito Comercial da Faculdade de Direito da Universidade de São Paulo

# Doutrina

## O ACORDO DE ACIONISTAS E O PODER DE CONTROLE DO ACIONISTA MAJORITÁRIO

ARNOLDO WALD

*"The best protection that can be extended a client about to enter into a corporate venture is a welldrawn agreement between shareholders designed to safeguard their interests on a mutually fair basis."*

*(A melhor proteção que pode ser concedida a um investidor que entra numa sociedade anônima é um acordo de acionistas bem redigido para proteger os seus interesses numa base que seja leal para todos eles.)*

*Alex Elson*

*I — A configuração do controle societário e a transferência do poder de controle. II — O controle da sociedade e o acordo de acionistas. III — Validade e abrangência das disposições estatutárias e contratuais definidoras das relações entre acionista controlador e acionista minoritário. IV — Conclusões.*

### I — A CONFIGURAÇÃO DO CONTROLE SOCIETÁRIO E A TRANSFERÊNCIA DO PODER DE CONTROLE

*1.* A Lei das Sociedades por Ações define o acionista controlador, para o fim precípuo de atribuir-lhe deveres e responsabilidades próprias, diferentes das inerentes aos demais acionistas da empresa, no art. 116, vazado nos seguintes termos:

"Art. 116. Entende-se por acionista controlador a pessoa, natural ou jurídica, ou o grupo de pessoas vinculadas por acordo de voto, ou sob controle comum, que:

"a) é titular de direitos de sócio que lhe assegurem, de modo permanente, a maioria dos votos nas deliberações da assembléia geral e o poder de eleger a maioria dos administradores da companhia; e

"b) usa efetivamente seu poder para dirigir as atividades sociais e orientar o funcionamento dos órgãos da companhia.

"Parágrafo único. O acionista controlador deve usar o poder com o fim de fazer a companhia realizar o seu objeto e cumprir sua função social, e tem deveres e responsabilidades para com os demais acionistas da empresa, os que nela trabalham e para com a comunidade em que atua, cujos direitos e interesses deve lealmente respeitar e atender."

*2.* Da interpretação do dispositivo legal que traz o conceito de acionista controlador, dois principais aspectos merecem destaque na análise da definição legal do mesmo. Em primeiro lugar, o controle é decorrência do exercício de fato de determinados poderes e não se confunde com a simples noção de predominância quantitativa no capital votante. Por outro lado, o controlador não é sempre uma única pessoa, havendo situações de controle exercido por grupos.

*3.* Além do disposto no artigo 116, há ainda o § 2º do artigo 243, que define sociedade controlada como aquela "na qual a controladora, diretamente ou através de outras controladas, é titular de direitos de sócio que lhe assegurem, de modo permanente, preponderância nas deliberações sociais e o poder de eleger a maioria dos administradores". A noção de controle societário aí prevista é semelhante à do artigo 116.

*4.* Os artigos 254 e 255,[1] por outro lado, tratam da transferência do controle das sociedades anônimas, preocupando-se com os procedimentos, mas sem oferecer qualquer outra definição.

*5.* Com efeito, de maneira pioneira e peculiar, a legislação brasileira destacou o acionista controlador (individual ou em grupo), atribuindo-lhe esta condição sempre que faça prevalecer a sua vontade no seio da companhia. Caracterizado o acionista como controlador, o mesmo assume responsabilidades e obrigações especialíssimas, sendo irrelevante o modo legal através do qual este controle foi exteriorizado.

*6.* Já tivemos a oportunidade de expressar opinião no sentido de que o conceito de controle deve ser entendido como um fato econômico, dentro do espírito geral da legislação aplicável, não podendo prevalecer, para a incidência da norma legal, a vestimenta mais ou menos habilidosa que a empresa decidiu utilizar para a sua efetivação.[2]

*7.* Com a edição da Lei n. 6.404/76, e em especial em razão das regras atinentes à transferência do controle de companhia aberta, foi editada, em regulamentação das normas dos arts. 254 e 255 da Lei Societária, a Resolução n. 401, de 22 de dezembro de 1976.[3]

*8.* O mencionado diploma regulamentar contém definição de acionista controlador, adotando os mesmos critérios inseridos no artigo 116 da Lei das Sociedades Anônimas (inciso II da Resolução n. 401/76). Nos incisos III e IV da referida Resolução foram contempladas as diversas hipóteses de transferência do controle, majoritário e minoritário, individual e compartilhado, seguindo os parâmetros da Lei Societária.

*9.* Na primeira hipótese prevista no regulamento (item II da Resolução), é enfocada a *pessoa física ou jurídica* que, sendo titular única do controle, transfere o poder que lhe conferem as ações votantes de sua propriedade, entendendo-se por alienação do controle de companhia aberta, para efeito do disposto no artigo 254 da Lei n. 6.404/76 e da Resolução n. 401: "o negócio pelo qual o acionista controlador (art. 116 da Lei n. 6.404) pessoa física ou jurídica, transfere o poder de controle da companhia mediante venda ou permuta do conjunto das ações de sua propriedade que lhe assegura, de modo permanente, a maioria dos votos nas deliberações da Assembléia Geral e o poder de eleger a maioria dos administradores da companhia".

*10.* Em segundo lugar (item III), a Resolução trata da alienação do controle exer-

1. A Lei n. 9.457, de 5.5.97, revogou, expressamente, o artigo 254 e os parágrafos do artigo 255, alterando, ainda, a redação do artigo 255.

2. Arnoldo Wald, "Algumas Considerações sobre as Sociedades Coligadas e os Grupos de Sociedades na Nova Lei das Sociedades Anônimas", in *Revista Brasileira de Mercado de Capitais*, v. 3, p. 171.

3. Muito embora tenha sido revogada pela Lei n. 9.457, de 5.5.97, a disposição do art. 254 da Lei Societária, que impunha a realização, pelo adquirente do controle, de oferta pública aos acionistas minoritários, as normas da Resolução n. 401, do Conselho Monetário Nacional, que tratam do conceito de acionista controlador, para os efeitos de explicitação do comando da Lei Societária, não perderam a sua força enquanto fonte de interpretação, na medida em que não contrariam as disposições legais que definem o acionista controlador (art. 116) e a sociedade controlada (art. 243).

cido por *grupo de pessoas vinculadas por acordo de acionistas* (art. 118 da Lei n. 6.404/76) ou sob controle comum, assim considerado: "o negócio pelo qual todas as pessoas que formam o grupo controlador transferem para terceiro o poder de controle da companhia, mediante venda ou permuta ao conjunto das ações de sua propriedade que lhes assegura, de modo permanente, a maioria dos votos nas deliberações da Assembléia Geral e o poder de eleger a maioria dos administradores da companhia".

*11.* Num terceiro dispositivo (item IV), a Resolução focaliza o controle minoritário, isto é, aquele que é exercido *por pessoa ou grupo de pessoas* que não é titular de ações suficientes para assegurar a maioria necessária para a tomada de decisões assembleares, mas que, em face da dispersão das ações votantes, exerce o controle da empresa, reputando-se acionista controlador, para os efeitos desta Resolução, "a pessoa, ou o grupo de pessoas vinculados por acordo de acionistas, ou sob controle comum, que é o titular de ações que lhe asseguram a maioria absoluta dos votos dos acionistas presentes nas três últimas Assembléias Gerais da companhia".

*12.* Depreende-se das disposições regulamentares supramencionadas que os critérios utilizados buscam identificar as transferências do efetivo poder de controle da companhia, derivado de participação acionária majoritária ou minoritária, por uma pessoa ou um grupo de pessoas físicas ou jurídicas, aliada ou não ao expediente do acordo de acionistas ou outro pacto societário.

*13.* Cumpre aduzir, ainda, como salientado na doutrina, que "sendo determinado acionista detentor, sozinho, de mais de 50% do capital votante, ele obviamente não precisa se juntar a outros, e formar um grupo, para exercer as prerrogativas do poder de controle. Investido na condição de titular da maioria absoluta do capital votante, está apto a desempenhar, com independência e autoridade, a chamada 'soberania societária'. Verificada essa situação de predominância absoluta de qualquer dos sócios, o grupo de controle — se existir — é apenas uma superfetação ociosa, que não influi nem interfere na identificação do acionista controlador".[4]

## *II — O CONTROLE DA SOCIEDADE E O ACORDO DE ACIONISTAS*

*14.* Os acordos de acionistas configuram, hoje, em nosso sistema jurídico, modalidade de contrato nominado, objeto de disciplina específica na Lei das Sociedades por Ações (art. 118), aplicando-se-lhes, subsidiariamente, as normas reguladoras dos contratos de direito privado e as regras do Código Comercial.[5]

*15.* A Exposição de Motivos do anteprojeto da Lei das Sociedades por Ações justifica a regulação da matéria, assinalando que teve por escopo oferecer uma alternativa à *holding* e ao acordo oculto irresponsável.[6]

4. Nelson Cândido Motta, "Alienação do Poder de Controle Compartilhado", in *RDM* 89/45.

5. Eis o texto do art. 118 da Lei n. 6.404/76: "Art. 118. Os acordos de acionistas, sobre a compra e venda de suas ações, preferência para adquiri-las, ou exercício do direito de voto, deverão ser observados pela companhia quando arquivados na sua sede. § 1º. As obrigações ou ônus decorrentes desses acordos somente serão oponíveis a terceiros, depois de averbados nos livros de registro e nos certificados das ações, se emitidos. § 2º. Esses acordos não poderão ser invocados para eximir o acionista de responsabilidade no exercício do direito de voto (art. 115) ou do poder de controle (arts. 116 e 117). § 3º. Nas condições previstas no acordo, os acionistas podem promover a execução específica das obrigações assumidas. § 4º. As ações averbadas nos termos deste artigo não poderão ser negociadas em bolsa ou no mercado de balcão. § 5º. No relatório anual, os órgãos da administração da companhia aberta informarão à assembléia geral as disposições sobre política de reinvestimento de lucros e distribuição de dividendos, constantes de acordos de acionistas arquivados na companhia".

6. Esclareceu a Exposição de Motivos do Projeto de Lei que se consubstanciou na Lei n. 6.404/

*16.* À luz do regramento societário, os acordos de acionistas podem ser concebidos como contratos parassociais, impondo a lei a sua observância e respeito, pela companhia, desde que arquivados em sua sede e averbados nos livros de registro e nos certificados de ações (art. 118, *caput* e § 1º), providência esta que, mesmo anteriormente a este preceito, costumava ser tomada pelos convenentes, para maior eficácia do acordo.

*17.* Qualquer que seja a sua vinculação externa, a doutrina e a jurisprudência entendem que *o acordo entre acionistas é um contrato plurilateral e parassocial*,[7] que pode abranger as matérias de que trata o art. 118 da Lei das Sociedades Anônimas, mas também outras, vinculando juridicamente os acionistas e admitindo execução específica. Como um contrato de natureza privada, subordina-se aos princípios e preceitos do direito civil e do direito comercial.

*18.* Egberto Lacerda Teixeira e Tavares Guerreiro salientam, nesse sentido, que: "... os acordos de acionistas geram direitos e obrigações reguladas substancialmente pelo direito comum e não pelo direito das sociedades, muito embora seus efeitos jurídicos digam respeito à participação acionária em determinada companhia, em seus vários possíveis desdobramentos".[8]

*19.* A plurilateralidade de que se reveste o acordo de acionistas significa não simplesmente a pluralidade de subscritores do acordo, ou seja, número superior a dois, mas a existência de um conjunto de partes, num contrato de colaboração e até de parceria, com interesses globais idênticos e direitos e obrigações que incumbem a todos os contratantes, que poderão ser substituídos por outros, ou aos quais outras pessoas poderão ser acrescidas, integrando-se no contrato, que, por esse motivo, é considerado *aberto*.

*20.* Tullio Ascarelli enfatiza a importância do contrato plurilateral como *contrato de organização*, que pode se restringir a criar direitos e deveres entre as partes (na relação interna) ou envolver uma outra entidade (na relação externa), como uma associação ou sociedade. Em determinados casos, há, no contrato plurilateral, obrigações tanto de caráter interno, como externo, abrangendo grupos societários, fusões, incorporações e acordos de acionistas.

*21.* Destacou, assim, Ascarelli, a função instrumental do contrato plurilateral, esclarecendo a respeito que:

"Com efeito, a função do *contrato plurilateral* não termina, quando executadas as obrigações das partes (como acontece, ao contrário, nos demais contratos), a execução das obrigações das partes constitui a premissa para uma atividade ulterior, a realização desta constitui a finalidade do contrato; este *consiste em substância, na organização de várias partes em relação ao desenvolvimento de uma atividade ulterior*.

76: "*Acordo de acionistas*. O artigo 118 regula o acordo de acionistas — modalidade contratual de prática intensa em todas as latitudes, mas que os códigos teimam em ignorar. Ocorre que essa figura jurídica é da maior importância para a vida comercial, e a ausência de disciplina legal é, certamente, a causa de grande número dos abusos e malefícios que se lhe atribuem. Com efeito, como alternativas à 'holding' (solução buscada por acionistas que pretendem o controle pré-constituído, mas que apresenta os inconvenientes da transferência definitiva das ações para outra sociedade) e ao acordo oculto e irresponsável (de eficácia duvidosa em grande número de casos), cumpre dar disciplina própria ao acordo de acionistas que, uma vez arquivado na sede da companhia e averbado nos registros ou nos títulos, é oponível a terceiros e tem execução específica. Trazidos, pois, à publicidade (§ 5º do art. 118), esses acordos representam ponto médio entre a 'holding' e o acordo oculto, com as vantagens legítimas que ambos podem apresentar, e sem os inconvenientes para a companhia ou para os sócios, que também podem acarretar".

7. Arnoldo Wald, "Do Descabimento da Denúncia Unilateral de Pacto Parassocial que Estrutura o Grupo Societário", in *Revista de Informação Legislativa* 114/295.

8. Egberto Lacerda Teixeira e José Alexandre Tavares Guerreiro, *Das Sociedades Anônimas do Direito Brasileiro*, São Paulo, Ed. José Bushatsky, 1979, v. I, p. 305.

"Concluindo uma sociedade, as partes querem organizar-se para a realização de uma atividade ulterior, esta constitui o objetivo da sociedade, e a sua determinação é, portanto, juridicamente relevante.

"Eis porque, em tais contratos, devemos preocupar- nos com o objetivo ou fim do contrato e com a possibilidade e com a legitimidade deste objetivo."[9]

*22.* Reconhecendo que o acordo de acionistas é um instrumento para a satisfação dos interesses individuais dos acionistas, protegidos pela ordem jurídica e dotados de eficácia, Orlando Gomes afirma que os contratantes encontram, nesse negócio jurídico, as condições para a auto-regulação de seus interesses particulares, estabelecendo relações jurídicas, para o fim específico de compô-los.

*23.* Segundo o renomado autor, com apoio nos ensinamentos de Betti, está o acordo de acionistas entre os negócios aos quais o ordenamento jurídico atribui função socialmente transcendente e merecedora da tutela jurídica. São autônomas as partes para convencionarem a forma pela qual manterão o equilíbrio dos seus interesses individuais, que, entretanto, esbarram nas limitações consistentes no respeito aos interesses da sociedade.[10]

*24.* Para Jurgen Dohm, que ressalta o caráter contratual do acordo de acionistas, as estipulações relativas ao voto e à disponibilidade das ações pertencem ao âmbito estritamente privado do acionista e independem das repercussões na vida da sociedade e até das normas de direito societário.[11] A conclusão encontra aplicabilidade no direito pátrio, limitada apenas pelos preceitos legais de ordem pública, erigidos no direito civil e no direito societário, e pelo interesse social, cabendo assegurar a sobrevivência da empresa.

*25.* Por força desta ampla autonomia contratual, somente delimitada pelos preceitos legais societários e inerentes à validade dos negócios jurídicos, estão os acionistas inteiramente livres quanto ao conteúdo dos acordos, que podem, licitamente, ter por objeto a convenção para voto nas deliberações da assembléia geral, independentemente da posição acionária que estes acionistas detêm na sociedade.

*26.* Classificados quanto à finalidade, os acordos de acionistas podem constituir técnica de organização do controle interno conjunto ou de defesa de minorias qualificadas, assegurando-lhes determinados direitos de ingerência na gestão empresarial. Em seu conhecido estudo, Antonio Pedrol distingue os sindicatos de mando e de defesa, e a doutrina arrola, dentre as principais motivações do primeiro, a necessidade de obter-se uma maioria que assegure uma administração profissional e uma política razoável e estável na administração da empresa.[12]

*27.* O aumento dos dircitos dos minoritários na sociedade anônima tem sido caracterizado como um dos elementos que garante a reabilitação democrática da empresa,[13] dando maior flexibilidade à estrutura societária.

*28.* Neste sentido, salienta Sébastien Prat, em recente monografia, que: "Le polymorphisme des pactes d'actionnaires qui vient d'être souligné contraste avec la rigidité du droit des sociétés. Au vrai, la pratique des pactes d'actionnaires est un important facteur d'asseuplissement de la norme en cette matière".[14]

9. Tullio Ascarelli, *Problemas das Sociedades Anônimas e Direito Comparado*, 2ª ed., São Paulo, Saraiva, 1969, pp. 272-273.

10. Orlando Gomes, *Transformações Gerais do Direito das Obrigações*, São Paulo, Ed. RT, 1980, pp. 43 e ss.

11. Jurgen Dohm, *Les Accords sur L'Exercice du Droit de Vote de L'Actionnaire*, Genebra, Librairie de l'Université, 1971, p. 16.

12. Antonio Pedrol, *La Anónima Actual y la Sindicación de Acciones*, Editorial Revista de Derecho Privado, Madri, 1969, pp. 7-16.

13. Antonio Pedrol, ob. cit., p. 93.

14. Sébastien Prat, *Les Pactes d'Actionnaires — Relatifs au Transfer des Valeurs Mobilières*, Paris, Litec, 1992, p. 6.

***29.*** Inspirado na prática norte-americana dos *investment agreement*, o acordo de acionistas foi, aos poucos, se generalizando nos direitos de inspiração romana, adaptando-se aos países de direito escrito, como a Alemanha, a Suíça, a França, a Espanha, a Argentina e o México,[15] de tal modo que, mesmo antes da nossa atual legislação, era reconhecido na prática e a sua regulamentação defendida nos meios jurídicos.[16]

***30.*** Com a abertura da economia mundial, a prevalência da empresa flexível,[17] a privatização total ou parcial das sociedades de economia mista e empresas públicas, com a conseqüente despolitização das mesmas, o acordo de acionistas tornou-se o instrumento fundamental para atrair capitais e assegurar o desenvolvimento tecnológico do país.

***31.*** Como já assinalamos, houve até uma flexibilização do direito administrativo,[18] passando o Estado acionista a submeter-se efetivamente "ao regime próprio das empresas privadas", como determina o art. 173, § 1º, da Constituição Federal.[19] Passamos, assim, a ter uma nova configuração das sociedades de economia mista nas quais o acordo de acionistas tornou-se um instrumento fundamental de equilíbrio entre as partes e de garantia de uma gestão profissional realizada exclusivamente no interesse social e desvinculada da política partidária..

15. Waldirio Bulgarelli faz o levantamento do direito comparado na matéria em excelente estudo intitulado "A Regulamentação Jurídica do Acordo de Acionistas no Brasil", publicado na *RDM* 40/79 e ss.

16. Arnoldo Wald, *Estudos e Pareceres de Direito Comercial*, 2ª série, São Paulo, Ed. RT, 1979, p. 293.

17. Alvin Toffler, *A Empresa Flexível*, tradução brasileira, Editora Record.

18. Arnoldo Wald, Luiza Rangel de Moraes e Alexandre de M. Wald, *O Direito de Parceria*, São Paulo, Ed. RT, 1996, pp. 35 e ss.

19. Já era esta a tese que defendíamos há cerca de quarenta anos em artigo intitulado "Sociedades de Economia Mista e Empresas Públicas no Direito Comparado", in *Revista Forense* 152, pp. 510 e ss.

***32.*** O acordo de acionistas pode ter por finalidade específica a defesa dos interesses do sócio detentor de significativa parcela do capital social (minoria qualificada), de forma a assegurar a tal acionista direitos relacionados à interferência em determinadas decisões da gestão empresarial, como meio de resguardo de uma razoável estabilidade na definição das políticas e na estrutura da empresa, capaz de assegurar-lhe a manutenção das estruturas de capital e societária.

***33.*** Embora a Lei Societária preveja especificamente os acordos de acionistas sobre convenções de voto (art. 118), os acordos para exercício de controle por grupos de acionistas tanto podem ser formais quanto informais, prevalecendo o princípio da autonomia da vontade. O que importa, para a caracterização do controle, é que ele seja efetivamente exercido.

***34.*** A noção do controle societário, como se viu, é extremamente ampla e aberta, podendo caracterizar-se de inúmeras maneiras diferentes, dependendo da estrutura da sociedade e da sua composição acionária. Um grupo de acionistas será controlador se formar um bloco que adote posições convergentes, exprimindo uma vontade social única que prevaleça nas principais deliberações sociais e nas eleições da maioria dos administradores.

***35.*** Um determinado acionista poderá, em tese, ser considerado controlador, mesmo sendo minoritário, não fazendo parte de um acordo de acionistas formalizado, e até mesmo quando sequer tenha direito de voto. O Superior Tribunal de Justiça já se manifestou a esse respeito.[20]

***36.*** No voto do relator, Ministro Barros Monteiro, ficou consignado que: "não é de rigor que todos os seus integrantes sejam titulares de direito de sócio da sociedade controlada. O direito de sócio exercido de tal ordem que garanta ao grupo a suprema-

20. Recurso Especial n. 784-RJ, in *RSTJ* 6/425.

cia nas deliberações da assembléia-geral e o poder de eleger a maioria dos administradores da companhia pode ser pertencente a um ou alguns componentes apenas do grupo".

*37.* Acompanhando o voto do relator, o Ministro Bueno de Souza teve o ensejo de salientar que o acordo de acionistas devidamente registrado, conforme o disposto no artigo 118 da Lei das S.A., não é requisito essencial para a caracterização do controle, pois "admite a lei o acionista controlador de fato".[21]

*38. A contrario senso*, mesmo celebrando o acordo com o acionista controlador, o signatário de uma convenção de acionistas poderá não estar, de fato, no comando da sociedade em relação à qual o controle é exercido pela via de acordo de acionistas. O fato pode ocorrer porque, muito embora represente uma forma de organização do controle societário, as cláusulas contratuais do acordo de acionistas podem simplesmente ser meio de conciliar os interesses do acionista controlador e dos sócios minoritários, atribuindo a estes o direito de voto ou de veto, em relação a certas matérias, especificamente previstas no instrumento contratual, mas não chegam a conferir a estes acionistas contratantes o comando efetivo da sociedade, que se configura, de fato, através da titularidade permanente de direitos de voto, capaz de determinar a condução das principais deliberações sociais e de eleger a maioria dos administradores.

## *III — VALIDADE E ABRANGÊNCIA DAS DISPOSIÇÕES ESTATUTÁRIAS E CONTRATUAIS DEFINIDORAS DAS RELAÇÕES ENTRE ACIONISTA CONTROLADOR E ACIONISTA MINORITÁRIO*

*39.* As disposições do acordo de acionistas, celebrado entre um acionista majoritário e um acionista minoritário, podem estar relacionadas com a estrutura da sociedade e com os direitos mínimos assegurados aos não controladores.

*40.* É possível que os acionistas estabeleçam acordo de voto sobre matérias vinculadas à alteração da estrutura de capital da companhia, à distribuição de dividendos e à reorganização societária (fusão, incorporação e cisão), visando garantir os direitos do minoritário, signatário do acordo, relacionados com temas de grande relevância e capazes de alterar significativamente a situação patrimonial da empresa e, por via reflexa, a posição do acionista não controlador.

*41.* É oportuno salientar que tais matérias, pela sua importância, estão incluídas na disciplina legal das sociedades por ações dentre as que necessitam *quorum* qualificado de deliberação assemblear e acarretam o direito de recesso dos acionistas dissidentes.[22] Foi este o mecanismo instituído na lei para balizar a soberania do acionista controlador, delimitando a sua força decisória, para proporcionar aos demais acionistas o direito de oposição às deliberações que alterem, de forma essencial, a estrutura societária existente na ocasião em que se tornaram sócios, abrindo-lhes, inclusive, a via do direito de retirada.

*42.* O acordo de votos sobre estas matérias visa garantir ao acionista não controlador a possibilidade de interferir nas decisões da maior relevância social e que tenham o condão de afetar diretamente a sua parcela de patrimônio na sociedade, mantida a prevalência da vontade do acionista controlador nas decisões conjunturais que não afetem nem a estrutura societária nem os direitos essenciais dos minoritários.

*43.* As propostas referentes a tais matérias, caso não obtido o consenso em reunião prévia dos acionistas acordantes, deverão ser rejeitadas, ou seja, é assegurada

21. Acórdão no Recurso Especial citado na nota anterior.

22. Arts. 136 e 137, com as alterações trazidas pela Lei n. 9.457, de 5 de maio de 1997.

a manutenção do estatuto vigente do *statu quo*, no que tange aos aspectos de estrutura societária e de capital, permanecendo inalterados os direitos dos acionistas à participação no lucro previstos estatutariamente.

***44.*** Pode-se estabelecer uma exceção ao critério contratualmente fixado, aplicando-se às situações em que não tenha havido reunião prévia ao conclave assemblear, quando o acionista majoritário exercerá o seu voto de acordo com os seus próprios critérios, sem audiência do outro acionista acordante.

***45.*** Quanto à validade jurídica de cláusulas que estabeleçam a votação em conjunto sobre determinadas matérias, expressamente enunciadas no acordo de acionistas, a doutrina se posiciona pela sua viabilidade jurídica, desde que não atentem contra os interesses da sociedade e dos demais sócios.[23]

***46.*** A existência do acordo de acionistas para regular o exercício do direito de voto do acionista minoritário, quanto a matérias que dizem respeito a aspectos essenciais da estrutura e da vida da sociedade, não significa a transferência do controle ou a transformação do controle único em controle partilhado, na medida em que o controle é decorrência do exercício de fato do poder de impor sua vontade nos negócios da companhia.

***47.*** Relativamente à interpretação das normas legais que definem a posição de acionista controlador, entendemos que a celebração do acordo de acionistas e o estabelecimento de regras estatutárias que o ratifiquem, no tocante às matérias de maior relevância para a estrutura da sociedade e àquelas que potencialmente afetem, de modo substancial, o *status* patrimonial e a posição acionária do sócio, são válidos e não acarretam, nem de direito nem de fato, a transferência do controle do acionista controlador.

***48.*** Tal entendimento se assenta na exegese do art. 116 da Lei n. 6.404/76, que traz o conceito de acionista controlador, fundamentado em duas premissas básicas: o poder político efetivo e permanente de exercer, preponderante e permanentemente, o voto nas deliberações assembleares e de eleger a maioria dos administradores da companhia.

***49.*** Não obstante, conforme já exposto, não consagrou o legislador societário a soberania plena e absoluta do acionista controlador sobre os destinos da sociedade. Ao contrário, balizou o exercício deste poder de comando através de regras de garantia dos sócios minoritários quanto a direitos essenciais, inerentes à manutenção da estrutura estatutária e patrimonial existente no momento de seu ingresso no quadro de acionistas da companhia, de forma a evitar o abuso ou desvio de poder de controle, ao lado das normas relativas à reparação dos atos ilegais e abusivos praticados pelo controlador, sempre com vistas aos seus deveres de respeito aos interesses da companhia, da comunidade de acionistas e dos próprios minoritários.

***50.*** As normas legais que asseguram o direito do acionista minoritário de interferir nas deliberações da assembléia geral que ostentem potencial ou iminente reflexo na integridade do patrimônio da sociedade ou do sócio, estão submetidas ao quórum deliberativo qualificado, algumas incluindo, até mesmo, conclave especial de acionistas preferenciais e chegando a conferir o direito de retirada aos acionistas discordantes da decisão assemblear (arts. 136 e 137 da Lei n. 6.404/76, com as alterações pro-

23. Defendendo a legalidade dos acordos que estipulam que todos os acionistas se vinculam a votar num determinado sentido, em certas deliberações, explica Ascarelli, que, neste caso, não estaria contrariado o princípio majoritário, que deve presidir as decisões assembleares, "perchè in questa ipotesi la deliberazione continua a riposare direttamente sulla volontà della maggioranza. Ed è in questa ipotesi che la Cassazione ritiene lecito il sindacato, partendo in sostanza dalla premessa che sia possibile derogate al principio che il voto deve essere formato solo dopo la discussione ma non giungere indirettamente a frodare il principio maggioritario" (Tullio Ascarelli, *Studi in Tema di Società*, p. 182).

cedidas pela Lei n. 9.457, de 5 de maio de 1997).

*51.* Guardando a mesma relação de importância e de balizamento dos direitos e interesses das várias categorias de sócios, nada impede que seja celebrado entre o acionista controlador e outros sócios, de significativa participação no capital da sociedade, acordo de acionistas que tenha por fim dar maior densidade e garantias adequadas a certos direitos mínimos dos titulares de participação societária minoritária.

*52.* Inclusive a Comissão de Valores Mobiliários expressou-se oficialmente sobre a matéria, especificamente em relação à ocorrência ou não de alienação de controle quando da celebração de acordo de acionista entre o acionista controlador e um minoritário, sendo certo que no Ofício CVM/SGE n. 80/96, de 4 de dezembro de 1996, o órgão regulador assim se manifestou: "A propósito, comunicamos a V. Exa. que *nada temos a opor sobre a realização da operação* nos termos propostos *que*, em nosso entendimento, *não configura alienação de controle da companhia, conforme disposto no art. 254 da Lei n. 6.404/76.*

"Na oportunidade, estamos encaminhando, em anexo, cópia do Ofício CVM/SGE n. 079/96, encaminhado à Bolsa de Valores Minas-Espírito Santo-Brasília, sobre o assunto."

## *IV — CONCLUSÕES*

*53.* Concluindo o presente estudo, sintetizamos as principais idéias aqui expostas nas seguintes afirmações:

a) o acordo de acionistas e o estatuto são instrumentos lícitos de preservação de direitos de acionistas minoritários, em relação a determinadas matérias que, pela sua relevância e vulto, podem pôr em risco interesses legítimos do acionista minoritário, relacionados com a manutenção da estrutura societária e de capital da sociedade; e

b) não deve ser entendida como transferência de controle societário a simples celebração de convenção entre o acionista controlador e um acionista minoritário de expressiva participação acionária, desde que o controlador continue titular dos direitos de sócio, que lhe assegurem a prerrogativa de eleger os principais administradores da companhia, e dos direitos de voto, decorrentes da participação majoritária, capazes de proporcionar-lhe, de modo permanente e efetivo, a direção das atividades sociais e a orientação do funcionamento dos órgãos de administração da companhia.

# Doutrina

## O CONCEITO DE ÁREA DEMARCADA NA CONCESSÃO COMERCIAL DE VEÍCULOS

LUIZ GASTÃO PAES DE BARROS LEÃES

*I — Distinção entre áreas demarcadas ("closed territories") e áreas operacionais de responsabilidade dos concessionários ("areas of primary responsability"). II — A cláusula de exclusividade como pacto de limitação à concorrência. III — As alterações imprimidas pela Lei n. 8.132, de 1990, ao artigo 5º da Lei n. 6.729, de 1979.*

### I

*1.* A Lei n. 8.132, de 26 de dezembro de 1990, alterou a redação dos artigos 2º, 5º, 6º, 8º, 13 e 28, revogando o artigo 14 da Lei n. 6.729, de 28 de novembro de 1979, que dispõe sobre a concessão comercial entre produtores e distribuidores de veículos automotores. No artigo 5º, a lei trata especificamente dos *elementos informadores da concessão.* Vejamos o significado das alterações imprimidas pelo novo diploma a esses dispositivos.

*2.* Fazendo o cotejo entre a velha e a nova redação, observamos, de pronto, que logo na alínea I do *caput* do artigo 5º, enquanto a Lei n. 6.729 reputava como "inerente à concessão" uma "área demarcada para o exercício das atividades do concessionário, que não poderá operar além dos seus limites", a Lei n. 8.132 considera como "inerente à concessão" uma "área operacional de responsabilidade do concessionário para o exercício de suas atividades".

*3.* Há uma mudança evidente de enfoque: na expressão *área demarcada*, a tônica reside na delimitação do território; já na expressão *área operacional*, a ênfase repousa na atribuição de responsabilidades a quem tem essa competência territorial. À primeira vista, essa alteração parece não ter maior significado, já que a expressão "área demarcada" reaparece, logo adiante, no § 2º, *in fine*, como expressão sinônima de "área operacional". Em dispositivo, aliás, que também veda possa o concessionário operar além dos seus limites, recompondo, assim, a frase que fora eliminada na alínea I da redação anterior.

*4.* A leitura, porém, conjugada dessas alterações com as modificações introduzidas nos diversos parágrafos desse permissivo nos conduz à conclusão de que as mudanças operadas pela Lei n. 8.132 no artigo 5º da Lei n. 6.729, sobre remanejarem o teor dos comandos, lhe imprimiram uma profunda modificação de sentido.

*5.* A própria alteração terminológica, de resto, de nítida inspiração norte-americana, é sinal dessa mudança de filosofia. No direito antitruste norte-americano, faz-se uma clara distinção entre duas situações de fato: a dos *closed territories*, consideradas ilícitas *per se* porque atentariam contra a livre e leal concorrência, e a das *areas of primary responsability*, que são consideradas, em princípio ilícitas, pois fixam competências territoriais que não atentam contra a concorrência.[1]

*6.* Essa distinção exige que nos alonguemos um pouco mais sobre esse tópico. Primeiramente, cumpre dizer que a *cláusula de exclusividade*, aplicada em vários contratos (venda, fornecimento, mandato, agência ou representação comercial, concessão comercial), e obviamente *um pacto de limitação à concorrência*, pelo que sempre suscitou dúvidas a respeito de sua legitimidade.[2]

## II

*7.* Logo no início do século, as chamadas *ventes à monopole*, embora freqüentes, eram encaradas na França com suspicácia sendo célebre o requisitório contra essa prática por F. Amyot, publicado nos *Annales de droit comercial* de 1906, pp. 293 e ss.[3] A mesma hostilidade se observou na Alemanha: uma hipótese prevista no *Generalvertretung*, caracterizada como de exclusividade de venda, foi estigmatizada pelo *Reichsgericht* em acórdão de 1900.[4] E na Itália, no império do velho código comercial, questionava-se a sua licitude, a não ser quando limitada no espaço e no tempo (o artigo 2.596 do *Codice Civile* de 1942 viria consagrar essa orientação admitindo o *patto di esclusiva* quando circunscrita a uma determinada zona e com duração máxima de cinco anos).

*8.* As dúvidas se multiplicaram com o ingresso de novas formas na cadeia de distribuição das mercadorias, a regular as relações entre produtores e comerciantes. À medida em que se alargavam os mercados e se impunha a prestação descentralizada de serviços de assistência aos usuários das mercadorias vendidas — como é o caso dos veículos automotores — revelou-se desaconselhável, não só a *venda direta* ao consumidor pelo produtor (que assim reservava os recursos disponíveis apenas para os centros de fabricação), como também a colaboração das *agências distribuidoras*, que, formalmente autônomas, operam *por conta do fornecedor* das mercadorias a serem vendidas Daí o aparecimento de uma figura nova, a da *concessão comercial*.

*9.* Em palavras simples, poder-se-ia dizer que o concessionário é o agente que superou a sua função de mediador, para passar a comprar e revender, *em nome e por conta próprios*, a mercadoria produzida. A concessão teve, de início, as suas notas conceituais modeladas segundo a imagem do contrato de agência, dando, porém, especial ênfase à exclusividade, que adquiriria, nesse contrato, um conteúdo bem mais amplo do que o usualmente dado nos demais quadros negociais, a ponto de, para muitos, tornar-se o seu traço essencial.

*10.* Daí falar-se, na Itália, em *concessione di vendita in esclusiva*, na França, em *contrat de concession exclusive*, na Bélgica, em *contrat de concession de vente exclusive*,[5] e, na Alemanha, em *Vertrags-*

1. Cf. Milton Handler, "Twenty-Five Years of Antitrust", in *73 Columbia Law Review* 415, 458-59 (1973); Handler, Blake, Pitofsky e Goldschmid, *Trade Regulation*, Mineola, New York, 1983, pp. 574 e ss., "territorial restraints".

2. Domenico Rubino, "La compravendita", in *Trattato di Diritto Civile e Commerciale*, Milão, 1971, p. 599: "Per sua finalità, essa (la clausola di esclusiva) è anzitutto un patto di limitaziione della concorrenza".

3. Cf. J. Hémard, "Les contrats comerciaux", I, in *Traité théorique et pratique de droit comercial*, por J. E. Escarra e J. Rault, Paris, 1953, n. 141, pp. 74-75. Roberto Pardolesi, *I contratti di distribuzione*, Nápoles, 1979, p. 156.

4. "Urteil de 29 de maio de 1900", in *RGZ* 46, 121, citado por Dietrich Reimer, *La repression de la concurrence deloyale en Allemagne*, Paris, 1978, p. 813.

5. Cf. R. Franceschelli, "Natura giuridica della compravendita con esclusiva", in *Riv. dir. comm.*, 1939, I, I, pp. 236, 261; C. Champaud, "La concession commerciale, in *Rev. trim. droit com.*, 1964, pp. 451, 471; Buisson, Lacger, e Tandeau de Marsac, *Étude sur le contrat de concession exclusive*, Paris, 1968; Bricmont e Gysels, *Le contrat de concession de vente exclusive*, Bruxelas, 1962.

*handlervertrag* (termo que, grosso modo, quer dizer literalmente "comerciante contratualmente vinculado" a um produtor por laços de exclusividade — *Alleinbelieferungspflicht*).[6]

*11.* A "exclusividade", de que se fala na concessão, apresenta uma maior amplitude semântica, não se limitando a significar apenas o *privilégio de vendas* de produtos de um certo produtor conferido a uma empresa determinada, mas sim a uma *rede de distribuição*, além de expressar, outrossim, a vinculação desse privilégio a uma determinada área geoecônomica — a área demarcada — que constituiria algo assim como uma *zona reservada de mercado*, inviolável pelos demais concessionários em concorrência *intra-brand*.

*12.* A Lei n. 6.729 adotou desenganadamente essa orientação, quando estabeleceu a *área demarcada* como elemento inerente à concessão comercial, destinada à distribuição de veículos automotores terrestres. A área demarcada delimitava o território onde o concessionário tinha o direito exclusivo de negociar com os consumidores ali domiciliados, podendo inclusive exigir parte da margem de comercialização das vendas feitas por terceiros, que não respeitassem essa demarcação de exclusividade (como dispunha expressamente o § 2º do artigo 5º *sub examine*, em sua redação original). Tratava-se da adoção do mecanismo denominado de *profit-passover*, aliás admitido, em certas circunstâncias, pelo direito norte-americano.[7]

*13.* A Lei n. 8.132, embora conserve a expressão "área demarcada" como sinônima, cria o conceito de "área operacional de responsabilidade do concessionário", à imagem e semelhança das *areas of primary responsability*, que o direito norte-americano contrapõe ao conceito de *closed territories*, ou seja, à exclusividade absoluta de área de concessão, que é considerada ilícita *per se*, porque agrediria o princípio básico da ordem econômica que é o da livre iniciativa e da livre concorrência.[8] No sistema de "áreas operacionais de responsabilidade", a tônica é dada na *responsabilidade* que o concessionário assume ao lhe ser atribuída competência para operar em determinada zona geoeconômica, sendo, como tal, lícita, pois não agride a liberdade de concorrência.

*14.* Essa responsabilidade do concessionário, aliás, é tríplice, tendo em vista os seus variados destinatários: o *concedente*, o *consumidor* e os *demais concessionários*. Com efeito, (a) há uma responsabilidade relativamente ao concedente, na medida em que deve ele atuar para a preservação da marca, no que se refere à promoção de vendas e à prestação de serviços a todos os consumidores que o solicitarem, mesmo quando domiciliados fora da área de sua competência territorial; (b) há uma responsabilidade em relação aos demais concessionários, no sentido de não invadir as áreas alheias, procurando sempre evitar a iniciativa de aí promover vendas, diretamente ou por intermédio de prepostos seus; e (c) há uma responsabilidade relativamente ao consumidor, destinatário de toda a cadeia de distribuição, permitindo-lhe que, à sua livre escolha, proceda à aquisição dos bens

6. Com a entrada em vigor na Alemanha do regulamento de 1953 sobre agência, a primeira decisão a discutir a questão da exclusividade como elemento essencial (*Wesensmerkmal*) da concessão e examinar a possibilidade de aplicação analógica do parágrafo 89b do HGB ao *Verftragshandler*, é a decisão do BGH de 11 de dezembro de 1958 (citado por Roberto Pardolesi, ob. cit., p. 170).

7. Cf. United States *v.* Topco Associates, Inc., 1973-1 Trade Cas. Par. 74, 485 (N.D. III, 1973) *affirmed per curiam*, 414 U.S. 801 (1973); Superior Bedding Co. *v.* Serta Associates, Inc. 353 F. Supp. 1143 (N.D., III, 1972), in Handler *et alii*, ob. cit., pp. 328 e ss.

8. Sobre a licitude das *areas of primary responsibility*, cf. Mitchell *v.* U.S. Surgical Corp. 1976-1 Trade Cas. Par. 60, 879, pp. 68, 843 (S.D. Ohio 1976); Colorado Pump & Supply Co. *v.* Febco Inc., 472 F. 2d. 637 (10th Circ. 1973), *certiorari denied*, 411 U.S. 987 (1973); Plastic Packging Materials Inc. *v.* The Dow Chemical Co., 327, F. Supp. 213 (E. D. Pa 1971) (in Handler *et alii*, ob. cit., pp. 46 e ss.).

e serviços onde quiser, de qualquer concessionário da rede distribuidora

### III

*15.* Essa alteração imprimida pela Lei n. 8.132 ao artigo 5º da Lei n 6.729 pode ser constatada nas mudanças introduzidas, tanto no *caput*, como nos seus quatro parágrafos sucessivos. De fato, no § 1º a nova lei apenas suprimiu o adjetivo "demarcada" para qualificar a área de atividades do concessionário — que, aliás, poderá contar com outros concessionários da mesma rede. Mas no § 2º, a norma, anteriormente constante da versão original, foi totalmente eliminada e substituída por outra, de teor absolutamente diferente.

*16.* Na redação primitiva, o § 2º estabelecia que "na eventualidade de venda de veículo automotor ou implementos novos ao comprador domiciliado em outra área demarcada, o concessionário que a tiver efetuado destinará parte da margem de comercialização aos concessionários da área do domicílio do adquirente". Na nova redação desse parágrafo, não se fala nesse *profit-passover*, que, doravante, não conta mais com um dispositivo legal cogente (*ius cogens*). A nova versão manda agora indagar da vontade das partes (*ius dispositivum*), estabelecendo que os concessionários, que se obrigam à comercialização de veículos e à prestação de serviços, deverão pautar-se pelas "condições estabelecidas no contrato de concessão comercial, sendo-lhe defesa a prática dessas atividades, diretamente ou por intermédio de prepostos, fora de sua área demarcada".

*17.* Idêntica mudança integral de comando ocorre no § 3º do indigitado artigo 5º. Na versão original, esse parágrafo estabelecia que "por deliberação do concedente e sua rede de distribuição, o concessionário poderá efetuar a venda de componentes novos fora de sua área demarcada". Em lugar dessa norma, a Lei n 8.132 editou uma nova regra, onde essa faculdade de vender "componentes" fora da área demarcada, em hipótese especialíssima, é generalizada para todos os bens e serviços, quando encarada sob o prisma do consumidor. Reza a nova versão: "O consumidor, à sua livre escolha, poderá proceder à aquisição dos bens e serviços a que se refere esta Lei em qualquer concessionário".

*18.* Por fim, no § 4º do artigo 5º, a Lei n. 8.132 fez uma outra mudança completa, eliminando a regra primitiva e introduzindo uma nova norma. No diploma original, dizia-se nesse parágrafo que o concessionário poderia "abrir filiais, agências ou dependências secundárias, circunscritas às distâncias mínimas entre o estabelecimento de concessionários e atendidas as condições objeto de ajuste entre o produtor e sua rede de distribuição". Na nova versão, nada se fala mais a respeito desses tópicos (intimamente ligados ao conceito de área demarcada como privilégio territorial), abordando uma faceta — a prestação pela *rede de serviços de manutenção* — que diz respeito às responsabilidades inerentes à competência atribuída aos concessionários.

*19.* Com efeito, a nova norma trata dos serviços de manutenção, devidos pelos fabricantes, que passam a ser obrigatoriamente efetuados pelos concessionários ou serviços autorizados, como elemento inerente ao conceito de concessão. Assim, dispõe o parágrafo citado que "em convenção de marca serão fixados os critérios e as condições para ressarcimento da concessionária e dos serviços autorizados que prestar" esses serviços de manutenção, "vedada qualquer disposição de limite à faculdade prevista no parágrafo anterior", ou seja, qualquer disposição que venha a coartar a liberdade de escolha do consumidor.

*20.* Em suma: as modificações introduzidas pela Lei n. 8.132/90 no artigo 5º da Lei n. 6.729/79 produziram significativa alteração no alcance do conceito de *exclusividade*, concebido na legislação anterior de maneira cerrada, em rigorosa correlação com a idéia de zona territorial, assegurada, numa espécie de monopólio, ao titular da respectiva concessão comercial.

Com a inserção da idéia de área operacional de responsabilidade do concessionário para o exercício de suas atividades, a exclusividade, embora inerente ao contrato de concessão comercial, deixa de privilegiar os interesses do concessionário para atender aos interesses concertados do concedente, dos consumidores e dos demais concessionários.

*21.* A partir do novo diploma legal, os concessionários passaram a ser titulares de uma *área demarcada operacional* sujeita a duas ordens de interferência, ambas legítimas e delimitadoras desse *direito de exclusividade*: (i) a decorrente das vendas diretas que a lei, as convenções e os contratos asseguram ao concedente (Lei n. 6.729, art. 15, não alterado pelo diploma de 1990); e (ii) a resultante da liberdade de escolha, assegurada expressamente aos consumidores pelo novo texto, aliás em harmonia com a diretriz introduzida pela Constituição de 1988, que, no seu art. 170, V, erige como princípio informador da ordem econômica a "defesa do consumidor".

*22.* Cabe, no entanto, advertir que essa "livre escolha" do consumidor deve ser verdadeiramente livre. Ou seja, essa liberdade de proceder à aquisição dos bens e serviços em qualquer concessionário, atribuída ao consumidor, *se desnatura* quando *induzido* a essa opção "fora da área demarcada" em que está domiciliado, por meio de contatos diretos de outros concessionários, ou de seus prepostos, configurando-se, na espécie, ato de concorrência desleal.

*23.* Aliás, mesmo antes do diploma de 1990, as nossas cortes já se manifestaram nesse sentido, quando solicitadas a se pronunciarem sobre o alcance do *profit-passover*, ou seja, do direito à parte da margem de comercialização, por venda feita por concessionário em área diversa da área do domicílio do adquirente, então existente e ora banido da lei.

*24.* Assim, no acórdão RE n. 3.836-MG, de 18 de dezembro de 1990, da Quarta Turma do Superior Tribunal de Justiça, por decisão unânime, sendo relator o Ministro Sálvio de Figueiredo, foi dada a seguinte inteligência ao art. 5º da Lei n. 6.729/79, *in verbis*:

"A proibição contida no art. 5º da Lei 6.729/79, a vedar a concessionária a operar em outras áreas, pressupõe postura ativa. Diz respeito ao estabelecimento de filiais, agência ou escritório de vendas fora dos limites da área demarcada, ou à manutenção, além desta, de representantes comerciais, sob qualquer forma, assim como ao envio de vendedores ao setor de outra igual, a fim de ofertar seus veículos, não constituindo vedação a simples venda da mercadoria a consumidor além dos limites fixados que procura a concessionária em sua base de comercialização" (*LEX* 27, JSTJ e TFR, p. 93).

*25.* Após a Lei n. 8.132, a mesma Quarta Turma do Superior Tribunal Justiça no RE n. 37.822-2-SP, de 27 de junho de 1994, emprestou o mesmo sentido a esse dispositivo da Lei n. 6.729/79, que trata do exercício de atividades tendentes à captação de clientela dentro da área reservada a outra concessionária, *verbis*: "... a simples venda do veículo automotor a habitante domiciliado em outra área não dá nascimento à obrigação de que cogita o § 2º porque tal interpretação, além de malferir cânones inscritos na ordem econômica, como a liberdade de iniciativa e de concorrência, atenta contra o princípio da autodeterminação do indivíduo, imanente a todo Estado de Direito".

E depois de transcrever a passagem acima reproduzida no acórdão de 1990, considerando "corretíssimos a inteligência e o alcance que o Ministro Sálvio de Figueiredo emprestou à disposição legal sob exame", completa:

"E tanto isso é verdade que a Lei n. 8.132, de 26.12.90, dando nova redação aos parágrafos 2º e 3º do mencionado art. 5º orientou-se no sentido preconizado naquele precedente, ao enfatizar que "o consumidor, à sua livre escolha, poderá proceder à aquisição dos bens e serviços a que se refere esta lei em qualquer concessionária" (*LEX* 65, JSTJ e TFR, p. 222).

*26.* Como se vê, a Lei n. 8.132/90, sobre imprimir um sentido novo ao artigo 5º da Lei n. 6.729, relativo às notas informadoras da concessão comercial para a distribuição de veículos automotores de via terrestre, mais afeiçoado à nova ordem econômica instituída pela Carta Magna de 1988, lança uma luz definitiva sobre questões levantadas no império da lei transata, a respeito do assunto.

São Paulo, 30 de março de 1996.

# Doutrina

## AUTONOMIA E HETERONOMIA NA RELAÇÃO PROFISSIONAL/USUÁRIOS DE SERVIÇOS E AÇÕES DE SAÚDE E AS DECLARAÇÕES DE VONTADE VICIADAS

RACHEL SZTAJN

As relações entre usuários de ações e serviços de saúde e os profissionais da área constituem forma de contrato cujas características são especialíssimas. O prestador dos serviços, profissional da saúde, diversamente do que ocorre em outras áreas de atividade, precisa, no caso, ter formação específica, independente de especializações técnicas, para poder atuar na área.

Ademais disso, ou talvez por essa razão, os serviços de saúde, por se referirem a bem de extraordinária relevância, têm caráter social próprio, a relação é baseada em confiança, notadamente naquelas hipóteses em que o usuário tem liberdade na escolha do profissional. É por isso que o abuso da posição ou da ascendência que o médico tenha ou possa ter sobre o paciente há de ser considerado conduta irregular do profissional que dela fizer uso, podendo ser considerada forma de coação.

Bem verdade que nem sempre se dá ao usuário a possibilidade de escolher o profissional que o atenderá já que, nos casos de emergência ou urgência — atendimento em pronto socorro —, atendimento em hospitais universitários, postos de saúde e ambulatórios, por exemplo, o profissional de plantão ou aquele que primeiro acorrer ao local da emergência é que atenderá o usuário, inexistindo, portanto, escolha livre. Tais casos, ainda que possam não representar, estatisticamente, a maioria das hipóteses, também se enquadram em muitas das regras deduzidas para as situações de livre escolha.

A momentânea falta de liberdade do usuário ou paciente no exercer o direito de escolher, indicar, o outro contratante não desobriga o profissional no que concerne aos deveres que constituem a base em que se erige a bioética, como, por exemplo, o dever de informar, de respeitar a autonomia do paciente usuário do serviço.

Em que consiste a relação profissional médico-paciente? A relação médico-paciente tem uma especificidade própria, típica, ainda presa àqueles valores de misticismo do curador, do "salvador de vidas". Mas, em que consiste a profissão médica? Consiste, diz-se, em intervenções ou tratamentos, segundo o estado do conhecimento, visando a prevenir, diagnosticar, debelar ou minorar uma doença, sofrimento, lesão, fadiga corporal ou perturbação mental.

Por isso é que, no caso de procedimentos cirúrgicos executados por médico como medida terapêutica, não há imputação penal, embora a conduta pudesse ser enquadrada no tipo legal de lesão corporal. Faltaria, no caso, o dolo, a intenção de causar dano. O dolo é elemento fundante da responsabilidade penal, integrado que é pela vontade e a consciência do que faz. Não se confunde com a culpa nem com o caso fortuito ou a força maior.

A qualificação jurídico-penal das intervenções médicas é no sentido de que não constituem ofensa corporal desde que indicados pela ciência médica e destinados à recuperação ou manutenção da saúde do paciente.[1] Não se discute sucesso ou insucesso do procedimento desde que não tenha havido arbitrariedade na conduta médica.

Quais os princípios que devem balizar a relação médico-paciente? A bioética oferece como moldura ou pano de fundo para discussão os princípios a seguir:

*1.* autonomia - a idéia de autonomia implica o reconhecimento ao respeito individual. Isto é, admitir que cada pessoa pode escolher, definir seus objetivos de vida. Ou seja, cada ser humano não tem autoridade nem deve ter poder sobre qualquer outro ser humano, não pode coagir outrem, limitar suas atividades ou impor sua vontade. Reconhecer a autonomia significa reconhecer o poder de decidir sobre o que acontece com o corpo, com a informação sobre a própria vida, os segredos, tomar decisões, enfim, ter direito de autodeterminação, observados a moral, os bons costumes e as normas cogentes próprias do convívio em sociedade.

*2.* veracidade - o juramento hipocrático não recomenda a veracidade bem assim a Declaração de Genebra da Organização Mundial de Saúde. Até recentemente os Códigos de Ética Médica ignoravam a veracidade como elemento fundamental na relação do médico com seus pacientes. O dever de veracidade pode ser assemelhado à transparência que informa muitas das condutas exigidas de profissionais de outras áreas de atividade. Porém, a veracidade no campo da saúde é pressuposto da cooperação e da confiança. Veracidade é mais do que transparência, implica a transmissão de informação precisa, objetiva e de forma inteligível para o ouvinte. Implica não mentir e dizer a quem tem o direito à informação a verdade embora nem sempre toda a verdade.

Ainda quando o procedimento terapêutico não leva a nenhuma técnica invasiva, o dever de veracidade se mantém como elemento vital da relação de confiança que há de existir entre médico, paciente e familiares;

*3.* privacidade e confidencialidade - tratando saúde do bem-estar biopsíquico-social das pessoas, o conhecimento que o médico tem do estado de seus pacientes deve ser objeto do mais estrito sigilo e confidencialidade, tal como fazem os clérigos nos casos de confissão; trata-se de manter segredos quando danos podem ser causados pela quebra desse dever. O direito constitucional contra a violação da intimidade, pois é disso que se trata, só pode ser descumprido quando há risco para a comunidade ou saúde pública. É o caso de moléstias infecto-contagiosas que se espalhem rapidamente podendo pôr em risco grandes contingentes populacionais.

O direito à privacidade deriva do direito à vida, à liberdade, à propriedade, mas, especialmente do direito de gozar a vida, de ficar só. O direito de não ser apontado na rua, não ser submetido a tensão ou mal-estar. Charles Fried, citado por Tom L. Beauchamp e James F. Childress[2] diz que "privacy is a necessary condition — "the necessary atmosphere" — for maintaining intimate relationships of respect, love, friendship and trust. Without privacy, he argues, these relationships are inconceivable". Mas, acrescentam os autores, o respeito pela autonomia pode ser melhor explicação para esse princípio. Segundo esse princípio há uma área em que o eu e o

1. Ribeiro de Faria, Maria Paula Bonifácio, *Aspectos Jurídico-penais dos Transplantes*, Universidade Católica Portuguesa, Editora, Porto, 1993, pp. 35 e ss.

2. Tom L.Beauchamp e James S. Childress, *Principles of Biomedical Ethics*, 4ª ed., Oxford University Press, New York, Oxford, 1994, p. 409.

direito de protegê-lo restringindo o acesso de terceiros é importante e deve ser protegida.

Por sua vez a confidencialidade da informação decorre da dignidade da pessoa, da autonomia, e do poder que as pessoas têm sobre as informações particulares que prestam aos médicos, somadas àquelas que decorrem dos resultados dos testes a que tenham sido submetidas.

Nota-se que, em geral, quando uma pessoa confidencia alguma coisa a outra, solicitando que o assunto não seja comentado com outrem sem permissão, dois fenômenos estão presentes: o relato é voluntário e particular, privativo, quando o pedido de sigilo o acompanha. Em algumas profissões o pedido de sigilo não é de ser esperado uma vez que, pela própria atividade, para bem desempenhá-la, a "confidência" é involuntária, no sentido de que não decorre de vontade livre mas de necessidade operacional.

Esse o caso dos médicos, dos advogados, dos religiosos. A especialidade de tais relações está, também, baseada na premissa de que as informações prestadas, voluntária ou compulsoriamente, serão mantidas longe do conhecimento de quaisquer terceiros. E, tais pessoas, por força de seu mister, estão, mais que outras, impedidas de controlar ou limitar a liberdade de seus clientes ou confidentes.

Admitem-se exceções como no caso de médicos militares, médicos de companhias seguradoras, ou situações similares, além, claro, daquelas em que possa haver prejuízo para a saúde pública.

Do ponto de vista ético podem ser encontradas respostas em ambos os sentidos; algumas permitem a quebra da confidencialidade desde que os profissionais informem aos pacientes quais os limites que pretendem observar. Com isso o paciente poderá procurar outro profissional ou, se for possível, ocultar ou restringir alguma informação. Outra corrente entende que, salvo casos de saúde pública ou de contágio de eventuais parceiros, o dever do profissional quanto a manter a confidencialidade do que tenha conhecido por força da relação profissional é absoluto.

O acesso não autorizado bem como a divulgação de tais informações viola o direito à intimidade. Sabe-se que desde Hipócrates os médicos juram manter em segredo as informações que recebam de seus pacientes, como prova de confiança. A quebra da confidencialidade só pode ser admitida, tal como no caso de violação da privacidade. O sigilo profissional é, portanto, fundamental na relação médico paciente a fim de garantir que todos os sintomas ou quadro clínico possam ser relatados pelo paciente, sem exageros, simulações ou outros subterfúgios que podem comprometer o resultado visado, a cura ou, ao menos, a melhora da qualidade de vida do paciente.

Mas, o que interessa em especial ao presente estudo é o consentimento informado que repousa sobre a autonomia dos usuários dos serviços de saúde, que complementa os deveres dos profissionais de saúde já referidos. A autonomia se manifesta na escolha do profissional de saúde, na aceitação ou rejeição das medidas terapêuticas propostas; o exercício do poder de convencimento do profissional de saúde sobre o paciente, por sua vez, pode ser considerado, em algumas circunstâncias, forma de coação.

Autonomia, no caso de usuário de serviços de saúde, é o poder que tem a pessoa de decidir quanto ao profissional que o atenderá (salvo os casos acima referidos de emergências e hospitais universitários, entre outros), que tratamentos aceita ou admite, quais os procedimentos terapêuticos que rejeita, em razão de credo ou não, determinando seus interesses e relações no campo da saúde, e exercendo esse poder de forma independente e sem coação de qualquer tipo.

O reconhecimento da autonomia funda-se no respeito à pessoa humana de vez que respeito à individualidade implica reconhecer direito à escolha individual. Inversamente, reconhecer que a escolha de cada pessoa é decorrente do exercício de sua autonomia significa aceitar que o profissional da saúde não tem o direito de impor sua vontade ao paciente/usuário do serviço. A semelhança com o que se passa no campo do direito é evidente. A manifestação volitiva feita sob coação é nula ou anulável.

Dir-se-á que há heteronomia sempre que o poder conferido a, ou exercido por, alguns profissionais de saúde, serve para determinar comportamentos aos usuários/pacientes, isto é, há imposição da vontade do profissional ao paciente.

Esse tem sido o modelo da relação usuário/profissional de saúde na maneira paternalista de exercer a medicina, tão comum há alguns anos e que se funda, segundo alguns, na doutrina hipocrática. Segundo esse entendimento o profissional da saúde, por ser detentor de conhecimento técnico especializado, deve ter o poder de determinar a terapêutica a ser adotada e a imposição ao usuário do dever de seguir à risca as prescrições que lhe sejam feitas é só resultado do conhecimento que detém e que deve ser utilizado para alcançar o resultado — minorar a dor ou não causar dano — visado.

Clara restrição ao exercício da autonomia da idéia da preponderância da decisão do profissional de saúde, a heteronomia tem sido a regra no relacionamento usuário/profissional de saúde conflitando com o exercício da cidadania. Quanto mais intenso o sentido de cidadania e a busca de seu pleno reconhecimento mais afastada fica a heteronomia no plano das relações paciente-usuário/profissional de saúde.

Ora, a vontade tem papel fundamental em qualquer relação contratual, que no sentido do art. 1.321 do Código Civil italiano, significa relação de conteúdo patrimonial. A expansão desse entendimento para o campo da saúde, em que se discute não só aspectos patrimoniais mas também extra-patrimonias é a regra. Quando o profissional da saúde é diretamente recompensado pelo usuário há, de forma clara, expressa, o aspecto patrimonial, mas ele também existe quando, não remunerado pelo usuário, direta ou indiretamente, quer dizer, servidor público, participante de convênios médicos, há benefício mensurável para o paciente/usuário representado por ganhos auferidos com a melhora da saúde.

A qualificação da relação profissional de saúde/paciente-usuário como contrato facilita a aplicação do princípio do consentimento informado, basilar na bioética, afastando completamente a heteronomia e dando guarida ao que é regra em outras áreas do relacionamento entre os homens, o respeito às individualidades.

Mais ainda, o princípio do consentimento informado está ainda preso ao compromisso que os profissionais de saúde devem observar de agir visando ao bem-estar das pessoas com quem têm relações profissionais, baseadas em confiança, fidelidade e sensibilidade, em resumo, na boa-fé. A mesma boa-fé que se exige nas relações negociais de qualquer tipo.

A boa-fé nas relações usuários-profissionais de saúde requer o respeito aos desejos do usuário, a suas preferências. Por sua vez o usuário deve ser pessoa capaz de, racionalmente, identificar ou repelir as recomendações que se afastem ou contrariem seus desejos expressa ou implicitamente manifestados. Vale dizer, deve ter não só a aptidão genérica para adquirir direitos e contrair obrigações, mas, também, deve ter o poder para livremente exercitar essa aptidão. A capacidade prende-se à idade, saúde mental, aptidão para comunicar-se com outras pessoas.

Se para celebrar qualquer contrato exige-se capacidade do sujeito, licitude do objeto e forma prescrita ou não proibida, no campo da saúde a licitude do objeto é a regra: a prática de atos ilícitos equivale a prática de crime. Para esses contratos não há exigência de forma. Assim parece que a questão mais espinhosa é a da capacidade. Quanto ao profissional da saúde, impõe-se seja qualificado para prestar o serviço a que se propõe. Do profissional de saúde avalia-se a qualificação técnica para o exercício da atividade.

Mas, como as condutas são regradas segundo as diferentes atividades e, como cada atividade deve ser exercida por um agente, também quanto ao usuário, há que indagar de sua capacidade para, racionalmente, determinar-se, arcando com as conseqüências da determinação ou decisão.

Por isso que cada ser humano, em qualquer fase de sua vida, ao fazer escolha, pode ter seu raio de ação restringido seja por não ter plena capacidade seja porque a manifestação da vontade não foi completamente livre, mas distorcida por falta de informações ou por coação. Os usuários dos serviços de saúde agem quando procuram o profissional, quando aceitam ou rejeitam procedimentos terapêuticos, quando, ainda não considerados recuperados resolvem abandonar os hospitais ou clínicas, cessar tratamentos ou alterar procedimentos médicos indicados.

Admite-se que algumas pessoas são incapazes de válida e eficazmente manifestarem sua vontade. É o caso dos menores, dos loucos, dos sujeitos à influência de superiores, de pessoas com conhecimento técnico especializado, por exemplo. Nesses casos, a ignorância, a coação, o erro, por influírem sobre a autonomia podem resultar em heteronomia sob aparência de autonomia.

É cediço que os profissionais de saúde costumavam influir nas decisões tomadas pelos usuários de seus serviços, mas é evidente que não têm o direito de lhes impor sua vontade. A influência que exercem, derivada da formação profissional, é controlada por meio da prática do esclarecimento prestado ao paciente quanto à moléstia, terapias indicadas, prognóstico, efeitos colaterais, de forma a que o consentimento prestado pelo paciente ao profissional seja baseado em informações inteligíveis, isto é o que se denomina consentimento informado.

Não é possível que o conhecimento especializado faculte ao profissional de saúde exercer controle sobre a vida de outra pessoa, limitar sua liberdade, impondo-lhe manifestação de vontade conforme o interesse do profissional. O princípio do consentimento informado repousa sobre o respeito à pessoa, sua autonomia no plano da saúde, visando a evitar a tirania do profissional e preservar a liberdade, mas estimula as decisões racionais de quem, em última análise, deve suportar os efeitos do tratamento.[3]

O conceito de consentimento informado é muito recente no campo da ética de saúde. Aliás, é distinto do princípio hipocrático que se baseia no juramento de Hipócrates de não causar dano e sedar a dor. Sem dúvida, naquela época, a autonomia do paciente era dado dispensável pois a "arte de curar" tinha como pressuposto o paternalismo.

A questão do consentimento informado surge na ética médica, creio, com a ampliação do conhecimento no campo da saúde, o aumento de práticas invasivas — cirurgias e tratamentos de elevado risco —, levando em conta respeito pelo estilo de vida, crença religiosa, valores sociais, que cada pessoa tem e em que se baseia para consentir ou não.

Pode-se optar por morrer ao invés de suportar longo tratamento e impor à família o peso da agonia de ver os familiares sem recursos e emocionalmente afligidos.

A capacidade implica entender as conseqüências da decisão e ausência de coerção ou influência que poderiam, de forma significativa, diminuir a liberdade individual. Efeitos da moléstia ou do tratamento

3. Garrett, Thomas M., Harald W. Baillie, Rosellen M. Garrett, in *Health Care Ethics — Principles and Problems*, 2ª ed., Prentice Hall, 1993, p. 29.

sobre o poder decisório da pessoa são considerados nessa avaliação.

O consentimento informado, aquele que resulta de declaração do paciente após ter recebido do profissional de saúde esclarecimentos quanto à moléstia, prognóstico, terapias recomendadas e efeitos colaterais, constitui, assim, especialização, no campo da saúde, do que a doutrina jurídica tem discutido, há muito tempo, em face das manifestações de vontade e dos vícios do consentimento no plano dos negócios jurídicos e da autonomia privada.

As idéias desenvolvidas no plano dos vícios da vontade podem ser aplicadas ao consentimento informado. Primeiro o agente ou declarante há de ser capaz. Faltando capacidade para livremente decidir, aceita-se que outra pessoa, parente ou terceiro indicado, tome a decisão sobre o procedimento terapêutico proposto. Isto implica poder, em face do problema, tomar decisão quanto às conseqüências relevantes dele decorrentes. A pessoa deve compreender que sem tratamento seu estado de saúde poderá ser agravado, chegando à morte; que o tratamento será doloroso; ou outras dificuldades, restrições e seqüelas que possa sofrer.

O paciente deve entender as conseqüências do tratamento ou sua falta para que tome a decisão de aceitar ou rejeitar o tratamento, mas se estiver sob efeito de drogas é possível supor que a manifestação de vontade esteja viciada, que tenha havido coação, por exemplo. Pressões de familiares constituem, igualmente, forma de coação, especialmente quando se trate de menores e adolescentes ou pessoas idosas.

A dificuldade de saber se houve consentimento informado do paciente é que quando as pessoas estão enfermas a liberdade volitiva, a autonomia, pode estar comprometida e, portanto, sua capacidade reduzida para manifestar consentimento válido.

A busca de auxílio do profissional de saúde não representa consentimento, expresso ou implícito, para aplicação de terapêuticas quaisquer, admitindo-se medição da pressão sangüínea, de temperatura, mas não para procedimentos invasivos como coleta de sangue, que demanda consentimento expresso. E mesmo o tal consentimento pode ser revogado a qualquer tempo.

Duas regras podem fixar os parâmetros para que se avalie se houve ou não consentimento informado. A primeira é do uso profissional, a outra a da conduta do homem prudente. Lateralmente discute-se a regra da preferência do paciente.

A regra da preferência do paciente diz que o profissional de saúde deve dizer ao paciente o que este deseja saber. Dessa forma, como o paciente poderia desejar nada saber, o consentimento informado inexistiria, por isso cria-se a ficção de ter havido delegação de poder ao profissional de saúde, abandonando a autonomia. Resquício do modelo paternalista na área da saúde, uma tal regra não tem aplicação lógica no campo do consentimento informado. Se não quero saber o que tenho, como serei tratado, quais as conseqüências decorrentes do tratamento, exerço autonomia, sem dúvida, mas não se cuida de consentimento informado, ao revés, de consentimento desinformado.

A regra do uso ou costume profissional diz que deve-se dizer ao paciente o que usualmente se relata em situações similares. Inconveniente porque dá ao profissional de saúde poder arbitrário sobre as decisões do paciente já que permite suprimir informações relevantes. É forma de manipulação do consentimento que pode ser comparada com o erro ou a simulação. Baseada no chamado "privilégio terapêutico" não tem fundamento ético ou jurídico.

A conduta do homem prudente baseia-se em que o profissional de saúde informe ao paciente aquilo que ele precisa saber para tomar a decisão de aceitar ou rejeitar o tratamento. No mínimo é preciso informar ao paciente o seguinte: 1- diagnóstico;

2 - natureza e propósito do tratamento; 3 - riscos e conseqüências conhecidos do tratamento proposto, excluídos os remotos e improváveis, mas incluindo as probabilidades de sucesso ou não das medidas propostas; 4 - benefícios esperados e possibilidade de que sejam alcançados; 5 - todos os tratamentos alternativos, na forma acima; 6 - prognóstico para falta de tratamento; 7 - custos como sofrimento, dor e prazo; impacto na qualidade de vida e custos econômico-financeiros incluídos os pós-tratamento.[4]

A regra da informação subjetiva propõe que o profissional de saúde informe ao paciente tudo o que seja materialmente importante para a decisão. Um fato será importante se puder influir sobre a decisão do paciente.

Evidencia-se agora o elemento comunicação, visto que a informação prestada ao paciente deve ser de modo a que possa entendê-la. Empregar linguagem técnica pode comprometer a comunicação entre profissional e paciente e, no plano ético, exige-se que o paciente tenha entendido o que lhe é dito. Sem entendimento, compreensão, não há consentimento informado válido e, portanto, não há autorização para a prática terapêutica proposta.

Não se ignorem as dificuldades para garantir informação ao paciente. O que importa salientar é que consentimento informado não depende de liberdade de escolha absoluta pois as pessoas agem sempre influenciadas por muitos fatores. Tal como no plano jurídico o que se deseja é que a manifestação volitiva venha escoimada de vícios, suportada por escolha racional quanto ao que é melhor, desejável pela pessoa.

A especialidade da relação profissional de saúde-paciente não é tal que afaste todas as regras já consolidadas para negócios outros, que envolvam a pessoa e interesses dos seres humanos a ponto de evitar sua aplicação a contratos livremente celebrados, ou mesmo àqueles em que a liberdade é, por vezes, parcial ou inexistente como já se anotou antes.

O privilégio terapêutico que admite a ocultação de informação quando o médico acredita que prestá-la terá efeito adverso sobre a saúde do paciente não pode ser completo. Não pode ser invocado pelo temor de que o tratamento proposto será recusado se o paciente tiver conhecimento total dos fatos.

Resumindo, não há muitas situações em que o profissional de saúde possa eximir-se de prestar esclarecimentos aos pacientes escudado em privilégios como o terapêutico, as regras do costume, da prudência ou mesmo preferência do paciente. As exceções se aplicam no caso de emergências quando o paciente estiver incapacitado para se manifestar e nenhuma pessoa o acompanhe; quando não houver risco de vida ou sério perigo de diminuição da saúde; quando o tratamento seja imprescindível no ato para evitar qualquer desses perigos;[5] são situações em que preservar a vida supera o respeito pela autonomia do paciente.

Constata-se que o princípio do consentimento informado nada mais representa do que dar guarida, no campo da saúde, aos princípios informadores da autonomia privada, conforme regras consolidadas pelo Direito.

O paciente ao tomar decisões quanto a sua saúde, procedimentos terapêuticos, terapias alternativas, deve ter recebido informações em linguagem acessível, completas, de forma que sua vontade, seu comportamento não seja distorcido por pressões externas. Se os negócios jurídicos em que a manifestação volitiva venha eivada de algum constrangimento podem ser anulados ou anuláveis, conforme o caso, por que seria diferente quando se tratar da saúde, do bem-estar biopsíquico ou social da pessoa?

4. Garrett, *et al.*, ob. cit., p. 35.

5. Garrett, ob. cit., p. 39.

Mas, como anular uma cirurgia já praticada é impossível, assim como é difícil se não impossível refazer os danos causados por procedimentos terapêuticos inadequados, devolver a auto-estima ao paciente que passa a ser objeto de escárnio, de repúdio na comunidade a que pertence, os cuidados na relação profissional de saúde/usuário devem ser redobrados e os vícios do consentimento evitados como recomenda a boa ética na prática da arte de curar.

O fazer é aqui, em geral, obrigação personalíssima e o resultado do fazer correto do ponto de vista da técnica mas incorreto ou inadequado do ponto de vista da ética equivale a não fazer. O que se espera do médico é altruísmo, esforço desinteressado em benefício da coletividade.

Ora, a "responsabilidade moral e ética" que é o que a sociedade espera do profissional de saúde, constitui o modelo para o exercício dessa atividade por recair sobre pessoas que, de alguma maneira, tenham ou possam ter afrontado regras éticas. Aliás, há quem afirme que, em face das profissões clássicas, a sanção jurídica se manifesta sempre mais tardiamente, por ser posterior ao fato, enquanto que a moral o precede.

Dessa maneira pode-se admitir que a profissão médica está fundada, primariamente, na responsabilidade moral, na *lex artis* e, subsidiariamente, na responsabilidade jurídica. Essa a idéia presente na elaboração dos códigos de ética médica ou de deontologia profissional.

A *lex artis* é, em sentido amplo, o conjunto de regras e princípios para fazer as coisas bem ou artisticamente, de sorte que cada profissão ou atividade tem sua própria *lex artis*, mas, todas têm em comum o fazer bem, fazer com diligência e técnica adequada. Pode-se concluir que obedecer às *legis artis* precede o atender às normas informadoras da profissão e, até, aos códigos de ética profissional.

Em medicina isto significa ter conhecimento teórico e prático da matéria mas também perícia no exercício da área; utilizar métodos de diagnóstico adequados sempre em benefício do paciente; cuidar para que o tratamento resulte em benefício superior aos danos que possa produzir; empregar técnicas já suficientemente conhecidas e testadas.

O médico responde, no exercício profissional, por assumir certos riscos a ela inerentes, como: riscos por erro de diagnóstico; risco por erro terapêutico; riscos por erros de procedimentos decorrentes quer de fatores exógenos quer de conduta pessoal e, ainda, pelo risco de não informar ao paciente/usuário, de maneira adequada, quanto à moléstia, terapêuticas indicadas, prognósticos e efeitos colaterais das medidas recomendadas.

Os riscos por erro de diagnóstico podem derivar de falta de exames para o mal; insuficiência de testes; exigir exames mais arriscados para o paciente sem levar em conta outras alternativas menos perigosas; interpretação equivocada dos exames ou não conseguir chegar ao diagnóstico; pedir exames extemporâneos; diagnosticar tardiamente.

Os riscos por erro de tratamento são dos tipos: tratamento inadequado qualitativa e quantitativamente; por omissão ou comissão; tratamentos contra-indicados; interação medicamentosa; efeitos colaterais previsíveis e imprevisíveis; falta de controle de medicação; tratamentos de alto risco.

Erros decorrentes de fatores exógenos seriam: omissão ou ocultação pelo paciente de dados que levam a condutas incorretas; uso inadequado da medicação pelo paciente; mistura de tratamentos sem consulta ao médico; insuficiência ou inadequação dos recursos nos centros em que o médico atende. A par desses erros decorrentes de conduta pessoal do médico são do tipo: não obediência aos preceitos éticos e morais informadores da profissão; quanto a contágios, infecções, vacinações; assistenciais; quebra de sigilo profissional; ocultação de riscos; manifesta falta de atualização nas práticas médicas ou *malpractice*.

Mas, sem dúvida, a relação de confiança e de obrigação, nada obstante a despersonalização da medicina decorrente da socialização dos serviços médicos, é essencial. Lembro que, em hospitais universitários e ambulatórios do tipo PAS, SUS etc., nem mesmo existe garantia de que tratamentos e procedimentos terapêuticos sejam levados a cabo pelo mesmo profissional. Ainda assim a relação médico-paciente mantém suas características e todos os princípios acima referidos devem ser observados.

Vale dizer que a responsabilidade do médico quando da violação da autonomia do paciente, da quebra dos deveres de veracidade, confidencialidade e privacidade devem ser consideradas ao lado dos chamados "erros médicos" que, em geral, estão presos à idéia de culpa por agir o profissional com negligência, imprudência ou imperícia.

Não é este o momento nem o local para discutir algumas exceções à regra de respeito à privacidade, tais como as que envolvem questões como resultados de testes para HIV. No caso de populações de risco seria de admitir testes compulsórios e em outros casos os testes devem ser facultativos? Não há resposta uniforme para tais questões, de sorte que apenas políticas públicas é que levariam à definição de testes voluntários e gerais ou testes igualmente gerais mas compulsórios. Na segunda hipótese haverá violação da autonomia individual, o que não ocorre na primeira. Testes para gestantes seriam recomendáveis?

A jurisprudência não é pródiga nessas discussões, mas os julgados que aplicam normas de responsabilidade civil para casos de ação ou omissão culposa são vários, alcançando profissionais e instituições de saúde. Repita-se que o avanço tecnológico é tanto aliado quanto algoz no campo da saúde.

Há não muito tempo o médico era ou clínico geral ou cirurgião, ou ambos. O clínico geral, médico da família, atendia desde recém-nascidos até idosos, conhecia todas as pessoas da casa, sabia quais eram os "males da família", era, enfim, um sabetudo. Mas, como em outras profissões, a especialização se fez crescente, e os profissionais sabem cada vez mais de áreas específicas, e menos do geral. A crescente especialização traz algumas questões no plano da responsabilidade civil e seguramente no que concerne ao dever de informar. O que seria excusável no caso do generalista é imperdoável para o especialista.

A regra geral da responsabilidade civil está, no direito brasileiro, no art. 159 do CC. O dispositivo se prende a culpa, ou seja, a negligência, imprudência ou imperícia. Negligência é descuido, falta de atenção; imprudência é violação das regras de cuidado, de prudência; imperícia é a falta de técnica no exercício profissional que pode resultar quer de ignorância quer de execução defeituosa do ato médico. E a ignorância em que for mantido o paciente, usuário dos serviços de saúde, agrava a responsabilidade do exercício da profissão, tanto no seu aspecto ético quanto na análise que fazem e farão os Tribunais, como já ocorre nos Estados Unidos da América. Assimilar a ignorância em que seja mantido o paciente/usuário da imprudência seria uma das formas de se apenar os profissionais de saúde em muitos casos.

A semelhança entre as regras aplicadas na discussão de nulidade ou anulabilidade de contratos por vícios de vontade pode muito bem servir de subsídio para a responsabilidade dos profissionais de saúde, na impossibilidade de se anular ou considerar nulo o ato praticado de vez que eventuais danos causados serão passíveis tão-somente de reparação, nunca de desfazimento.

A declaração do paciente que aceita certa terapêutica sem estar adequadamente informado dos riscos e efeitos colaterais que produz equivale à do declarante que foi induzido em erro. Se houver insistência do profissional na aplicação de medicamentos contra a vontade do paciente/usuário, pode-se pensar em coação, pois a ascendência que o médico exerce sobre alguém debilitado pela moléstia, oferecendo perspectiva de cura, consiste em violência moral.

O ressarcimento dos danos deve incluir, nessa hipótese de falta de informação, tanto a reparação do dano físico-psíquico quanto, especialmente, do dano moral pelo sofrimento que seja causado ao usuário/paciente.

Põe-se aqui a questão de certos grupos religiosos como, por exemplo, as Testemunhas de Jeová, no que concerne à transfusão de sangue. Para os seguidores dessa religião existe veto absoluto de receber sangue. Por força da crença religiosa os membros desse grupo religioso portam documento em que se manifestam contrariamente a qualquer transfusão de sangue ainda que tal decisão possa pôr em risco sua vida. A despeito de que o atendimento a essa manifestação consciente e clara possa configurar violação de dever do médico, o entendimento dos autonomistas é de que essas pessoas devem ser respeitadas e não transfundidas.

Observa-se que novos métodos terapêuticos que evitam o uso de sangue e de muitos hemoderivados têm sido desenvolvidos minorando as dificuldades de tratamento e atendendo aos aspectos de religiosidade quando esses pacientes se recusam a ser transfundidos.

Poder-se-á supor que admitir a negativa de receber sangue, mesmo quando há iminente risco de vida, seria equivalente a aceitar o suicídio da pessoa e nada fazer para dissuadi-la, ou ainda a ser conivente com o resultado. Haveria desrespeito à tutela do bem vida.

Do ponto de vista da bioética, vida sem qualidade pode ser equiparada a não-vida, pois a bioética entende que saúde é bem-estar biopsíquico-social e, se alguém é transfundido e por isso perde o respeito do grupo a que pertence, perde a auto-estima, ainda que as funções biológicas estejam hígidas, o bem-estar psíquico e social inexiste. Logo a pessoa não tem saúde.

Por isso é que as idéias de autonomia e consentimento informado constituem os pilares em que se apóiam discussões quanto à relação profissional de saúde/usuário-paciente, o que confirmaria a proposta de se tratar de forma semelhante à das declarações viciadas aquelas fundadas em informação incompleta, inadequada, por violadoras da autonomia das pessoas.

# Doutrina

# EFEITOS DA CONCORDATA E DA FALÊNCIA EM RELAÇÃO AOS CONTRATOS BILATERAIS DO CONCORDATÁRIO E DO FALIDO

JORGE LOBO

*I — A "mens legis" do art. 43 e do art. 165 da Lei de Falências. II — Classificação das leis. III — Leis comuns ou leis gerais do Direito Comum. IV — Leis especiais ou Direito singular. V — Leis excepcionais ou Direito excepcional. VI — Lei de Falências como Direito singular ou lei especial. VII — Dos contratos bilaterais do concordatário. VIII — A norma do art. 43 da Lei especial de Falências, por ser norma excepcional, deve preferir todas as demais.*

## *I — A "MENS LEGIS" DO ART. 43 E DO ART. 165 DA LEI DE FALÊNCIAS*

Consagrados mestres do Direito Falimentar, antigos e modernos, entre eles Waldemar Ferreira,[1] Rubens Requião,[2] Sampaio Lacerda[3] e Amador Paes de Almeida,[4] ao debruçarem-se sobre os tex-

1. *Tratado de Direito Comercial, O Estatuto da Falência e da Concordata*, São Paulo, Saraiva, 1965, 14º v, pp. 515-6, n. 3.723: "*O Pacto Rescisório do Contrato* — Estatuindo a lei não se resolver o contrato bilateral pela falência, senão pelo arbítrio do síndico quando sua execução seja inconveniente aos interesses da massa, surgiu o problema da legitimidade, ou não, do pacto entre os contratantes prevendo a resolução pela quebra de um deles. Manifestou-se a jurisprudência pela legitimidade da convenção. Admite-se a doutrina francesa, tanto quanto a jurisprudência. Para não ter que demandar judicialmente a resolução do contrato em caso de falência da outra parte, pareceu a Georges Ripert lícito a um contratante inserir no contrato a cláusula prevendo-lhe a resolução, de pleno direito, em caso de falência. Essa cláusula impede o síndico de optar por sua execução. Tem ela a vantagem de dar-lhe pronta solução. Sua validade não poderá ser posta em dúvida, por constituir um pacto comissório. É a cláusula, advertiu o tratadista, utilizada na venda, notadamente quando o contrato estabelece entregas sucessivas. Igualmente é encontradiça no contrato de locação de imóveis, em que o locador ser reserva o direito de retomada pela falência do locatário. Embora reconhecida jurisprudencialmente a validade de ajuste nesse sentido, a lei veio a repeli-lo na locação comercial, a respeito da qual também dispôs a lei brasileira. Incerta é a jurisprudência francesa no atinente à cláusula resolutória inserta em contratos de cessão de direitos relativos à exploração de filmes cinematográficos".

2. *Curso de Direito Falimentar*, São Paulo, Saraiva, 1965, pp. 157-158, n. 140: "É evidente que se o contratante deve prestar a obrigação, no caso de o síndico optar pelo prosseguimento do contrato, como, por exemplo, na entrega de cousa, pode o mesmo usar do direito expresso no art. 1.092, do Código Civil, recusando-se à prestação até que o síndico satisfaça a que compete à massa falida, se essa ainda não foi dada, ou confira garantia de satisfazê-la".

3. *Manual de Direito Falimentar*, São Paulo, Freitas Bastos, 11ª ed., p. 161, n. 102: "A *par conditio creditorum*, esclarece Carvalho de Mendonça, e a necessidade de afastar ciladas ao crédito não consentiriam na criação de causas arbitrárias de preferência na previsão da falência. Permite-se, porém, que os contratantes estipulem que, na hipótese de falência, se dê a rescisão do contrato, antes mesmo de seu cumprimento integral".

4. *Curso de Falência e Concordata*, São Paulo, Saraiva, 1991, 10ª ed., p. 179, n. 87: "Na hipótese de o síndico concluir pelo cumprimento do con-

tos dos artigos 43 e 165 da LF, ensinam que o regime jurídico de ambos é idêntico, a ambos aplicando-se as "normas do Direito comum", vale dizer, tanto o co-contratante do concordatário, quanto o co-contratante do falido pode:

a) exigir do concordatário e do falido garantia idônea do cumprimento da obrigação;

b) se não for dada, recusar-se a honrar sua parte na avença;

c) pleitear a rescisão do contrato com perdas e danos, se o concordatário e o falido não oferecerem caução real ou fiança.

d) reputar rescindido o contrato pelo simples fato de haver sido impetrada concordata preventiva ou declarada a falência com fundamento em cláusula resolutória expressa.

Será essa, efetivamente, a *mens legis* dos artigos 43 e 165 da LF como sempre tem sido apregoado?

Será que a omissão, no artigo 43 da LF, do período "continuam sujeitos (os contratos) às normas do Direito comum", presente no artigo 165 da LF, não permite, quiçá não impõe, que ao artigo 43 se dê uma interpretação diferente da do artigo 165, contrariando, dessarte, a orientação doutrinária que vem de longe e abrindo novas perspectivas para os falidos?

É o que veremos a seguir, iniciando por uma minuciosa incursão na teoria geral do direito, para situarmo-nos diante do intrincado problema de classificação das leis e do âmbito de aplicação das leis comuns, das leis especiais e das leis excepcionais, com ênfase para o fato de que, tanto as leis comuns, como as leis especiais, contêm normas gerais e exceções, acentuando, por fim, que a Lei de Falências é uma lei especial, que contém disposições excepcionais, que preferem a todas as demais, prevalecendo, sempre, inexoravelmente, sobre as normas do direito comum, que lhe cedem a vez por razões particulares.

Após enfrentaremos os artigos 43 e 165 da LF, para demonstrarmos que a disciplina legal dos contratos bilaterais do falido é muito diferente da dos contratos bilaterais do concordatário.

## *II — CLASSIFICAÇÃO DAS LEIS*

Como expusemos alhures, em matéria de classificação das leis, cada autor tem uma opinião, fenômeno que não é de nossos dias, mas vem de longe, como veremos, o que, é evidente, dificulta sobremodo o estudo da lei como fonte do direito, sua adequada interpretação e como ela deve ser aplicada.

A título de exemplo da absoluta e gritante falta de consenso sobre tema de tanta importância, podemos citar três obras recentes, todas com muitas reedições, lidas e consultadas, diuturnamente, por advogados e juízes, como soem ser o *Curso de Direito Civil*, do Professor Washington de Barros Monteiro, a *Introdução ao Direito Civil*, do Professor Orlando Gomes, e as *Instituições de Direito Civil*, do Professor Caio Mário da Silva Pereira.

Ao tratar do assunto, o Professor Washington de Barros Monteiro leciona que são "várias as classificações das leis", passando, então, a enumerá-las na seguinte ordem: no tocante à sua natureza, são substantivas ou adjetivas; quanto à origem, federais, estaduais e municipais; referentemente às pessoas, gerais, especiais e individuais; com relação aos efeitos, imperativas, proibitivas e facultativas; quanto à natureza do direito que regulam, constitucionais, administrativas, penais, civis e comerciais.[5]

Caio Mário formula diferente classificação, a saber: segundo a hierarquia, as leis são constitucionais, complementares e ordi-

trato, se o contratante ainda não cumpriu sua prestação, faculta-se a este último argüir a regra do art. 198 do Código Comercial, que assegura ao vendedor recusar-se à entrega da coisa vendida, antes de efetuado o pagamento do preço".

5. *Curso de Direito Civil*, São Paulo, Saraiva, 1985, 25ª ed., v. I, pp. 14-15.

nárias; quanto à extensão territorial, federais, estaduais e municipais; no que tange à força obrigatória, imperativas ou proibitivas e supletivas ou permissivas; em relação à sua natureza, materiais ou teóricas e formais ou processuais; quanto à intensidade da sanção, perfeitas, menos que perfeitas e imperfeitas.[6]

Orlando Gomes classifica as leis conforme a duração, amplitude do campo de aplicação e eficácia. Quanto à duração, são perpétuas e temporárias; do ponto de vista da amplitude do campo de aplicação, comuns ou gerais, especiais e excepcionais, e singulares; quanto à eficácia ou intensidade da coação, coativas ou supletivas.[7]

No que diz respeito às expressões leis gerais e leis especiais (o § 2º do artigo 2º da Lei de Introdução ao Código Civil em vigor valeu-se das expressões "disposições gerais" e "especiais", que já se encontravam no artigo 4º da antiga Introdução ao Código Civil, que, à sua vez, tem a matriz no artigo 9º do Projeto de Clóvis Beviláqua, que a elas também se refere expressamente), não há, por igual, uniformidade, uns falando em Direito comum ou Direito especial (Eduardo Espínola[8] e Carlos Maximiliano);[9] outros, em Direito geral e Direito especial (Santiago Dantas),[10] em Direito regular e Direito anômalo (Savigny), em Direito regular e Direito excepcional (Windscheid), em Direito comum e Direito singular (Dernburg, Pescatore[11] e Messineo),[12] em Direito normal e Direito singular (Ruggiero).[13]

De nossa parte, abraçaremos a classificação Direito comum e Direito singular de Dernburg, Pescatore e Messineo e, quanto aos conceitos de leis comuns ou leis gerais ou Direito comum, de leis especiais ou Direito singular e de leis excepcionais ou Direito excepcional, ficaremos com Eduardo Espínola, Carlos Maximiliano e Orlando Gomes, desprezando a distinção alvitrada por Orlando Gomes quanto às leis especiais, excepcionais e singulares, pois chegamos à conclusão, como se irá ver (itens III e IV), que o Direito ou é comum (leis gerais) ou singular (leis especiais), sendo certo, como demonstraremos (item V), que, tanto o Direito comum ou leis gerais, quanto o Direito singular ou leis especiais, contêm regras e exceções, estas formadoras do chamado Direito excepcional, não havendo confundir a índole ou o caráter de generalidade da norma, ínsita em toda regra jurídica, mesmo na disposição excepcional, com a noção, que se deve ter bem nítida, de leis gerais.[14]

## *III — LEIS COMUNS OU LEIS GERAIS DO DIREITO COMUM*

Eduardo Espínola sobre o tema doutrina: "Outra divisão importante das leis civis é a que as distinguem em: leis comuns e leis especiais. Leis comuns são as que encerram os princípios gerais que constituem a base do sistema jurídico. Elas formam a regra do direito, a qual deve ser aplicada, enquanto não é restringida por normas jurídicas especiais".[15]

6. *Instituições de Direito Civil*, Rio, Forense, 1985, 9ª ed., v. I, pp. 66-79, ns. 17-21.

7. *Introdução ao Direito Civil*, Rio, Forense, 1971, 3ª ed., pp. 44-46, n. 24.

8. *Sistema do Direito Civil Brasileiro*, Rio, Ed. Conquista, 1959, 4ª ed., v. I, pp. 125 e ss.

9. *Hermenêutica e Aplicação do Direito*, Rio, Freitas Bastos, 1957, 6ª ed., pp. 284 e ss.

10. *Programa de Direito Civil*, Rio, Ed. Rio, 1977, pp. 78-79.

11. *Apud* Eduardo Espínola, ob. cit., p. 105.

12. *Manuale di Diritto Civile e Commerciale*, Milão, Dott. A. Giuffrè Editore, 1947, 7ª ed., v. I, p. 25.

13. *Instituições de Direito Civil*, São Paulo, Saraiva, 1971, 3ª ed., v. I, p. 54.

14. Estamos conscientes da complexidade do tema e da acirrada controvérsia em torno dele, e muito ponderamos sobre a crítica de Ruggiero a propósito da distinção entre Direito comum e Direito singular, cf. o eminente Professor da Universidade Real de Roma expõe em suas *Instituições*, v. cit., p. 54, nota 40. Todavia, embora sutil, parece-nos importante, pelos efeitos práticos que dela advém, fazer a distinção, como se irá constatar na leitura do texto. Quanto ao caráter de generalidade de toda norma jurídica, consulte-se Pontes de Miranda, *Tratado de Direito Privado*, t. I, p. 39, § 16, e Michel de Juglart, *Cours de Droit Civil*, Paris, Éditions Montchrestien, 4ª ed., t. I, p. 16, ns. I e II.

15. Ob. cit., pp. 105-106.

Carlos Maximiliano, a sua vez, ensina: o Direito comum "contém normas gerais, acordes com princípios fundamentais do sistema vigente e aplicáveis universalmente a todas as relações jurídicas a que se referem".[16]

Orlando Gomes, a seu turno, preleciona: "Dizem-se comuns ou gerais as leis que regulam, em toda sua plenitude, determinadas relações sistematizadas pela matéria, pelas circunstâncias ou pelas pessoas, independentemente do âmbito territorial onde vigoram".[17]

Exemplo maior de Direito comum ou lei geral é o Código Civil.

## *IV — LEIS ESPECIAIS OU DIREITO SINGULAR*

Eduardo Espínola explica que "leis especiais são as que limitam as disposições das leis comuns em relação a uma certa classe de pessoas, de coisas, ou de relações jurídicas. A aplicação mais importante do direito especial consiste com efeito em estabelecer, para uma determinada classe de pessoas, bens ou relações jurídicas alguma coisa que só em relação a elas tem vigor".[18]

Carlos Maximiliano elucida, após esclarecer que uma cousa é o direito especial, outra é o direito excepcional, que o "direito especial abrange relações que, pela sua índole e escopo, precisam ser subtraídas ao direito comum",[19] para, reproduzindo, de forma quase literal, como o confessa, o pensamento de Degni, expor, a seguir, quanto à "distinção clássica entre direito comum e direito singular", que o direito singular visa atender "a particulares condições morais, econômicas, políticas ou sociais, que se refletem na ordem jurídica, e por esse motivo subtrai determinadas classes de matérias, ou de pessoas às regras do direito comum, substituídas de propósito por disposições de alcance limitado, aplicáveis apenas às relações especiais para que foram prescritas".[20]

Orlando Gomes reputa especiais as leis que "regulam, com critérios particulares, certas relações do sistema do direito comum (...) em atenção à sua natureza, a seus sujeitos ou a seu objeto".[21]

Eduardo Espínola, em nota de rodapé, a propósito dos textos romanos e das expressões *jus singulare* e *privilegium*, chama atenção para o fato de que "as leis especiais têm sempre um caráter de exceção: excluem para uma esfera de casos as regras comuns ou os princípios comuns por motivos de utilidade, de moral ou de ordem pública, como diz Dernburg".[22]

Mais adiante, na mesma nota, reproduz o seguinte pensamento de Chironi: "O direito singular é necessidade e modo de corrigir o direito geral e com este, por sua origem e natureza, tem relação necessária: emanado da lei; deve ser reconhecido e aplicado pelo juiz: e, se bem se observa, tem índole geral enquanto mira regular muitas relações jurídicas, bem que, diferentemente do direito comum, as considere mais em concreto que em abstrato, limitando-lhes o número e a qualidade ou determinando o grupo de pessoas a que se estende sua eficácia particular".[23]

"O tipo clássico de lei especial", recorda Orlando Gomes, "é o Código Comercial, em relação ao Código Civil",[24] que, aduz Carlos Maximiliano, "forma, com ele, um ramo à parte, autônomo, completo, do Direito Privado".[25]

Ressalte-se, por oportuno, que, às vezes, como anota José de Oliveira Ascenção, "fala-se em lei especial para designar sim-

16. Ob. cit., p. 284.
17. Ob. cit., p. 45.
18. Ob. cit., p. 106.
19. Ob. cit., p. 284.

20. Id., loc. cit.
21. Id., loc. cit.
22. Ob. cit., p. 106, nota 47.
21. Id., loc. cit. Ruggiero, à sua vez, considera sinônimos os vocábulos "singular" e "especial ou excepcional", cf. ob. cit., pp. 54 e 55.
24. Ob. cit., p. 45.
25. Ob. cit.

plesmente a lei específica ou a lei extravagante".[26]

O estudioso, todavia, sobretudo quando se dispõe a examinar o alcance do disposto no artigo 2º, § 2º, da Lei de Introdução ao Código Civil, não pode confundi-las.

Depois de publicado o Código Civil, por exemplo, inúmeras leis — gerais — foram promulgadas para complementar a regulamentação de certos institutos, como, *v.g.*: o Código de Águas, Código de Minas, o Código de Pesca, a Lei dos Direitos Autorais, de Reconhecimento de Filhos Ilegítimos, de Desapropriações, de Condomínio e Edificações, do Inquilinato etc.[27]

Essas leis — e tantas outras — gerais foram incorporadas ao Direito positivo brasileiro por leis extravagantes ou leis específicas e não por leis especiais, pois estas — as leis especiais —, como ficou patente, "limitam as disposições das leis comuns em relação a certas classes de pessoas, de coisas ou de relações jurídicas", enquanto aquelas passam a integrar o Direito comum por formularem "normas gerais, acordes com os princípios fundamentais do sistema vigente".

## *V — LEIS EXCEPCIONAIS OU DIREITO EXCEPCIONAL*

Carlos Maximiliano cuida, em extenso capítulo, exclusivamente, do Direito excepcional, para esclarecer-nos, com o fulgor de sua inteligência e o brilho de sua cultura jurídica, que a "regra estriba-se numa razão geral; a exceção, numa particular; aquela baseia-se na justiça, esta na utilidade social, local ou particular. As duas proposições devem abranger coisas da mesma natureza; a que mais abarca, há de constituir a regra; a outra, a exceção",[28] dilucidando, ademais, que "as disposições excepcionais são estabelecidas por motivos ou considerações particulares, contra outras normas jurídicas, ou contra o direito comum; por isso não se estendem além dos casos e tempos que designam expressamente".[29]

Orlando Gomes, após haver ministrado as noções de leis comuns e leis especiais, afirma que leis excepcionais são aquelas "que regulam, por modo contrário ao estabelecido na lei geral, fatos ou relações jurídicas que, por sua natureza, estariam compreendidas nela".[30]

Como exemplo de normas excepcionais, quer contempladas no Direito comum ou leis gerais, quer inseridas no Direito singular ou leis especiais, podemos citar, com José de Oliveira Ascenção, em relação ao Código Civil, a disposição excepcional do artigo 1.170 do Código Civil, *verbis*: "Às pessoas que não puderam contratar é facultado, não obstante, aceitar doações puras",[31] cabendo-nos ceder, neste ponto, a vez ao egrégio Carlos Maximiliano, que arrola dezesseis espécies de regras, de normas, de disposições excepcionais, a saber: "a) de caráter punitivo, quando se não referem a delitos, porém cominam multa; indenização; perda, temporária ou definitiva, de cargo; incapacidade; privação de direitos ou regalias: nulidade, rescisão, decadência ou revogação; b) as que restringem ou condicionam o gozo ou o exercício dos direitos civis ou políticos; c) impõem ônus ou encargos, como, por exemplo, a obrigação atribuída a um de fornecer alimentos a outro; d) subtraem determinados bens às normas de Direito comum, ou de Direito Especial, como estabelecer isenções de impostos, ou de outra maneira qualquer; e) fixam casos de consórcio obrigatório; f) asseguram imunidades parlamentares ou diplomáticas; g) declaram incompatibilidades civis, políticas, ou administrativas; h) criam

26. *O Direito: Introdução e Teoria Geral*, Lisboa, Fundação Calouste Gulbenkian, 1938, 3ª ed., p. 446, nota n. 2.

27. Sobre o tema, ver extensa lista de E. Espínola, ob. cit., p. 112.

28. Ob. cit., p. 280.

29. Id., ib., pp. 282-283.

30. Ob. cit., p. 45.

31. Ob. cit., p. 379.

inelegibilidade; i) vedam o que em si não é ilícito, não contrário à moral nem aos bons costumes; j) prescrevem certas formalidades, como a escritura pública, ou a particular, a presença de cinco testemunhas, a assinatura do nome por inteiro, a menção da lei violada, ou daquela em que se funda o recurso interposto, e assim por diante; k) permitem a deserdação; l) determinam incapacidade; m) estabelecem foro especial ou processo mais rápido (sumário, sumaríssimo, executivo); n) concedem arrestos, seqüestros e outras medidas necessárias porém violentas; o) limitam a faculdade de acionar de novo, de recorrer, oferecer provas, defender-se amplamente; p) dão competência excepcional, ou especialíssima; q) enfim, introduzem exceções, de qualquer natureza, a regras gerais, ou a um preceito da mesma lei, a favor, ou em prejuízo, de indivíduos ou classes da comunidade".[32]

A seguir, Carlos Maximiliano demonstra, de forma irretorquível, que as disposições que limitam a liberdade, que impõem condições e restringem o "exercício normal dos direitos sobre as coisas", quer quanto ao uso, quer quanto à alienação, que "asseguram privilégio", que "introduzem casos especiais de prescrição" são, todas, também, excepcionais.[33]

Diante de regras excepcionais, o intérprete é compelido, conforme a melhor doutrina, a valer-se do brocardo romano, consolidado em norma pelo artigo 6º da antiga Introdução ao Código Civil, ainda aplicável em nossos dias, embora não reproduzido pela atual lei de Introdução ao Código Civil, *exceptiones sunt strictissimae interpretationis*, como demonstraremos abaixo.

Tanto o Direito comum (leis gerais), quanto o Direito singular (leis especiais) contêm regras gerais (que se fundamentam numa razão mais geral e se baseiam "mais na justiça") e exceções ou disposições excepcionais (que se fundamentam numa razão particular e se baseiam "mais na utilidade — social, local ou particular") ou, nas palavras de Carlos Maximiliano, "estriba-se a regra numa razão geral, a exceção, numa particular; aquela baseia-se mais na justiça, esta, na utilidade social, local ou particular".[34]

Por isso, a lei civil inscreve, como regra geral, a absoluta incapacidade do menor de dezesseis anos, abrindo, entretanto, exceção quando o habilita a aceitar doações puras; por isso, doutrina ainda Carlos Maximiliano, "o Direito especial (...) constitui também, por sua vez, um sistema orgânico e, sob certo aspecto, geral encerra também regras e exceções".[35]

Porque se diz que "as leis especiais têm sempre um caráter de exceção" (Dernburg, citado por Eduardo Espínola, item IV, acima), muitos asseguram que o Direito singular não é suscetível de interpretação extensiva, consoante o brocardo romano (item V, acima), ensinando Pescatore que "ao *jus commune* se aplica a interpretação denominada extensiva, que foi chamada por antonomásia a regra da jurisprudência (regra *juris*) pelos juris-consultos romanos a que se funda o processo regular da analogia (...) No *jus singulare* (...) não tem lugar a grande regra de jurisprudência".[36]

Essa concepção, inequivocamente errada, foi repelida "por quase todos os modernos romanistas e civilistas,[37] dentre eles Dernburg, Windscheid, Fadda e Bensa, Chironi, Holder, Grasshoff,[38] cumprindo destacar, a propósito, o pensamento de Ruggiero, que esclarece a questão nestes termos: "O direito singular, como o direito normal, é plenamente suscetível de extensão, porque onde a *ratio* especial que lhe serve de fundamento se encontra, aí impe-

32. Ob. cit., pp. 286-287.
33. Id., ib., p. 287.
34. Ob. cit., p. 280.
35. Id., ib., p. 284.
36. *Apud* E. Espínola, ob. cit., p. 107, n. 48.
37. Cf. E. Espínola, ob. e loc. cits.
38. Cf. E. Espínola, loc. cit.

ra o próprio preceito de direito, não sendo aplicável o direito normal. Por outras palavras: o que se disse quanto à matéria de interpretação do direito normal, aplica-se quanto ao direito singular, sempre que, ampliando este, não se vá contra a sua *ratio* especial".[39]

Eduardo Espínola disserta desta forma sobre o assunto: "Quando o direito singular forma um sistema orgânico de normas, que disciplinam toda uma matéria, pode ter lugar a interpretação analógica para os casos não contemplados por normas particulares, mas que entram na matéria dominada por aquele sistema. Assim, por exemplo, quanto ao direito comercial, do qual não é excluída a analogia",[40] como, aliás, também pensa Carlos Maximiliano: "O direito comercial, por exemplo, é especial, e não excepcional; admite exegese ampla; é mais dútil, elástico e liberal e menos formalista que o Civil, sobretudo no que diz respeito aos contratos".[41]

Se as regras gerais, tanto do Direito comum, quanto do Direito singular, admitem e autorizam a interpretação extensiva e a interpretação analógica, o mesmo não se pode dizer em relação às exceções ou disposições excepcionais, tanto do Direito comum, quanto do Direito singular, que devem ser interpretadas restritivamente.

Com efeito, já o artigo 6º da revogada Introdução ao Código Civil dispunha: "A lei que abre exceção a regras gerais, ou restringe direitos, só abrange os casos que especifica".

Eis as observações, sempre pertinentes, de Clóvis Beviláqua sobre a questão: "Como o conjunto das leis de um país deve formar um todo harmônico, completando-se umas pelas outras, e suprindo-se as suas omissões por meio da lógica jurídica, era conveniente premunir o juiz contra a tendência a ampliar a compreensão da lei, nos casos em que essa ampliação é inadmissível, por se tratar de dispositivos fundados em motivos especiais. O artigo 6º da Introdução traduz o adágio latino *exceptio strictissimi juris*".[42]

Inúmeros acórdãos confirmam a lição doutrinária, conforme se verifica de Alípio Silveira na obra clássica *Hermenêutica do Direito Brasileiro*, valendo transcrever a conclusão do voto do saudoso e inesquecível Ministro Orosimbo Nonato: "Assim, a exceção aberta a qualquer preceito deve ser entendida rigorosamente, isto é, estritamente, com o mínimo de domínio, com existência tão diminuída que não possa, exceção que é, ferir o princípio geral — que, neste caso, é a garantia — assim conciliando-se os textos".[43]

A lei atual, por razões de ordem técnica, não reproduziu a regra do artigo 6º. A doutrina e a jurisprudência, contudo, reconhecem que o princípio vige hoje ainda, como demonstram, entre outros, Serpa Lopes,[44] Washington de Barros Monteiro,[45] Arnoldo Wald[46] e Carlos Maximiliano. Este ensina: "(...) o Código Civil explicitamente consolidou o preceito clássico — *exceptiones sunt strictissimae interpretationes* — (interpretam-se as exceções estritissimamente) no artigo 6º da Lei de introdução".[47]

Pelo que se leva dito, pode-se afirmar que as normas, as disposições, as exceções às regras gerais do Direito comum ou do Direito singular se interpretam restritivamente e têm preferência sobre todas as demais.

39. Ob. cit., p. 58.
40. Ob. cit., p. 108, n. 49.
41. Ob. cit., p. 284.
42. *Código Civil dos Estados Unidos do Brasil comentado*, São Paulo, Freitas Bastos, 8ª ed., p. 113.
43. In *Hermenêutica do Direito Brasileiro*, São Paulo, Ed. RT, 1968, v. I, pp. 237-239.
44. *Curso de Direito Civil*, Parte Geral, São Paulo, Freitas Bastos, 4ª ed., p. 180, n. 97.
45. *Curso de Direito Civil*, Parte Geral, São Paulo, Saraiva, 8ª ed., p. 39.
46. *Curso de Direito Civil Brasileiro*, Parte Geral, São Paulo, Ed. Sugestões Literárias, 3ª ed., p. 101.
47. Ob. cit., p. 225, n. 271.

## *VI — A LEI DE FALÊNCIAS COMO DIREITO SINGULAR OU LEI ESPECIAL*

Autores de nomeada, nacionais e estrangeiros, de hoje e de ontem, mas sempre atuais, têm afirmado, alto e bom som, que a lei de falências se caracteriza por sua "excepcionalidade" (Walter T. Álvares)[48] seu "caráter especialíssimo e de privilégio" (Pontes de Miranda, Maggiore, Caetano, Andrioli, Barassi, Bianchi, Gigiavi, Candian),[49] o que fica patente da leitura de alguns dos artigos do Decreto-lei n. 7.661/45: que autoriza o juiz a ordenar a prisão preventiva do falido ou dos representantes da sociedade falida (inc. VI do parágrafo único do art. 14); que impõe concorram ao juízo da falência todos os credores do devedor (art. 23); que suspende todas as ações ou execuções individuais dos credores sobre direitos e interesses relativos à massa, salvo os casos que especifica (§ 2º do art. 24); que produz o vencimento antecipado de todas as dívidas do falido (art. 25); que dispõe não correrem juros contra a massa, se o ativo apurado não bastar para o pagamento do principal (art. 26); que desapossa o falido de todos os seus livros, documentos e papéis (itens II e V do art. 34 e art. 70); que impede se ausente o falido do lugar da falência, sem motivo justo e autorização judicial (item II do art. 34); que obriga o falido a comparecer a todos os atos de falência (item IV do art. 34); que declara poder o falido ser preso por ordem do juiz se faltar ao cumprimento de qualquer dos deveres impostos por lei (art. 35); que diz perder o devedor· o direito de administrar os seus bens e deles dispor (art. 40); que manda se encerrem as contas correntes do falido vencidas até a declaração da falência (art. 45); que suspende o curso de prescrição relativa a obrigações de responsabilidade do falido (art. 47); que determina integralizem os acionistas e sócios de responsabilidade limitada o preço de emissão das ações ou quotas que subscreveram para o capital (art. 50); que enumeram os casos de ineficácia dos atos praticados pelo devedor antes da falência, tenha havido ou não intenção de fraudar credores (arts. 52 e 53); que legitima a arrecadação dos bens do sócio solidário (art. 71); que institui privilégios em relação a certos créditos (art. 102); que confere poderes ao síndico para vender os bens do falido (art. 114); que concede a concordata preventiva ou suspensiva (art. 139); que elucida que a concordata obriga a todos os credores quirografários (art. 147); que autoriza pague o devedor apenas parte de sua dívida (art. 156); que determina o vencimento antecipado de todos os créditos sujeitos à concordata (art. 163); que limita a 12% a.a. a taxa de juros dos créditos legalmente habilitados na concordata (parágrafo único do art. 163); que considera encerradas as contas correntes da concordatária (parágrafo único do art. 165); que restringe a administração dos bens e dos negócios da concordatária, que a proíbe de alienar imóveis e constituir garantias, salvo evidente utilidade, reconhecida pelo juiz (art. 167); que autoriza pague o devedor parte diminuta de suas dívidas (art. 177); que fixa a prescrição extintiva da punibilidade do crime falimentar em apenas dois anos (art. 199).

48. Ob. cit., p. 289, n. 33.

49. Pontes de Miranda, *Tratado de Direito Privado*, cit., v. 27, § 3.235, ns. 3 e 4, pp. 150 a 152; Caetano, "I Privilegi", in *Tratado de Direito Civili Del Vassari*, 2ª ed., Turim, 1952; id., "Privilegi", in *Novissimo Digesto Italiano*, XIII, Turim, 1966; Giuseppe Ragusa Maggiore, *Il Sistema Del Privilegi Nel Falimento*, Milão, 1968; Andrioli, *Privilegi Nel Comentario al Cod. Civ. Di Sociologia e Branca*, Bologna-Roma, 1968; Barasse, *La Teoria Generale Delle Obbligazzioni*, Milão, 1948; Bianchi, *Del Privilegi e Delle Cause di Prelazione del Credito in Generali*, 2ª ed., Napolis-Turim, 1924; Bigiavi, "Novazione e Successione Particolare nel Debito", in *Dir. e Prat. Comm.*, 1942; id., "Nuove Note Sulla Ritenzione Privilegiata e Sil Pegno del Falimento", in *Riv. Dir. Civ.*, 1956, p. 250; Candian, "Liquidazione Falimentari dei Privillegi", in *Riv. Dir. Civ.*, 1956, p. 250; Candian, "Liquidazione Fallimentare dei Privillegi", in *Riv. Dir. Comerciale*, 1932, I, 685, citados por José da Silva Pacheco, *Tratado das Execuções: Falência e Concordata*, São Paulo, Saraiva, 1977, 1º v., p. 36, n. 291.

Por tudo isso, há um consenso de que lei de falências é uma lei especial, que (1) tem a sua aplicação circunscrita a uma determinada classe de pessoas, (2) por disposições de alcance limitado, (3) aplicáveis especificamente nas hipóteses por ela prescritas, (4) sempre em caráter de exceção, que (5) afastam os princípios comuns por motivos de ordem pública ou utilidade.

Por isso, podemos afirmar que a lei especial de falência: contém inúmeras disposições excepcionais, que: (1) restringem a liberdade individual; (2) limitam o exercício normal de direitos sobre as cousas, bens e contratos da falida e da concordatária quer quanto ao uso quer quanto à alienação; (3) asseguram privilégios ao concordatário, ao falido e a certos credores; (4) fixam o prazo especial de prescrição dos crimes falimentares; (5) introduzem, enfim, diversas exceções a regras gerais.[50]

Assentado que:

a) a Lei de Falências é uma lei especial (item V *supra*);

b) as leis especiais se distinguem das gerais ou comuns por "estabelecer, para determinada classe de pessoas, bens ou relações jurídicas alguma coisa que só, em relação a elas tem vigor" (Eduardo Espínola, item IV *supra*);

c) tanto o Direito comum, quanto o Direito singular, podem conter disposições excepcionais, "por motivos ou considerações particulares, por isso não se estendem além dos casos e tempos que designam expressamente" (Carlos Maximiliano, item V *supra*);

d) as disposições, que restringem o exercício normal de direitos e asseguram privilégios, são, todas, também, excepcionais (Carlos Maximiliano, item V *supra*);

e) as disposições excepcionais interpretam-se restritivamente e preferem a todas as demais (item V *supra*), passemos ao exame dos artigos 43 e 165 da Lei de Falências, que cuidam, especificamente, dos efeitos da falência e da concordata em relação aos contratos bilaterais do falido e do concordatário.

## *VII — DOS CONTRATOS BILATERAIS DO CONCORDATÁRIO*

Os manuais de filosofia ensinam que o filósofo não afirma, interroga; parafraseando-os, diríamos que o jurista não afirma, interpreta, ou melhor, o jurista não afirma sem interpretar, cumprindo destacar, outrossim, na linha traçada pelo jurista germânico Canaris, que interpretar uma norma é interpretar o sistema inteiro e, em conseqüência, que a interpretação jurídica ou é sistemática ou não é interpretação.

Como aplicar-se esse autêntico axioma à matéria de que vamos tratar, se a leitura, mesmo perfunctória dos capítulos dedicados aos contratos bilaterais do concordatário e do falido leva à inelutável conclusão de que a sua regulação é fragmentária e empírica, sem a menor preocupação de classificar e, portanto, de sistematizar?

Nós, contudo, devemos seguir as boas lições e, com isso, para interpretarmos, adequada e corretamente, o artigo 165 da LF, que, especificamente, cuida dos efeitos da concordata sobre os contratos bilaterais do concordatário, devemos interpretar o sistema de Direito Privado inteiro, o que nos autoriza a dizer que os contratos bilaterais do concordatário são disciplinados não apenas pelo artigo 165 da Lei de Falências, mas, por igual, pelos artigos 198 do Código Comercial e 119, 1.092 e 1.131 do Código Civil, cujos textos cumpre transcrever para facilitar a compreensão da matéria:

Art. 165 da LF: "O pedido de concordata preventiva não resolve os contratos bilaterais, que continuam sujeitos às normas do direito comum".

50. Adaptado de nossa tese do concurso para Livre-Docência de Direito Comercial da Faculdade de Direito da UERJ, *Correção Monetária dos Créditos Quirografários na Concordata Preventiva*, Ed. Lumen Juris, 1990, pp. 182 e ss.

Art. 198 do CCom: "(Entrega da coisa e insolvência do comprador) — Não procede, porém, a obrigação da entrega da coisa vendida antes de efetuado o pagamento do preço, se, entre o ato da venda e o da entrega, o comprador mudar notoriamente de estado e não prestar fiança idônea ao pagamento nos prazos convencionados".

Art. 119 do CC: "Se for resolutiva a condição, enquanto esta não se realizar, vigorará o ato jurídico, podendo exercer-se desde o momento deste o direito por ele estabelecido; mas, verificada a condição, para todos os efeitos, se extingue o direito a que ela se opõe".

Parágrafo único. "A condição resolutiva da obrigação pode ser expressa, ou tácita; operando, no primeiro caso, de pleno direito, e por interpelação judicial, no segundo".

Art. 1.092 do CC: "Nos contratos bilaterais, nenhum dos contraentes, antes de cumprida a sua obrigação, pode exigir o implemento do outro.

Se, depois de concluído o contrato, sobrevier a uma das partes contratantes diminuição em seu patrimônio, capaz de comprometer ou tornar duvidosa a prestação pela qual se obrigou, pode a parte, a quem incumbe fazer prestação em primeiro lugar, recusar-se a esta, até que a outra satisfaça a que lhe compete ou dê garantia bastante de satisfazê-la."

Parágrafo único do art. 1.092 do CC: "A parte lesada pelo inadimplemento pode requerer a rescisão do contrato com perdas e danos".

Art. 1.131 do CC: "Não obstante o prazo ajustado para o pagamento, se antes da tradição o comprador cair em insolvência, poderá o vendedor sobrestar a entrega da coisa, até que o comprador lhe dê caução de pagar no tempo ajustado".

Do estudo dos dispositivos disciplinadores dos efeitos da concordata preventiva quanto aos contratos bilaterais do concordatário, conclui-se:

1º) os contratos bilaterais do concordatário não se resolvem com a impetração do pedido inicial (art. 165 da LF);

2º) os contratos bilaterais do concordatário continuam sujeitos às normas do direito comum (art. 165 da LF);

3º) o co-contratante pode compelir o concordatário a:

a) prestar fiança idônea antes de cumprir sua obrigação (art. 198 do CCom.) ou

b) oferecer garantia real de pagar no tempo ajustado (art. 1.131 do CC), devendo, para esse fim, o concordatário, *ex vi* dos arts. 149 c/c 163 da LF, provada a utilidade da manutenção do contrato (art. 167 da LF), obter, após ouvidos o órgão do MP e o comissário, autorização judicial;

4º) se o concordatário não garantir o cumprimento da obrigação por fiança ou caução real, o co-contratante pode:

a) recusar-se a honrar sua parte na avença (art. 1.092, segunda parte, do CC) ou

b) postular a rescisão do contrato com perdas e danos (par. único do art. 1.092 do CC), de vez que o concordatário deixou de cumprir a norma dos arts. 198 do CCom e 1.092 e 1.131 do CC;

5º) havendo norma contratual resolutória expressa (art. 119 e seu par. único do CC), o co-contratante pode, unilateralmente, rescindir, pelo simples fato da impetração da concordata preventiva, o contrato celebrado com o concordatário.

## *VIII — A NORMA DO ART. 43 DA LEI ESPECIAL DE FALÊNCIAS, POR SER NORMA EXCEPCIONAL, DEVE PREFERIR A TODAS AS DEMAIS*

O artigo 43 da LF tem a seguinte redação: "Os contratos bilaterais não se resolvem pela falência e podem ser executados pelo síndico, se achar de conveniência para a massa".

Parágrafo único: "O contraente pode interpelar o síndico, para que, dentro de cinco dias, declare se cumpre ou não o contrato. A declaração negativa ou o silêncio do síndico, findo esse prazo, dá ao contraente o direito à indenização, cujo valor, apurado em processo ordinário, constituirá crédito quirografário".

A Lei especial de Falências, ao deixar patente, no artigo 165, que "os contratos do concordatário não se resolvem com a concordata, ficando sujeitos às normas do direito comum", determina, portanto, expressamente, que as relações jurídicas, inerentes e decorrentes de contratos bilaterais do concordatário, sejam reguladas, após a impetração da concordata preventiva, pelas regras do Código Civil e do Código Comercial. O mesmo, todavia, não ocorre em relação aos contratos do falido, que são disciplinados, exclusivamente, pelo disposto no artigo 43 e seu parágrafo único da Lei de Falências e não pelas "normas do Direito comum", o que nos autoriza a afirmar: a lei especial de falências, ao cuidar dos contratos bilaterais do falido, fê-lo segundo critérios particulares com o propósito nítido de apartá-los da disciplina dos contratos bilaterais do Direito comum, tendo a norma do artigo 43 da LF flagrante caráter de exceção e de privilégio, daí porque deve ser interpretada restritivamente e preferir a todas as demais.

Porque os contratos bilaterais do falido são exclusivamente regulados pelo artigo 43 da Lei especial de Falências e não pelo Código Civil e pelo Código Comercial e porque a norma do artigo 43 da LF é excepcional, conclui-se que:

1º) o co-contratante não pode exigir do falido que este preste caução real ou fiança idônea do cumprimento de qualquer obrigação contratual;

2º) o co-contratante não pode recusar-se a cumprir a obrigação assumida contratualmente sob a alegação de que o falido deve antes oferecer caução real ou fiança idônea, nem, tampouco, pleitear a rescisão do contrato com perdas e danos com fundamento no artigo 1.092 do CC, por não haver o falido oferecido caução real ou fiança idônea;

3º) o co-contratante não pode, ainda que exista cláusula resolutiva expressa no contrato, rescindi-lo por haver sido declarada a falência da outra parte;

4º) o síndico, se achar de conveniência da massa, pode executar os contratos bilaterais em curso;

5º) o máximo que se concede ao co-contratante é a faculdade de interpelar o síndico para que declare se cumpre ou não o contrato.

É evidente, entretanto, que, se o síndico, após haver declarado querer executar o contrato, não cumpre suas obrigações, o co-contratante pode pleitear a rescisão com perdas e danos, *ex vi* do artigo 1.092 do CC, pois, *in casu*, omisso no particular o artigo 43 da LF, aplica-se o Direito comum.

Finalmente, para que não paire dúvida sobre a *mens legis* e o propósito do legislador de criar normas excepcionais na lei especial de falências a respeito dos contratos do falido, destaque-se o disposto no artigo 44 da LF, que arrola regras específicas que prevalecerão sempre nos contratos entre falido e o co-contratante, afastando a disciplina dessas relações contratuais das normas gerais do Direito comum, e, ademais, as normas excepcionais dos artigos 45 a 49 da LF, que têm a mesma finalidade.

# Doutrina

## ASPECTOS DO CRÉDITO DOCUMENTÁRIO

RICARDO JOSÉ MARTINS

*Introdução. I — Contrato de compra e venda internacional. II — Formas de pagamento nas vendas internacionais. III — Origem, evolução histórica e terminologia. IV — As diversas formas de substituição do devedor, de sucessão na dívida e de adesão à dívida. V — O problema da tipificação dos contratos. VI — Da apresentação e conferência dos documentos. VII — As partes e as relações jurídicas no crédito documentário. VIII — Classificação. IX — Teorias sobre a natureza jurídica do crédito documentário. X — Tentativa de estabelecimento da natureza jurídica do crédito documentário. Conclusões.*

### *INTRODUÇÃO*

Achamos conveniente apresentar alguns esclarecimentos a respeito do presente trabalho.

Visou ele a obtenção do grau de mestre em Direito Comercial pela Faculdade de Direito da Universidade de São Paulo, sob a orientação do Prof. Dr. Waldirio Bulgarelli.

A escolha do assunto foi uma continuação de nossa pesquisa sobre as operações financeiras internacionais, fruto de vários anos de exercício da advocacia para instituição bancária e que nos levou a publicar, anteriormente, trabalho intitulado *Operações com Moeda Estrangeira — efeitos no processo falimentar.*

O crédito documentário — tema de relevância indiscutível — ganha maior significação no momento em que o Brasil amplia suas relações comerciais internacionais, pois está intrinsecamente ligado à compra e venda internacional.

É evidente que os contratos de compra e venda entre praças diferentes sempre trouxeram dificuldades e insegurança às partes.

De um lado, não poderia o vendedor confiar num comprador desconhecido, domiciliado em outro país, a ponto de remeter-lhe a mercadoria, sem garantia do pagamento do preço. Do outro lado, seria arriscado para o comprador antecipar o preço sem a certeza de que receberia a mercadoria comprada.

Visando superar tais dificuldades, foi criado e aperfeiçoado pela prática o crédito documentário, que se caracteriza como um ajuste pelo qual o banco, chamado emitente ou instituidor, agindo a pedido e em obediência a instruções do cliente, denominado ordenador, compromete-se perante terceiro, o beneficiário, a efetuar um pagamento, aceitar ou negociar letra de câmbio sacada por este, ou, ainda, a autorizar outro banco a fazê-lo, em qualquer caso contra a entrega de documentos previamente estipulados.

Trata-se de instituto complexo, envolvendo três, quatro ou mais partes, com diversas e distintas relações entre si.

A obrigatoriedade de que seja efetuado contra a apresentação de documentos dificulta ainda mais a caracterização de sua natureza jurídica.

Os doutrinadores são unânimes em afirmar que o crédito documentário é fruto da evolução das cartas de crédito, constituindo-se como especialização destas. Entretanto, só adquiriu sua forma atual, ganhando contornos definitivos, após a Primeira Guerra Mundial, tendo as tentativas de sistematização começado nos anos vinte, patrocinadas pelas associações nacionais de banqueiros, os maiores interessados, uma vez que se trata de um típico contrato bancário.

O segundo passo foi a proposta de uniformização a nível internacional, apresentada pelos banqueiros americanos, que obteve a adesão da Câmara de Comércio Internacional, com sede em Paris.

A terceira fase, que seria a sua incorporação às legislações nacionais, ainda não ocorreu, ou vem ocorrendo de forma muito lenta, embora compreensível e explicável pelo fato de que o contrato é de direito internacional e as normas que o regem — Regras e Usos Uniformes sobre Créditos Documentários —, recentemente revisadas pela Câmara de Comércio Internacional, e objeto da Publicação n. 500, de maio de 1993 — serem satisfatórias e aplicadas de forma generalizada em todo o mundo.

É conveniente frisar que as normas reguladoras do crédito documentário, na verdade, sempre se limitaram a sistematizar as práticas adotadas pelos bancos, respeitando igualmente os objetivos do instituto.

Sabemos que são diversos os objetivos perseguidos pelo crédito documentário. Mas, a nosso ver, dois deles avultam:

a) garantir ao vendedor o cumprimento do contrato pelo comprador;

b) garantir ao comprador o cumprimento do contrato pelo vendedor.

Partimos desses dois objetivos básicos para tentar caracterizar o instituto.

Dividimos o trabalho em 11 itens, dedicando o primeiro ao estudo do contrato de compra e venda internacional, procurando compatibilizar as normas da compra e venda com o contrato internacional. Nele analisamos também a Convenção de Viena de 1980 sobre a venda internacional de mercadorias, a formação do contrato, o papel das associações internacionais na elaboração dos contratos-tipo e os *INCOTERMS*.

No segundo, tratamos das diversas formas de pagamento nas vendas internacionais, das quais o crédito documentário é uma.

No item terceiro, apreciamos a origem e evolução histórica do instituto, as diversas tentativas de sistematização e, acatando sugestão da Banca Examinadora, a terminologia empregada, uma vez que parte da doutrina nacional, a partir de Carvalho de Mendonça, utiliza a expressão "crédito documentado".

O quarto item foi dedicado às diversas formas de substituição do devedor, de sucessão na dívida e de adesão à dívida, constatando a inexistência de uma figura jurídica única e típica pela qual terceiro estranho vem a substituir o devedor numa relação jurídica anterior, a sucedê-lo ou a ela aderir na posição passiva, liberando ou não o devedor original.

No item quinto observamos o processo de tipificação dos contratos nas legislações nacionais e no plano internacional, concluindo que é idêntico. As relações jurídicas surgem das necessidades sociais, consolidam-se através do tempo e só mais tarde são incorporadas às legislações nacionais, no primeiro caso, ou em convenções internacionais ou modelos recomendados por associações e organizações internacionais, no segundo.

No sexto estudamos a apresentação dos documentos pelo beneficiário, como condição para o cumprimento do crédito, a conferência promovida pelos bancos envolvidos e analisamos sumariamente os próprios documentos.

O sétimo teve por objetivo conhecer as partes que intervêm na operação e as diversas relações jurídicas que as envolvem.

No oitavo item, vimos a classificação do crédito documentário, uma vez que ele assume formas variadas.

Reservamos o item nono para estudar as diversas teorias sobre a natureza jurídica do instituto, constatando que ele não pode ser identificado com qualquer outra figura jurídica conhecida.

No item décimo, apresentamos nosso pensamento sobre o assunto, tentando demonstrar que o crédito documentário é uma operação bancária típica de direito costumeiro internacional, enquanto no último apresentamos as conclusões a que chegamos em nosso despretensioso trabalho.

Após a defesa da dissertação, foi publicada pela CCI a nova versão das Regras e Usos Uniformes sobre Créditos Documentários, através da Publicação n. 500, de abril de 1993, entrando em vigor a partir de 1º de janeiro de 1994.

A revisão começou em 1989, com a autorização da Comissão sobre Técnicas e Práticas Bancárias da CCI, tendo sido formado um grupo de trabalho para tal mister, sob a presidência de Charles del Busto. Do grupo participaram banqueiros internacionais, professores de Direito e advogados especializados em operações bancárias internacionais. Seu objetivo expresso foi:

a) simplificar as normas;

b) incorporar práticas bancárias internacionais, facilitar e padronizar as práticas correntes;

c) aumentar a confiabilidade da garantia dos créditos documentários, através da presunção de irrevogabilidade e estipulação da responsabilidade primária não só do banco emitente, mas também do banco confirmador;

d) tratar dos problemas das condições não documentárias;

e) relacionar detalhadamente os elementos de aceitabilidade para cada categoria de documento de transporte.[1]

Em virtude desse fato, da maior relevância, procedemos à adaptação do texto às novas regras, destacando a alteração da presunção em favor da irrevogabilidade do crédito como a mais significativa.

## *I — CONTRATO DE COMPRA E VENDA INTERNACIONAL*

### *1.1 Visão geral*

É sabido que o contrato de compra e venda é o mais tradicional dos contratos e encontra-se na origem não só do Direito Comercial como também do Direito Internacional Privado.

É dos mais antigos contratos de que se tem notícia, representando uma evolução do escambo. Dele tratam obras milenares como o *Código de Hamurabi*[2] e a *Bíblia.*[3]

Sua caracterização como "contrato bilateral e consensual pelo qual o vendedor obriga-se a entregar uma coisa ao comprador mediante um preço em dinheiro, que este se obriga a pagar" (*emptio venditio*), já está implícita na lição de Gaio.[4]

No campo internacional, responde por 3/4 das operações e é a espécie em que existe maior divergência de leis, sendo, em conseqüência, a que gerou o maior número de trabalhos e de soluções arbitrais.

Por isso, de há muito, vem-se desenvolvendo um esforço de sistematização visando estabelecer normas uniformes regu-

1. Cf. Charles del Busto, em *Prefácio à Publicação n. 500*, da CCI, abril de 1993, tradução do Comitê Brasileiro, publicada no Brasil pelas Edições Aduaneiras, São Paulo, 1994.

2. Parágrafos 7, 9, 10, 12, 35, 36, 37, 39 e 40, entre outros, o último fazendo expressa referência a "mercador".

3. Já no *Livro do Gênesis*, 23,3, há referência à compra de um sepulcro por Abraão.

4. *Institutas* 3, 139/141.

ladoras do contrato de compra e venda internacional, podendo ser relacionadas as seguintes tentativas:

a) Convenção de Haia de 1955 para unificação das regras de soluções dos conflitos de leis;

b) Convenção de Haia de 1958 sobre a lei aplicável à transferência de propriedade na compra e venda internacional;

c) Conveção de Haia de 1958 sobre a competência dos tribunais nacionais eleitos pelas partes de um contrato para resolver suas divergências;

d) Convenção de Haia de 1964 que promulgou a Lei Uniforme sobre a formação dos contratos de compra e venda internacional de bens móveis corpóreos;

e) Convenção de Haia de 1964 que promulgou a Lei Uniforme aplicável aos contratos de compra e venda da caráter internacional de bens móveis corpóreos;

f) Convenção de Viena de 1980 que revogou as duas anteriores (aprovada por 62 países mas ainda não ratificada senão por uma dezena);

g) *Incoterms* (regras internacionais para interpretação de termos comerciais), editadas em 1936 pela Câmara de Comércio Internacional, de Paris, estando em vigor a revisão de 1990, através da Publicação n. 460;

h) Regras e usos uniformes em matéria de crédito documentário, editadas pela Câmara de Comércio Internacional, em 1933, estando em vigor a revisão de 1993, através da Publicação n. 500;

i) Regras uniformes para a cobrança de efeitos comerciais publicados pela Câmara de Comércio Internacional em 1967,[5] estando em vigor desde janeiro de 1996 a revisão de 1995, através da Publicação n. 522.

É verdade que as leis uniformes de 1964 sobre a compra e venda internacional, que entraram em vigor em 1972, não tiveram aplicação prática, uma vez que poucos países a ratificaram, entre os quais o Reino Unido, este, porém, de forma tão limitada que as transformaram "em simples modelos de contratos a serem seguidos pelas partes".[6]

Foram também criticadas pelos Estados Unidos, países socialistas e subdesenvolvidos, não só pela pequena representatividade — uma vez que da comissão que as elaborou participou um número reduzido de Estados, quase todos europeus — mas também porque transpunham para o campo internacional princípios do sistema jurídico de origem romano-germânica.[7]

Em face desses problemas, a UNCITRAL (United Nations Comission for International Trade Law) resolveu elaborar uma revisão de tais leis com a intenção de contemplar as necessidades dos países do Terceiro Mundo, diferentes daquelas dos países industrializados e, paralelamente, corrigir as falhas nelas identificadas.[8]

É certo que os países desenvolvidos não tinham nem têm qualquer interesse na aprovação de normas precisas e gerais aplicáveis ao comércio internacional, salvo quando vêm em seu benefício, pois, dispondo do poder, quase sempre impõem sua vontade como norma contratual.

Na verdade, os contratos internacionais de venda são regulados de formas diversificadas, a partir do produto objeto da venda e em face da atuação de associações

5. Cf. Waldirio Bulgarelli, *Contratos Mercantis*, Atlas, 2ª ed., pp. 210-211. Cf. Eugênia Cristina de Jesus Zerbini, "A Convenção de Viena sobre a Venda Internacional de Mercadorias", in *Contratos Internacionais*, coordenada por João Grandino Rodas, Ed. RT, 1985, pp. 76-77. Cf. *INCOTERMS 1990*, Publicação n. 460, da ICC, Edições Aduaneiras, 1990. Cf. *Regras e Usos Uniformes sobre Créditos Documentários*, Publicação n. 500 da ICC, Edições Aduaneiras, 1994. Cf. *ICC Uniform Rules for Collections — A Comentary* URC 522, ICC, Edições Aduaneiras, 1995.

6. Cf. Michel Boryscwiz, citado por Eugênia Zerbini, ob. cit., p. 77, nota 3.

7. Eugênia Zerbini, ob. cit., p. 78.

8. Cf. Eugênia Zerbini, ob. cit., p. 78.

profissionais de exportadores e importadores, do poderio militar e político dos países envolvidos e das legislações nacionais, com seus interesses específicos, privilégios, subsídios, reservas de mercado etc.

### *1.2 Compra e venda e contrato internacional — Compatibilização*

É acaciano dizer-se que a venda internacional nada mais é do que o milenar contrato de compra e venda, aplicado no plano internacional.

Sendo certo que o contrato de compra e venda — em linhas gerais — não oferece dúvidas teóricas, é conveniente, antes de tudo, verificarmos a conceituação do contrato internacional, uma vez que é impossível estudar-se as características especiais de determinado objeto sem que se tenha uma noção global do mesmo.

Já se disse que todo contrato é regido por uma lei interna, vale dizer, que todo contrato é nacional. Contudo, essa proposição não reflete fielmente uma verdade.

Os critérios adotados para a caracterização do contrato internacional de comércio são variáveis.

Na verdade, diz-se que o contrato é internacional quando envolve mais de uma ordem jurídica nacional. Surge então o problema da necessidade de identificar-se o contrato internacional, especialmente porque tal contrato não tem ainda uma conceituação própria.

É possível relacionar alguns princípios fundamentais que regem o contrato internacional de comércio. O primeiro deles é o da boa-fé, em sentido amplo. Tal princípio é válido até mesmo quanto às afirmações da parte com relação à sua legislação pátria. A outra parte contratante tem que confiar na afirmação feita.

Outro, é o princípio da autonomia da vontade, que é de fundamental importância no contrato padrão da *Common Law*, com a definição prévia de cada conceito a ser utilizado, tal como domicílio, prestação, etc.

Esta prática decorre da própria característica desse direito, de origem costumeira, não afeiçoado à norma escrita, codificada, como acontece com o direito da Europa Continental, que segue a tradição romano-germânica.

Assim, a verdade é que não existe um conceito pronto e acabado de contrato internacional, embora já esteja ele caracterizado em linhas gerais pela doutrina.

O comércio internacional tem sido identificado por muitos estudiosos como uma *lex mercatoria*, vale dizer, com a progressiva e lenta institucionalização de usos e costumes derivados das práticas observadas nas relações de comércio internacional, processo esse verificado na própria formação do direito comercial, nas feiras medievais.[9]

A partir desse prisma, não pode prosperar a conceituação simplista que parte do entendimento do que seja contrato nacional, acrescentando-se-lhe um mero componente de internacionalidade.

Logo, não é correto partir-se da conceituação moderna de contrato dada pelo art. 1.321 do Código Civil italiano como "o acordo de vontades entre duas ou mais partes, visando constituir, regulamentar ou extinguir entre elas uma relação jurídico-patrimonial", para concluir que existe um contrato internacional neste caso, sempre que as partes contratantes tiverem nacionalidades diferentes.

Amparado no pensamento de José Luiz Siqueiros, afirma Irineu Strenger que "Uma das notas características dos contratos internacionais é a sua vinculação a um ou mais sistemas jurídicos estrangeiros, além de outros dados de estraneidade, como o domicílio, a nacionalidade, a *lex vontuntatis*, a localização da sede, centro de principais atividades e até a própria conceituação legal", ressalvando, porém, que "os elementos concretos determinadores da natu-

9. Bertold Goldman, *Lex Mercatoria, Forum Internationale*, n. 3, nov./83.

reza dos contratos não só podem ter gama de variações com maior amplitude, como estruturalmente o contrato pode revelar-se internacional, pela sua essencialidade".[10]

É evidente que tudo o que foi dito acima, de forma genérica, sobre o contrato internacional de comércio, aplica-se à venda internacional, pois esta é uma espécie daquele, sujeitando-se também, evidentemente, às normas que regem o contrato de compra e venda, além de possuir certas características especiais e inconfundíveis.[11]

Um dos critérios adotados para a conceituação específica do contrato de compra e venda internacional é o de Phillipe Khan, adotado pela doutrina francesa, segundo o qual "A venda é internacional se a mercadoria vendida deve ser entregue em outro país diverso daquele em que ela se encontra no momento da conclusão do contrato".[12]

Tal critério, que foi aceito pela Corte de Cassação, é de extrema simplicidade e tem sido elogiado pelos estudiosos exatamente por esta característica, bem como por não permitir fraudes em virtude do alto custo do transporte não compensar a transferência do bem para o exterior apenas para travestir o contrato em internacional.[13]

A Convenção das Nações Unidas sobre os contratos de venda internacional de mercadorias, aprovada na Conferência de Viena, em 14 de abril de 1980, entretanto, adotou outro critério menos preciso, o que veremos no lugar próprio.

### *1.3 Convenção de Viena de 1980 sobre a venda internacional de mercadorias*

Como visto, foram diversas as tentativas de unificar as normas internacionais sobre vendas de mercadorias.

Frustrada a tentativa da Convenção de Haia de 1964, a UNCITRAL dispôs-se a elaborar nova lei uniforme que a substituísse.

O trabalho foi pontilhado por dificuldades, uma vez que os Estados desenvolvidos não tinham qualquer interesse em sua aprovação.

O Prof. Waldirio Bulgarelli cita um longo depoimento do Prof. Garrigues descrevendo as verdadeiras sabotagens dos representantes dos países ricos na UNCITRAL a fim de impedir a elaboração da nova lei.

Na verdade, eles "queriam seguir impondo suas condições gerais e seus contratos-tipo" e para conseguir seu intento utilizaram-se dos mais variados expedientes, entre os quais os seguintes:

a) a defesa da manutenção da lei uniforme aprovada em Haia, em 1964, sabidamente inconsistente;

b) o estabelecimento de verdadeiro "jogo-de-empurra" entre o grupo de trabalho encarregado de elaborar o texto-base e a Secretaria Geral: as questões tratadas pelo grupo eram remetidas ao Secretário Geral e outra vez devolvidas ao grupo, com pequenas alterações, para reexame;

c) a tentativa de dar um alcance exagerado ao princípio da autonomia da vontade, mantendo o texto do art. 3º da Lei Uniforme de 1964, segundo o qual as partes poderiam excluir expressa ou tacitamente a aplicação total ou parcial da referida lei;

d) a pretensão de incluir disposição permitindo a qualquer Estado "mediante notificação dirigida ao Governo dos Países Baixos, declarar que não aplicará a lei uniforme senão aos contratos cujas partes hajam eleito essa lei para reger seu contrato".[14]

Em suma, como conclui a exposição de Waldirio Bulgarelli: "O duplo jogo do art. 3º e as reservas do art. 5º da Convenção atuavam em favor da parte econômica

10. *Contratos Internacionais de Comércio*, Ed. RT, 1986, p. 7.

11. Waldirio Bulgarelli, ob. cit., p. 208.

12. *La Vente Commerciale Internacionale*, Paris, 1961, *apud* Waldirio Bulgarelli, ob. cit., p. 208.

13. Waldirio Bulgarelli, ob. cit., pp. 208-209.

14. Waldirio Bulgarelli, ob. cit., pp. 205-208.

mais forte e convertiam definitivamente a lei uniforme num conjunto de condições gerais ou em obra puramente teórica".[15]

A Convenção foi finalmente aprovada em 11 de abril de 1980 e reuniu num só documento as disposições constantes das duas leis uniformes de 1964, as relativas à formação do contrato e as que dispunham sobre as relações entre as partes contratantes.

Sua primeira parte trata do campo de aplicação (arts. 1º a 6º) e disposições gerais (arts. 7º a 13).[16]

O campo de aplicação envolve a venda de mercadorias entre as partes estabelecidas em Estados diferentes, quando tais Estados são contratantes ou quando as regras do Direito Internacional Privado estabelecem a aplicação da lei de um Estado contratante, não sendo levado em conta o fato da diferença de localização quando tal fato não derive do contrato, das transações anteriores entre as partes nem de qualquer manifestação delas antes ou quando da conclusão do contrato. Também não são consideradas a nacionalidade das partes ou seu caráter civil ou comercial (art. 1º).

A Convenção não rege as vendas para consumo pessoal, familiar ou doméstico, em leilão ou hasta pública, de valores mobiliários ou moedas, navios, aeronaves e eletricidade (art. 2º), mas regula os contratos de fornecimento de mercadorias por fabricar ou produzir, a menos que o adquirente tenha de fornecer parte essencial dos materiais e do mesmo modo não se aplica àqueles em que a prestação mais significativa do vendedor seja representada por mão-de-obra ou serviços (art. 3º).

Regula exclusivamente a formação do contrato e os direitos e obrigações que o mesmo faz nascer entre comprador e vendedor, não regulando, porém, sua validade ou de suas cláusulas nem os efeitos que possa ter sobre a propriedade das mercadorias vendidas (art. 4º), não se aplicando igualmente à responsabilidade do vendedor por lesões corporais ou morte causadas a quem quer que seja pelas mercadorias (art. 5º).

O art. 6º representa a concessão ao princípio da autonomia da vontade exigido pelos países desenvolvidos, permitindo a exclusão da aplicação da convenção, total ou parcialmente, ou a modificação de seus feitos por acordo entre as partes.

As disposições fazem repetidas referências à boa-fé (art. 7º, 1), a princípios gerais (art. 7º, 2), intenção da parte (art. 8º), usos consentidos e hábitos estabelecidos (art. 9º), admitindo a ausência de forma rígida e a possibilidade de prova por qualquer meio (art. 11), além de reconhecer que o termo "escrito" envolve qualquer forma de manifestação grafada, inclusive o telegrama e o telex (art. 13).

A segunda parte da referida Convenção dispõe sobre a formação do contrato (arts. 14 a 24), disciplinando a proposta, a aceitação e a revogação da oferta.

Somente em sua terceira parte a Convenção de Viena regula a venda de mercadorias, tratando das disposições gerais, violação, alteração e resolução do contrato, em seu cap. I, arts. 25 a 29.

O capítulo II trata das obrigações do vendedor, partindo das obrigações básicas de todo vendedor: entregar a mercadoria, transferir a propriedade e remeter os documentos respectivos (art. 30). O conceito de entrega de mercadoria é vinculado a especificações ajustadas, vale dizer, à qualidade, quantidade, tipo etc., sob pena de não ser considerado o ato praticado como de entrega ou remessa efetiva da mercadoria, acarretando sanções ao vendedor. Essas disposições estão divididas em três seções, a saber:

1ª) entrega da mercadoria e remessa dos documentos (arts. 31 a 34);

2ª) conformidade das mercadorias e direitos ou pretensões de terceiros (arts. 35 a 44);

15. Ob. cit., p. 208.

16. Cf. texto oficial em francês *apud* Irineu Strenger, ob. cit., pp. 389 e ss.

3ª) meios de que dispõe o comprador em caso de violação do contrato pelo vendedor (arts. 45 a 52).

O capítulo III regula as obrigações do comprador, que compreendem basicamente o pagamento do preço e retirada das mercadorias (art. 53). É ele também dividido em três seções, a primeira dispondo sobre o pagamento do preço (arts. 54 a 59), a segunda sobre o recebimento das mercadorias (art. 60) e a última estabelecendo os meios de que dispõe o vendedor em caso de inadimplemento do contrato por parte do comprador (arts. 61 a 95).

Esta é, em linhas gerais, a estrutura da Convenção de Viena de 1980 sobre a compra e venda internacional de mercadorias.

### 1.4 *A formação do contrato*

É fora de dúvida que o primeiro passo para a concretização de um negócio é a aproximação das partes, com interesses gerais e opostos, vale dizer, uma quer vender determinado bem por um preço enquanto a outra pretende dispor daquela importância para adquirir o bem oferecido.

Em comércio internacional, tal aproximação é efetuada através de feiras industriais e comerciais, salões especiais, exposições, publicações especializadas, bem como por organizações também especializadas, públicas e privadas, que se encarregam de fomentar o intercâmbio comercial, em prol de suas empresas nacionais ou de seus clientes, segundo o tipo de organismo.

Normalmente, neste primeiro contato entre as partes já podem ser identificados efeitos jurídicos, porque derivam da confiança que as partes depositaram na organização que promoveu tal aproximação, sendo certo que a jurisprudência internacional tem sido muito rigorosa no julgamento da atividade dos intermediários, encontrando-se decisões — conforme assinala Irineu Strenger[17] — afirmando existir "insitamente, no desempenho do intermediário o dever de conselho e obrigação de cautela e prudência, para evitar os riscos e perigos das operações que favorecem".

O segundo passo no desenvolvimento do processo compreende as negociações preliminares, que podem, em determinados casos, assumir formas bastante complexas e envolvem a apresentação de propostas e contrapropostas, nas quais as partes vão delineando as suas pretensões e objetivos, procurando compatibilizar o interesse próprio com as exigências do parceiro.

O contrato deve incorporar as tratativas da fase preliminar (cartas, telex etc.), de forma expressa, relacionando todos os documentos trocados entre as partes e que se integrarão ao seu texto final, ou então, alternativamente, declarar também categoricamente a ineficácia de tais documentos e que o contrato valerá exclusivamente pelo que nele se contém.

É bom frisar que o contrato não se destina a garantir as partes mas apenas a registrar o negócio, pois objetiva ser cumprido. Quem contrata não tem o ânimo de discutir o contrato, mas apenas de cumpri-lo e de vê-lo cumprido pela outra parte contratante.

Contudo, devem ser tomadas precauções para a eventualidade de um descumprimento, ou mesmo para evitar o surgimento de qualquer dúvida quando da execução do mesmo.

Por isso deve ser regulado minuciosamente o ajuste envolvendo qualidade, quantidade, tipo, condição de entrega, prazo, modalidade de pagamento etc.

Neste ponto, surge uma deficiência na Convenção de Viena de 1980, apontada por Eugênia Zerbini, que é a de não se ter preocupado com as novas formas contratuais ainda em elaboração, sendo, ao mesmo tempo, não aplicável aos contratos tradicionais, em sua quase totalidade já institucionalizados em contratos-tipo pelas associações de vendedores e compradores de cada produto.[18]

17. Ob. cit., p. 78.

18. Ob. cit., p. 91.

Ademais disso, a segunda parte da Convenção, que trata exatamente da formação do contrato, repete quase integralmente a lei uniforme de 1964, que, por sua vez, foi objeto de poucas discussões na Conferência de Haia.[19]

### *1.5 As associações internacionais e os contratos-tipo*

O relativo malogro das diversas tentativas de regular os contratos de compra e venda internacional através de convenções internacionais é explicável pela notória especialização do comércio internacional, pela existência de poderosas associações internacionais de compradores e vendedores e pelo controle que as grandes empresas internacionais, geralmente de países desenvolvidos, exercem sobre tais organismos.

Com efeito, já foi dito que um dos princípios básicos que informam o comércio internacional é o da autonomia da vontade, pelo qual as partes têm ampla liberdade para ajustar as cláusulas e condições que lhes pareçam mais convenientes.

Por essa forma, os vendedores e compradores de cada produto foram, através do tempo, estabelecendo em seus contratos cláusulas especiais e específicas para aquele determinado produto. Verificadas as vantagens ou defeitos de cada cláusula, foram sendo abandonadas umas e repetidas outras a cada novo negócio.

Tais repetições acabaram institucionalizando uma série de cláusulas-padrão que passaram a ser exigidas de quem quer que se dispusesse a atuar em determinado segmento do comércio internacional.

O passo seguinte foi a sistematização de tais cláusulas formando os *contratos-tipo*, patrocinados pelas associações internacionais de vendedores e compradores de determinado produto.

Ao lado disso, dada a especialização do comércio internacional, foi também sendo criado um vocabulário especializado de termos técnicos, cujo significado preciso é entendido facilmente por todos os envolvidos em cada ramo.

Por conseguinte, os contratos de determinada atividade foram aos poucos adquirindo um caráter uniforme, ou seja, um tipo. Observa-se, assim, um verdadeiro processo de tipificação dos contratos internacionais de comércio.

Após aceito sem contestação o contrato-tipo, disseminado pelo costume internacional e tomando a forma de um modelo padrão de contrato para determinadas operações, passa a ser reconhecido como fonte desse direito costumeiro e institucionalizado por alguma organização internacional, como *v.g.*, a London Corn Trade Association.

Assim, no comércio internacional, podemos identificar um fenômeno interessante, qual seja a prática contratual gerando a tipicidade dos contratos, em franca contraposição ao direito nacional, em que o tipo deriva da lei.

Contudo, a afirmação de que o contrato-tipo é fruto da aplicação pura e simples do princípio da autonomia da vontade aplicada no campo do comércio internacional é falaciosa, pois o comércio internacional é, evidentemente, produto das relações entre as nações, representando igualmente os diversos interesses nacionais e as relações de poder vigente entre a macroempresa e o Estado.

É verdade que a Carta das Nações Unidas em seu belo e utópico preâmbulo, declara que os povos das Nações Unidas, entre outros propósitos, estavam resolvidos a "Promover o progresso social e melhores condições de vida dentro de uma liberdade mais ampla" e para tais fins decidiam "empregar um mecanismo internacional para promover o progresso econômico e social de todos os povos".

Para tal mister criou efetivamente em sua estrutura um Conselho Econômico e

19. Eugênia Zerbini, ob. cit., pp. 85-86.

Social (Cap. X, arts. 61 a 72) e, em 16 de dezembro de 1966, aprovou o Pacto Internacional Sobre Direitos Econômicos, Sociais e Culturais,[20] consolidando o princípio da solidariedade internacional, que, entretanto, até hoje não surtiu qualquer efeito, haja vista a fome que dizima diuturnamente grande parte da população do planeta.

Na prática, portanto, as desigualdades entre os países a cada dia mais se acentuam, criando o fenômeno identificado pelo saudoso economista Gunar Myrdal como uma "sociedade de classes internacional"[21] e cujos desníveis foram bem acentuados por Wilson Sidney Lobato[22] para o caso do Brasil.

Realmente, se a Segunda Guerra Mundial praticamente destroçou o colonialismo,[23] não é menos verdadeiro — conforme assinalou John Kenneth Galbraith[24] — que "As antigas potências coloniais são agora as ricas nações industriais e suas antigas colônias são os países pobres do mundo".

Gunar Myrdal constatou que, nos países ricos, os problemas internacionais que não estejam relacionados com a segurança nacional parecem estranhos, citando um exemplo concreto: "Devido a sua posição de país maior credor do mundo, o extremado protecionismo dos Estados Unidos, efetuado por altas tarifas e por muitos outros expedientes, tem uma importância particular neste contexto. Nos Estados Unidos existem, certamente, interesses locais e especiais por trás de cada medida individual de proteção".[25]

20. Aprovado pelo Brasil através do Dec. leg. 226, de 12.12.91 e posto em vigor pelo Dec. 591, de 6.7.92.

21. *Solidariedad o Desintegración*, Fondo de Cultura Económica, México, 1ª ed. espanhola, 1956.

22. *Comércio Exterior do Brasil: Dívidas e Dúvidas*, Ed. Civilização Brasileira, 2ª ed., 1977, pp. 43-50.

23. Kurt Rudolf Mirow, *Condenados ao Subdesenvolvimento*, Ed. Civilização Brasileira, 2ª ed., 1978, p. 12

24. *A Era da Incerteza*, Ed. Pioneira, 1983, p. 128.

25. *Perspectivas de uma Economia Internacional*, Ed. Saga, 1967, pp. 66-73.

Mesmo quando foi alterada a posição dos Estados Unidos no mundo, passando de maior credor a maior devedor, as conclusões de Gunar Myrdal permaneceram verdadeiras. As mesmas são válidas igualmente para o Japão e países da Comunidade Econômica Européia, empenhados numa guerra econômica sem quartel, abusando todos das medidas protecionistas, enquanto procuram impor aos países em desenvolvimento uma abertura de mercado e liberalização que não praticam.

A globalização, já irreversível, nada mais é do que a versão modernosa da "Abertura dos Portos" às nações amigas, promovida pelo filho da Louca Maria I, D. João VI, enquanto fugia esbaforido para o Brasil.

Portanto, ninguém ignora que são as grandes empresas internacionais, pertencentes aos países mais poderosos, as que efetuam o maior número de operações, dispondo de imenso poder para ditar as cláusulas que lhes parecem mais interessantes, além do ostensivo respaldo dos governos de seus respectivos países.

A prova evidente e corriqueira da veracidade de tal assertiva foi a tentativa frustrada dos países exportadores de petróleo, na década de setenta, de se reunirem numa organização — a OPEP — com o objetivo de libertarem-se do domínio das *sete irmãs*, elevar os preços aviltados do óleo e utilizarem os recursos assim obtidos na promoção do desenvolvimento de seus povos.

Outro exemplo, bem recente, é a pressão que vem sendo exercida pelos Estados Unidos visando liquidar com o Mercosul.

Por isso, não temos a menor dúvida de que o tão decantado princípio da autonomia da vontade nos contratos internacionais de comércio não é efetivo, vigorando preponderantemente o poder das nações desenvolvidas e os interesses das macroempresas que as representam.[26]

26. Cf. John Kenneth Galbraith, ob. cit., pp. 259-262 e *O Novo Estado Industrial*, Ed. Civilização Brasileira, 1968, capítulos XXVI e XXVII.

### *1.6 Os "INCOTERMS"*

Vale relembrar que no contrato padrão da *Common Law* costuma-se definir cada conceito a ser utilizado, apresentando um verdadeiro glossário, muitas vezes até maior do que o texto do contrato propriamente dito.

Imaginemos, porém, que essa não seja a melhor solução pela dificuldade que apresenta para a interpretação do documento. Muito mais prático é utilizar-se, ao invés do glossário, palavras-chave, cujo conteúdo seja aceito de forma indiscutível e generalizada.

Essa vertente, paralela e não excludente da que apresenta o contrato-tipo, pode ser identificada mais claramente com os INCOTERMS (*International Rules for Interpretation of Trade Terms*) publicados em 1936 pela International Chamber of Commerce (ICC), de Paris.

Os INCOTERMS, como o nome bem o indica, visam disciplinar e padronizar a interpretação dos principais termos utilizados nos contratos de venda internacional.

Assim é que, ao invés de estabelecer em cláusulas expressas e discriminadas o local em que a mercadoria será colocada, até onde vai a responsabilidade do vendedor, quais os itens que comporão o preço, a cargo de quem ficará o frete, e assim por diante, as partes utilizam um INCOTERM.

Os INCOTERMS foram revisados sucessivamente em 1953, 1967, 1976, 1980 e 1990, a fim de fazer face às constantes mudanças ocorridas no comércio internacional.

A profunda revisão efetuada em 1990 (Publicação n. 460, da Câmara de Comércio Internacional) visou promover a adaptação dos INCOTERMS à necessidade de contemplar o uso generalizado do intercâmbio eletrônico de processamento de dados, bem como adequá-los à verdadeira revolução operada nas técnicas de transporte com a crescente utilização de *containers* e transporte multimodal.

Os termos catalogados foram reduzidos para 13 e apresentados de forma diferente, na revisão de 1990.

Agora, estão divididos em quatro grupos, denominados *E*, *F*, *C* e *D*, numa seqüência que parte da menor responsabilidade do vendedor, colocando as mercadorias à disposição em seu próprio estabelecimento (E), para a maior, em que as mercadorias são colocadas à disposição no país do comprador (D).

As obrigações das partes contratantes estão disciplinadas de maneira uniforme, em dez títulos para cada termo, usando-se a letra *A* para a posição do vendedor e a letra *B* para designar as obrigações do comprador.

Desse modo, as obrigações do vendedor estão assim discriminadas:

A 1 - Fornecimento das mercadorias em conformidade com o contrato;

A 2 - Licenças, autorizações e formalidades;

A 3 - Contrato de transporte e seguro;

A 4 - Entrega.

A 5 - Transferência de riscos;

A 6 - Divisão de custos;

A 7 - Notificação ao comprador;

A 8 - Prova de entrega, documento de transporte ou mensagem eletrônica equivalente;

A 9 - Conferência, embalagem e marca;

A 10 - Outras obrigações.

Paralelamente, a posição do comprador está regulada do seguinte modo:

B 1 - Pagamento do preço;

B 2 - Licenças, autorizações e formalidades;

B 3 - Contrato de transporte;

B 4 - Reconhecimento da entrega (*taking delivered*);

B 5 - Transferência de riscos;

B 6 - Divisão de custos;

B 7 - Notificação ao vendedor;

B 8 - Prova de entrega, documento de transporte ou mensagem eletrônica equivalente;

B 9 - Inspeção das mercadorias;

B 10 - Outras obrigações.

Assim, cada INCOTERM estabelece quais são os deveres e obrigações das partes dentro desses dez títulos.

É evidente que alguns dos títulos são aplicados a todos os INCOTERMS, como, por exemplo, A.1 (fornecer a mercadoria em conformidade com o contrato de venda) para o vendedor e B.1 (pagar o preço) para o comprador, enquanto os demais itens apresentam disciplina específica e diferenciada para cada INCOTERM utilizado no contrato.

O primeiro grupo (E) compreende um termo apenas e contempla a hipótese em que o vendedor coloca a mercadoria em seu próprio estabelecimento à disposição do comprador: EXW ou EX WORKS. Essa cláusula, que admite variações (EX FACTORY, EX PLANTATION, EX WAREHAU$E etc.), estabelece que todos os custos com seguro, transporte e documentos de exportação e de importação, bem como os riscos por perdas ou danos às mercadorias, deverão ser suportados unicamente pelo comprador. É evidente que se trata de cláusula nitidamente favorável ao vendedor.

No segundo grupo estão reunidos os casos em que o vendedor obriga-se a entregar as mercadorias a um transportador indicado pelo comprador. Identifica-se pela letra inicial "F" e compreende os seguintes termos:

a) FCA, FREE CARRIER (*...named point*). Este termo estabelece a obrigação do vendedor de entregar as mercadorias, desembaraçadas para exportação, à custódia do transportador indicado pelo comprador, num local determinado. Por transportador deve entender-se qualquer pessoa ou empresa que se comprometa contratualmente a executar diretamente ou providenciar a execução do transporte por qualquer meio, seja aéreo, marítimo, ferroviário ou rodoviário, ou ainda pela combinação de mais de um deles.

Esta sigla, FCA, nada mais é do que a antiga FRC, criada pela alteração de 1980 e, por ser mais abrangente, substitui também os antigos termos FOA (*Free on Board — Airport*) e FOR/FOT (*Free on Rail/Free on Truck*).

Todos os custos e riscos do transporte e seguro, após a entrega das mercadorias, bem como as licenças e autorizações para a importação, correm por conta do comprador.

b) FAS, *Free Alongside Ship* (*...named port of shipment*). O uso desta cláusula significa que a responsabilidade do exportador compreende os riscos e custos com embalagem, frete e seguros até a colocação ao longo do costado do navio, no cais ou em barcaças, no porto previamente designado, momento em que toda a responsabilidade é transferida para o comprador, que é também responsável pelo desembaraço das mercadorias para exportação.

É evidente que esta cláusula só é aplicável nos contratos que prevejam a utilização de transporte marítimo ou de cabotagem.

c) FOB, *Free on Board* (*...named port of shipment*). É uma das condições mais usadas em comércio internacional, caracterizando a situação em que a obrigação do vendedor consiste na entrega da mercadoria a bordo do navio, no porto previamente designado. Assim, correm por sua conta todos os riscos, as despesas com transporte, a obtenção de todos os documentos e o pagamento dos impostos necessários à exportação, a partir de seu estabelecimento até que as mercadorias tenham ultrapassado a amurada do navio.

É desnecessário dizer-se que também este termo só tem aplicação nos contratos que prevejam o transporte marítimo ou de cabotagem e que, a partir do momento em que as mercadorias ultrapassam a amurada do navio, o comprador passa a assumir todos os custos e riscos, responsabilizando-se do mesmo modo pela documentação e pelos impostos necessários à importação.

O terceiro grupo (C) contempla as hipóteses em que o vendedor deva contratar o transporte, assumindo os respectivos custos, até um ponto determinado.

Compreende três termos distintos:

a) CFR, *Cost and Freight* (...*named port of shipement*), significa que o vendedor deve arcar com os custos do transporte das mercadorias até o porto designado, no país de destino, promovendo naturalmente o desembaraço aduaneiro no país de origem.

Entretanto, o momento em que se efetiva a entrega das mercadorias pelo vendedor ao comprador é aquele em que é cruzada a amurada do navio, no porto de embarque, pelo que, a partir desse momento, todos os riscos por perda ou avaria que venham a sofrer as mercadorias, bem como os custos adicionais em virtude de eventos supervenientes, serão suportados única e exclusivamente pelo comprador, que também promoverá o desembaraço alfandegário no país de destino.

O termo CFR foi adotado pela revisão de 1980 dos INCOTERMS em substituição a C&F, em razão da generalização do uso do telex. Como tais máquinas não dispunham do símbolo "&", era usada a forma Cf, ou então o sinal "&" era substituído por "+", "E", "N", ou "and", o que acarretava a quebra da indispensável padronização da abreviatura, podendo ensejar confusões.[27]

b) CIF, *Cost, Insurance and Freight* (...*named port of destination*), significa que o vendedor tem a obrigação de providenciar os documentos necessários à exportação e de arcar com os custos do transporte e do seguro com cobertura mínima das mercadorias até o porto de destino previamente designado. Não obstante, sua responsabilidade cessa no momento em que as mercadorias transpõem a amurada do navio no porto de embarque (A.4), passando o comprador a assumir todos os riscos por perda ou avaria (B.5).

Esta condição somente pode ser utilizada na hipótese de transporte marítimo ou de cabotagem, não sendo conveniente nos casos de transporte *roll-on-roll-off* ou por *container*, quando deve ser dada preferência à cláusula CIP.

c) CPT, *Carriage Paid To* (...*named place of destination*). Esta sigla substitui a CPD e pode ser usada para qualquer tipo de transporte, inclusive o multimodal, e explicita a obrigação do vendedor de pagar o frete até o destino designado, além de obter à sua custa todos os documentos necessários à exportação. Sua responsabilidade por perdas e danos às mercadorias, contudo, exaure-se no momento mesmo em que as entregar ao transportador ou, sendo diversos os transportadores, ao primeiro deles (A.4 e A.5), quando tal responsabilidade transfere-se para o comprador (B.4 e B.5).

Também cabe ao comprador os custos com a descarga e o desembaraço das mercadorias no país de destino.

d) CIP, *Carriage and Insurance Paid To* (... *named place of destination*). Nesta condição de negociação, criada pela revisão de 1967, o vendedor, além das mesmas obrigações da cláusula CPT, deve contratar e pagar o seguro das mercadorias ao primeiro transportador (A.4).

O quarto e último grupo (D) engloba os cinco termos cujas condições têm o país de destino como referência para a transferência dos custos e riscos do vendedor para o comprador.

a) DAF, *Delivered At Frontier* (... *named place*). Quando adotada esta cláusula no contrato de compra e venda internacional, a obrigação do vendedor consis-

27. Roberto de Oliveira Murta, *"INCOTERMS": sua aplicação no Brasil*, Edições Aduaneiras, 1987, p. 18.

te em colocar as mercadorias devidamente desembaraçadas para exportação no ponto designado na fronteira, antes da divisa alfandegária do país de destino.

É geralmente usada nos casos de transporte ferroviário ou rodoviário entre países limítrofes, mas pode ser aplicada a qualquer que seja o tipo de transporte ou mesmo entre países não limítrofes. Neste caso, o vendedor é obrigado a providenciar também o trânsito da carga através do país ou países intermediários.

b) DES, *Delivered Ex-Ship* (*... named port of shipment*). Este termo substitui o antigo EXS (*Ex-Ship*) e significa que a obrigação do vendedor consiste em colocar as mercadorias a bordo do navio e assumir todos os custos e riscos envolvidos no transporte até o porto de destino designado, só se aplicando, naturalmente, nos casos de transporte marítimo ou de cabotagem.

A revisão de 1990 dos INCOTERMS, a exemplo da de 1980, não faz referência à obrigatoriedade do seguro. Em A.3, após disciplinar, em a alínea *a*, a responsabilidade do vendedor quanto ao contrato de transporte, que é a de "Contratar por suas próprias expensas o transporte das mercadorias por uma rota habitual e da forma usual até o local designado no porto de destino pactuado", dispõe em sua alínea *b*, quanto ao contrato de seguro: "*b) Contract of insurance — No obligation*".

Isto significa que o vendedor não está obrigado a contratar o seguro das mercadorias contra perdas e danos desde o seu estabelecimento até o porto de destino designado.

Analisando os INCOTERMS ainda sob a égide da revisão de 1980, Roberto Murta afirma que o seguro será contratado e pago pelo comprador.[28] Tal disciplinamento nos parece insuficiente, podendo gerar confusões em face das disposições constantes de A.4, A.5 e B.5, *verbis*:

"*A.4 Entrega* - Colocar as mercadorias à disposição do comprador a bordo do navio, no ponto usual de desembarque, no porto de destino designado, não desembaraçadas para importação, na data ou dentro do período estipulado, de tal forma que seja possível removê-las do navio por equipamento de desembarque apropriado à natureza das mercadorias.

"*A.5 Transferência de riscos* - Sujeito às disposições de B.5, assumir todos os riscos de perda ou dano às mercadorias até o exato momento em que tenham sido entregues, de acordo com A.4.

"*B.5 Transferência de riscos* - Assumir todos os riscos de perda ou dano às mercadorias a partir do momento em que tenham sido colocadas à sua disposição, de acordo com A.4. Caso deixe de notificar, de acordo com B.7, assumir todos os riscos de perda ou dano às mercadorias a partir da data pactuada ou da data do vencimento do período estipulado para entrega, contanto, entretanto, que as mercadorias estejam devidamente apropriadas ao contrato, isto é, claramente reconhecidas, ou de outra forma identificadas como sendo as mercadorias contratuais.[29]

28. Ob. cit., p. 44.

29. Cf. trad. de Roberto de Oliveira Murta, *INCOTERMS 1990*, Publicação 460, da CCI, Ed. Aduaneiras, 1991. Eis o texto no original em inglês:

"A.4 Delivery - Place the goods at the disposal of the buyer on board the vessel at usual unloading point in the named port of destination uncleared for import on the date or within the period stipulated, in such a way as to enable them to be removed from the vessel by unloading equipment appropriate to the nature of the goods.

"A.5 Transfer of risks - Subject to the provisions of B.5, bear all risks of loss or damage to the goods until such time as they have been delivered in accordance with A.4.

"B.5 Transfer of risks - Bear all risks of loss of or damage to the goods from the time they have been placed at his disposal in accordance with A.4.

"Should he fail to give notice in accordance with B.7., bear all risks of loss of or damage to the good from the agreed date or the expiry date of the period stipulated for delivery provided, however, that the goods have been duly appropriated to the contract, that is to say, cleary set aside or otherwise identified as the tract goods."

Ora, assumindo o vendedor todos os riscos de perda ou dano às mercadorias até a entrega, no porto de destino, é evidente o seu interesse em ter a cobertura de um contrato de seguro. Na prática, o exportador comunica previamente o embarque ao importador para que este possa contratar o seguro. Entretanto, ainda sem qualquer disciplina.

Por isso que, modestamente, entendemos que tal omissão quanto à necessidade do seguro, a cargo do vendedor, que persiste na edição atual dos INCOTERMS, não é recomendável, sendo conveniente que seja suprida, na próxima revisão, ou alternativamente, que seja incorporada em A.7 a obrigação de o exportador avisar previamente o embarque ao importador, permitindo-lhe contatar o seguro.

c) DEQ, *Delivered Ex Quay* (*Duty Paid*) (*...named port of destination*). Este termo, até a revisão de 1980, era representado pela sigla EXQ (*Ex Quay*) e admite variações.

Sua adoção implica na obrigação do vendedor de colocar as mercadorias à disposição do comprador, desembaraçadas para importação no porto de destino designado, assumindo todos os riscos e custos necessários.

Utiliza-se o DEQ (*Duty Unpaid*) (*...named port of destination*) na hipótese de o comprador responsabilizar-se pelo desembaraço das mercadorias para importação, pagando os direitos respectivos.

Ajustando as partes que alguns custos da importação, tais como o *valor mais imposto* sejam excluídos da obrigação do vendedor, tal fato deve ser explicitado pela utilização da expressão *delivered Ex Quay, VAT Unpaid (...named port of destination)*.

Trata-se de termo usado apenas para transporte marítimo ou de cabotagem.

Quanto ao contrato de seguro, aplicam-se-lhe as mesmas observações que fizemos acima, ao analisarmos o termo DES.

d) DDU, *Delivered Duty Unpaid* (*...named port of destination*). Este termo guarda certa semelhança com o DES (*Delivered Ex-Ship*). A diferença é que, utilizando-se DES as mercadorias são postas à disposição do comprador ainda no navio, cabendo-lhe providenciar por sua conta e risco o desembarque das mesmas, enquanto DDU pode ser usado para qualquer tipo de transporte e as mercadorias são colocadas à disposição do comprador no local designado no país de destino, vale dizer, é também responsabilidade do vendedor promover por sua conta e risco o desembarque, inclusive arcando com o ônus das formalidades alfandegárias.

O comprador, por sua vez, é responsável pelo desembaraço aduaneiro e pelo pagamento de todos os impostos no país de destino.

e) DDP, *Delivered Duty Paid* (*... named place of destination*) ou "entregue direitos pagos" (local de destino designado), é empregado sempre que também ficar a cargo do vendedor o desembaraço das mercadorias e o pagamento dos tributos e outros encargos da importação.

Vimos, por essa forma, que na última edição dos INCOTERMS foram feitas profundas alterações, que podem ser assim sintetizadas:

a) divisão em quatro grupos em ordem crescente de obrigações do vendedor, do modo seguinte:

1) E - obrigação mínima do vendedor;

2) F - entrega das mercadorias a um transportador indicado pelo comprador;

3) C - o transportador é contratado pelo vendedor, mas os custos e riscos após a entrega são do comprador;

4) D - o vendedor assume todos os riscos e custos até a entrega das mercadorias no país de destino;

b) para melhor caracterizar os grupos pela letra inicial, algumas siglas foram alteradas: DCP para CPT, EXS para DEX e EXQ para DEQ;

c) foi criado mais um termo, o DDU;

d) foram suprimidos os termos FOR/FOT e FOA, bem como FRC, substituídos por fca, mais abrangente, que os engloba.

### 1.7 *Formas de pagamento*

O último porém não menos importante elemento a ser analisado no contrato de compra e venda internacional é o que diz respeito às cláusulas de pagamento e que, por estar mais próximo do tema central desta dissertação, será objeto de capítulo específico.

## *II — FORMAS DE PAGAMENTO NAS VENDAS INTERNACIONAIS*

### 2.1 *Visão geral*

O pagamento nos contratos de compra e venda internacional não oferece maior dificuldade, uma vez que é uniformizado em quatro modalidades: remessa ou pagamento antecipado, cobrança documentária, à vista e a prazo, cobrança não documentária ou saque limpo e crédito documentário, além da *remessa sem saque*, que não é propriamente uma forma de pagamento, mas de remessa dos documentos, pressupondo a existência do pagamento antecipado, de pagamento posterior ou de não obrigatoriedade de pagamento.

Cada modalidade apresenta peculiaridades e reflete o nível de confiança entre as partes ou exigência das legislações nacionais.

### 2.2 *Remessa ou pagamento antecipado*

A remessa antecipada, também conhecida como pagamento antecipado, encontra sua conceituação no próprio nome, vale dizer, o comprador (importador) cumpre antecipadamente sua obrigação contratual, pagando ao vendedor o preço das mercadorias compradas, aguardando que este, num segundo momento, promova a entrega das mesmas, remetendo os documentos necessários ao desembaraço aduaneiro.

Esta modalidade de transação representa a garantia máxima do vendedor e, evidentemente, depende de um grau de confiança muito grande do importador na idoneidade moral e financeira do exportador. É evidente que este poderia receber o preço sem adimplir a contraprestação, deixando de embarcar a mercadoria vendida e de remeter os documentos necessários ao respectivo desembaraço aduaneiro.

A ocorrência mais comum desta modalidade de pagamento é na encomenda de equipamentos específicos, justificada por dois motivos:

a) nem sempre o produtor tem condições ou interesse de financiar o importador investindo recursos próprios na construção daquele tipo de equipamento;

b) o seu risco seria muito grande na hipótese de desistência do comprador porque, evidentemente, não teria como vender o bem a terceiros.

O procedimento usado geralmente consiste na formalização de um contrato prévio, com garantias recíprocas de cumprimento, estatuindo-se ou o pagamento antecipado de parte do preço ou o seu pagamento escalonado à medida em que for sendo cumprido pelo vendedor o cronograma de construção.

Outra restrição ao uso do *pagamento antecipado* é a legislação de alguns países, entre os quais o Brasil, que permite livremente o seu uso nas exportações, uma vez que se beneficia com a antecipação da entrada das divisas. No caso das importações, seu uso é limitado a situações especiais, dependendo de prévia e expressa autorização do Banco Central.[30]

### 2.3 *Cobrança documentária*

Nesta modalidade — que seria mais lógico denominar-se de cobrança documentada, uma vez que o saque é acompanhado dos documentos comprobatórios da exportação — o vendedor (exportador) embarca a mercadoria e, em seguida, entrega ao ban-

30. Milve Antonio Peria, *Câmbio: Conhecimentos Gerais*, Edições Aduaneiras, 3ª ed., 1988, p. 122.

co a documentação, acompanhada de um saque (letra de câmbio) contra o comprador (importador). O banco remete os documentos juntamente com o título de crédito para seu correspondente no exterior.

Esta forma de pagamento é também regulada pela Câmara de Comércio Internacional, através das "Regras Uniformes para Cobrança", Publicação n. 322.[31]

*2.3.1 À vista*

Na cobrança documentária à vista, o banco correspondente exige do comprador (importador) o pagamento da letra, entregando-lhe, junto com ela, os documentos necessários ao desembaraço da mercadoria.

Ao receber o pagamento da letra, tal banco credita o valor respectivo na conta do banco remetente, sob aviso, e este liquida o câmbio e entrega ao exportador (vendedor) o preço, já convertido para a moeda nacional.

*2.3.2 A prazo*

Na hipótese de cobrança documentária — ou documentada — a prazo é obedecido o mesmo procedimento anterior, com a diferença única do saque, que deixa de ser à vista, para ser a prazo. Este, pode ser estabelecido a partir da data da emissão da letra (dias de data) ou a partir do aceite (dias de vista).

Assim, ao receber a documentação, o banco correspondente, ao invés do pagamento da letra de câmbio, exige do importador apenas o seu aceite como condição para a entrega dos documentos liberatórios da mercadoria.

Na data do vencimento e se efetuado o pagamento pelo importador, o banco correspondente efetuará o crédito na conta do banco remetente e este liquidará o câmbio, creditando ao vendedor (exportador) o equivalente em moeda nacional do preço recebido no exterior.

Por essa forma, a diferença entre as duas modalidades estudadas acima é que, na "cobrança documentária à vista" as divisas estarão à disposição do banco remetente para liquidação do câmbio e conseqüente pagamento, em moeda nacional, ao exportador, na data mesma da entrega dos documentos ao importador, enquanto na *cobrança documentária a prazo* existe um lapso de tempo entre o recebimento da documentação pelo importador e o recebimento do preço pelo exportador.

### *2.4 Cobrança não documentária ou saque limpo*

A cobrança não documentária (não documentada) ou saque limpo (*clean draft*) ocorre quando o vendedor-exportador entrega ao banco apenas a cambial para cobrança, desacompanhada dos documentos representativos da exportação.

Esta modalidade de cobrança está sempre associada à *remessa sem saque*, que analisaremos adiante.

### *2.5 Crédito documentário*

A última e mais importante modalidade de transação é através do *crédito documentário*, objeto da presente dissertação.

Esta forma de pagamento consiste na emissão de uma carta de crédito pelo banco, obrigando-se a pagar o preço, aceitar ou negociar as cambiais sacadas pelo vendedor por conta do preço, contra a entrega dos documentos comprobatórios da exportação e necessários ao desembaraço aduaneiro das mercadorias no país de destino.

### *2.6 Remessa sem saque*

Não se trata propriamente de uma modalidade de pagamento, uma vez que o objeto da *remessa* é o conjunto de docu-

31. A partir de 1.1.96 encontra-se em vigor a Publicação n. 522.

mentos necessários à retirada e desembaraço das mercadorias.

Por ela, o exportador remete os documentos necessários ao desembaraço aduaneiro das mercadorias diretamente para o exportador, desacompanhadas do saque.

Esta modalidade é usada apenas em três casos:

a) quando já ocorreu o pagamento antecipado;

b) entre empresas do mesmo grupo econômico sediadas em países diferentes;

c) na remessa de mercadorias em simples consignação.

Caracteriza uma situação diametralmente oposta à que ocorre com o pagamento antecipado, uma vez que o exportador deve confiar absolutamente na idoneidade do comprador e sua vantagem maior consiste na rapidez do trânsito dos documentos, bem como no pagamento de uma taxa bancária de valor inferior ao usualmente cobrado.

No Brasil, a remessa sem saque é proibida para as exportações, salvo no caso de remessa de mercadorias em simples consignação ou de recebimento antecipado.

## *III — ORIGEM, EVOLUÇÃO HISTÓRICA E TERMINOLOGIA*

### *3.1 Visão geral*

Os doutrinadores são unânimes em afirmar que o crédito documentário é fruto da evolução das cartas de crédito, constituindo-se como especialização destas e caracterizando-se por ser o pagamento ou o aceite das letras vinculado a uma contraprestação do beneficiário: a entrega ao banco pagador de um jogo de documentos, comprovando a remessa das mercadorias na forma ajustada com o comprador-ordenador.

Mas, só recentemente adquiriu sua forma atual, ganhando contornos definitivos após a Primeira Guerra Mundial. As tentativas de sistematização começaram nos primórdios dos anos vinte, através de associações nacionais de bancos.

### *3.2 Origem remota*

Sabemos que a carta de crédito surgiu na Idade Média antecedendo mesmo a criação da letra de câmbio, dentro do processo de evolução do conceito de moeda. Por essa época, a atividade comercial conheceu um desenvolvimento extraordinário, exigindo um aporte cada vez maior de capitais. A produção passou a ter por objeto a venda a terceiros, visando a obtenção de maior quantidade de moeda. A moeda metálica deixou de atender às necessidades dos mercadores, uma vez que o seu volume físico aliado à precariedade e insegurança das estradas tornou inconveniente e arriscado o seu transporte de uma localidade para outra. Surgiu, então, outra profissão auxiliar do comércio: a dos trocadores das diversas moedas em circulação nas feiras.[32]

Paralelamente, as pessoas começaram a entregar moedas aos ourives, em depósito, mediante recibo. Pela lei do menor esforço, quando necessitavam de numerário, ao invés de procurarem os depositários para resgatarem a moeda e, em seguida, pagarem com elas suas obrigações, preferiam efetuar os pagamentos entregando diretamente ao credor os recibos de depósito.[33]

Estes recibos de depósito estão, provavelmente, na origem da nota promissória, da letra de câmbio, da carta de crédito e do contrato de câmbio trajectício.

Ensina Waldirio Bulgarelli que a carta de crédito remonta a práticas medievais, com a carta ou ordem de pagamento dos séculos XII e XIII, que constituía uma forma primitiva de letra de câmbio utilizada nas cidades costeiras do Mediterrâneo, envolvendo quatro partes: o remetente, o sacador, o sacado e o tomador. Em seguida, já no século XVII, passou a ser utilizada sob nova forma, consistente na remessa da mesma de um comerciante para outro,

32. Cf. Leo Huberman, *História da Riqueza do Homem*, Zahar, 20ª ed., 1984, pp. 27-28.

33. Eugênio Gudin, *Princípios de Economia Monetária*, Agir, 9ª ed., 1974, 1º v., pp. 112-113.

solicitando o oferecimento de recursos a seu portador, contra a entrega antecipada ou posterior dos mesmo valores, ou seja, as cartas que vieram a ser reguladas posteriormente nos códigos comerciais.[34]

Segundo Cosack, referido por Whitaker, a forma primitiva da letra de câmbio é a nota promissória, para pagamento em praça diversa daquela em que foi emitida. O banqueiro emitia um título comprometendo-se a pagar ou a mandar um seu representante pagar a soma recebida, na praça escolhida e ao credor designado. Paralelamente, escrevia uma carta ao seu representante dando-lhe autorização para efetuar o pagamento. Tal carta, pois, não seria um título independente, senão mero aditivo, estabelecendo o modo de execução da nota promissória. Mais tarde, ainda segundo Whitaker, a carta passou a ser entregue em todos os casos ao credor, adotando-se a cláusula a ordem e conferindo-se a este o direito de cobrar do subscritor o valor nela contido, independentemente da apresentação da nota promisória.[35]

Aceitando-se ou não a tese esposada por Whitaker, é indiscutível que a carta de crédito, através da qual um banqueiro autorizava seu correspondente em outra praça a pagar a pessoa determinada certa importância, por sua conta e risco, é instituto de origem medieval e antecedeu e deu origem à letra de câmbio.

Apesar disso, não foi substituída por esta, mas permaneceu e, num momento posterior, deu também origem ao crédito documentário.

### *3.3 A carta de crédito*

Apesar da autonomia adquirida pela letra de câmbio, tudo indica que a carta de crédito, tal como concebida, não desapareceu de todo, voltando a ser utilizada, de forma perfeitamente diferenciada daquela, desde o século passado.

O Código Comercial, de 1850, tratou das cartas de crédito em seu Título XII, juntamente com a fiança. Após regular a fiança no Capítulo I, artigos 256 a 263, reservou o Capítulo II, constante de apenas um artigo — 264 — para as cartas de crédito, com a seguinte redação:

"As cartas de crédito devem necessariamente contrair-se a pessoa ou pessoas determinadas, com limitação da quantia creditada: o comerciante que as escreve e abre o crédito fica responsável pela quantia que em virtude delas for entregue ao creditado até a concorrência da soma abonada.

"As cartas que não abrirem crédito pecuniário com determinação do máximo, presumem-se meras cartas de recomendação, sem responsabilidade de quem as escreveu."

O Conselheiro Orlando, na 3ª edição de seus comentários, de 1878, refere-se a disposições análogas constante dos arts. 445 e 447 do Código Comercial de Portugal e arts. 573 e 575 do Código da Espanha.[36]

Posteriormente, na 7ª edição, de 1912, faz referência expressa também aos Códigos da Argentina (arts. 484 a 487), do Uruguai (arts. 625, 626 e 628), do Chile (arts. 783, 788 e 794), do México (arts. 564, 565 e 567) e da Federação Suíça (art. 415).[37]

É certo que o Código Argentino de 1859, transformado em nacional em 1862, não tratou da matéria, o que só veio a ocorrer com o novo, de 1889, que adotou o método brasileiro, de tratar num único título as cartas de crédito e a fiança. Entretan-

34. Waldirio Bulgarelli, "O Crédito Documentado Irrevogável, Um novo Título de Crédito?", in *RDM* 32, pp. 57-76.

35. José Maria Whitaker, *Letra de Câmbio*, Ed. RT, 5ª ed., 1957, pp. 10-13.

36. Salustiano Orlando de Araujo Costa, *Código Commercial do Imperio do Brazil, Anotado*, Eduardo & Henrique Laemmert, 3ª ed., 1878, pp. 119-120.

37. Idem, 7ª ed. revista e aumentada por M. G. de Alencastro Autran, Liv. Francisco Alves, 1912, t. I, pp. 267-268.

to, regulou a matéria de forma minuciosa, estabelecendo a obrigatoriedade de conter o valor máximo, sob pena de ser considerada simples carta de recomendação (art. 484), proibindo que fosse emitida com cláusula "a ordem", devendo o portador fazer prova de sua identidade ao pagador (art. 485) e dispondo sobre a obrigação do dador em relação ao pagador, até o limite fixado na mesma, bem como pelos juros devidos desde o desembolso (art. 486).

Não admite o protesto em hipótese alguma, nem atribui qualquer direito ao portador contra o dador, mesmo no caso de não ter sido honrado o pagamento (art. 487), facultando ainda ao dador expedir contraordem, desde que não tenha recebido antecipadamente o valor, ressalvando o direito do beneficiário a haver indenização por perdas e danos, caso seja provado que o emitente procedeu sem justa causa ou com dolo (art. 488).

Segovia, citado por Bento de Faria, conceitua a carta de crédito como "um mandato escrito enviado por uma pessoa a outra, em praça diversa, para que entregue à pessoa nela designada uma quantia até ao máximo limitado".[38]

Ensina Bento de Faria que são três os requisitos da carta de crédito: a) determinação de pessoa; b) limitação de quantia; c) qualidade de comerciante.

Embora, como letra de câmbio, a carta de crédito seja um mandato de pagamento e tenha por fim operar uma entrega de dinheiro em lugar diverso, não se confunde com aquela, porque é, em regra, pessoal e intransmissível, além de não ter vencimento determinado, podendo o portador usá-la ou não, segundo suas necessidades e como entender mais conveniente.

Afirma ainda este autor, com base na legislação então vigente na Argentina, Espanha, Chile e México, que as obrigações recíprocas do acreditante e do acreditado são idênticas às que resultam de um contrato de depósito irregular ou de mútuo, conforme tenha o acreditado depositado previamente ou não em mãos do acreditante, a quantia mencionada na carta de crédito, enquanto as relações jurídicas entre o acreditante e seu correspondente são as que se verificam entre comitente e comissário.

O portador não tem ação para obrigar o correspondente do emitente da carta a entregar-lhe as quantias ordenadas, mas pode demandar o creditante pelas perdas e danos resultantes da inexecução do compromisso, enquanto o creditador só pode reclamar a quantia desembolsada do creditante e não do creditado. Entende que as cartas de crédito podem ser revogadas, sujeitando-se, porém, o creditante a indenização por perdas e danos resultantes da revogação dolosa ou sem justa causa.[39]

Descartes de Magalhães, por sua vez, partindo do disposto no art. 264 do Código Comercial, assim conceitua a carta de crédito:

"Carta de crédito (comercial), carta-ordem ou carta de abono é aquela pela qual um comerciante se dirige a outro, estabelecido em praça diversa, autorizando-o a fornecer à pessoa nela designada uma quantia, cujo máximo é limitado, e que se destina ou se presume destinada a fim comercial".[40]

Ressalta, contudo, que as cartas de crédito podem ser civis ou comerciais, estas tendo de preencher pelo menos um dos seguintes requisitos: a) sejam de comerciante a comerciante; b) tenham por fim operações mercantis.[41]

Informa ainda este autor que o velho código espanhol (art. 572), assim como o antigo código português (art. 444) exigia o

38. Bento de Faria, *Código Comercial Brasileiro Anotado*, Jacintho Ribeiro dos Santos Editor, 1903, pp. 206-207, 3ª ed., 1920, 1º v., p. 329.

39. Bento de Faria, ob. e v. cits., pp. 330-331.

40. *Curso de Direito Comercial*, Salesianas, 1922, p. 494.

41. Ob. e loc. cits., nota 48.

concurso de ambos os requisitos citados — fossem as partes comerciantes e tivesse por fim operações mercantis — enquanto o novo (art. 567) considerava bastante a existência de um deles.[42]

Faz então referência à lição de Manuel Obarrio, para quem a carta de crédito envolve ou pode envolver diversos contratos.

Havendo entre o dador (signatário) e o pagador (destinatário), sempre, em tese, um mandato, poderá também haver, em certos casos, um empréstimo — quando o portador não entrega antecipadamente ao dador a quantia que a carta menciona — ou um contrato de câmbio.[43]

Observa, entretanto, que vários doutrinadores atribuem à carta de crédito um caráter especial, sustentando que as relações por ela estabelecidas entre dador e tomador importam verdadeira fiança, do que discorda Manuel Obarrio.[44]

Explica, com apoio na lição de Forjaz de Sampaio, que a carta de crédito não tem cláusula a ordem, não é título cambial, nem negociável, mas um simples meio de haver dinheiro, para si ou para outrem e se o valor for entregue pelo destinatário, é um empréstimo que este faz ao signatário.[45]

Identifica os mesmos três elementos característicos destacados por Bento de Faria:[46] a) determinação de pessoa;[47] b) limitação da quantia;[48] c) qualidade de comerciante em quem a expede e em que a recebe do portador. Entende ainda que tais elementos não são exclusivos, pelo que acrescenta ainda os seguintes: 1) o crédito é pessoal e intransferível; 2) não tem vencimento determinado, e o portador pode, ou não, dela usar, conforme as circunstâncias; 3) o portador pode retirar de uma só vez, ou por partes, a quantia posta à sua disposição; 4) é revogável, sujeitando-se o creditante, contudo, às ações resultantes de seu ato.[49]

Octavio Mendes não dá maior atenção ao assunto, limitando-se a estabelecer a distinção entre a carta de crédito e a fiança mercantil, afirmando que naquela o creditado pode não ser comerciante e a obrigação creditada pode não derivar de causa comercial.[50]

Waldemar Ferreira estuda a carta de crédito sob outro ângulo, qual seja o do contrato de abertura de crédito. Aponta apenas dois elementos como específicos: a determinação nominal do creditado, como beneficiário e a limitação da quantia posta à sua disposição, afastando a qualidade de comerciante ou o fim mercantil do negócio. Estabelece também, de forma nítida, a diferença entre carta de crédito — em que o crédito é aberto pelo próprio signatário — e fiança, em que este apenas garante o pagamento de crédito aberto pelo destinatário em favor do portador.

Inclui a carta de crédito como espécie do gênero abertura de crédito ou financiamento, discorrendo sobre as garantias reais ou fidejussórias exigidas em tais contratos.[51]

Dele não discorda, aparentemente, Carvalho de Mendonça, quando afirma que "as cartas de crédito supõem uma abertura de crédito entre o banco signatário e o cliente".

Aduz, entretanto, que os banqueiros dão carta de crédito aos que têm fundos em seu poder (conta de movimento, depósito bancário etc.) ou que prestam garantias reais, pois, na generalidade dos casos, concedem essas cartas depois de haverem re-

42. Ob. cit., p. 495, nota 48.
43. Ob. cit., pp. 496-497.
44. Ob. cit., p. 497.
45. Ob. cit., pp. 496-497, nota 51.
46. Cf. nota 8, *supra*.
47. Ob. cit., p. 498 e nota 53, cf. Forjaz de Sampaio.
48. Ob. cit., p. 498 e nota 54, cf. Manuel Obarrio.
49. Ob. cit., pp. 499-500.
50. *Direito Comercial Terrestre*, Saraiva, 1930, p. 460.
51. *Instituições de Direito Comercial*, Freitas Bastos, 1944, 2º v., pp. 345-348 e "Das Cartas de Crédito", in *Revista de Comércio e Indústria*, 1916, 2º v., pp. 318-347.

cebido do beneficiário a soma nelas determinada.[52]

De Plácido e Silva considera a carta de crédito um gênero, do qual a ordem de pagamento e a carta de abertura de crédito seriam espécies. Seu ensinamento não discrepa da doutrina dominante, salvo quanto à natureza da carta, com efeito sobre a responsabilidade pelas importâncias adiantadas.

Entende que a carta de crédito é "mais fiança ou abono", pelo que "não resulta em imediato débito do acreditador perante o creditante", para concluir, a nosso ver, de modo equivocado:

"Somente se o acreditado não paga ou não cumpre as obrigações assumidas é que o acreditador está na obrigação de pagar ao creditante o valor do débito do creditado, que não ultrapasse o mandato autorizado".[53]

O instituto é considerado por Pontes de Miranda uma espécie de *assinação* em que se fixa a importância máxima, em vez de se fixar certa importância a ser recebida de uma vez. É negócio jurídico unilateral, no que difere do crédito documentário (acreditivo), que é bilateral.[54]

Vivante, em suas *Instituições*, também não faz referência a carta de crédito, analisando rapidamente o contrato de abertura de crédito.[55]

Navarrini,[56] ao contrário de Waldemar Ferreira, trata como institutos diversos — que realmente são — o contrato de abertura de crédito e a carta de crédito.

É verdade que a carta de crédito tanto pode derivar de um contrato de abertura de crédito como de outro tipo de empréstimo, bem como ser emitida a partir de fundos próprios do portador depositados junto ao creditante.

Apenas deste último cuida Navarrini, que aventa também a possibilidade da carta ser circular, dirigida a diversos correspondentes, podendo o portador, dentro de suas necessidades, apresentá-la em várias praças.

J. Ruotte diz que, após receber o depósito, o banqueiro tem três maneiras de efetuar o pagamento no exterior: remeter o valor em espécie, emitir um cheque pagável na praça indicada contra um banqueiro local ou emitir uma ordem para que seu correspondente pague diretamente ao portador. A esta ele chama de carta de crédito.[57]

J. G. Courcelle-Seneuil limita-se a descrever a carta de crédito, referindo-se também à sua forma circular.[58]

Também Rivière dá conta da existência da carta de crédito, com ou sem determinação de valor, aberta pelos banqueiros em favor de comerciantes ou de outras pessoas.[59]

No mesmo sentido é a lição de Carlo Folco, que identifica, ao lado da carta de crédito comercial, uma carta de crédito dos viajantes (*traveller's letter of credit*), já em uso na Idade Média e descrita mais tarde por Savary e Pothier, com função diferente daquela, qual seja, acreditar um cliente do banco junto a seu correspondente, a fim de permitir-lhe, durante a viagem sacar os fundos que vier a necessitar.[60]

52. *Tratado de Direito Comercial Brasileiro*, Freitas Bastos, 6ª ed., atualizada por Roberto Carvalho de Mendonça, v. VI, Liv. IV, Parte II, pp. 229-235.

53. *Noções Práticas de Direito Comercial*, Ed. Guaíra, Curitiba, 5ª ed., sem ano de publicação, pp. 551-552.

54. *Tratado de Direito Privado*, Ed. RT, 3ª ed., 2ª reimp., 1984, t. XLII, pp. 215-233 e t. LII, p. 91.

55. *Instituições de Direito Comercial*, trad. J. Alves de Sá, s/a, 10ª ed., Ed. A. M. Teixeira & Cia., Lisboa, 1910, pp. 238-239.

56. Umberto Navarrini, *Trattato Elementare di Diritto Commerciale*, Fratelli Boca Ed., Turim, 2ª ed., 1914, v. I, p. 443.

57. *Opérations et Travaux de Banque*, Marcel Riviére Lib., Paris, 10ª ed., 1921, pp. 23-24.

58. *Les Opérations de Banque*, Lib. Félix Alcan, Paris, 12ª ed., revista e atualizada por André Liesse, 1922, p. 716.

59. H. F. Rivière, *Répétitions Écrites sur le Code de Commerce*, A. Marescq Ainé Lib.-Ed., Paris, 7ª ed., 1875.

60. *Il Credito Confermato di Banca*, Atheneaum, Roma, 1931.

Entretanto, nenhuma diferença essencial existia entre as duas espécies, senão o objetivo.

A carta de crédito circular deu origem aos atuais cheques de viagem (*traveller's checks*). Hoje, a carta de crédito, em sua forma tradicional, caiu em desuso, em virtude do desenvolvimento dos meios de comunicação, tendo sido substituída pelo uso dos *traveller's checks*, dos cartões de crédito e dos cartões eletrônicos.

Somente no século passado teve início o processo de especialização da carta de crédito, com a instituição da confirmação pelo banco e, mais tarde, na metade do século, com a criação do crédito documentário, que só veio a ganhar relevo após a Primeira Guerra Mundial.[61]

Parece, portanto, não pairar qualquer dúvida na doutrina quanto ao fato de que o crédito documentário teve sua origem na carta de crédito.

### 3.4. *Análise sumária das tentativas de normatização do crédito documentário*

O crédito documentário em sua configuração atual é relativamente recente, tendo surgido no início do século, consolidando-se ao final da Primeira Grande Guerra.

Logo em seguida começaram os esforços de sistematização do instituto.

Tais tentativas centralizaram-se nas associações nacionais de banqueiros, os maiores interessados, uma vez que se trata de um típico contrato bancário.

O segundo passo foi a proposta de uniformização a nível internacional, seguida pelos banqueiros americanos, que obtiveram a adesão da Câmara de Comércio Internacional, com sede em Paris.

A terceira fase, que seria a sua incorporação às legislações nacionais, ainda não ocorreu, ou vem ocorrendo de forma muito lenta, embora compreensível e explicável pelo fato de que o contrato é de direito internacional e as normas que o regem (RUU, Publicação n. 500, de 1993, da CCI) serem satisfatórias no atual momento, malgrado a nítida e exagerada proteção que conferem aos bancos.

Com efeito, surgindo como forma de atender a necessidades específicas do comércio internacional, enfrentou vicissitudes ocasionadas pelas condições do mesmo, aliadas à inexistência de normas que regessem a matéria.

Nesse período pós-guerra, ocorreu uma rápida inversão da tendência do mercado. Num primeiro momento, verificou-se uma procura desenfreada por mercadorias, para, em seguida, desencadear-se uma rápida retomada da oferta, com a conseqüente queda dos preços.

Tornou-se patente a insegurança gerada pela ausência de normas reguladoras. Os bancos passaram a receber instruções de seus clientes para recusar os documentos à menor discrepância apresentada e ficavam em um dilema: caso seguissem as recomendações e não honrassem a obrigação, comprometiam a sua credibilidade no mercado, mas, quando liquidavam a obrigação para com o beneficiário, geravam controvérsias e litígios com os tomadores. A isso se juntavam outros elementos de confusão, tais como a não uniformidade dos termos e a diversidade na interpretação dos mesmos.[62]

Paralelamente a estes, novos problemas surgiram, agravando o quadro. Em interessante estudo, Waldirio Bulgarelli esclarece que, com a crescente utilização do

61. Cf. Juan Fernandez-Armesto, *Los Créditos Documentarios Irrevocables*, La Voz de Galicia, La Coruña, 1984 e Ramiro Rengifo, *Crédito Documentado (Las Cartas de Crédito)*, Ed. Temis, Bogotá, 2ª ed., 1983. Carlo Folco, ob. cit., refere-se a decisão versando sobre crédito confirmado tomada pela Corte de Apelação de Liege, em 20.6.1839. Cf. também Waldirio Bulgarelli, ob. cit.

62. Ward-Harfield, *Bank Credits*, pp. 172-174, referido por Balossini, ob. cit., v. I, p. 87.

crédito documentário após a Primeira Guerra Mundial, os bancos norte-americanos começaram a exigir que bancos europeus assumissem a responsabilidade pelos pagamentos das exportações feitas para aquele Continente, ao mesmo tempo em que os exportadores ingleses exigiam a confirmação do pagamento das importações feitas pelos Estados Unidos, não de bancos americanos, mas também de bancos europeus. A generalização de tal exigência tornou necessário o estabelecimento de normas mais precisas sobre o assunto.[63]

Tais dificuldades fizeram surgir a necessidade de sistematização daqueles usos nos diversos países, que só teve início em 1919, quando a Associação Finlandesa de Bancos adotou um conjunto de normas sobre a matéria (18 de setembro). No ano seguinte, banqueiros de Nova York fizeram o mesmo, através da New York Bankers Commercial Credit Conference Rules, sendo tais regras adotadas por trinta e cinco bancos norte-americanos. Em seguida foram aprovadas normas pela Associação Berlinense de Banqueiros, em 1923, pela União dos Banqueiros de Paris e Províncias (14 de janeiro de 1924), bem como pela Associação Norueguesa de Banqueiros, em 1924. Em 1925, foi a vez dos italianos (2 de janeiro), suecos (18 de fevereiro), e tchecoslovacos. Em 1926, os banqueiros argentinos, em 1928, os dinamarqueses e em 1930, os holandeses. A Câmara de Comércio Internacional, em 1926, aprovou a elaboração de um relatório baseado nos subsídios fornecidos pelas associações nacionais de bancos.

Em reunião realizada em Amsterdã, em 1929, foi aprovado o primeiro projeto de regras e usos uniformes relativos ao crédito documentário, aceito apenas por algumas associações, mas recusadas pelos ingleses e norte-americanos. Finalmente, em 1933, em Viena, a ele aderiram as associações bancárias dos Estados Unidos. Os bancos dos países da Comunidade Britânica somente aderiram em 1962, depois das alterações feitas em 1951, no Congresso de Lisboa e 1962, no de Paris. Novas alterações foram aprovadas em 1974, 1983 e 1993. Entretanto, a quase unanimidade das legislações nacionais até hoje não sistematizou este instituto, enquanto as poucas que o fizeram, deixaram muito a desejar pela superficialidade e insuficiência das normas acolhidas.[64]

### *3.4.1 Nos ordenamentos jurídicos nacionais*

No direito interno, como visto acima, o maior esforço de uniformização partiu dos bancos, através de suas associações, visando dar maior segurança ao contrato, então atípico, fruto da prática comercial e bancária, enquanto até hoje são praticamente inexistentes normas legislativas sobre o assunto.

#### 3.4.1.1 Uniformização por entidades privadas

Sendo o crédito documentário um especial contrato bancário, foi natural que os bancos, através de suas associações, estabelecessem critérios para a abertura e execução do crédito.[65] Porém, com o grave defeito — que persiste — de não serem equânimes, pois flagrantemente favoráveis aos bancos, em detrimento das demais partes.

*3.4.1.1.1* A Associação Finlandesa de Bancos — A primeira tentativa de sistematização parece ter sido a da Associação Finlandesa de Bancos, adotada em 18 de se-

63. Waldirio Bulgarelli, ob. cit., p. 62.

64. Cf. Ramiro Rengifo, ob. cit., p. 8, nota 7, e Juan Fernandez-Armesto, ob. cit. Cf. também Carlo Folco, ob. cit., pp. 285-317. Idem Honório Monteiro, ob. cit., p. 44. Idem Cajo Enrico Balossini, *Norme ed usi uniformi relativi al crediti documentari*, Dott A. Giuffrè Ed., Milano, v. I, pp. 83-221.

65. Análise baseada nos textos das normas de uniformização elaboradas por diversas associações nacionais de bancos colhidas junto a Balossini, ob. e v. cits., pp. 521-577, Carlo Folco, ob. cit., pp. 283-317 e Honório Monteiro, ob. cit., pp. 173-1.

tembro de 1919, cujas regras fazem referência à hipótese de o crédito ter sido aberto por um banco estrangeiro ou ser o beneficiário domiciliado no estrangeiro. Estabelece também que "o banco velará, na medida do possível, pelos interesses do ordenador e observará as instruções dadas".

Esta disposição foi repetida no Acordo da Associação Bancária de Berlim e nas Regras estabelecidas pela Associação dos Bancos Suecos, cujo parágrafo 8º destaca que "o banco deve proteger da melhor forma possível os interesses do dador da ordem" e está implícita em todas as normas sobre crédito documentário.

Nela identificamos um objetivo fundamental do crédito documentário, que não existe nos demais institutos: a garantia dos interesses do ordenador.

Por essa forma, salvo na hipótese remota de falsificação, tem o comprador-ordenador a garantia de que a mercadoria já foi expedida para seu destino, no prazo, em quantidade, qualidade e forma ajustados.

Paralelamente, a regulamentação ressalva o direito do banco, que não se pode responsabilizar por fatores que também não tem condições de controlar, limitando-se a conferir a conformidade dos documentos apresentados com as condições estabelecidas na carta de crédito aberta.

Tais normas, estabelecidas pelos bancos finlandeses, prescrevem ainda que:

a) o montante do crédito pode ser exprimido seja pela palavra "máximo" seja pela palavra "aproximadamente", quando se permite uma variação de até 10%;

b) salvo estipulação em contrário, o banco é autorizado a aceitar expedições parciais;

c) a validade do crédito pode ser limitada, quer estipulando-se até que data os documentos deverão ser apresentados, quer a data máxima para o embarque das mercadorias; na ausência de menção, será considerada a data como de apresentação dos documentos; havendo somente referência à data da expedição, os documentos poderão ser aceitos mesmo depois, desde que sejam datados até o termo estipulado e sejam apresentados todos dentro de um prazo razoável;

d) a transferência do crédito só é possível quando autorizada expressamente pelo ordenador do crédito ou pelo banco, a menos que tenha sido aberto com a cláusula "a ordem";

e) o crédito pode ser revogável ou irrevogável;

f) o termo "documentos" deve ser entendido como conhecimento de embarque, apólice de seguro e fatura.

Em seguida, trata das condições de aceitação dos referidos documentos.

*3.4.1.1.2* New York Bankers Commercial Credit Conference Rules — No ano seguinte, os banqueiros de Nova York estabeleceram suas regras sobre o crédito documentário, com a mesma estrutura básica, embora silenciando sobre alguns pontos e regulando outros, como p. ex. a hipótese de a data indicada cair em domingo ou dia feriado; que as palavras *to*, *until*, *on* e similares, na indicação do prazo, significam que o dia referido está incluído no prazo e que, se a abertura do crédito não estipular prazo, o crédito não vigorará além de um ano, contado da data do próprio aviso.

*3.4.1.1.3* Outras inovações — As normas sobre crédito documentário continuaram a surgir a cada ano, repetindo praticamente todos os pontos fundamentais.

Em 1923, foram os bancos alemães e gregos.

Em 1924, os noruegueses e os franceses. Estes, trataram expressamente da *natureza da abertura de crédito*, declarando que ela não se confunde com o contrato de compra e venda firmado entre o ordenante e o beneficiário.

Em 1925, foi a vez dos italianos, dos suecos e dos tchecoslovacos.

Nesse ano, foram verificados dois aprimoramentos nas normas. Os bancos italianos estabeleceram no art. 36 que alguns dos dispositivos (os previstos nos arts. 2º, 9º, 18, 22, 26, 27, 28, 31, 32 e 33) eram supletivos, devendo ser utilizados pelos bancos na ausência de instruções em contrário, enquanto as demais disposições não admitiam estipulação que as derrogassem.

As regras estabelecidas pela Associação dos Bancos Suecos, por sua vez, retomaram o tema da natureza autônoma do instituto, estabelecendo em seu art. 2º que o "crédito documentário vale por si mesmo, independentemente das estipulações do contrato que lhe serviu de base".

Em 1926 foi elaborado um Projeto de Convenção pela Comissão de Advogados de Bancos de Buenos Ayres para fixar as regras, usos e costumes dos Bancos da Argentina para abertura de créditos documentários.

Na própria designação do documento podemos perceber que é explicitada a origem do instituto: os usos e costumes do país, que praticamente não diferem dos conhecidos nos demais países. E o art. 17 confirma tal afirmação, dispondo que "Los usos y costumbres reconocidos en las reglas anteriores se considerarán incorporados a toda orden de apertura de crédito procedente del extranjero, en cuanto no fuesen expressamente modificados por dicha orden".

O art. 1º *in fine* é também muito importante porque estabelece de modo preciso o momento do nascimento da obrigação do banco, dispondo que "la obligación del Banco comienza desde que la fecha de la comunicación al cliente".

Em 1928, os bancos dinamarqueses e em 1930 os holandeses regularam igualmente o crédito documentário.

3.4.1.2 As legislações nacionais

Por outro lado, o crédito documentário é praticamente desconhecido pelas legislações nacionais.[66]

O primeiro país a incorporar o disciplinamento do crédito documentário foi o México, no Capítulo IV, Seção 4ª, da *Ley de Títulos y operaciones de Crédito*, de 1932, mas de forma insuficiente, em apenas quatro artigos (317 a 320), sob a denominação de *crédito confirmado*. Novo dispositivo foi introduzido sobre a matéria pelo artigo 113 da Ley General de Instituciones de Crédito, de 1941.

Foi seguido pela Itália (art. 1.530 do Cód. Civil de 1942) , Grécia (arts. 25 a 34 da lei de sociedades anônimas), Honduras (arts. 898 a 910 do Cód. Comercial de 1950), Líbano (art. 313 do Cód. Comercial), Síria (art. 408 do Código Comercial) e URSS (Instruções gerais dos bancos estatais, de 12 de abril de 1960, sobre operações de crédito documentário). Todos, porém, de forma sintética, superficial e insuficiente.

Vale destacar o disciplinamento da matéria pela legislação norte-americana, no art. 5º do Uniform Commercial Code, de 1952.[67] Em sua redação original havia a ressalva de que em sua interpretação "deve-se levar em conta os usos uniformes observados pelos banqueiros". Farnsworth & Hannold, comentando o texto, observam que o legislador pretendeu, de forma velada, incorporar à lei as Regras e Usos Uniformes.[68]

O dispositivo foi duramente criticado, sob o argumento de que teria sido redigido por banqueiros, em seu próprio interesse, o que levou à sua supressão na versão de 1962 do UCC. Esta alteração também não foi pacífica, sendo criticada pelos banqueiros e juristas de Nova York. Este Estado, logo em seguida aprovou uma emenda à Seção 5-102 do UCC, restringindo sua aplicação aos casos em que o crédito não esti-

66. Análise baseada nos textos das legislações e projetos nacionais sobre crédito documentário colhidas junto a Balossini, ob. e v. cits., pp. 576-614, com exceção da legislação da Colômbia.

67. Cf. Balossini, ob. e v. cits., pp. 579-614; Waldirio Bulgarelli, ob. cit., pp. 65-66 e Luiz Gastão P. de B. Leães, ob. cit., pp. 56 e 58.

68. *Case On Commercial Law*, Brooklin, 1968, 2ª ed., pp. 373 e ss., *apud* Luiz Gastão P. de B. Leães, ob. cit., pp. 57-58.

vesse submetido, no todo ou em parte, às R.U.U.[69]

Finalmente, merece também registro a legislação da Colômbia, cujo Código de Comércio regula a *abertura de crédito documentário* nos arts. 1.408 a 1.415, de forma diversa das cartas de crédito simples, reguladas nos arts. 1.400 a 1.407, bem como das cláusulas D/A documentos contra aceite e D/P documentos contra pagamento, reguladas no art. 679.

Álvaro Perez Vives esclarece que o Código de Comércio não identifica o crédito documentário com as cartas de crédito, embora o Cap. VI, Tít. XVII, do Livro 4º, tenha como título "Cartas de crédito" e se inicie com o art. 1.408. O que ocorre — continua — é que: "O Cód. de Comércio conhece dois tipos de 'abertura de crédito': a de que tratam os arts. 1.400 a 1.407 e a 'abertura de crédito documentário', regulada pelos arts. 1.408 a 1.415."[70]

Cabe referir a existência de diversos projetos não convertidos em lei elaborados pela Argentina, Cuba e França (1952).

### *3.4.2 No plano internacional*

Em 1926, a Câmara de Comércio Internacional aprovou proposta apresentada pelo Comitê Norte-Americano para elaboração de um relatório baseado nos subsídios fornecidos pelas associações nacionais de bancos. Em 13 de julho de 1929 foi aprovado o primeiro "Regulamento uniforme relativo aos créditos documentários" pelo Congresso da CCI realizado em Amsterdã.[71]

Sua primeira seção (A) trata da natureza do crédito, prescrevendo logo no art. 1º que: "A abertura de crédito constitui por sua natureza uma operação independente do contrato que poderia servir-lhe de base, ao qual os bancos são completamente estranhos".

A segunda seção (B), que trata da responsabilidade, começa observando (n. 1) que os bancos examinarão com cuidado os documentos para verificar a sua regularidade. É a afirmação sempre presente na evolução do crédito documentário do seu objetivo de resguardar o interesse do ordenador.

As regras e usos uniformes sobre o crédito documentário foram alteradas pelo VII Congresso da CCI, realizado em Viena, de 29 de maio a 3 de junho de 1933 e pelo XIII Congresso, de 11 a 16 de julho de 1951, em Lisboa, que, em seu art. 10, introduziu importante complemento ao disposto no art. 1º, ao estabelecer que "Nas operações com crédito documentário todas as partes interessadas devem basear-se em documentos, independentemente das mercadorias".

O texto foi novamente revisado no XIX Congresso da CCI, realizado em Paris, de 20 a 27 de abril de 1963, que aprovou a Publicação n. 222; em dezembro de 1974, pela "Publicação n. 290"; em 1983, pela "Publicação n. 400", e, finalmente, em 1993, pela "Publicação n. 500", em vigor desde 1º de janeiro de 1994.

### ***3.5 O problema da terminologia***

Os problemas levantados pelo crédito documentário começam, em alguns países, entre os quais o Brasil, com a divergência sobre a própria denominação do instituto, entendendo muitos autores que a expressão correta é crédito documentado.

Com efeito, Carvalho de Mendonça[72] e Honório Monteiro[73] utilizavam tal expressão, enquanto Waldemar Ferreira preferia o termo que adotamos no presente trabalho.[74]

69. Cf. Waldirio Bulgarelli, ob. cit., p. 66 e Luiz Gastão P. de B. Leães, *Direito Comercial: Textos e Pretextos*, José Bushatsky Ed., 1976, pp. 14-16.

70. *Variaciones sobre la Carta de Crédito*, Editorial Temis, Bogotá, 1982, pp. 25-26.

71. Análise baseada nos textos da R.U.U. colhidas junto a Balossini, ob. e v. cits., pp. 409-519.

72. Ob. cit.

73. *Do Crédito Bancário Confirmado*, Saraiva, 1933.

74. *A abertura do crédito documentário e sua disciplina convencional*, pp. 35-45.

Atualmente, entre nós, seguindo a tradição de Carvalho de Mendonça, alguns autores empregam a denominação *crédito documentado*, enquanto outros preferem o termo *crédito documentário*, que é igualmente acolhido em Portugal (De Castro, Pinto Coelho), bem como pela unanimidade dos autores que analisam o instituto sob a ótica da prática bancária. Outros ainda, mais ligados à doutrina alemã, como Pontes de Miranda, utilizam o termo *acreditivo*, tradução literal da forma germânica.

Entendem os primeiros que a expressão *documentário* deriva de uma tradução errônea do termo inglês *documentary credit* e do francês *crédit documentaire*.

A polêmica se estende igualmente aos países de língua espanhola.

Na Itália, praticamente não existe tal discordância, prevalecendo o termo *credito documentario*, embora se utilize também a expressão *tratte documentate*, com sentido diverso, enquanto em França não encontramos a forma *crédit documenté*.

Langa Izaguirre, em uma resenha sobre o tema sustenta que, em espanhol:

— *Documental* seria a tradução correta do *documentary* inglês e do *documentaire* francês, no sentido dicionarístico de "que se funda em documentos, ou se refere a esses", e poderia reservar-se para designar "relações do banco com o próprio cliente";

— *Documentado*, já usado na jurisprudência e na doutrina, teria o sentido dicionarístico de acompanhado dos documentos necessários;

— *Documentário*, seria uma tradução feita simplesmente *de orelha* pelos funcionários dos bancos espanhóis, mas que se torna dominante na jurisprudência e na doutrina, citando Garrigues e Caballero, que a utilizam.[75]

Na verdade, três foram as razões que nos levaram a escolher a expressão *crédito documentário*. A primeira de ordem lingüística, a segunda jurídica, e lógica, a última.

Quanto ao aspecto lingüístico, em Português, as premissas diferem um pouco das apresentadas por Langa Izaguire para a língua espanhola.

Maria Chaves de Mello,[76] traduz a palavra inglesa *documentary* por *documental*, enquanto, José Cândido Marques Cavalcante,[77] e o dicionário das Edições Aduaneiras[78] traduzem expressamente *documentary credit* por *crédito documentário*, à semelhança do que faz Iris Strohschoen,[79] que apresenta *documentary credit*, *crédit documentaire* e *dokumentarkredit*, em inglês, francês e alemão, respectivamente, para o equivalente em português *crédito documentário*.

É verdade que a tradução comum de *documentary* ou *documentaire* é *documental*. Entretanto, tal expressão, em língua portuguesa, apresenta dois sentidos distintos. O primeiro, como sinônimo de *documentado*, fundado em documentos, provado com documentos. O outro, porém, é sinônimo exatamente de *documentário*, no sentido de relativo a documentos.[80]

É bom não esquecermos que, em inglês, além da expressão *documentary*, existe o termo *documented*, particípio passado do verbo *to document*, além de *documental*.[81]

Ademais disso, sabe-se perfeitamente que em francês existe igualmente a expressão *documenté*, *documentée*, adjetivo derivado do verdo *documenter*, com a expressão equivalente a documentado, documen-

75. *El Crédito Documentario, sobre sua natureza jurídica*, Madrid, 1960, pp. 9-11, in Balossini, Cajo Enrico, *Norme ed Usi Uniformi Relativi ai Crediti Documentari*, Dott A. Giuffrè Ed., Milano, 3ª ed., v. I, p. 5, nota 7.

76. *Dicionário Jurídico Português-Inglês, Inglês-Português*, Barrister's Editora, 1984.

77. *Dicionário Inglês-Português de Termos Econômicos e Comerciais*, Vozes.

78. *Dicionário sobre Comércio Exterior, Port./Ing.-Ing./Port.*, Ed. Aduaneiras, 3ª ed., 1990.

79. *Dicionário de Termos Comerciais Português-Inglês-Francês-Alemão*, Ed. Globo, 1966.

80. Aurélio Buarque de Holanda, *Novo Dicionário Aurélio*.

81. Osvaldo Serpa, *Dicionário Escolar Ing./Port.-Port./Ing.*, 8ª ed., MEC, 1980.

tada. Por que então em França usa-se *crédit documentaire* e não *credit documenté*?

Em síntese, entendemos que a expressão em português tanto pode ser *crédito documentário* como *crédito documental*, nunca porém, *crédito documentado*.

Veja-se a explicação jurídica.

O que ocorre com o uso da expressão *crédito documentado* é uma percepção imperfeita do funcionamento do instituto; a confusão do instituto em si, com uma de suas facetas.

O crédito não é "documentado" porque é aberto independentemente da apresentação de qualquer documento. Na verdade, trata-se mesmo de um crédito *não documentado*, para ser mais preciso. O banco pode exigir garantias do proponente-ordenador ou até mesmo o depósito antecipado do valor do crédito a ser aberto. Contudo, não exige qualquer documento ligado ao próprio crédito, mesmo porque, naquele momento, tais documentos inexistem e não serão jamais produzidos pelo proponente-ordenador. Os documentos a que se refere o crédito são exatamente aqueles que comprovarão a exportação da mercadoria, discriminados na proposta de abertura e insertos igualmente na carta de crédito. O banco, ao abrir o crédito, compromete-se a efetuar o pagamento, a negociação ou o aceite do título apresentado pelo beneficiário, desde que venha acompanhado dos documentos exigidos pelo proponente e contantes na própria carta de crédito.

Devem, pois, ser usadas expressões diferentes para denominar dois documentos distintos. O que deve necessariamente ser *documentado* é o saque e não o crédito. Assim, o correto é dizer-se *crédito documentário*, que será cumprido através do pagamento, aceite ou negociação do *saque documentado*.

Esta é a razão da utilização, na Itália, das expressões *credito documentario* e *tratte documentate*[82] em acepções distintas.

82. Balossini, ob. e v. cits., p. 5, nota 7.

Diferente é o caso da cobrança documentária, cuja denominação é evidentemente incorreta, uma vez que o exportador apresenta ao banco o saque acompanhado dos documentos comprobatórios da exportação. Portanto, trata-se de típica cobrança documentada, vale dizer, acompanhada de documentos.

Finalmente, quanto ao terceiro aspecto, queremos lembrar a origem do Direito Comercial, na prática dos mercadores medievais e que só num momento bem posterior começou a ser codificado.

E assim permaneceu. Os empresários descobrem novos negócios, elaboram contratos, criam institutos, aperfeiçoam seus contornos e só então aparece o jurista para analisá-los e, mais tarde ainda, o legislador para inseri-los no ordenamento jurídico positivo.

Por isso que não poderá o jurista impor seus pontos de vista nem sua terminologia. Chegarão seus eruditos compêndios, mas o mundo empresarial continuará com as normas costumeiras que atendem a seus interesses e chamando os institutos pelos nomes que escolheram e pelos quais os conhecem.

Enfim, quero dizer que de nada adianta o jurista chamar de *crédito documentado* um instituto de direito bancário que sempre foi conhecido e continuará a sê-lo como *crédito documentário*.

Estes os pontos que nos levam a optar pela expressão crédito documentário.

## *IV — AS DIVERSAS FORMAS DE SUBSTITUIÇÃO DO DEVEDOR, DE SUCESSÃO NA DÍVIDA E DE ADESÃO À DÍVIDA*

### *4.1 Visão geral*

No presente item, analisaremos as diversas formas pelas quais terceiro estranho à relação jurídica originária torna-se obrigado como devedor único, liberando o antigo devedor, ou junta-se a ele na condição de devedor principal ou solidário, permanecendo a primeira obrigação ou extinguindo-se para dar lugar a uma nova.

Nossa pretensão é demonstrar que a diferença entre algumas delas é mínima e às vezes quase imperceptível.

### *4.2 No Direito romano*

A obrigação, em Roma, era entendida como um vínculo exclusivamente pessoal, sujeitando diretamente a pessoa do devedor ao poder do credor.

Esta ligação pessoal era tão forte que o descumprimento da obrigação assumida através do *nexum* p. ex., dava lugar à execução através da *manus injectium*.

Se o devedor não pagasse nem se apresentasse ninguém como seu fiador, após um processo que durava sessenta dias, podia até ser morto e ter o corpo dividido em tantas partes quantos fossem os credores. Estes, entretanto, podiam preferir vender o devedor a um estrangeiro, além do Tigre, repartindo o preço entre si. Na verdade, esta última alternativa era a que vigorava na prática, por motivos evidentes.

Com a *Lex Poetelia Papiria*, em 326 a.C.,[83] que excluiu o caráter punitivo da execução, abolindo o direito do credor de acorrentar, matar ou vender o devedor e exigindo a interferência do magistrado, o *nexum* decaiu, embora a execução pessoal ainda subsistisse por longos anos, segundo alguns autores,[84] enquanto outros afirmam ter havido a extinção do direito de venda ou de morte, instituindo-se em seu lugar a garantia sobre os bens do devedor, numa transição da execução pessoal para a patrimonial.[85]

De qualquer maneira, esta lei foi o marco divisório entre a execução pessoal da obrigação e a execução patrimonial. Entretanto, não desapareceu completamente a concepção da obrigação como vínculo pessoal, que se manifestava na impossibilidade de substituição do sujeito, quer ativo, quer passivo. A substituição acarretava a extinção do vínculo obrigacional originário e o nascimento de uma nova relação.

Tudo indica que a transferência das obrigações ocorria apenas a título universal, *mortis causa* ou *inter vivos* pela adoção.[86]

Uma das espécies de adoção conhecidas em Roma era a *adrogatio*, pela qual um *paterfamilias* com todos os seus dependentes era adotado por outro, importando na sujeição daquele e de sua família bem como na transferência de todos os seus direitos e obrigações para o adrogador. Apesar disso, "a jurisdição do pretor permitiu aos credores do adrogado agirem contra ele, como se se não tivesse realizado a sujeição", segundo Alexandre Correia e Gaetano Sciascia.[87]

A sucessão pelos herdeiros nos créditos só foi admitida a partir do séc. V, tendo sido também observado que a sucessão universal precedeu à singular e a de créditos antecedeu a de débitos.[88]

Para eliminar tais óbices, os romanos passaram a usar dois mecanismos alternativos: a *delegatio* e o *procurator in rem suam*, ambos, porém, insatisfatórios.[89]

83. Cf. Alexandre Correia e Gaetano Sciascia, *Direito Romano*, v. I, Saraiva, 3ª ed., 1957. Alfredo Rocco (*Il Fallimento, Teoria Generale ed Origine Storica*, Torino, Fratelli Boca Ed., 1917) diz que a *Lex Poetelia* foi promulgada no ano 428 ou 441.

84. Cf. Waldemar Ferreira, *Instituições de Direito Comercial*, Freitas Bastos, 1948, v. IV, p. 22 e Rocco, ob. cit., p. 141.

85. Cf. Sampaio de Lacerda, *Manual de Direito Falimentar*, Freitas Bastos, 12ª ed. revista e atualizada por Jorge de Miranda Magalhães, 1985, p. 27, Alvaro Villaça, *Teoria Geral das Obrigações*, Ed. RT, 3ª ed., 1981, p. 14 e Caio Mário, *Instituições de Direito Civil*, Forense, 2ª ed., 1972, p. 15.

86. Cf. Luiz Roldão de Freitas Gomes, *Da Assunção de Dívida e sua Estrutura Negocial*, Ed. Liber Juris, 1982, p. 42.

87. Ob. e v. cits., pp. 118-119.

88. Roldão Gomes, ob. cit., pp. 44-45.

89. Roldão Gomes, ob. cit., pp. 47-48. Cf. também Antonio Chaves, *Tratado de Direito Civil*, v. 2, "Obrigações", Ed. RT, 3ª ed., 1984, t. I, p. 273. Dissertando sobre os sucedâneos utilizados pelos romanos

Podemos concluir que Roma não acolheu a transferência de créditos e, com maior razão, a de débitos, salvo artifícios gerados pela prática, mas de difícil ou impossível execução em caso de inadimplemento.

### *4.3 Novação*

Vamos começar nosso estudo pela novação, por ser uma forma de sucessão de obrigações acolhida pela nossa legislação.

Este instituto surgiu muito tarde, no direito romano, tendo sido definido pelo *Digesto* como "a conversão de uma obrigação em outra", na tradução sintética de Clóvis.[90]

Quando passou a ser acolhida a substituição do devedor, a única maneira possível de efetivá-la era mediante a novação, quando terceiro sucedia ao devedor originário através de outro negócio jurídico, ficando extinta a obrigação anterior e, conseqüentemente, liberando o primitivo devedor. Tal substituição concretizava-se através da *delegatio* e da *expromissio*.

A novação cria uma nova obrigação para extinguir outra, mas extinguir substituindo-a, no dizer de M. I. Carvalho de Mendonça,[91] ou, como define Mário Júlio de Almeida Costa, é "a extinção contratual de uma obrigação em virtude da constituição de uma obrigação nova que vem ocupar o lugar da primeira".[92]

para a cessão de crédito, escreve Carlos Alberto da Mota Pinto (*Cessão de Contrato*, Saraiva, 1985, pp. 106-107): "Eram eles, principalmente, a procuração *in rem suam*, permitindo agir como substituto processual ao credor, fazendo vale em nome próprio, um crédito de outrem, tendo-se mais tarde reforçado a posição do *procurator*, ao tornar-se a procuração irrevogável depois da *denuntiatio*, isto é, da comunicação feita ao devedor, e a cessão da *actio utilis* destacada, no período pós-clássico, da *procuratio*".

90. Clóvis Beviláqua, Ed. Rio, edição histórica, 1977, p. 130.

91. Cf. Antonio Chaves, ob. cit., p. 273.

92. Mário Júlio de Almeida Costa, *Direito das Obrigações*, Coimbra Ed., Coimbra, 1984, p. 782.

A novação romana sofreu transformações substanciais através do tempo, de tal sorte que Soriano de Souza Neto entende que a novação em sua concepção atual é instituição completamente diferente da novação romana, apesar de manter a mesma denominação e igual finalidade, qual seja um modo extintivo das obrigações.[93]

Para que se configure a novação — segundo Clóvis — são necessários os seguintes requisitos: a) consentimento; b) ânimo de novar; c) que a obrigação nova seja válida e que a condição se verifique, no caso de ser dependente de alguma; d) que a obrigação anterior seja igualmente válida.[94] Para Orlando Gomes os requisitos são apenas três: existência jurídica de uma obrigação, constituição de uma nova obrigação e ânimo de novar.[95]

Foi ela acolhida pelo Cód. Comercial, art. 438, e pelo Cód. Civil, art. 999, bem como pelo projeto de Cód. Civil, arts. 360 a 367. Apresenta-se sob três formas distintas: a) contraindo o devedor uma nova obrigação, que substitui e extingue a primeira; b) quando um novo devedor substitui o antigo, liberando-o da obrigação; c) ocorrendo a substituição do credor, ficando o devedor obrigado para com o novo e quite com o antigo.

O primeiro caso, de novação objetiva, não tem maior interesse no presente trabalho. Quanto aos casos da novação subjetiva, somente o primeiro nos interessa, o da novação passiva, quando ocorre a substituição do devedor.

São concordes os autores em que a forma de realização da novação subjetiva é através da delegação perfeita ou da expromissão,[96] que estudaremos oportunamente.

93. *Da Novação*, n. 2, *apud* J. M. de Carvalho Santos, *Código Civil Brasileiro Interpretado*, Freitas Bastos, 7ª ed., v. XIII, p. 150.

94. Ob. cit., pp. 130-131.

95. Ob. cit., p. 163.

96. Cf. Antonio Chaves, ob. cit., pp. 276-278, e Orlando Gomes, ob. cit., pp. 164-165. Rodão Gomes, ob. cit., p. 187.

Queremos realçar, por ora, apenas o seguinte ponto: pela novação, que se concretiza através da delegação e da expromissão, terceiro estranho obriga-se perante o credor a liquidar uma dívida já constituída, liberando o devedor originário.

### *4.4 Delegação*

A delegação, que nada tem a ver com a antiga *delegatio* romana, é criação do direito germânico e também não é forma de concretizar a novação.

Nas palavras de Antunes Varela, a delegação é uma "estipulação pela qual uma pessoa (delegante) incumbe outra (delegado) de efetuar certa prestação a terceiro (delegatário), que fica autorizado a recebê-la em nome próprio".[97]

A doutrina hoje dominante vê na delegação uma dupla autorização; do delegante ao delegado e do delegante ao delegatário.[98]

A delegação pode apresentar-se sob diversas formas, a depender dos efeitos que gera, da parte que dá origem ao negócio, bem como quanto à função que lhe é atribuída pelas partes.

Quando o delegante é credor do delegado e autoriza este a pagar a terceira pessoa (delegatário), transferindo para esta o direito de exigir a obrigação, diz-se que há *delegação ativa* e quando é o devedor quem transfere a terceiro, com o consentimento do credor, a obrigação pela dívida, há *delegação passiva*.

Se ocorre, pela delegação, a liberação do devedor originário, passando o delegado a ser o único responsável pelo cumprimento da obrigação, a delegação é *privativa* ou *liberatória*; se, ao contrário, o delegado passa a integrar a relação ao lado do primitivo devedor, não solidário, mas principal, de modo a que o delegatário só possa exigir o pagamento do delegante em caso de descumprimento pelo delegado, a delegação é *simples*, *cumulativa* ou *imperfeita*.

A delegação privativa, embora teoricamente reconhecida como distinta da novação subjetiva, na prática dela não se distingue.

Finalmente, quanto à função que é levada a desempenhar, pode ser *solvendi*, quando a autorização é para que o terceiro (delegado) pague a dívida, e este comunica a aceitação do encargo, por conta do delegante, sem assumir pessoalmente a dívida para com o credor-delegatário; e *promittendi*, tida pela doutrina como a verdadeira figura da delegação, quando o delegado, antes do pagamento, assume perante o delegatário a obrigação de pagar a dívida do delegante.[99]

Existem três relações jurídicas na delegação, envolvendo as partes de duas a duas, a saber: entre delegante e delegatário, entre delegante e delegado e entre delegado e delegatário.

Temos, assim, que a delegação apresenta-se sob várias formas, cada uma delas identificando-se com outros institutos, como a novação subjetiva, a assunção de dívida, cumulativa ou liberatória, e até com a estipulação em favor de terceiro.[100]

### *4.5 Expromissão*

Ensina Antunes Varela que a expromissão "é a convenção pela qual um tercei-

97. *Direito das Obrigações*, v. II, p. 362, *apud* Roldão Gomes, ob. cit., p. 183.

98. Vaz Serra, ob. cit., p. 101, *apud* Roldão Gomes, ob. cit., p. 183; Pontes de Miranda, *Tratado de Direito Privado*, Ed. RT, 3ª ed., 2ª reimp., 1984, v. XLII, pp. 215-216.

99. Cf. Orlando Gomes, ob. cit., pp. 260-262; Antonio Chaves, ob. cit., t. 1, pp. 276-277; Pontes de Miranda, ob. cit., t. XLII, pp. 215-255; Luiz Gastão Paes de Barros Leães, *Direito Comercial: Textos e Pretextos*, José Bushatsky Ed., 1976, pp. 3-29.

100. Implícita, de certa forma, na descrição de Antunes Varela, bem como no entendimento de Arnoldo Wald (*Obrigações e Contratos*, Ed. RT, 5ª ed. revista e atualizada por Semy Glanz, 1979, p. 126), que vê na delegação passiva a ocorrência de uma espécie de estipulação em favor de terceiro na qual o cessionário se compromete com o cedente a pagar determinado montante ao credor.

ro (expromitente), sem delegação do devedor, assume perante o credor a obrigação de efetuar a prestação devida por outrem".[101]

Pela expromissão, portanto, um terceiro assume espontaneamente uma obrigação em substituição a outra, anterior, que não lhe dizia respeito. É uma forma de novação subjetiva passiva e pode ocorrer sem o consentimento do devedor originário e até mesmo contra a sua vontade. Dificilmente é usada.

Esclarece Orlando Gomes que com o mesmo nome e apresentando a mesma estrutura, existe outro instituto representando uma sucessão no débito,[102] cuja diferença única está em que na expromissão novativa a obrigação anterior extingue-se para dar lugar à nova, enquanto na pertinente à sucessão no débito a obrigação primitiva permanece. Já Antunes Varella ensina que é o mesmo instituto que pode dar lugar à assunção liberatória, à assunção cumulativa e à novação subjetiva.[103]

São partes na expromissão apenas o expromitente, que se compromete a pagar espontaneamente, e não por ordem ou autorização do devedor originário, e o credor.

Também apresenta-se sob formas diversas, a saber: *liberatória,* quando o expromitente passa a ser devedor único, substituindo o antigo devedor, que fica liberado, ocorrendo uma sucessão no débito; ou *cumulativa,* também denominada *adpromissio* em que o expromitente passa a integrar a relação na qualidade de devedor solidário, ao lado do antigo, efeito que difere também da delegação cumulativa passiva, em que não há solidariedade entre o antigo e o novo devedor.

A expromissão, a exemplo da delegação não foi acolhida em nosso ordenamento jurídico, que se limitou à figura da novação, no que foi seguido pelo Projeto de Código Civil.

### 4.6 "Acollo"

Na Itália surgiu um instituto semelhante à delegação e à assinação dos germânicos: o *acollo.*

Relata Carlos Alberto da Mota Pinto que o *accollo* tinha lugar na hipótese de alienação de um prédio onerado com um encargo, tornando-se o adquirente, ao mesmo tempo, assuntor (*accollans*) da dívida para cuja garantia fora constituído o encargo.[104]

Afirma Orlando Gomes que a figura que os italianos chamam de *accollo* é designada por Von Tuhr como *promessa de liberação* e é encontrada também no Cód. alemão com uma expressão equivalente a *assunção de cumprimento,*[105] enquanto Roldão Gomes imagina-o dotado de uma maior amplitude, afirmando que o termo sempre se apresentou com o significado amplo, dando margem a que se entendesse compreender institutos diversos que, em comum, denotam a passagem de uma obrigação ou de um encargo de uma pessoa para outra.[106]

Sobre o *accollo* ensina Ruggiero[107] que a teoria oscilou entre a novação, a delegação, a assinação, o contrato em favor de terceiros e a simples convenção de pagar no lugar de outro e até a indicação de pagamento, havendo autores que nele viam todos esses institutos juntos e Coviello acolheu-o como sucessão particular no débito.

Roldão Gomes, embora compreenda o *accollo* como uma simples assunção de dívida, reconhece que ele provoca uma variedade de efeitos correspondentes às di-

101. Ob. cit., p. 331, *apud* Roldão Gomes, ob. cit., p. 186.
102. Ob. cit., pp. 165 e 267.
103. Ob. cit., p. 363, *apud* Roldão Gomes, ob. cit., pp. 186-187.
104. Ob. cit., pp. 112-113.
105. Ob. cit., pp. 256-257.
106. Ob. cit., pp. 88-89.
107. *Accollo,* in *Dizionario Pratico del Diritto Privato,* v. I, pp. 38-39, *apud* Roldão Gomes, ob. cit., p. 89.

versas formas que assume e, por isso, não se constitui em um negócio único, com efeitos determinados, mas uma forma geral que comporta diversas formas secundárias, com nome e características próprias. Estas, por sua vez, apesar de serem análogas e terem afinidades com outros institutos, como a novação e a delegação, não se confundem com eles.[108]

A partir das diversas formas sob as quais se revela, o *accollo* pode ser:

a) simples, aquele em que o assuntor obriga-se a pagar dívida alheia, sem que o credor, que não participa do acordo, perca o direito contra o devedor primitivo;

b) cumulativo, quando novo devedor vem juntar-se ao antigo, num vínculo de solidariedade passiva em face do credor, que adere ao pacto;

c) novativo, na hipótese de surgir uma nova obrigação, extinguindo a anterior e liberando o devedor originário;

d) privativo ou liberatório, quando ocorre a substituição de um devedor por outro, que fica liberado, sem ânimo de novar e com a concordância do credor.[109]

O *accollo* está regulado pelo art. 1.273 do Cód. Civ. italiano. A doutrina italiana é conflitante a respeito, uns negando e outros defendendo a possibilidade da sucessão a título singular da dívida, que se concretizaria através do *accollo* privativo (Ruggiero e Maroi), e uma terceira corrente entendendo ser o *accollo* uma forma de sucessão singular no débito, desenvolvida através de uma expromissão privativa ou de uma delegação privativa e reconhecida pela doutrina e pela jurisprudência (Bigiavi).[110]

Portanto, o *accollo* é um instituto muito complexo, não tendo a doutrina chegado a um acordo sobre sua verdadeira natureza ou efeitos. Identifica-se com diversos institutos, como a novação, expromissão e diversos tipos de delegação.

Vale referir, seja até para questionar algumas das posições doutrinárias, que o Código Civil italiano, ao lado do *accollo*, contempla de modo autônomo diversos outros institutos, como *v.g.* a novação objetiva (art. 1.230) e subjetiva (art. 1.235), mandando aplicar a esta as normas do Cap. VI (do Título I, Livro IV — Obrigações, vale dizer, a delegação, a expromissão e o *acollo*). Disciplina também a cessão de crédito (art. 1.260 e ss), a delegação (art. 1.268 a 1.271) e a expromissão (art. 1.272).

### *4.7 Assunção de dívida*

Ocorre a assunção de dívida quando terceiro, estranho à relação jurídica originária, passa a integrá-la, no pólo passivo, sem alterá-la, mas liberando o devedor primitivo.

O instituto não era admitido pelos romanos, em razão do seu arraigado apego à pessoalidade da obrigação. Quando, já bem tarde, passaram a admiti-la, exigiam sempre a extinção da obrigação primitiva, vale dizer, a novação.

Pode a assunção realizar-se por acordo entre o terceiro e o credor ou entre o terceiro e o devedor, hipótese em que é imprescindível o consentimento do credor, por motivos evidentes.

O instituto também não é simples nem de fácil compreensão, admitindo formas e efeitos diversos.

Com efeito, pode ocorrer na assunção de dívida a permanência do antigo devedor ao lado do assuntor, na chamada adesão, adjunção ou co-assunção, em contraposição à forma simples, que destacamos acima, denominada "assunção liberatória, privativa ou assunção *tout court*", como leciona Vaz Serra.[111]

108. Ob. cit., p. 89.

109. Ob. cit., pp. 89-90, baseado em Ruggiero e Maroi, *Instituzione di Diritto Civile*, v. 2º, pp. 113-114.

110. Ob. cit., pp. 90-91.

111. Ob. cit., pp. 191-194, *apud* Roldão Gomes, ob. cit., p. 134.

Em suma, tal como o *accollo*, a delegação e a novação, a assunção de dívida pode ser liberatória ou cumulativa. Ambas podem ter lugar mediante contrato entre o credor e o novo devedor ou entre o antigo e o novo devedor. Neste caso, existe profunda divergência na doutrina quanto à necessidade do consentimento do credor.

Para alguns escritores, a assunção cumulativa de débito, fazendo nascer um benefício para o credor, que não participa da avença, configura um contrato em favor de terceiro *latu sensu*.[112]

Orlando Gomes reconhece que a natureza da assunção de dívida "constitui matéria controvertida e intrincada", pelo que, "para determiná-la, cumpre distinguir suas espécies, pois varia conforme se origine de negócio entre o terceiro e o credor ou entre aquele e o devedor".[113]

A obrigação assumida pelo novo devedor na assunção cumulativa é do mesmo modo fonte de controvérsias. A divergência entre os doutrinadores é quanto ao surgimento ou não de uma obrigação solidária.

Os autores estrangeiros, de um modo geral, são pela posição afirmativa da solidariedade, reconhecendo ao credor o direito de exigir a totalidade da dívida quer do devedor originário, quer do assuntor.[114]

As legislações italiana e portuguesa estipulam a solidariedade, mas, apesar disso, a maioria dos autores italianos nega a existência de uma verdadeira solidariedade na assunção de dívida.[115]

Relata Roldão Gomes que, mesmo em face do texto expresso do artigo 595, 2, *in fine*, do Código Civil português, que consagra a solidariedade, Antunes Varela nega a existência de um verdadeiro vínculo de solidariedade em tal obrigação, no que é secundado por Diogo Leite de Campos, e ele próprio comunga com este entendimento, especialmente em face da legislação brasileira.[116]

Como visto, a assunção de dívida não foge à regra comum a todos os institutos que tratam da substituição do sujeito passivo da relação obrigacional ou da adesão à dívida: a complexidade e a divergência doutrinária.

### *4.8 Estipulação em favor de terceiro*

Embora apareça deslocada no contexto, a estipulação em favor de terceiro pode dar lugar também a uma adesão à dívida.

É consabido que os romanos não admitiam que um terceiro figurasse como beneficiário de um contrato, tendo tal posicionamento sido cristalizado no princípio *alteri stipulare nemo potest*.[117] A proibição perdurou, sendo mantida pelo Código de Napoleão e códigos alemães do século XVIII e princípio do século XIX. Só o Código Civil saxônico de 1863, a aboliu, sendo esta nova posição consagrada pelo Código Civil germânico de 1896.[118]

Sobre a sua conceituação, a doutrina não apresenta divergência. Ocorre sempre que uma pessoa se obriga perante outra a atribuir vantagem patrimonial gratuita a uma terceira estranha à relação.

Leciona Roldão Gomes que a estipulação em favor de terceiro, "foi útil no caminhar-se para o reconhecimento da sucessão no débito, por certa semelhança com a assunção de dívida, que lhe permitia preencher sua lacuna", "pois, de acordo com Antunes Varela, em ambas as figuras jurídicas, seria possível a criação de uma van-

112. Cf. Roldão Gomes, ob. cit., p. 149. São referidos como partidários de tal entendimento Vaz Serra, Oertmann, Larenz, Boffi Boggero e Eduardo Espínola.

113. Ob. cit., p. 259.

114. Roldão Gomes, ob. cit., p. 151.

115. Cf. Ney Ferreira, *Assunção de Dívidas*, p. 72, *apud* Roldão Gomes, ob. cit., p. 152.

116. Ob. cit., pp. 153 (e nota 274), 155-157.

117. Cf. Orlando Gomes, *Contratos*, p. 198, Antonio Chaves, ob. cit., v. 2, t. I, p. 442 e Pontes de Miranda, ob. cit., v. XXVI, p. 208.

118. Cf. Pontes de Miranda, ob. cit., v. XXVI, pp. 208-217.

tagem patrimonial para a pessoa estranha à convenção entre as partes".[119]

Clóvis vê na estipulação em favor de terceiro uma relação dupla, constituindo como que uma germinação, pois: "O promitente firma um contrato com o estipulante; em um dado momento, a figura deste esvai-se, e aparece a do beneficiário, que o substitui, para exigir a execução da obrigação contraída".[120]

Mário Júlio de Almeida Costa, por sua vez, afirma que o contrato a favor de terceiro apresenta uma configuração triangular, pois, além do promissário e do promitente, existe o beneficiário. Há uma relação chamada de provisão ou de cobertura — continua — entre o promitente e o promissário e que além de definir os direitos e deveres recíprocos entre os contratantes, serve de base ao direito do terceiro e dá lugar a uma outra relação, denominada de valuta, ligando o promissário ao terceiro, que adquire o direito à prestação independentemente da aceitação, mas tendo a sua adesão ao pacto o efeito de tornar a promessa irrevogável.[121]

Independentemente do instituto conhecido e regulado com este nome específico, são identificadas espécies de estipulação em favor de terceiro em outros contratos.

Anota Clóvis[122] que há estipulação para terceiro, entre outros contratos que nomeia, no mandato e na assinação ou delegação, enquanto Arnoldo Wald, ao estudar a delegação, afirma que: "Quando o devedor originário transfere o seu débito a terceiro que o assume, ocorre uma espécie de estipulação em favor de terceiro na qual o cessionário se compromete com o cedente a pagar determinado montante ao credor".[123]

Embora forçando um pouco o raciocínio, podemos admitir que — através da estipulação em favor de terceiro — o devedor possa agregar um terceiro estranho a uma relação jurídica anterior, na condição de novo devedor solidário, aumentando a garantia do credor, que poderá agir contra ambos.

### *4.9 Promessa de liberação*

A promessa de liberação é o contrato pelo qual alguém se obriga para com o devedor a lhe pagar a dívida, segundo Orlando Gomes,[124] ou "a convenção entre o devedor e o terceiro, mediante a qual este se obriga, para com aquele, a pagar a dívida", na conceituação de Vaz Serra.[125]

É figura idêntica à assunção de dívida, chegando quase a com ela confundir-se em alguns casos concretos, quando se tem em vista a assunção cumulativa de dívida, porque, em ambas as espécies, surgem dois obrigados, de um lado, e o credor de outro.[126]

A diferença única consiste em que a promessa de liberação é contrato exclusivo entre o devedor e o terceiro a que o credor é completamente estranho, inclusive a seus efeitos, vale dizer, o terceiro obriga-se exclusivamente perante o devedor, pelo que o credor não pode dele exigir o cumprimento da obrigação.

Podemos, então, relacionar as seguintes características da promessa de liberação:

a) é um contrato entre o devedor e terceiro, gerando direitos e obrigações exclusivamente para as partes contratantes, evidentemente;

b) o credor é estranho ao contrato;

c) o terceiro assume a obrigação de cumprir a prestação do devedor;

d) o credor não pode exigir a prestação do terceiro nem dirigir-se ao promitente, mesmo tomando conhecimento da promessa;

119. Ob. cit., p. 189.
120. Ob. cit., p. 199.
121. Ob. cit., pp. 238-239.
122. Ob. cit., p. 199.
123. Ob. cit., p. 126.

124. *Obrigações*, p. 257.
125. "Promessa de Liberação e Contrato a Favor do Credor", in *Boletim do Min. da Justiça* 72, p. 83, cit. Roldão Gomes, ob. cit., p. 165, nota 293.
126. Cf. Roldão Gomes, ob. cit., p. 164.

e) o devedor continua obrigado perante o credor, com exclusividade;

f) não gera a transmissão da dívida;

g) o promitente não assume a dívida, mas apenas o seu cumprimento.

Embora conceitualmente não configurando um caso de substituição do devedor, na prática a promessa de liberação pode ser confundida com algumas espécies desta.

### *4.10 Outras formas*

Poder-se-á também incluir outros casos em que um terceiro surge como responsável de algum modo pelo cumprimento de uma obrigação que não contraíra.

Um desses casos é o mandato de crédito, que ocorre quando alguém dá poderes a outrem para, em nome próprio e por conta própria, dar crédito a terceiro.[127] Também neste caso o terceiro é estranho e o seu consentimento não torna o contrato irrevogável.[128]

É possível ainda fazer referência à promessa de dívida, de que a assinação ou delegação seriam exemplos,[129] ou ao reforço pessoal da obrigação, que se caracteriza como o contrato pelo qual terceiro ingressa na relação obrigacional para reforçar a posição do devedor, solidarizando-se a ele.[130]

Caracteriza-se como forma de adesão à dívida, estipulada com o credor ou com o devedor, neste caso tomando a forma de estipulação em favor de terceiro e distinguindo-se da fiança porque o terceiro passa a responder por dívida própria, enquanto o fiador é responsável pelo cumprimento da dívida alheia.

Outra espécie pode ser a fiança, contrato pelo qual uma pessoa se obriga por outra, para com o seu credor, a satisfazer a obrigação, caso o devedor não a cumpra (Cód. Civ., art. 1.481). A fiança é uma forma de garantia do cumprimento da obrigação por terceiro estranho, que assume a posição de garantidor. Assim, em princípio, dela surge para o fiador uma obrigação subsidiária, que pode ser eliminada por convenção entre as partes, assumindo o fiador a posição de principal pagador, sem afastar a obrigação do devedor principal.

O fiador, na verdade, promete o adimplemento pelo devedor principal, pelo que o descumprimento da obrigação por este caracteriza a infração da promessa de ato de outrem.[131]

De tudo o que foi visto, pode-se concluir pela inexistência de uma figura jurídica única e típica pela qual terceiro estranho venha a substituir o devedor numa relação jurídica anterior, a sucedê-lo ou a ela aderir na posição passiva, sem liberar o devedor original, assumindo a condição de devedor principal, solidário ou subsidiário, extinguindo ou não tal relação com o nascimento da nova.

Ao contrário, existem diversas formas, que geralmente desdobram-se em subespécies, admitindo ou não a forma novativa, a substituição ou cumulação de obrigações, as quais freqüentemente confundem-se umas com as outras, além de existirem institutos semelhantes, mas com denominações diferentes, nos diversos ordenamentos jurídicos nacionais, *v.g.* o *accollo*, na Itália e a *assinação*, na Alemanha.

Ademais disso, sobre a natureza jurídica ou caracterização da maioria delas ainda hoje a doutrina apresenta dúvidas e discordâncias.

## *V — O PROBLEMA DA TIPIFICAÇÃO DOS CONTRATOS*

### *5.1 Visão geral*

Dissemos no item I (1.5) que no comércio internacional a prática contratual é

127. Ob. cit., v. XLIV, p. 116.
128. Ob. cit., v. XLIV, p. 233.
129. Cf. Pontes de Miranda, ob. cit., v. XLIV, p. 284.
130. Cf. Orlando Gomes, *Obrigações*, p. 257.
131. Cf. Pontes de Miranda, ob. cit., v. XLIII, p. 91.

que gera o contrato-tipo em franca contraposição ao direito nacional, em que o tipo deriva da lei.

Cabe agora aprofundar a análise da tipicidade nas legislações nacionais, perquirindo de que forma os contratos são incorporados à lei. Nascem eles da cabeça do legislador prontos e acabados, como Minerva da cabeça de Júpiter?

Ou, ao contrário, obedecerão todos, em sua formação, a uma mesma trajetória daqueles acima referidos, originando-se do costume e só posteriormente sendo incorporados pela legislação escrita?

Para facilitar o desenvolvimento do nosso raciocínio, façamos um paralelo com o plano natural. Sabemos que os fenômenos naturais simplesmente ocorrem. Foram sempre observados pelo homem de maneira acrítica, até que pessoas mais curiosas ou inteligentes dispõem-se a observá-los com espírito científico, imaginam uma explicação lógica provisória (hipótese), testam-na e, se comprovada, enunciam-na como um postulado ou lei natural.

Vale dizer, o fenômeno antecede a lei, quer física, quer jurídica.

Antes de nascer Benjamim Franklin, as nuvens já eram carregadas de eletricidade, os relâmpagos iluminavam a noite e os raios desciam à terra num espetáculo de beleza e destruição.

Não foi Isaac Newton quem determinou a atração da matéria pela matéria na razão direta das massas e inversa ao quadrado das distâncias, pois desde a Eternidade isto vem acontecendo.

Assim é no direito.

A compra e venda, que se perfaz no momento em que as partes estão de acordo sobre o preço a ser pago pela aquisição de determinada coisa, não nasceu da lição de Gaio.

As pessoas, no curso da vida, vão praticando atos e repetindo-os quando os julgam úteis. Esta repetição iterativa através de gerações acaba sendo observada por outros, que os sistematizam, delimitam os seus contornos e atribuem-lhes nomes — geralmente os mesmos pelos quais já vinham sendo designados por todos.

Eis a gênese de todo instituto jurídico e, conseqüentemente, do contrato típico.

Pretendemos também no presente capítulo aprofundar a análise da formação dos contratos internacionais, verificar a existência ou não de um contrato típico no plano internacional e, em caso positivo, como se configura tal tipicidade em face da inexistência de uma lei supranacional dotada de eficácia geral nos limites dos Estados.

### *5.2 O processo de tipificação dos contratos nos ordenamentos jurídicos nacionais*

Em Roma, no período quiritário, poucos eram os contratos, ou, melhor dizendo, os negócios jurídicos reconhecidos (pois ainda não eram tidos como contratos), sujeitos todos a forma solene e sacramental. Era ainda a influência da primitiva norma indiferenciada, em que o direito estava jungido à moral e à religião, cujos resquícios perduram até hoje, seja no *Alcorão*, no *Pentateuco*, ou no juramento perante a *Bíblia* — mesmo por não-crentes — exigido em algumas legislações formalmente laicas.

Fazem referência os autores a *nexum*, *sponcio*, *mancipatio* e a *in iure cessio*, em que a forma era da substância do ato, vale dizer, a inobservância da forma implicava na invalidade ou não-existência do ato.

Entretanto, o formalismo acabou sendo utilizado pelos jurisconsultos para ampliar a esfera originária de aplicação dos atos solenes para fins diferentes daqueles para os quais foram criados.

Com o decorrer do tempo, as formalidades não puderam manter-se. Após as guerras púnicas, o aumento das relações entre romanos e peregrinos impôs novas normas e princípios opostos ao direito quiritário. As relações tornaram-se mais simples e práticas.[132]

O advento da *Lex Poetelia Papiria*, de 326 a.C., fez decaírem e transformarem-se os contratos tradicionais como o *nexum* e o *sponcio*, que tomaram a forma de *stipulatio*.

Paralelamente, desenvolveram-se novas figuras de obrigações correspondentes às exigências das relações sociais emergentes. Passaram a ser consideradas outras formas, em que a obrigação era contraída pela entrega da coisa (*res*), pela pronúncia de certas palavras (*verbis*), pelo escrito (*literis*) ou pelo simples consentimento (*consensus*).[133]

Entre as primeiras estava o mútuo, em que a parte recebia coisas fungíveis pesadas, medidas ou contadas, obrigando se a devolver posteriormente coisas da mesma natureza, em igual quantidade, peso ou medida.[134]

Os contratos verbais eram constituídos através de fórmula compreendendo perguntas e respostas entre os sujeitos ativo e passivo, como *v.g.*: Prometes dar? Prometo; Farás? Farei; Darás? Darei; Prometes? Prometo; Mandas? Mando etc.

A fórmula *Dari spondes? Spondeo!* era privativa dos cidadãos romanos, enquanto as demais valiam para todos, inclusive os peregrinos e podiam ser formuladas em outra língua e obrigar o cidadão romano, desde que este entendesse o referido idioma.[135]

A obrigação literal era constituída pela transcrição dos créditos, vale dizer, o credor lançava nos livros a dívida de outrem contraída em virtude de uma compra, de uma locação, ou de outro contrato.[136]

Finalmente, as quatro obrigações que eram concretizadas por consenso, isto é, pelo simples consentimento das partes, sem necessidade da tradição, do pronunciamento de palavras nem de escritos: compra e venda, locação e condução, sociedade e mandato. Nestes tipos de contrato, que podiam ser celebrados mesmo entre ausentes, as partes obrigavam-se mutuamente, estabelecendo as prestações de cada uma delas com boa-fé e eqüidade, enquanto nas demais só uma parte tornava-se obrigada perante a outra.[137]

Mais tarde surgiram os contratos inominados, a partir de quatro combinações de tipos de obrigações recíprocas: *do ut des, do ut facias, facio ut des e facio ut facias*.

Em tais contratos, quando uma parte cumpria a sua obrigação, a outra estava obrigada a efetuar a contraprestação.

São infinitas as possibilidades de criação de novos contratos a partir destas quatro combinações, sendo incontáveis os contratos que começaram a surgir a partir delas.

Estava também aberta a porta para o reconhecimento de diversos contratos já então existentes, como p. ex., a *permutatio*, ou o *precarium* (antecessor do comodato), antiqüíssimos, anteriores mesmo à *emptio venditio*, mas não reconhecidos pelo *jus civile*, razão pela qual as partes ficavam privadas do direito de ação em caso de descumprimento. Só por essa época foi que os pretores passaram a conceder-lhes uma ação específica.

Entretanto, o processo de tipificação dos contratos ainda enfrentou dificuldades. Gerou profunda discussão entre os Sabinianos e os Proculianos o problema do tipo de ação que deveria ser concedida à parte que cumprisse sua obrigação. Os primeiros, conservadores, negando o caráter civil de tais contratos, defendiam a concessão de ações de dolo, vale dizer, pelo descumprimento da obrigação o pretor deveria fixar

132. Cf. Alexandre Correia e Gaetano Sciascia, *Manual de Direito Romano*, Saraiva, 1957, v. I, p. 274.

133. Gaio, *Institutas* 3, 89. Cf. Justiniano, *Institutas* 3, 13, 2.

134. Gaio, 3, 90. Justiniano, 3, 14.

135. Gaio, 3, 92-93. Justiniano, 3, 15.

136. Gaio, 3, 128 e 129. No tempo de Justiniano estava fora de uso, cf. *Institutas* 3, 21.

137. Gaio, 3, 135-138. Justiniano, 3, 22.

uma indenização em favor do credor. Os Proculianos, ao contrário com uma visão mais avançada e condizente com a realidade, reconheceram o caráter civil dos contratos inominados e, em conseqüência, o direito à proteção de tais leis (*actio civilis incerti*), mais tarde denominada *actio praescritis verbis*, pela necessidade de descrever-se a figura contratual na *demonstratio* da fórmula.[138]

É evidente que prevaleceu a tese dos Proculianos.

A maioria destes contratos atípicos foi acolhida pelos códigos modernos, adquirindo o *status* de tipos legais, transformando-se, pois, em contratos típicos e nominados, com o nome e as normas aplicáveis devidamente sancionados pela legislação positiva.

Contudo, o processo é permanente. Todas as legislações modernas admitem expressa ou tacitamente os efeitos de novos contratos que as necessidades da vida vão gerando a cada dia e que, só num momento posterior, depois de perfeitamente delineados e nomeados pelos costumes, são acolhidos pelo sistema legislativo.

Entre nós, conforme leciona Waldirio Bulgarelli, existe um grande número de contratos comuns, conhecidos e até já vulgarizados pela prática que "continuam atípicos, ou seja, sem disciplina específica, quer no Código Comercial, quer no Código Civil", relacionando-os e classificando-os. No primeiro grupo, lista os já incluídos no projeto do Código Civil; no segundo, os contratos atípicos que possuem regulamentação específica de natureza tributária; no terceiro, os que são regulados por simples norma administrativa (Ato normativo n. 15, de 11.9.75, do Instituto Nacional da Propriedade Industrial, *v.g.*), e outros sem qualquer disciplina específica.[139]

138. Alexandre Correia e Gaetano Sciascia, ob. e v. cits., p. 295. Cf. também Álvaro Villaça Azevedo, *Contratos Atípicos*, Bushastky, 1975, pp. 36 e ss.

139. *Contratos Mercantis*, Atlas, 2ª ed., 1981, p. 40.

No entanto, tais contratos continuam a ser firmados diariamente, a gerar efeitos, criando direitos e obrigações a ser descumpridos, submetidos ao Judiciário, que os aprecia, conhece e, com base ainda neles, profere decisões.

Não podemos resistir à tentação de nomear alguns, emprestados à lista do Prof. Waldirio Bulgarelli: contrato estimatório, contratos bancários (depósitos bancários, conta corrente bancária, abertura de crédito e financiamento bancário), agência e distribuição, *leasing* (arrendamento mercantil), *franchising* (franquia), *factoring*, hospedagem e cartão de crédito.[140]

No Direito Comercial o fenômeno foi ainda mais acentuado, pois a prática dos mercadores medievais estabelecia suas normas, seus contratos e até seus tribunais, acolhidos por todos sem contestação e só bem mais tarde tais institutos foram incorporados pelas legislações nacionais. Datam dessa época os mais importantes institutos do Direito Mercantil, como a letra de câmbio, os títulos ao portador, o endosso, os contratos de câmbio, de transporte, de seguro e de comissão, bem como as sociedades comerciais. Tudo isso à margem de qualquer legislação, mas fruto dos usos e costumes estabelecidos pelos comerciantes, principalmente nas cidades italianas e daí transportados para o resto do mundo.[141]

Do exposto, podemos claramente perceber que também na gênese do contrato típico está o atendimento a uma necessidade prática impondo o uso de determinado ajuste que, por sua vez, evolui e aprimora-se, até ser incorporado pela legislação.

### *5.3 A tipificação no plano internacional*

O processo repete-se no comércio internacional, como visto no item I. Os par-

140. Ob. cit., pp. 40-41.

141. Cf. Lyon-Cahen & Renautl, *Manuel de Droit Commercial*, Librairie Cotillon, F. Pichon Éditeur, Paris, 1891.

ticipantes do comércio internacional vão repetindo as fórmulas satisfatórias testadas e aprovadas na prática, passando pelas *cláusulas-padrão*, até chegarem aos contratos-tipo, específicos para cada produto ou espécie de negócio. Posteriormente, as associações internacionais de exportadores e importadores sistematizam-nos, tornando-os obrigatórios para quem quer que se disponha a atuar no mercado.

Igualmente os organismos internacionais elaboram coletâneas de usos e costumes uniformes sobre determinada matéria.

Outras vezes, os próprios governos, através de adesão a Convenções ou Acordos Internacionais, acolhem uma regulamentação uniforme.

No primeiro caso, podemos citar os contratos da London Corn Trade Association; entre os segundos, os INCOTERMS, as Regras e Usos Uniformes Sobre Crédito Documentário e as Regras Uniformes para Cobrança de Efeitos Comerciais; e entre os últimos, a Convenção de Viena de 1980 sobre a venda internacional.

Tratando especificamente da tipificação dos contratos internacionais, Irineu Strenger transcreve este trecho lapidar de Michael Joachim Bonell: "Os operadores econômicos normalmente carecem de adequada formação jurídica ignorando as sutis distinções que separam os vários conceitos e termos jurídicos tradicionais, não se ocupando dos diversos significados que estes podem assumir nos respectivos sistemas positivos nacionais: se a este fator adicionamos as dificuldades lingüísticas que inevitavelmente surgem nas relações entre países diversos, bem se compreende como, por ocasião das contratações individuais, quando se trata de dar a determinado dado econômico uma base jurídica precisa, os operadores econômicos normalmente preferem convencionar no âmbito possível, com base em definições e fórmulas estandardizadas, cujo significado preciso resulta de regras e práticas tipificadas, e, portanto, perfeitamente cognoscíveis sem que seja preciso retomá-las a cada vez".[142]

Aprofundando o tema, lembra Irineu Strenger como passos no processo de tipificação dos contratos internacionais, os INCOTERMS e as cláusulas de pagamento, D/P documentos contra pagamento e D/A documentos contra aceite, de um lado e o crédito documentário do outro.[143]

Waldirio Bulgarelli não discrepa dessa orientação e, ao tratar das fontes da compra e venda internacional, relaciona cinco Convenções internacionais, os INCOTERMS, as *Revised American Foreing Trade Definitions*, publicadas por um comitê conjunto de entidades norte-americanas em 1941, as condições gerais de entrega de bens, adotadas no âmbito do Conselho para a Ajuda Econômica (COMECON), as regras e práticas uniformes em matéria de créditos documentários, publicadas pela ICC, as regras uniformes para a cobrança de efeitos comerciais, também publicadas pela ICC, em 1967, e as *standard-conditions* e contratos-tipos, decorrentes do trabalho desenvolvido pelas várias associações profissionais.[144]

Com apoio em Garrigues, faz também referência a um direito autônomo, o direito dos formulários, que preside o comércio internacional de produtos agrícolas, esclarecendo de modo indiscutível o papel dos usos e costumes na formação do contrato internacional, preferindo até à lei. Diz ele: "A insuficiência dos preceitos legais e a necessidade de configurar as obrigações das partes de modo diferente, conforme as características da mercadoria vendida e o lugar do contrato, explicam a importância dos usos nesta matéria. O uso aqui se manifesta no duplo aspecto já conhecido: como uso normativo que modula as obrigações dos

142. *Le Regole Oggetive del Commercio Internazionale — Clausole Tipiche e Condizione Generali*, pp. 22 a 24, referido por Irineu Strenger, *Contratos Internacionais de Comércio*, Ed. RT, 1986, p. 67.

143. Ob. cit., pp. 70-73.

144. Ob. cit., pp. 210-211.

contratos em atenção à natureza da mercadoria vendida (trigo, café, açúcar, carnes, madeiras, algodão), como uso interpretativo que aclara o sentido das expressões utilizadas pelos contratantes. Mas, também, os usos normativos cristalizaram-se em fórmulas de valor universal, dando lugar à criação de um direito autônomo, o direito dos formulários, que domina a contratação internacional de produtos agrícolas e também, embora em menor grau, a de matérias-primas e produtos manufaturados".[145]

No decorrer de sua explanação, esclarece que os formulários giram em torno dos pontos sobre os quais, de acordo com a prática, podem surgir divergências, tais como a qualidade da mercadoria, o modo do pagamento etc. Continua:

"A reiteração das mesmas fórmulas na venda das mesmas mercadorias se traduz nos chamados contratos-tipos, especialmente adaptados às necessidades de cada classe de mercadoria. Assim, são conhecidos, em matéria de trigo, os formulários da London Corn Trade Association. As características das mercadorias impõem especiais modalidades de obrigações das partes (por exemplo, os prazos de retirada das mercadorias são encurtados quando a coisa possa sofrer deterioração ou ser facilmente furtada)."[146]

E assim conclui seu ensinamento: "Pois bem, a significação das fórmulas de contratos-tipos não está determinada pelas leis, mas pelos usos mercantis, os quais exercitam uma função interpretativa. A importância dos usos na sua dupla função apontada reflete-se com especial vigor no art. 14 do Projeto de Lei Uniforme sobre a venda internacional, que consagra a força do uso num duplo aspecto: como uso normativo, ou porque as partes se tenham referido a ele expressa ou tacitamente, ou porque se consideram aplicáveis às pessoas que se encontram na situação dos contratantes, e como uso interpretativo, quando tenham sido empregadas cláusulas em formulários usados no comércio. O valor preferente do uso sobre a lei reconhece-se também no mesmo preceito quando estatui que, em caso de contradição, o uso prevalece sobre a presente lei".[147]

145. Ob. cit., pp. 211-212.

146. Ob. cit., p. 212.

### 5.4 *Conclusão*

Do exposto, podemos inferir que os contratos, como fruto da atividade humana, surgem, consolidam-se e aprimoram-se lentamente através do tempo e só num momento muito posterior passam a ser incorporados pela legislação, não havendo também qualquer diferença de origem entre os contratos nacionais e os internacionais. O que ocorre é que o processo de tipificação deste é diferente. Enquanto, nos ordenamentos jurídicos nacionais, a tipicidade nasce da lei, embora coexistam ao lado dos típicos, contratos atípicos perfeitamente nominados e delineados pelos usos e costumes, no plano internacional a tipicidade não decorre de lei, mas da própria prática.

Por isto é que concluímos pela existência de um contrato internacional típico ou nominado, que pode ser caracterizado como aquele autônomo, inconfundível com outro existente em alguma legislação nacional, perfeitamente delineado, de contornos nítidos e perfeitamente conhecidos e praticados no comércio internacional, podendo ou não já ter sido incorporado por alguma associação ou entidade internacional ou através de tratado ou convenção internacional.

## *VI — DA APRESENTAÇÃO E CONFERÊNCIA DOS DOCUMENTOS*

### 6.1 *Visão geral*

A definição do crédito documentário dada pelas R.U.U., contém expressamente

147. Ob. e loc. cits., p. 212.

a referência à *entrega dos documentos estipulados* (art. 2º). A obrigação do banco de cuidadosa conferência dos documentos deriva do fato de que a especificação destes é condição fundamental para a criação do crédito documentário. Neles repousa o instituto, tanto que o art. 4º das R.U.U. estabelece: "Em operações de crédito, todas as partes interessadas lidam com documentos e não com mercadorias, serviços e/ou outras atividades a que possam estar relacionados os documentos".

Finalmente, o art. 5º, *b*, das R.U.U., ao regular as instruções para a emissão e alterações de créditos, estatui que "toda e qualquer instrução para emissão ou alteração de um crédito, bem como o próprio crédito ou a alteração devem estipular exatamente os documentos contra os quais deve ser efetuado o pagamento, o aceite ou a negociação".

Por outro lado, é bom recordar que dois são os objetivos perseguidos pelo crédito documentário: a segurança do vendedor (beneficiário) de que receberá o preço da venda das mercadorias ou dos serviços e a do comprador (ordenador) de que a mercadoria atende aos requisitos acordados previamente.

Ao apresentar a proposta de abertura do crédito documentário ao banco (emitente), o tomador (ordenador) está obrigado a discriminar os documentos que deverão ser exigidos como condição para o pagamento, aceite ou negociação do referido crédito.

É por isso que as R. U. U. tratam minuciosamente da apresentação dos mesmos ao banco e das condições para sua aceitação.

No interesse da objetividade, o art. 20 das R. U. U. proíbe a utilização de termos genéricos e imprecisos, tais como "primeira classe" (*first class*), "conhecido" (*well know*), "independente" (*independent*), "qualificado" (*qualified*), "oficial" (*official*), "competente" (*competent*), "local" (*local*) e assemelhados.

Sendo algum destes termos incorporado à carta, o banco aceitará o documento apresentado desde que aparente estar de acordo com os demais termos e condições e que não tenham sido emitidos pelo próprio beneficiário.

As normas que regem o crédito documentário determinam que os bancos deverão examinar, "num prazo razoável, não superior a sete dias úteis" (art. 13, *b*) "todos os documentos estipulados no crédito, com cuidado, a fim de se assegurarem de que os mesmos, em seus aspectos formais, estão em conformidade com os termos e condições do crédito" (R.U.U. art. 13, *a*).

O banco deverá aceitar como original o documento produzido por sistemas reprográficos, por sistemas automatizados ou computadorizados ou em cópia por carbono, desde que identificado como *original* e, sempre que necessário, aparente estar assinado (art. 20). A assinatura, por sua vez, pode ser a mão, por "facsímile", assinatura perfurada, carimbo ou qualquer outro método mecânico ou eletrônico de autenticação (art. 20, *b*).

Poderá o banco igualmente aceitar documentos emitidos com data anterior à da abertura do crédito, desde que sejam apresentados dentro dos prazos estabelecidos na carta (art.22).

"Na hipótese de o crédito conter condições sem estipular os documentos a serem apresentados em cumprimento das mesmas, tais condições deverão ser ignoradas pelos bancos", em respeito ao princípio básico do instituto: o pagamento apenas contra documentos previamente estipulados na própria carta de crédito (art. 13, *c*).

Após a análise, o banco deverá determinar, com base exclusivamente nos documentos, se os mesmos aparentam ou não estar em conformidade com os termos e condições do crédito. Entendendo haver discrepâncias, está obrigado a notificar imediatamente o fato, pelo meio mais rápido, tendo como *dies ad quem* o horário de encerramento do sétimo dia útil bancário, contado da data do recebimento dos documentos, ao próprio beneficiário, se entregues diretamente por este, ou ao banco que os recebeu, no caso de apresentação indireta. Na comunicação, deverão ser mencionadas todas as discrepâncias verificadas, bem como se está mantendo os documentos à disposição do apresentador, ou se lhe estão sendo devolvidos.

Sendo as normas elaboradas pelos banqueiros, não surpreende a longa lista de exclusão de responsabilidade destes.

Não assumem os bancos qualquer obrigação ou responsabilidade pela forma, vigência, exatidão, autenticidade, falsificação ou efeito legal de quaisquer documentos, bem como pela descrição, quantidade, peso, qualidade, estado, embalagem, entrega, valor ou existência das mercadorias representadas pelos documentos, ou ainda pela boa-fé, atos ou omissões, solvência, desempenho ou conceito dos consignadores, transportadores, despachantes, consignatários, ou dos seguradores das mercadorias ou de qualquer outra pessoa (art. 15).

Também não se responsabilizam pelas conseqüências decorrentes de atraso, extravio, mutilação, erros de transmissão, de tradução e de interpretação de termos técnicos de quaisquer mensagens, cartas ou documentos, reservando-se o direito de transmitir os termos do crédito sem traduzi-los (art. 16).

Disposição mais absurda ainda é a que exime o banco de qualquer responsabilidade pelo não cumprimento pelo seu correspondente das instruções que transmitirem, "mesmo que eles próprios — bancos — tenham tomado a iniciativa da escolha de tal correspondente" (art. 18).

As exigências quanto às condições de aceitabilidade dos documentos são supletivas, pelo que o crédito pode estipular o acolhimento de documentos que não atendam a tais prescrições, ficando, então, o banco, obrigado a aceitá-los, uma vez que deve observar estritamente as instruções contidas na carta.

### *6.2 Os documentos*

Os documentos normalmente exigidos são os seguintes:

a) fatura comercial cobrindo o embarque das mercadorias especificadas;

b) um jogo completo de conhecimento de embarque (*bill of lading* ou *b/l*) à ordem do banco emitente, para o transporte marítimo;

c) apólice ou certificado de seguro, emitido em nome do banco, cobrindo todos os riscos, até um prazo razoável após a chegada das mercadorias no país de destino.

Podem ser exigidos também certificado de origem, certificado de análises, laudo de vistoria, certificado de peso e outros documentos, desde que especificados na carta.

#### *6.2.1 Fatura comercial*

O primeiro documento a ser exigido pelo banco é a fatura comercial (*commercial invoice*), emitida pelo exportador-beneficiário e que comprova o cumprimento, por este, do contrato de compra e venda internacional, devendo conter, pelo menos, os seguintes dados: os nomes e endereços do vendedor e do comprador (beneficiário e ordenador do crédito, respectivamente), praça e data da emissão, descrição precisa da mercadoria, incluindo o peso, quantidade de volumes, preço unitário e total, referência ao *INCOTERM* utilizado e as condições de pagamento (no caso, carta de crédito), dispensada, porém, a assinatura.

A aceitação deste documento está regulada no art. 37 das R.U.U., que estabelece ainda que a descrição da mercadoria na fatura comercial deve corresponder fielmente à descrição constante do crédito, sob a pena de ser recusada como discrepante (art. 37, *c*).

As R.U.U. ainda prevêem a faculdade de emissão por terceiro, desde que sejam um crédito transferível (*transferable*), constando tal disposição de modo expresso (art. 48).

### 6.2.2 *Documento de transporte*

O documento de transporte caracteriza a relação entre o expedidor da mercadoria e o transportador. É evidente que tal relação é completamente estranha ao crédito documentário. A este a única coisa que importa é a apresentação do documento respectivo pelo tomador ao banco.

O conhecimento de embarque (*bill of landing*) é o título confirmador do contrato de transporte, emitido pelo armador ou por seu representante, e comprova a efetiva remessa da mercadoria pelo exportador (beneficiário).

Segundo o art. 23 das R.U.U., o banco deverá aceitar, salvo estipulação em contrário constante do próprio crédito, como conhecimento de embarque (*bill of landing*) qualquer documento, em uma única via original, que aparente indicar o nome do transportador e ter sido assinado ou autenticado por ele próprio, por um seu agente ou pelo comandante, indicando que a mercadoria foi colocada a bordo de determinado navio e a data respectiva, os portos de embarque e de destino, e que atenda a todas as demais condições estipuladas no crédito. Na hipótese (a mais comum) de o conhecimento de embarque ter sido emitido em mais de uma via, o banco deverá exigir o jogo completo.

Por outro lado, não deve acatar documento que contiver qualquer referência à sujeição a contrato de afretamento ou de que a embarcação transportadora é movida apenas à vela. Em princípio deve aceitar transbordo, vale dizer, transferência da carga de um navio para outro. O banco deverá acatar igualmente, se estipulado na carta, documento de transporte multimodal, conhecimento de transporte aéreo, rodoviário, ferroviário, fluvial e recibos postais e de entrega especial (*courrier*).

### 6.2.3 *Documento de seguro*

As R.U.U. prevêem igualmente a apresentação obrigatória do documento de seguro (apólice). Tal documento deve ser assinado por companhia de seguro ou seus agentes, não sendo aceita nota de cobertura firmada por corretor, a menos que haja autorização expressa no crédito (art. 35).

Também não será aceita apólice emitida em data posterior à do embarque, do despacho ou do recebimento para guarda das mercadorias (art. 36).

Deve igualmente ser expresso na mesma moeda do crédito e o valor mínimo da cobertura, que será o valor CIF ou CIP das mercadorias, acrescido de 10% (art. 37).

O próprio crédito estipulará o tipo de seguro e, se for o caso, os riscos adicionais a serem cobertos, sendo vedada a utilização de termos imprecisos, tais como "riscos usuais" (*usual risks*) ou "riscos habituais" (*customary risks*) (art. 35).

### 6.2.4 *Documentos auxiliares*

A carta pode prever a exigência de outros documentos, auxiliares, ao lado dos obrigatórios, tais como:

a) certificado de origem, firmado por entidade independente, pública ou privada;

b) certificado de inspeção, expedido por empresa especializada e independente, garantindo a qualidade da mercadoria, após amostragem de pelo menos 2% da carga;

c) certificado de peso, também firmado por empresa independente;

d) certificado sanitário, expedido pela autoridade competente;

e) fatura consular, exigida por alguns países para o desembaraço das mercadorias.

### ***6.3 Análise dos documentos***

Na análise dos documentos o banco deve verificar se eles atendem integralmente às instruções do tomador, tais como o prazo de validade do crédito, o local do embarque e do desembarque, o tipo de transporte e se há exigência ou exclusão de determinada bandeira, os termos da venda (INCOTERMS), o tipo e qualidade das mercadorias, a permissão para transbordos ou embarques parciais, ou outras disposições.

### *6.4 Conclusão do capítulo*

Os bancos estão obrigados a examinar atentamente todos os documentos que lhe forem apresentados pelo beneficiário, à luz da relação constante da própria carta de crédito, em tempo hábil, recusando aqueles que se mostrarem discrepantes. Esta exigência é fundamental, uma vez que, ao aceitar documento discrepante assume o risco de não ser ressarcido pelo ordenante.

## *VII — AS PARTES E AS RELAÇÕES JURÍDICAS NO CRÉDITO DOCUMENTÁRIO*

### *7.1 Visão geral*

São diversos os objetivos perseguidos pelo instituto do crédito documentário. A nosso ver, dois são os principais:

a) garantir o vendedor quanto ao cumprimento do contrato pelo comprador;

b) garantir o comprador quanto ao cumprimento do contrato pelo vendedor.

O interesse do comprador (tomador do crédito), que nos parece fundamental para a perfeita compreensão do instituto, já fora acentuado por Carvalho de Mendonça[148] e Honório Monteiro,[149] no passado, e atualmente por Ramiro Rengifo,[150] Juan Fernandez-Armesto,[151] Waldirio Bulgarelli[152] e Barros Leães,[153] mas é omitido por Álvaro Perez Vives,[154] que observa vagamente poder servir também o crédito documentário para o financiamento do comprador, sem nenhuma referência quanto à segurança que lhe é proporcionada.

Dentro desse universo de interesses concorrentes, diversas são as partes que se relacionam, direta ou indiretamente, na abertura do crédito documentário.

### *7.2 As partes e suas relações jurídicas*

A primeira figura que avulta no crédito documentário, a que dá lugar ao nascimento do contrato, é a do ordenador. Através de cláusula inserida num contrato de compra e venda internacional, na quase totalidade das vezes, ou em outro contrato, o comprador assume a obrigação de efetuar o pagamento através do crédito documentário emitido por um banco. Portanto, existe um contrato primitivo, no qual o ordenador, na qualidade de comprador-importador, assume a obrigação de pagar e o direito de exigir a coisa ou o serviço, dependendo da natureza do contrato. O banco é absolutamente estranho a este contrato, dele não participa, apesar de, como veremos adiante, obrigar-se através do crédito documentário a pagar o preço nele estipulado. Nesse contrato já aparece também outra figura, a do futuro beneficiário, embora aí tão-somente enquanto vendedor ou fornecedor.

Posteriormente o comprador-devedor do contrato primitivo propõe ao banco a abertura do crédito documentário em favor do vendedor ou fornecedor, segundo determinadas condições, que estabelece, e que devem ser as mesmas previstas no contrato subjacente. Nesse momento é que assume a condição de ordenador ou, na linguagem das R.U.U., tomador do crédito. Deste contrato o beneficiário não participa, embora

148. *Tratado*, v. 6, Parte, III, p. 204, n. 1.503.

149. *Do Crédito Bancário Confirmado*, p. 33, n. 14.

150. *Crédito Documentado*, p. 5.

151. *Los Créditos Documentários Irrevocables.*

152. *O Crédido Documentado*, pp. 61-62.

153. *Direito Comercial*, p. 5.

154. *Variaciones sobre la Carta de Crédito*, pp. 1-2.

seu objetivo seja o pagamento do preço da compra e venda anterior.

A terceira figura, evidentemente, é o banco, que emite o crédito (emitente ou emissor) a favor do vendedor, que passa a ser denominado de beneficiário ou favorecido do crédito. A relação que aí se estabelece é exclusivamente entre o banco emitente e o beneficiário, sendo o ordenador (tomador) o terceiro estranho, não obstante o objetivo seja o pagamento de sua dívida para com o vendedor e o recebimento dos documentos referentes à mesma, do beneficiário (vendedor primitivo).

Este é o esquema simplificado do crédito. Na verdade, como a operação é feita entre países diferentes, geralmente o banco emitente encarrega outro banco de confirmar o crédito (banco confirmador), pagar (banco pagador), aceitar (banco aceitante) ou negociar (banco negociador) as letras que vierem a ser sacadas pelo beneficiário e que, pela semelhança de posições, reunimos neste capítulo sob a denominação genérica de banco garantidor. A nova versão das R.U.U. criou a figura do banco designado, que poderá ser pagador, aceitante ou negociador.

O emitente pode também atribuir a outro banco o encargo de avisar ao beneficiário a abertura do crédito. O banco avisador limita-se a fazer a comunicação da abertura do crédito, em nome e por conta do banco emitente, sem assumir qualquer responsabilidade. Entretanto, se, além de avisar, também confirma o crédito, sua posição jurídica altera-se completamente, obrigando-se de forma direta a cumprir a carta, pelo que deixa de ser designado como banco avisador para tornar-se banco confirmador. O mesmo ocorre quando, além de avisar, se compromete a pagar o crédito ou as letras (pagador), a aceitá-las (aceitante) ou a negociá-las (negociador).

Existindo a possibilidade de a carta ser negociável, pode surgir uma outra figura jurídica, a do portador, vale dizer, a pessoa que se apresenta ao banco emitente ou, mais freqüentemente ao garantidor ou designado, munida da carta de crédito e dos documentos necessários e exige o seu cumprimento.

Veremos a seguir quais as relações jurídicas existentes entre elas desde o nascimento até a execução do crédito documentário.

### 7.2.1 *Entre o tomador do crédito e o beneficiário*

O primeiro contrato, a bem da verdade, não se relaciona diretamente com o crédito documentário. Trata-se de um contrato comercial comum, geralmente de compra e venda internacional de mercadorias, no qual o futuro tomador do crédito é apenas o comprador e sua obrigação fundamental consiste em receber a mercadoria e pagar o preço, enquanto a obrigação do beneficiário — aqui ainda simplesmente vendedor — é remeter a mercadoria dentro das especificações contratuais. Nele aparece uma cláusula de pagamento mediante crédito documentário, que o qualifica. Mas, as relações entre ambos permanecem as mesmas de toda compra e venda.

A vantagem do vendedor, com a inserção da cláusula de pagamento mediante crédito documentário, consiste em que, se o comprador não providenciar a expedição da carta de crédito, estará ele desobrigado de remeter as mercadorias e os documentos, podendo acionar a outra parte pelo descumprimento da obrigação. Por outro lado, se o banco falir ou, por qualquer outro motivo, no momento da execução, recusar o cumprimento do crédito documentário confirmado, mesmo sem que os documentos apresentem qualquer discrepância, o vendedor não perderá o direito de exigir o pagamento do preço diretamente do comprador. Notemos que as situações são diferentes. No primeiro caso, o comprador deixou de cumprir sua obrigação. No segundo, ele pretendeu cumpri-la, mas teve a intenção frustrada por problemas criados pelo banco.

Finalmente, se apesar de o banco ter emitido e confirmado o crédito, o vendedor não apresentar os documentos dentro do prazo estipulado, nasce para o comprador-ordenador o direito de acioná-lo para exigir o cumprimento e perdas e danos.

Em suma, as relações entre o ordenador e o beneficiário são as relações comuns entre vendedor e comprador em um contrato de compra e venda.

### 7.2.2 *Entre o tomador do crédito e o banco emitente*

O ordenador (tomador do crédito) firma com o banco emitente um contrato de abertura de crédito documentário, pelo qual o banco obriga-se a emitir a carta em favor do beneficiário, obedecendo as condições estabelecidas na proposta apresentada e, por sua vez, obriga-se a pagar ao banco, na data da celebração do contrato de câmbio em pagamento da importação, o equivalente em moeda nacional do valor do crédito aberto, bem como todas as despesas que este fizer para o cumprimento da carta, diretamente ou através de seus correspondentes, tais como portes, telegramas, comissões, impostos e outras que eventualmente se fizerem necessárias. Pagará ao banco também uma comissão de abertura de crédito. A obrigação de pagar ao banco, assumida pelo ordenador-tomador do crédito, deverá ser cumprida mesmo que a mercadoria não tenha chegado ao destino.

Outra obrigação assumida pelo banco é a de exigir do beneficiário e conferir cuidadosamente os documentos relacionados pelo ordenador, daí a qualificação do crédito como *documentário*.

#### 7.2.2.1 Caracterização das relações jurídicas

O banco exige em garantia que a apólice de seguro da mercadoria e o conhecimento de embarque sejam emitidos em seu nome, bem como uma procuração irrevogável para promover o desembaraço aduaneiro da mercadoria, na condição de consignatário do tomador. Pode exigir também outras garantias reais ou fidejussórias, ou mesmo o depósito prévio, em conta vinculada, do valor da carta a ser aberta. Entende Ramiro Rengifo que, neste caso não existe realmente uma abertura de crédito, pelo que a expressão seria imprópria.[155] Dele discordamos, porque a expressão *abertura de crédito*, que caracteriza o contrato, diz respeito à obrigação que vai ser assumida pelo banco perante o beneficiário e que se concretizará na emissão da carta de crédito. Parece-nos existir no caso, em face da pouca confiança que inspira o tomador (ordenador), uma cautela maior do banco, havendo um contrato misto, envolvendo a abertura de crédito e um contrato de depósito bancário de garantia, vinculado ao cumprimento da obrigação assumida pelo ordenador.

Se o tomador não ressarcir o banco na data aprazada, este poderá vender as mercadorias e aplicar o preço na liquidação do contrato, incluindo os juros incidentes sobre o principal e devolver ao tomador o saldo apurado, se houver, ou promover o ajuizamento de ação para cobrar eventual saldo devedor.

Este contrato é geralmente precedido de uma proposta do tomador, que encerra uma autorização ao banco para pagar, aceitar ou negociar as letras que vierem a ser sacadas pelo beneficiário e de receber e conferir os documentos apresentados.

Por esta proposta ele já fica obrigado para com o banco, nos termos do art. 1.080 do Cód. Civil. Não tendo o banco interesse no negócio, ou propondo modificações, deverá comunicar o fato ao ordenador, no segundo caso configurando uma nova proposta com a inversão dos papéis (art. 1.083, do Cód. Civil). A praxe bancária dispensa a aceitação expressa, pois a proposta só é formalizada após terem sido ajustadas to-

155. Ob. cit., p. 14.

das as condições com o banco e geralmente constitui o próprio contrato de abertura de crédito, sendo devidamente assinado por ambas as partes.

Deixando o banco de emitir a carta de crédito ou de honrá-la no prazo determinado e desde que sejam atendidas pelo beneficiário todas as condições nela constantes, o tomador terá ação para haver perdas e danos, independentemente das medidas que possam ser tomadas diretamente pelo beneficiário.

Ocorrendo a hipótese de o banco emitir a carta de crédito em desacordo com as instruções do ordenador, duas situações podem surgir. A primeira consiste em o banco emitir uma carta mais favorável ao beneficiário, seja por consignar valor superior ao real, seja por aceitar documentação incompleta ou insatisfatória, ou ainda pelo acolhimento de embarques parciais ou transbordos não permitidos. Neste caso, fica obrigado para com o beneficiário, nos termos da carta emitida, mas não pode exigir o ressarcimento do ordenador, sujeitando-se ainda à ação deste pelo descumprimento do contrato de abertura de crédito. No outro caso, o banco emite uma carta de crédito mais favorável ao ordenador, afastando-se também das instruções recebidas. Recusadas as condições pelo beneficiário, os efeitos são os mesmos da não emissão da carta, tendo o ordenador ação de perdas e danos contra o banco.

Pode ainda ocorrer a hipótese de o banco cumprir a ordem, acatando, contudo, documentos em desacordo com a estipulação da carta. Neste caso também o ordenador está desobrigado de efetuar o reembolso do principal e das despesas, podendo ainda pleitear perdas e danos.

Outro problema a ser definido é o do direito do banco sobre os documentos representativos das mercadorias. Não há dúvida de que ele os detém na condição de proprietário, uma vez que, segundo a praxe, são tais documentos emitidos em nome ou à ordem do banco. Mesmo que o banco os receba por endosso, sua condição de proprietário não se altera. Neste caso, entretanto, em uma espécie de propriedade resolúvel, a exemplo da alienação fiduciária. Pago o contrato, não pode mais retê-los, cumprindo-lhe transferi-los para o tomador do crédito.

### 7.2.3 *Entre o banco emitente e o beneficiário*

A carta de crédito, quando emitida, desprende-se do contrato de abertura de crédito que lhe deu causa, configurando uma promessa unilateral e autônoma, pela qual o banco obriga-se perante o beneficiário por força da própria carta de crédito. Por esse motivo é que não poderá recusar-se a dar cumprimento ao crédito alegando nulidade ou rescisão do contrato de abertura de crédito que firmou com o ordenador (tomador), não podendo igualmente alegar a insolvência deste, pois, a partir do momento em que confirma o crédito ao beneficiário, assume obrigação própria, completamente desvinculada do contrato que originou a abertura do crédito, nos termos dos arts. 2º e 3º das R.U.U. Assim, se se recusar a pagar ou a aceitar as letras que lhe forem apresentadas juntamente com os documentos exigidos, poderá ser acionado diretamente pelo beneficiário. Contudo, não tem ação contra o beneficiário para dele exigir a apresentação dos documentos.

Poder-se-á argumentar, como fez Honório Monteiro, que essa relação é bilateral, porque condicionada à contraprestação do beneficiário, de entregar os documentos representativos da mercadoria.[156] Entretanto, a nosso modesto ver, sem razão, uma vez que o banco não pode exigir do beneficiário a entrega dos documentos. Se o vendedor (beneficiário) não lhe apresenta a documentação, ele simplesmente também se desobriga de efetuar o pagamento, sem, contudo, poder exigir daquele a prestação.

156. Ob. cit., pp. 76-77, n. 34.

No caso sob análise, deixando de apresentar o conjunto de documentos, o beneficiário está descumprindo o contrato subjacente, podendo ser acionado pelo comprador, como vimos acima (7.2.1); jamais pelo banco, que é completamente estranho a tal contrato, nos termos do art. 3º das R.U.U., *verbis*: "Art. 3º. Os créditos, por sua natureza, são transações distintas dos contratos de vendas ou de outros contratos dos quais possam se originar... mesmo que qualquer referência aos referidos contratos esteja contida no crédito".[157]

Jorge Vasconcelos Muniz vê aí também uma obrigação nascida de manifestação unilateral de vontade,[158] posição criticada por Barros Leães, com o seguinte argumento: "Esta teoria procura buscar uma forma satisfatória de obviar o problema da aceitação do beneficiário, sem considerar as outras relações existentes. Na verdade, a aceitação do beneficiário no crédito documentado se dá por antecipação, ao celebrar o contrato original, e o banco integra o concurso de vontades ao emitir a carta de crédito".[159]

Tais razões, se bem que ponderáveis, não conseguiram nos convencer. Com efeito, o crédito documentário — segundo os usos internacionais consolidados no art. 3º das R.U.U., acima transcrito — constitui um contrato distinto e independente daquele que lhe serviu de base. Considerando que os contratos só obrigam as partes, não podemos admitir que a manifestação de vontade constante da cláusula de um contrato de compra e venda possa ser considerada como aceitação prévia de um ato que virá a ser praticado por terceiro estranho.

Ademais disso, admitindo-se a aceitação do vendedor por antecipação, duas hipóteses poderiam ocorrer: a) a aceitação plena do crédito documentário, vale dizer, da obrigação do banco de pagar ou aceitar as letras e da sua própria de entregar-lhe os documentos; ou b) aceitação limitada, ou seja, o vendedor aceitaria apenas a futura promessa de pagamento ou de aceite do banco, mas não a sua própria obrigação de entregar os documentos.

Sendo evidente por si mesma a impossibilidade da segunda hipótese, restaria a primeira: o vendedor aceitaria previamente o crédito documentário em todos os seus termos, isto é, com a própria obrigação de entregar os documentos ao banco. Logo, a relação entre ele e o banco passaria a ser bilateral, tendo, como conseqüência, a possibilidade de o banco poder exigir-lhe, também em nome próprio, a entrega dos documentos.

É sabido que o tomador (ordenador) não apresenta ao banco o contrato de compra e venda ao solicitar a emissão da carta de crédito. Imagine-se então a hipótese de ele solicitar a abertura da carta apresentando ao banco condições diversas das acordadas com o beneficiário. Mesmo assim ficaria este obrigado perante o banco a aceitar tais condições? Evidente que não. Contudo, em relação ao banco, tal recusa caracterizaria o descumprimento da obrigação, uma vez que este cumprira as instruções do tomador. Vê-se, assim, o paradoxo que tal entendimento poderia acarretar.

A confusão deriva da errada concepção desta relação como uma promessa de contrato feita pelo banco ao beneficiário,[160] quando se trata, na verdade, de uma manifestação unilateral irrevogável de vontade, que pode tomar a forma de obrigação de pagamento, de aceite ou de negociação.

Em suma, entendemos que o beneficiário não está obrigado perante o banco a aceitar a carta. A não apresentação dos documentos no prazo estipulado caracteriza o descumprimento da obrigação assumida

157. Cf. tradução oficial das R.U.U., Edições Aduaneiras, 1994.

158. *Do Crédito Documentado*, Pelotas, 1962, p. 62, referido por L. G. P. de Barros Leães, ob. cit., p. 10, nota 6.

159. Ob. cit., pp. 10-11, nota 6.

160. Cf. Ramiro Rengifo, ob. cit., p. 16.

perante o comprador no contrato de compra e venda, como visto acima em 7.2.1.

*7.2.4 Entre o banco avisador e o beneficiário*

O banco avisador é aquele encarregado de avisar ao beneficiário a abertura do crédito, sem, contudo, assumir qualquer compromisso, devendo, entretanto, tomar as devidas precauções no sentido de verificar a autenticidade do crédito que avisa. Caso não consiga e, apesar disso, pretender dar o aviso, está obrigado a informar expressamente ao beneficiário a ausência de comprovação. Logo, não assume qualquer responsabilidade perante o beneficiário, senão aquela derivada da autenticidade do crédito, se não fez a ressalva. Assim, só poderá ser acionado pelo beneficiário se, agindo por dolo ou culpa, avisar um crédito que não foi aberto. Também não pode exigir nenhuma prestação do beneficiário.

*7.2.5 Entre o beneficiário e o banco garantidor*

Nos termos do artigo 2º, ii, das R.U.U., o banco emitente pode autorizar outro banco a efetuar o pagamento, a aceitar e pagar ou a negociar as letras de câmbio sacadas pelo beneficiário contra a entrega dos documentos, enquanto o art. 9º, *b*, estabelece que a confirmação do banco constitui compromisso firme deste.

Ocorre uma espécie de cadeia de créditos. O banco emitente da carta toma a posição do ordenador e o banco confirmador e o designado a de emitente, pelo que o beneficiário, pode apresentar os documentos em forma regular a qualquer deles e exigir o cumprimento da carta. O banco, por seu turno, só pode exigir do beneficiário a apresentação dos documentos sem discrepância como condição para o cumprimento de sua obrigação, podendo recusá-los se estiverem incompletos ou apresentarem alguma divergência em relação ao que estiver estipulado no crédito.

Em caso de recusa imotivada, o beneficiário tem o direito de acionar tanto o banco garantidor como o emitente. Contudo, é mais prático acionar o último, por estar mais próximo, geralmente em sua própria praça.

*7.2.6 Entre o banco emitente e o banco avisador*

As obrigações entre o banco emitente e o avisador são mínimas. Ao avisar ao beneficiário a abertura de crédito nos termos da autorização recebida do banco emitente, aquele cumpre sua obrigação. O banco emitente, entretanto, obriga-se a pagar-lhe a comissão pelo serviço prestado, bem como a ressarcir as despesas que fizer para promover o aviso. A relação entre eles é de simples mandato, pois o avisador age em nome e por conta do emitente, como simples mandatário, portanto.

Caso o banco avisador não tenha interesse em assumir o encargo que lhe foi cometido, deverá informar a recusa imediatamente ao banco emitente.

Aceitando a missão, deverá adotar as medidas necessárias para comprovar a autenticidade do crédito, informando imediatamente o provável emitente no caso de insucesso.

*7.2.7 Entre o banco emitente e o banco garantidor*

Nos termos dos artigos 9º, *b*, e 10, *b*, das R.U.U. verifica-se que o banco emitente pode autorizar outro banco a confirmar o crédito, efetuar o pagamento, ou aceitar e pagar ou negociar as letras de câmbio sacadas pelo beneficiário.

A simples designação no corpo da carta de crédito não cria qualquer obrigação para o banco designado, a menos que seja ele também o banco confirmador (art. 10, *c*).

Concordando em assumir o encargo de confirmar, pagar, aceitar ou negociar as letras, o banco garantidor obriga-se a isso perante o banco emitente, podendo ser acionado por perdas e danos em caso de descumprimento. Ao cumprir a ordem, porém passa a ser seu credor, podendo exigir o ressarcimento dos pagamentos feitos e de todas as despesas necessárias ao cumprimento da ordem, desde que lhe remeta os documentos e estes estejam rigorosamente de acordo com os termos da autorização. Esta conseqüência lógica do cumprimento da ordem consta expressamente do art. 14, *a*, das R.U.U. De um modo geral, os bancos correspondentes mantêm contas correntes recíprocas e, tão logo vão sendo efetuadas as despesas ou pagamentos, o banco confirmardor debita o valor respectivo na conta corrente do emitente, mandando-lhe o aviso de débito e o jogo de documentos especificado na carta. É evidente que, se acolher documentos discrepantes, não poderá exigir o ressarcimento. Nesse caso, nos termos das alíneas *c* e *d* do mesmo artigo, o banco emitente está obrigado a comunicar-lhe a recusa no máximo até o sétimo dia útil bancário, declarando as discrepâncias verificadas e informando se os documentos estão à disposição ou se estão sendo devolvidos, sob pena de não mais poder fazê-lo (alínea *e*).

### 7.2.8 *Entre o banco confirmador e o banco designado*

A confirmação do crédito irrevogável constitui um compromisso firme do banco confirmador, adicional ao do banco emitente, pelo que, ao honrar a carta de crédito, o banco designado pode exigir dele o ressarcimento, desde que lhe apresente os documentos.

### 7.2.9 *Entre o tomador do crédito e o banco avisador e o banco garantidor*

À primeira vista, parece não existir qualquer relação entre o tomador do crédito e o banco avisador ou o banco garantidor. Seus direitos e obrigações são única e exclusivamente com o emitente. Este, por sua vez, ou cumpre a carta diretamente, através de uma filial na praça do beneficiário, ou encarrega outro banco de fazê-lo. Quando se utiliza dos serviços de outro banco, porém, o faz por conta e risco do ordenador, não assumindo qualquer responsabilidade pelo descumprimento das instruções pelo banco correspondente (art. 18, *a*), mesmo que a escolha do outro banco tenha sido feita exclusivamente por ele (art. 18, *b*).

Por aí se vê que existe uma relação jurídica unindo o ordenador a tal banco, relação essa que geralmente permanece oculta, uma vez que ambos (ordenador de um lado e banco confirmador, designado ou avisador, do outro) se relacionam com o banco emitente. Somente no caso de descumprimento das instruções é que a relação jurídica emerge, cabendo ao ordenador exigir perdas e danos diretamente daquele que causou o prejuízo.

Esta disposição, claramente leonina, estabelecida em favor dos banqueiros, permanece na nova versão das R.U.U.

Parece-nos, contudo, de difícil aplicação.

Com efeito, imaginemos que o banco escolhido pelo emitente para dar cumprimento à carta, aceite documentos discrepantes. Para obter o ressarcimento do valor pago, deverá enviá-los ao banco emitente. Este, por sua vez, identificando a irregularidade, recusará o pagamento, avisando o correspondente nos termos do art. 14. Nenhum prejuízo sofrerá o tomador.

Se, por outro lado, o correspondente — mesmo o escolhido pelo tomador — aceita documentação discrepante e o banco emitente, por sua vez, também não identifica o erro, efetuando o ressarcimento, configura-se a violação do contrato por este, abrindo ao ordenador a possibilidade de recusar o pagamento ou de acioná-lo diretamente para haver perdas e danos, enquanto ele terá de acionar o correspondente.

*7.2.10 Entre o portador e o banco garantidor*

É possível a transferência do crédito pelo beneficiário a um terceiro, como veremos no capítulo seguinte. Neste caso, o portador, que é também denominado segundo beneficiário adquire os direitos e assume as obrigações originais do beneficiário, vale dizer pode exigir o cumprimento da carta de crédito pelo banco desde que apresente os documentos exigidos dentro do prazo estipulado.

## *VIII — CLASSIFICAÇÃO*

### *8.1 Visão geral*

Existem várias espécies de crédito documentário, dependendo do nível de segurança oferecido ao beneficiário, da possibilidade de transferência do crédito, da forma de execução etc. É o que veremos no presente item.

### *8.2 Revogável e irrevogável*

Quanto à natureza da obrigação assumida pelo banco emitente, o crédito pode ser revogável ou irrevogável.

O crédito irrevogável constitui um compromisso firme do banco emitente, desde que os documentos sejam apresentados de forma regular e no prazo estipulado, de cumprir as obrigações constantes da carta e se outro banco efetuar a confirmação, também este se obriga de forma irrestrita (art. 9º, das R.U.U.). Não pode ser emendado ou cancelado sem a concordância de todos os envolvidos (ordenador, banco emitente, banco confirmador e beneficiário).

O crédito revogável não oferece nenhuma garantia ao beneficiário uma vez que a qualquer momento pode ser emendado ou cancelado, ressalvado o direito do banco garantidor pelo cumprimento regular da ordem antes de receber a comunicação do cancelamento ou da emenda.

Existia, até a versão de 1983 (Publicação n. 400), uma presunção em favor da revogabilidade do crédito, dispondo o art. 7º das R.U.U. que os créditos deveriam indicar expressamente se eram revogáveis ou irrevogáveis, mas na ausência de indicação o crédito seria considerado revogável. Tal disposição, nitidamente vantajosa para os bancos, explica-se apenas pelo fato de as normas sobre crédito documentário terem nascido nas associações de bancos, como vimos anteriormente.

Entendemos que a presunção deveria ser em favor da irrevogabilidade do crédito, o que só foi concretizado na última versão das R.U.U., de 1993, posta em vigor a partir de 1º de janeiro de 1994, cujo artigo 6º, *c*, contempla tal presunção.

### *8.3 Transferível e intransferível*

Diz-se que o crédito é transferível quando é permitido ao beneficiário transferir a terceiro a sua utilização, observada todas as condições da carta, vale dizer, com o encargo de apresentar os documentos comprobatórios da remessa da mercadoria como condição para exigir o pagamento, o aceite ou a negociação das letras que sacar. Diz-se que o crédito é intransferível quando o seu cumprimento só pode ser exigido pelo beneficiário.

A transferibilidade do crédito deve ser expressa, operando a presunção em favor da intransferibilidade (art. 48, *a* e *b*, das R.U.U.) e é limitada: só pode ser feita uma vez, a menos que o crédito original o permita (art. 48, *g*). Entretanto, quando não forem vedados embarques e saques parciais, cada uma das parcelas pode ser transferida isoladamente (art. 48, *g*). Em qualquer caso a transferência de beneficiário subseqüente para o primeiro beneficiário não é considerada como tal, podendo ser feita livremente.

Não se confunde também com a cessão do crédito, pois, neste caso, o ônus da apresentação dos documentos permanece do beneficiário-cedente, transferindo-se para o cessionário apenas o direito de reclamar a contraprestação do banco.

*8.3.1 Crédito subsidiário ou "back to back"*

Na realidade o crédito chamado subsidiário ou *back to back* não é uma espécie de crédito documentário, pelo que não está previsto nas R.U.U.

Trata-se de um novo crédito em que o tomador oferece em garantia ao banco emitente outra carta de crédito, daquela é beneficiário.

É usado como forma de financiar a aquisição pelo vendedor-beneficiário das mercadorias destinadas a cumprir o contrato de compra e venda anterior.

Apresenta certa semelhança com o crédito transferível, daí a posição em que o colocamos.

A diferença entre ambos consiste em que, no crédito transferível o banco emitente assume a obrigação de aceitar o segundo beneficiário já na própria carta de crédito, obrigação essa que se estende ao banco confirmador. No crédito *back to back*, tal obrigação só é assumida posteriormente, através de um novo contrato, geralmente pelo banco confirmador ou por outro banco, pelo que não obriga o banco emitente primitivo, funcionando a carta de crédito anterior como garantia do banco na expedição da nova.

*8.4 **Confirmado e não confirmado***

Aberto o crédito documentário irrevogável, o banco emitente comunica ao beneficiário, geralmente através de um correspondente da praça desse, sob duas modalidades:

a) mediante simples aviso, sem que o correspondente (banco avisador) assuma qualquer responsabilidade pelo cumprimento do crédito (art. 7º das R.U.U.);

b) mediante confirmação do correspondente, que contém um aviso acrescido de um compromisso firme de dar cumprimento ao crédito (art. 9º, *b*).

O primeiro constitui o crédito avisado ou não confirmado, enquanto o último caracteriza o crédito documentário confirmado.

O banco avisador deverá verificar previamente a autenticidade do crédito e, caso não consiga a comprovação, comunicará o fato imediatamente ao banco do qual as instruções aparentem ter sido enviadas. Caso decida avisar o crédito assim mesmo, estará obrigado igualmente a informar ao beneficiário a falta de comprovação.

A confirmação significa uma garantia adicional para o beneficiário, pois constitui um compromisso firme de cumprimento da carta pelo banco confirmador, pelo que, em caso de descumprimento da obrigação, poderá o beneficiário agir isoladamente contra o banco confirmador ou contra o banco emitente para exigir a obrigação derivada do crédito documentário, enquanto persiste seu direito contra o ordenador pelo pagamento do preço, nos termos do contrato de compra e venda.

*8.5 **Divisível e indivisível***

Facilmente se infere a explicação destas modalidades de crédito a partir das denominações respectivas.

Quando a carta estipula que o cumprimento da obrigação consistirá em ato único contra a entrega dos documentos especificados, diz-se que o crédito é indivisível. Quando, ao contrário, são permitidos pagamentos parciais, contra a entrega de documentos comprobatórios de remessas parciais, o crédito é divisível.

Assim, o crédito é divisível ou indivisível conforme seja ou não permitido ao beneficiário a utilização parcial.

Nos termos do art. 40 das R.U.U., em caso de omissão na carta de crédito, é presumida a aceitação de embarques e saques parciais. Por outro lado, quando estes forem expressamente previstos e estipulados prazos, o descumprimento de qualquer um deles produz o cancelamento do saldo do crédito, salvo estipulação em contrário (art. 41).

### *8.6 Direto e circular*

O crédito é simples ou direto quando estabelece especificamente o nome e a praça do banco pagador, aceitante ou negociador, agora denominado de banco designado. É o sistema usual.

Pode também o crédito permitir a negociação por qualquer banco, obrigando o banco emitente (art. 10, *d*, das R.U.U.): é o que se denomina crédito circular ou livremente negociável. É evidente que só bancos de primeira linha podem utilizar-se deste sistema, pela confiança que inspiram. Normalmente, o banco que paga, aceita ou negocia as letras nestas condições, exige uma garantia adicional do beneficiário para o caso de não obter o ressarcimento junto ao banco emitente. Neste tipo de crédito a comunicação ao beneficiário é feita diretamente pelo tomador ou pelo banco emitente da carta.

Em qualquer dos casos, o banco emitente está automaticamente autorizando o banco designado a pagar, aceitar saques ou a negociar, segundo os termos da carta, contra o recebimento dos documentos relacionados e obrigando-se a reembolsá-lo.

Por outro lado, a simples indicação pelo banco emitente não obriga o banco designado a aceitar o encargo (art. 10, *c*), salvo quando este for também banco confirmador.

### *8.7 De pagamento, de aceite e de negociação*

O crédito é de pagamento quando a obrigação do banco correspondente é pagar contra recibo ou letra de câmbio à vista, sacada pelo beneficiário.

Quando a obrigação é de aceitar e pagar as letras sacadas pelo beneficiário, diz-se que o crédito é de aceite.

Finalmente, se a obrigação consiste em negociar ou descontar os saques do beneficiário, o crédito é denominado de negociação.

## *IX — TEORIAS SOBRE A NATUREZA JURÍDICA DO CRÉDITO DOCUMENTÁRIO*

### *9.1 Do objetivo do estabelecimento da natureza jurídica de um contrato*

Antes de iniciarmos o estudo da natureza jurídica do crédito documentário, cabe-nos indagar qual a importância do estabelecimento da natureza jurídica de determinado contrato. A resposta parece ter sido enunciada de maneira clara e precisa por Fernandez-Armesto, nos seguintes termos: "La auténtica importancia de la naturaleza jurídica de un contrato atípico radica en que si ese contrato comparte la misma naturaleza jurídica que un contrato típico, le será aplicable la regulación legal de este".[161]

Tratando expressamente da natureza jurídica do crédito documentário, Waldirio Bulgarelli expressa por outras palavras o mesmo pensamento, observando com acuidade que: "A questão acentue-se não é meramente teórica de puro exercício intelectual, mas, apresenta-se de grande importância face às conseqüências da sua qualificação jurídica, entre os institutos conhecidos, ou de nova formulação. Ao que acresce as questões práticas em relação à legislação aplicável ou mesmo, no caso, aos usos e costumes, pois que se trata de uma operação comercial que se ressente de uma disciplina legal, nos vários ordenamentos".[162]

161. Ob. cit., p. 45.
162. Ob. cit., p. 57.

Desse modo, parece não pairar qualquer dúvida quanto à necessidade do estabelecimento da natureza jurídica de cada novo instituto que surge. Não se trata de discussão acaciana, mas, ao contrário, além do inegável interesse teórico inerente a qualquer ciência, apresenta importância indeclinável. Conhecer a natureza jurídica do contrato é condição indispensável para que se possa estabelecer os seus contornos, quais as normas que lhe são aplicáveis, o seu campo de abrangência e os direitos e obrigações que faz nascer.

Posto isso, passaremos a analisar as diversas tentativas doutrinárias de estabelecer a natureza jurídica do crédito documentário.

## *9.2. CLASSIFICAÇÃO*

Diversas são as teorias que procuram explicar a natureza jurídica do crédito documentário, podendo ser classificadas em dois grandes grupos. O primeiro compreende aquelas que consideram apenas uma das relações jurídicas envolvidas. É evidente que devem ser evitadas, uma vez que tomam a parte pelo todo. O segundo grupo é formado pelas teorias que apreendem o instituto em sua inteireza.

### *9.2.1 Teorias que consideram apenas uma das relações jurídicas*

Este primeiro grupo subdivide-se ainda, em quatro correntes, a depender da relação jurídica que elegem como prioritária, vale dizer, entre o vendedor e o comprador, entre o ordenador e o banco, entre o banco e o beneficiário e, finalmente, aquelas que consideram exclusivamente a posição do banco emissor.

#### 9.2.1.1 Teoria que considera a relação entre o vendedor e o comprador

Neste grupo existe apenas uma teoria. Dá ela ênfase ao contrato de compra e venda, desprezando completamente as demais relações jurídicas que configuram o instituto e sua principal figura, ou seja, a do banco. É a teoria que foi denominada da *cláusula aderente ao contrato de compra e venda*.

*9.2.1.1.1* Cláusula aderente ao contrato de compra e venda — O Tribunal de Bari, em julgamento de dezembro de 1932, atribuiu ao crédito documentário o caráter de simples cláusula aderente ao contrato de compra e venda de mercadorias, acrescentando às duas partes contratantes um *tertius*, responsável pelo pagamento, concorrendo os três para a concretização do negócio.[163]

Esta posição é de fragilidade patente, não tendo, por isso mesmo, prosperado. A decisão do Tribunal de Bari ficou como manifestação isolada.

É inegável que na raiz do crédito documentário está o contrato de compra e venda. Entretanto, não é menos certo que se trata de instituto muito complexo, não podendo ser reduzido à simples figura de cláusula acessória do contrato de compra e venda.

Foi duramente criticada por Carlo Folco. Sustentava ele que, a ser verdadeira esta teoria, o crédito confirmado deixaria de corresponder à finalidade para que fora criado pela prática mercantil. O crédito confirmado — continua Folco — foi criado porque a abertura de crédito simples não constituía para o vendedor uma garantia segura de pagamento. O que se objetivou foi a criação de uma obrigação direta do banco, independente de quaisquer relações com o contrato precedente, de modo que o vendedor fosse provido de uma garantia não só certa, mas indiscutível para sua satisfação. A ser considerado como dependente da compra e venda, o banco, como contratante, poderia opor ao vendedor todas as exceções próprias de tal contrato, sendo-

163. Carlo Folco, ob. cit., pp. 51 e ss. Também Honório Monteiro, do *Crédito Bancário Confirmado*, Saraiva, 1933, pp. 45 e ss.

lhe lícito recusar o pagamento alegando defeitos da mercadoria ou mesmo uma superveniente falta de fundos do ordenador. Conclui que o acolhimento da tese do Tribunal de Bari sujeitaria o vendedor a um tal emaranhado de exceções, que o privaria do meio seguro de pagamento que objetivara ao exigir a abertura do crédito confirmado.[164]

Honório Monteiro adota as críticas de Folco.[165]

Lembra Balossini que não é só a compra e venda que dá lugar ao nascimento do crédito documentário. Além desta, outros contratos podem servir-lhe de base, conforme dispõe o art. 3º das Regras e Usos Uniformes, embora quase sempre se trate de uma compra e venda internacional. Ademais disso, a existência de cláusula no contrato de compra e venda não é indispensável para a constituição do crédito documentário.[166]

Não se pode negar que o crédito documentário geralmente nasce de um contrato de compra e venda firmado, na maioria das vezes, entre partes domiciliadas em países diferentes. Visando garantir o recebimento imediato do preço pelo vendedor, sem descurar a garantia do comprador quanto à qualidade e quantidade das mercadorias, é que se estabelece a conveniência de o comprador obter uma carta de crédito de um banco de primeira linha, que se obriga a efetuar o pagamento ou aceitar as cambiais, contra a entrega dos documentos comprobatórios da remessa da mercadoria. Portanto, existe um nexo entre o contrato de compra e venda e o crédito documentário.

O engano do Tribunal de Bari foi ver na interligação dos dois contratos, envolvendo partes diversas, a dependência de um ao outro.

164. Ob. cit., pp. 51-53.
165. Ob. cit., pp. 45-48.
166. *Norme ed Usi Uniforme Relativi ai Crediti Documentari*, Dott A. Giuffrè Ed., 3ª ed., 1978, v. I, pp. 286-292.

O banco não participa do contrato de compra e venda, não é vendedor das mercadorias nem seu comprador, mesmo porque esta não é sua atividade. As partes na compra e venda são o comprador e o vendedor, apenas.

A partir daí surge um segundo contrato — do qual não participa o vendedor — que pode ser um depósito vinculado, efetuado pelo comprador junto ao banco, ou uma abertura de crédito do banco ao comprador, ou outro contrato bancário, também interligado ao crédito documentário.

É por força deste novo contrato que o banco emite a carta de crédito em favor do vendedor, assumindo obrigação própria de pagar-lhe, no prazo nela estabelecido, o valor da anterior obrigação do comprador, contra a entrega dos documentos respectivos, ou ainda de aceitar e pagar, ou negociar, as letras que forem sacadas, observadas as mesmas condições.

É indiscutivelmente este segundo contrato que origina o crédito documentário, sendo as partes envolvidas exclusivamente duas: o banco, na posição de credor ou de depositário, assumindo a obrigação de pagar ao beneficiário, e o comprador, como depositante ou devedor e ao mesmo tempo ordenador (tomador) do crédito documentário.

Não se diga que o vendedor das mercadorias é parte neste segundo contrato. Ele é pessoa completamente estranha a esta nova relação jurídica.

Finalmente, a carta de crédito irrevogável propriamente dita, núcleo do crédito documentário, que é promessa de prestação sob condição, mas unilateral, pela qual o banco emitente se obriga perante o credor, que nada mais é do que o vendedor da mercadoria. Esta terceira relação jurídica vincula exclusivamente o emitente da carta, como devedor, e a pessoa nela designada, como credor.

Nela, evidentemente, não há lugar para o devedor originário, comprador da mercadoria.

Portanto, podem ser identificadas três relações jurídicas perfeitamente distintas, cada uma delas vinculando exclusivamente duas partes, mas todas as três interligadas, a existência de uma dependendo das outras, a saber:

a) contrato de compra e venda, em que figuram apenas um vendedor e um comprador, ou outro contrato equivalente, em que uma parte tenha obrigação de pagar uma importância à outra;

b) contrato bancário (depósito, abertura de crédito, empréstimo ou outro) envolvendo, naturalmente, um banco (na qualidade de depositário, creditante ou credor) e o comprador, porém não em tal qualidade, mas na de depositante, creditado ou devedor, a depender do tipo de contrato firmado;

c) o crédito documentário, em que o banco, como emissor da carta de crédito, figura como devedor e o vendedor aparece na qualidade de credor, sob a condição de entregar-lhe o conjunto de documentos que a carta de crédito relaciona.

Assim, não há como reduzir estas três relações jurídicas a um único contrato de compra e venda, com cláusula de pagamento por terceiro.

Atualmente, considerando-se que o crédito documentário é regulado basicamente por normas de direito internacional, a tese de considerá-lo simples pacto de um contrato de compra e venda torna-se ainda mais absurda.

Com efeito, dispõe a Publicação 500, da CCI, que os créditos documentários constituem transações distintas das vendas ou outros contratos que lhe possam ter servido de base, e que de modo algum obrigam os bancos emissores das cartas de crédito, mesmo que conste do crédito alguma referência a eles (art. 3º), além do que todas as partes transacionam com documentos e não com mercadorias, serviços ou outros itens aos quais os documentos possam referir-se (art. 4º).

9.2.1.2 Teorias que consideram a relação entre o ordenador e o banco

Estas teorias, também unilaterais, dão proeminência ao contrato de abertura de crédito, que o comprador, dando cumprimento ao contrato de compra e venda (ou outro que implique na obrigação de pagar contra a entrega de documentos comprobatórios da contraprestação) firma com um banco.

*9.2.1.2.1* Contrato de obra — Pontes de Miranda não apresenta uma solução satisfatória para o problema. Além de criticar algumas teorias, limita-se a enunciar que "a relação jurídica entre o contraente A, acreditante, e o banco ou outro estabelecimento abridor do crédito é contrato de obra com poderes para gestão de negócios".

Acrescenta ainda que: "se se convencionou que se acreditasse determinada quantia, ou quantia determinável, num banco, ou noutro estabelecimento hábil, tal prestação é principal. Tal negócio jurídico pode ser condição para outro negócio jurídico, que dela dependa para se concluir, ou ser cumprido, ou extinguir-se".

Finaliza repetindo que a relação jurídica entre o ordenador e o banco, segundo a doutrina dominante, é tida como contrato de obra, que tem por objeto trato de negócio. E relaciona quatro autores, antes de concluir, de forma meio enigmática: "Mas isso é apenas o que mais acontece".[167]

Malgrado o respeito que todos temos por esse gênio do direito, parece-nos que ele não se interessou em explicar convenientemente a natureza jurídica do crédito documentário, limitando-se a enunciar o seu entendimento sobre apenas uma das relações jurídicas envolvidas no complexo contrato: aquela entre o comprador-ordenante e o banco emitente da carta de crédito.

*9.2.1.2.2* Contrato especial de abertura de crédito — Na opinião de Quaran-

167. Ob. e v. cits., p. 264.

totti, o crédito documentário é uma forma especial de abertura de crédito.

Quando na abertura de crédito simples a relação entre o banco e o creditado entrelaça-se com outro negócio jurídico concluído com terceiro, ter-se-á sempre um concurso de normas reguladoras na relação nascida do contrato de abertura de crédito e do outro contrato a ele unido. A conseqüência é que o contrato de abertura de crédito passa a ser regulado por estas normas especiais e o negócio jurídico especial, dele nascido, desenvolve-se e extingue-se nos limites daquele contrato. Assim, não lhe podem ser aplicadas as normas que, mesmo sendo especiais do negócio dependente, sejam incompatíveis com as regras fundamentais do contrato de abertura de crédito e com as cláusulas especiais estabelecidas pelas partes.[168]

Messineo também reconheceu a dependência do crédito documentário à abertura de crédito, porém, somente no caso em que o banco efetua o pagamento ao terceiro em execução a uma precedente abertura de crédito.[169]

Já Honório Monteiro, vê uma nuance na proposta de Quarantotti, que embora realce a figura da abertura de crédito, vislumbra também aí um mandato. E critica ambas as possibilidades, pois "um contrato de abertura de crédito subordinado a outro contrato intercorrente ou que participa da figura do mandato" não define a natureza jurídica do crédito documentário. É de todo impossível o enquadramento uma vez que a abertura de crédito não explica o direito do beneficiário em relação ao banco. Também não explica a obrigação assumida pelo banco em nome próprio, que subsiste mesmo em caso de retração do ordenador ou de sua superveniente incapacidade jurídica. Ajunta também que o crédito confirmado não se desnatura se o banco exige o depósito prévio do ordenador, o que, a ser aceita a tese de Quarantotti, transformaria a natureza do crédito documentário em contrato de depósito.

Alinha a seguir uma série de diferenças entre os dois institutos, a saber: a) na abertura de crédito, o creditado não é obrigado a servir-se do crédito; tem a faculdade de dele dispor na medida de suas necessidades, enquanto no crédito confirmado não existe esta faculdade; b) na abertura de crédito, sobrevindo mudança da condição econômica do creditado, o creditador pode recusar a liberação do crédito, enquanto no crédito confirmado, expedida a carta de confirmação, o banco não pode mais revogá-la, mesmo que as mercadorias tenham diminuído de valor ou sobrevenha a falência do ordenador; c) a garantia real não é essencial ao contrato de abertura de crédito, enquanto no crédito documentário o banco tem, por efeito regular do contrato, o direito de retenção das mercadorias ou dos documentos representativos delas.[170]

A estas considerações aduzimos que esta teoria não explica o nascimento da obrigação do banco para com o beneficiário, nem o ônus atribuído a este de apresentar os documentos como condição para receber o pagamento ou o aceite das cambiais.

*9.2.1.2.3* Mandato — A corrente doutrinária que procura ver no crédito documentário um simples mandato do comprador-ordenador para o banco, não é única. Ela compreende quatro teorias, a saber: do mandato simples, do mandato sem representação, do mandato de crédito e da comissão mercantil.

9.2.1.2.3.1 Mandato simples — Muitos querem ver no crédito documentário um simples contrato de mandato, pelo qual o banco efetua o pagamento ao beneficiário e dele exige os documentos representativos do cumprimento do contrato originário na condição de simples mandatário do ordenador.

168. "L'apertura de credito documentado", *Riv. dir. comm.*, 1920, I, 495, *apud* Carlo Folco, ob. cit., pp. 50-51.

169. Cf. Folco, ob. cit., p. 51.

170. Ob. cit., pp. 52-58.

Existem diversos pontos de contato entre os dois institutos, porém não uma perfeita identificação. Com efeito, ao emitir a carta de crédito, o banco assume uma obrigação autônoma em relação à do devedor originário, em nome próprio, conferindo ao credor o direito de exigir dele o pagamento ou de agir diretamente contra ele em caso de descumprimento.

O mandato caracteriza-se pela prática do ato através de mandatário em nome e por conta do mandante, nos termos do CC, art. 1.288 e Código Comercial, art. 140, já ensinando Gaio ser inútil a outorga de mandato para a prática de ato do interesse do mandatário, pois "o que fizeres em teu interesse deves fazê-lo por ti mesmo e não por mandato meu".[171]

Obriga-se o banco — no crédito documentário — em nome próprio, conferindo ao credor o direito de exigir o cumprimento da obrigação mesmo que o ordenador haja revogado a ordem.

Logo, assumindo uma obrigação autônoma, em nome próprio, perante o credor, é evidente que não se pode vislumbrar aí o contrato de mandato.

Sergio Carlos Covello, às objeções comuns à teoria do mandato, aduz que o mandato é um contrato essencialmente revogável para o mandante e renunciável para o mandatário, o que nem sempre ocorre no crédito documentário, que pode ser revogável ou não e, em sua forma mais usual, dificilmente é revogável.[172]

Entendemos que a objeção não é feliz porque o mandato mercantil, entre nós, uma vez aceito, torna-se irrenunciável, segundo as disposições dos arts. 142 e 143 do Cód. Comercial, enquanto o C. Civil (art. 1.317), estabelece limites à revogação do mandato, quando houver convenção neste sentido (I), nos casos em que for condição de um contrato bilateral, ou meio de cumprir uma obrigação contratada (II) e quando for conferido ao sócio, como administrador ou liquidante da sociedade, por disposição do contrato social (III).

Por essa forma, o mandato outorgado ao banco pelo ordenador seria irrevogável não só por força de convenção (art. 1.317, inc. I do Cód. Civ.), mas igualmente em face do inciso II do mesmo artigo, porque o crédito documentário irrevogável, em sua finalidade, é o meio de cumprir uma obrigação contratada, no caso, o pagamento do preço ao vendedor.

Ramiro Rengifo explana — à luz do art. 1.279 do Cód. de Comércio da Colômbia, que contempla algumas hipóteses de irrevogabilidade do mandato — que tal teoria poderia ser aceitável. Entretanto, é ela insuficiente para explicar o compromisso pessoal e autônomo assumido pelo banco de pagar a carta de crédito, em contraposição à característica do mandato representativo, em que o representante nunca se obriga pessoalmente, mas os efeitos de sua atuação vinculam diretamente o mandante.[173]

9.2.1.2.3.2 Mandato sem representação — A Suprema Corte italiana, na década de vinte, procurou caracterizá-lo como mandato sem representação. Pela confirmação, o banco assumiria um vínculo direto, que teria um antecedente lógico na relação entre ele e o comprador, mas uma causa independente. Porém, o caráter de abstração da obrigação assumida não restringiria o direito do banco de opor ao vendedor as exceções derivadas da carta de crédito confirmada, não excluídas aquelas nascidas da compra e venda. Esta concessão derivaria do fato de o banco assumir obrigação em nome próprio, mas por conta do comprador, agindo, pois como mandatário, embora sem representação.[174]

171. *Institutas* 3, 156.

172. *Contratos Bancários*, Saraiva, 1981, p. 227

173. Ob. cit., p. 73.

174. Cf. transcrição feita por Honório Monteiro, ob. cit., p. 59, nota 42 e Carlo Folco, ob. cit., pp. 54-55.

Dizem Folco e Honório Monteiro que a relação jurídica entre o banco e o ordenador da abertura do crédito confirmado, pela qual aquele se encarrega de pagar ao vendedor o valor do crédito, dele receber os documentos especificados, e restituí-los ao ordenador, apresenta todas as características do mandato.[175]

Observa Folco, no entanto, que o mandato não explica a obrigação direta e abstrata que assume o banco em relação ao beneficiário, pelo que constitui uma aberração jurídica a afirmação do tribunal de que a obrigação do banco pode ser considerada como autônoma de modo absoluto, seguida de outra no sentido de que por força do mandato são oponíveis ao vendedor as exceções do contrato de compra e venda. Um mandato — continua — que dá origem a uma obrigação abstrata, que entretanto não é abstrata na medida em que podem ser opostas as exceções do mandante, não é concebível senão através de uma acrobacia mental.[176]

Honório Monteiro via um certo fundamento para a teoria do mandato sem representação nos formulários utilizados por alguns bancos, que falavam somente em mandato, visando garantir o direito de retenção das mercadorias, sem incidir nos pesados ônus fiscais então incidentes sobre o penhor.

Afirma que a tese é unilateral e incompleta, por contemplar apenas, e mesmo assim parcialmente, as relações jurídicas entre o banco emitente e o ordenador, desconsiderando as demais, vale dizer, aquelas entre o vendedor e o comprador e entre o vendedor e o banco. Tal teoria não explica o direito próprio do vendedor de exigir o pagamento do banco, sem que este possa opor as exceções do comprador, como também não explica o fato de manter-se a obrigação do banco perante o vendedor mesmo na hipótese da revogação da ordem dada pelo comprador-ordenador.[177]

Existem muitos pontos de semelhança entre o crédito confirmado e o mandato — leciona Carvalho de Mendonça — especialmente no fato de o banco não extinguir um débito seu, mas do comprador. Entretanto, os dois institutos não se confundem. É possível ver-se o mandato entre o comprador e o banco, nunca, contudo, no complexo da operação, envolvendo diversas relações jurídicas. É impossível ver-se o mandato na responsabilidade direta e pessoal assumida pelo banco para com o vendedor.[178]

9.2.1.2.3.3 Mandato de crédito — Pontes de Miranda refere-se à teoria que considera o crédito confirmado como mandato de crédito. Nesta figura jurídica, alguém se vincula perante outrem a conceder crédito a terceiro, no seu próprio nome e por conta própria, respondendo o mandante como fiador do beneficiário. Entende ele que essa teoria aplica-se à relação entre o ordenador e o banco, mas ressalva que tal relação é estranha ao crédito documentário e, na verdade, não passa de fiança.[179]

O instituto é típico do direito alemão, constando do art. 778 do Código Civil, em que o mandato é utilizado como contrato de garantia, não passando de uma fiança, segundo Windcheid, citado por Carvalho de Mendonça. Este também descarta a aplicação da teoria do mandato de crédito para caracterizar o crédito documentário, observando que o vendedor não se obriga perante o banco a restituir a soma recebida, pelo que o comprador nunca poderia ser considerado como seu fiador perante a instituição financeira.[180]

Honório Monteiro vislumbra uma hipótese em que pode aparecer a figura do mandato de crédito, quando da execução do contrato de crédito confirmado. Se o banco confirmou o crédito, assumindo a obrigação firme de pagar e outorga manda-

175. Carlo Folco, ob. cit., p. 55 e Honório Monteiro, ob. cit., pp. 62-63.
176. Ob. cit., p. 55.
177. Ob. cit., pp. 62-66.
178. Ob. e v. cits., pp. 218-219.
179. Ob. e v. cits., p. 267.
180. Ob. e v. cits., p. 219, nota 1.

to a outro banco para efetuar um adiantamento ao vendedor por conta do crédito confirmado, ocorre o mandato de crédito. Não obstante, tal contrato é meramente acidental, complementar, diverso e independente do crédito confirmado.[181]

9.2.1.2.3.4 Comissão mercantil — Foi igualmente levantada a tese de que o crédito documentário não passaria de um contrato de comissão mercantil, defendida ainda hoje por Fernandez-Armesto.[182]

Diz ele que o instituto se enquadra perfeitamente no vasto campo de aplicação do art. 1.709 do Cód. Civil da Colômbia, em face da omissão do Cód. Comercial, que não apresenta uma definição própria de mandato mercantil. E na abertura de crédito documentário reúnem-se todas as condições que este último artigo exige para que o mandato seja considerado comercial, quais sejam: que tenha por objeto um ato de comércio e que seja comerciante o mandante ou o mandatário.

Assim vê o crédito documentário: o banco (comissário) obriga-se perante o ordenante (comitente) a prestar um serviço por conta deste, mas atuando em nome próprio; tal serviço consiste na execução de um segundo contrato com uma parte estranha a esta relação (beneficiário), em virtude do qual o banco-comissário se compromete a realizar um pagamento contra a entrega de certos documentos. Eis, pois, exposto fielmente o esquema triangular de toda a comissão: o comissário executa por conta do comitente um contrato com terceiro. Este segundo contrato não, como tradicionalmente na comissão, uma compra e venda, mas, graças à concepção muito ampla dada à comissão, isto não representa nenhum inconveniente. O conteúdo do segundo contrato consiste em que o banco assume cumulativamente com o ordenante o compromisso abstrato de pagar uma determinada soma ao beneficiário, porém sob a condição da entrega de certos documentos. Afirma ele também não ter dúvidas de que se trata de uma comissão indireta, facultada pelo art. 245 do Cód. Comercial, em que o comissário contrata em seu próprio nome e não no do comitente.

Esta figura coincide exatamente com a comissão mercantil regulada nos arts. 165 a 190 do nosso Cód. Comercial, pelo que as críticas ao instituto aplicam-se também à posição de Fernandez-Armesto.

É sabido que a comissão mercantil é uma espécie de mandato em que o comissário (mandatário) age em nome próprio, obrigando-se direta e pessoalmente perante as pessoas com quem contrata, sem que estas tenham ação contra o comitente (mandante) nem este contra elas (Cód. Comercial, arts. 165-166).

Carvalho de Mendonça fulmina a tese de identificação da comissão mercantil com o crédito documentário, demonstrando que naquela não existe a relação direta entre o comitente (que seria o comprador) e o terceiro (o vendedor) com quem o comissário (o banco) contrata. Ademais, na abertura do crédito confirmado o negócio que dá origem à obrigação do pretenso comitente é anteriormente concluída entre ele e o vendedor (terceiro) sem a intervenção do banco, que só posteriormente assume o compromisso de liquidar a obrigação já existente.[183]

Honório Monteiro cita a lição de Carvalho de Mendonça, acrescentando que a teoria da comissão não define o complexo das operações e conseqüentes relações que compõem o crédito documentário.[184]

Diz Álvaro Perez Vives que esta teoria, aceita durante algum tempo na Espanha e afastada em seguida, não explica a obrigação autônoma do banco nem a obrigação do vendedor de apresentar determinados documentos e, por outro lado, esquece as diversas etapas do crédito documentário e as confunde entre si. É certo que numa

181. Ob. cit., pp. 67-68.
182. Ob. cit., pp. 48-53.
183. Ob. e v. cits., p. 219.
184. Ob. cit., p. 66.

primeira etapa há um mandato do ordenador ao banco; logo em seguida, o banco emite a carta de crédito, na execução do mandato, tornando-se diretamente obrigado, mas agindo não só em nome próprio mas também em nome do ordenador.[185]

Rengifo também a critica, reconhecendo que na abertura de crédito documentário existem elementos do mandato, conquanto tal figura jurídica não seja suficiente por si só para explicar a totalidade das relações jurídicas existentes no contrato em estudo. Informa ainda que a tese foi acolhida por alguns tribunais, entre os quais o Supremo da Espanha, que, entretanto, a abandonou.[186]

9.2.1.3 Teorias que consideram a relação entre o banco e o beneficiário

Finalmente, no primeiro grupo, as teorias que se interessam exclusivamente pela relação jurídica que liga o banco emitente ao beneficiário do crédito, independentemente da relação subjacente, bem como da relação do banco com o ordenador.

*9.2.1.3.1* Declaração unilateral de vontade — Folco faz breve relato da teoria pela qual a obrigação do banco nasceria de uma declaração unilateral de vontade, ato abstrato, sustentada na doutrina belga por Janssen. Mais tarde, duas decisões do Tribunal da Alemanha consideraram o crédito confirmado uma promessa de débito, o que constituía também, segundo o art. 730 do Cód. Civil alemão, uma declaração unilateral de vontade, obrigatória para o subscritor desde a emissão e válida independentemente da causa. Admite que ambas satisfazem a necessidade de explicar a abstração do crédito confirmado, mas não estão em harmonia com o direito latino, que não contempla essas duas figuras jurídicas. Também não são suficientes para explicar a natureza jurídica do laço que une o comprador ao banco, além de ignorar o fato de o crédito documentário ser uma operação que envolve três partes.[187]

Para Honório Monteiro tal teoria não leva em conta a natureza do vínculo que prende o banco ao comprador, considerando apenas as relações entre o banco e o vendedor, enquanto o crédito documentário apresenta uma forma triangular, compreendendo três pessoas distintas, de certo modo relacionadas entre si, intervindo duas a duas nos três tempos diversos de uma só complexa relação jurídica. A carta de confirmação contém a indicação expressa da contraprestação — entrega dos documentos — que, por já estar indicada e aceita no contrato de compra e venda, dispensa a aceitação expressa pelo beneficiário. A prova disso é que se houver discrepância entre os documentos relacionados na carta e os convencionados na compra e venda, o vendedor certamente recusará o crédito e, em conseqüência, a obrigação do banco deixará de ter nascimento.[188]

*9.2.1.3.2* Aceite antecipado — Certa doutrina francesa, defendida por Henri Rousseau, vislumbrava no crédito confirmado um aceite antecipado dado pelo banco, em instrumento separado, a uma cambial que o vendedor sacará contra ele. Carlo Folco e Honório Monteiro enunciam os argumentos de Rousseau, que podem ser assim sintetizados: a) a jurisprudência (francesa) admite o aceite da cambial por ato separado, especialmente através de carta contendo declaração expressa, formal e definitiva; b) a carta de crédito apresenta precisamente estas características, produzindo todos os efeitos do aceite lançado no título; c) por ela torna-se o banco devedor cambial do vendedor-sacador e dos sucessivos portadores da letra, apesar de não ter nela lançado o aceite; d) o aceitante (banco) não poderá opor ao sacador (vendedor) exceção de inexistência de provisão, uma vez que, neste caso, não se pode cogitar de

185. *Variaciones sobre la Carta de Crédito*, Ed. Temis, Bogotá, 1982.

186. Ob. cit., pp. 72-73.

187. Ob. cit., pp. 56-57.

188. Ob. cit., pp. 73-75.

remessa de provisão pelo sacador ao sacado; e) é por força de convenção entre o devedor originário (comprador) e o sacado (banco) que este se obrigou perante o sacador (vendedor); f) a obrigação formulada na carta de crédito confere ao sacador contra o sacado um direito autônomo, independente das relações jurídicas preexistentes entre o comprador e o sacado; g) é por esse motivo que a obrigação assumida pelo banco sacado não pode ser invalidada por acordo posterior entre o comprador e o banco; h) o vendedor, beneficiário do crédito confirmado, fica, assim, assegurado do pagamento na mesma medida em que esteja assegurado da solvência do banco.[189]

A proposição recebeu reparos até de alguns juristas franceses.

Criticando esta teoria — acrescem os dois autores acima referidos — assevera Albert Chéron que no crédito confirmado o aceite do banco é condicionado à entrega dos documentos relacionados na carta de crédito, enquanto o aceite cambiário não pode ser dado sob condição, nos termos do art. 124 do Cód. Comercial francês.

9.2.1.3.2.1 Promessa de aceite — Aprofundando sua crítica, Albert Chéron afirma que, em conseqüência da impossibilidade de ser um aceite antecipado, a confirmação do crédito pelo banco não é um aceite cambial, mas simples promessa de aceite do título. A obrigação do banco é de direito comum, atribuindo-lhe uma obrigação de fazer, vale dizer, de aceitar. Somente no momento em que o banco cumprir tal obrigação prévia, aceitando efetivamente o título sacado pelo vendedor, é que nascerá a obrigação cambiária.

Perraud, por sua vez, combinou as idéias de Rousseau e de Chéron, chegando à conclusão de que o crédito confirmado é uma promessa de aceite, válida, contudo, no quadro do direito cambiário. Tal solução derivaria do princípio da liberdade contratual e de antiga tendência da jurisprudência. Com efeito, a jurisprudência francesa vinha admitindo há muito tempo que a cláusula *a ordem* ou a cláusula *ao portador* pudessem ser usadas também em atos puramente civis como no exemplo da constituição de hipoteca. Por outro lado, a Corte de Cassação decidiu em julgados de 1862 e 1863 que no crédito confirmado a promessa de aceite não pode ser considerada isolada, mas que se incorpora à letra de câmbio e participa de sua natureza.[190]

Essas teorias francesas pecam pela unilateralidade, declara Folco. Além de limitarem a abertura de crédito confirmado a um contrato entre o banco e o beneficiário, neste contrato só observam um dos modos de utilização e não a obrigação a que ele dá lugar. O banco, que emite a carta de crédito, assume a obrigação de pagar determinada soma ao beneficiário. É verdade que pode também assumir a obrigação de aceitar o título, porém acessoriamente e nem sempre, já que o pagamento se efetiva contra a simples apresentação dos documentos. Então, como pode a obrigação de aceitar o título constituir o conteúdo jurídico do crédito confirmado, se tal obrigação mesma não existe nele?

Em resposta à pergunta formulada, doutrina Folco que para o direito italiano são absolutamente insustentáveis as teorias de Rousseau e de Perraud. O Cód. Comercial francês realmente não exclui tacitamente o aceite cambial por ato separado, pelo que a doutrina e a jurisprudência, embora não unânimes, admitem-no. O mesmo não ocorre no direito italiano, cujo Cód. de Comércio dispunha que o aceite deveria ser escrito na cambial, pelo que nada há a discutir.[191]

Também em relação ao direito brasileiro, tais teorias são inadmissíveis, exprime Honório Monteiro. Se no direito francês era admitido o aceite em ato apartado,

189. Folco, ob. cit., pp. 46-47. Honório Monteiro, ob. cit., pp. 48-49.

190. Cf. Carlo Folco, ob. cit., pp. 48-49.

191. Ob. cit., pp. 49-50.

contra a opinião de eminentes comercialistas como Lyon Caen et Renault, em nosso direito isso não é possível. Dissente também da unilateralidade da tese. É certo que o comprador não participa do ato do banco, confirmatório do crédito, mas esse ato é apenas de execução de uma anterior obrigação do comprador, do mesmo modo que o vendedor fica alheio ao contrato entre o comprador e o banco. Mas ambos, no contrato de compra e venda, objetivaram esse modo de pagamento. O contrato de abertura de crédito confirmado concretiza-se em diversos momentos sucessivos, mas sua finalidade é única: assegurar o pagamento ao vendedor, pelo que não se pode cindir o contrato, como fazem os cultores desta teoria. Rejeita também, em concordância com Folco, o fato de os autores franceses só considerarem um dos modos de execução do contrato entre o banco e o beneficiário, ou seja, o possível aceite cambial. Elevam, assim, uma obrigação acessória e eventual, não inerente ao contrato — a obrigação de aceitar o título — à condição determinante da natureza jurídica do contrato que lhe dá origem.[192]

### 9.2.2 *Teorias que apreendem o instituto em sua inteireza*

Por fim, o grupo de teorias mais consistentes, que analisam o instituto como um todo, embora nem sempre tirando as conclusões mais corretas. Em nossa rápida pesquisa conseguimos catalogar cerca de uma dezena de teorias a respeito do tema.

#### 9.2.2.1 Cessão de crédito

Foi identificado o crédito documentário com uma cessão de crédito, sob o argumento de que o comprador, através da abertura de crédito ou do depósito, ou de outro contrato, torna-se credor do banco, cedendo o referido crédito ao vendedor.

Tal teoria não pode ser aceita, à luz da legislação brasileira. O Cód. Civil (arts. 135 e 1.067) exige a escritura pública ou a transcrição no registro público para que o contrato de cessão de crédito possa produzir efeitos contra terceiros. Além disso, o devedor não participa da cessão de crédito, enquanto que no crédito documentário é o devedor (o banco), que se obriga, através da emissão da carta de crédito, tendo, portanto, papel ativo. Em terceiro lugar, na cessão de crédito, o cedente só se responsabiliza pela existência do crédito, não pela solvência do cedido, enquanto no crédito documentário, se o banco falir, o credor vendedor-beneficiário pode reclamar o pagamento diretamente do comprador-ordenador.[193]

Honório Monteiro, além disso, parte da diferença entre a cessão *pro soluto* feita em lugar do pagamento e que acarreta a extinção definitiva da obrigação do cedente, e a cessão *pro solvendo* em que a transferência do crédito é efetuada simplesmente para fins de pagamento, não desonerando o cedente, que fica também obrigado subsidiariamente perante o cessionário pelo pagamento da dívida. Repele a tese em ambas as modalidades. Tendo a confirmação do crédito por fim obrigar o banco de modo definitivo perante o vendedor, sem extinguir a obrigação do comprador, é evidente que não pode ser considerada cessão de crédito *pro soluto*. Na hipótese de ser uma obrigação *pro solvendo*, o devedor (o banco) poderia opor ao cessionário (vendedor) todas as exceções a que tivesse direito em relação ao cedente (comprador) nos termos do art. 1.072 do Cód. Civil. No crédito documentário tal não ocorre porque o direito do vendedor e a obrigação do banco são autônomos e independentes da relação jurídica entre o banco e o comprador.[194]

Com efeito, o crédito documentário não pode ser identificado com a cessão de

192. Ob. cit., pp. 50-51.

193. Cf. Carvalho de Mendonça, ob. e v. cits., pp. 219-220 e Honório Monteiro, ob. cit., pp. 70-73.

194. Ob. cit., pp. 70-73.

crédito. Além dos argumentos acima alinhados, esta teoria também não explica a complexidade do contrato nem a obrigação do vendedor de entregar os documentos ao banco como condição para o pagamento.

Abstraindo-se as demais críticas, a teoria da cessão de crédito só poderia explicar uma das modalidades do crédito documentário, em sua forma mais simples: a obrigação de pagamento, desprezando as modalidades de obrigação de aceite e de negociação das letras.

9.2.2.2 Assunção de dívida

Alguns autores entendem que o crédito documentário equivaleria a uma assunção de dívida pelo banco emissor da carta de crédito em favor do beneficiário da mesma.

Álvaro Vives entende que a figura explica a razão da obrigação do banco de maneira abstrata e autônoma, mas contraria o crédito documentário na medida em que o primitivo devedor (ordenador) permanece obrigado em virtude do contrato original perante o credor (vendedor ou beneficiário), ao passo que na assunção de dívida só permanece um devedor, que assume a dívida alheia, sendo liberado o primitivo devedor.[195]

A objeção nos parece insuficiente, como tentaremos demonstrar.

Nossa legislação, como muitas outras, não regula expressamente a assunção de dívida. Contudo, mesmo quando não prevista expressamente, a doutrina é unânime em aceitá-la em função do princípio da autonomia da vontade.[196] Sua aceitação, portanto, deriva da lição da doutrina e do direito comparado, tendo como fundamento a ampla capacidade de a parte contratar (princípio da autonomia da vontade), desde que atendidas as seguintes condições: a licitude e possibilidade do objeto, a capacidade e legitimação das partes e a observação de forma prescrita ou não defesa em lei (Código Civil, arts. 81, 82, 129, 130 e 145).

É elementar princípio de hermenêutica que as exceções devem ser interpretadas de modo restrito, máxime em situação que possam afetar o direito e o patrimônio de terceiros. Assim é que, inexistindo disposição expressa em lei, entende-se que a exoneração do devedor primitivo só se dá com a expressa manifestação do credor. Sem tal, ocorre um *plus* e um novo responsável pelo cumprimento da obrigação a ela adere, sem que haja desoneração do devedor originário, caracterizando a figura da *assunção cumulativa,* semelhante à estipulação em favor de terceiro.[197] Esta posição foi adotada pelo Projeto de Código Civil, art. 299.

São conhecidas duas formas de assunção de dívida: a primeira, mediante ajuste com o credor e a última contratada pelo devedor. Nesta, é indispensável também a participação do credor, que com ela deve concordar.

Uma deficiência de Vives é desconsiderar tal distinção, analisando apenas a última forma como se fosse única, ao passo que muitas legislações, como a suíça e a grega, p. ex., só admitem uma forma de assunção da dívida: a nascida do contrato entre o credor e o novo devedor. Nesta espécie, assemelhada à *expromissio*, não se pode enquadrar o crédito documentário, porque o ajuste que lhe dá origem envolve o terceiro (o banco), que assume a dívida e o devedor (comprador-ordenador). A outra forma, por sua vez, segundo a legislação alemã e portuguesa, para que produza a exoneração do devedor original, depende da expressa concordância do credor. Em caso de omissão, ambos ficam obrigados perante o credor.

195. Ob. cit., p. 34.

196. Luiz Roldão de Freitas Gomes, *Da Assunção de Dívida e sua Estrutura Negocial*, Ed. Liber Juris, 1982.

197. Luiz Roldão de Freitas Gomes, ob. cit., pp. 422 e ss.

Aí reside a segunda insuficiência do argumento de Vives. Uma assunção de dívida sem a aquiescência do credor obriga o assuntor, sem exonerar o devedor originário, em situação em tudo idêntica a que ocorre no crédito documentário. Neste, é despicienda a manifestação do credor. Simplesmente, dentro do prazo estipulado na carta, o beneficiário entrega os documentos ao banco, recebendo o valor da venda ou o aceite da letra.

Somente no caso da assunção plena, com a participação ativa do credor — o que não ocorre no crédito documentário, frise-se — teria razão de ser a crítica, pois, neste caso — e somente neste — o assuntor substitui o devedor originário, exonerando-o da obrigação e excluindo-o da relação jurídica.

Isto não significa que aceitemos a tese da identificação do crédito documentário com a assunção da dívida, embora apresentem algumas semelhanças. Com efeito, a assunção da dívida não explica a obrigação do beneficiário de entregar os documentos como condição para exigir o cumprimento da obrigação do banco, nem explica as espécies de crédito documentário de aceite e de negociação

9.2.2.3 Fiança

A tentativa de identificação do crédito documentário com a fiança foi uma das primeiras teorias explicativas de sua natureza jurídica, acolhida por alguns tribunais franceses no início dos anos vinte. O Banco, ao confirmar o crédito, torna-se fiador do ordenador (comprador) perante o vendedor.

Tal teoria teve sua razão de ser na confusão inicial que se estabeleceu entre o nascente crédito documentário e a antiga carta de crédito, regulada nos códigos do século passado juntamente com a fiança e estabelecendo a responsabilidade do emitente perante o pagador pela quantia entregue ao portador ou creditado (Cód. Comercial, art. 264).

À media que se foi incrementando o uso do crédito documentário, delineando-se as suas características e desenvolvendo-se os estudos sobre sua natureza jurídica, foi abandonada a teoria da fiança, em vista da total incompatibilidade entre os dois institutos.

Carlo Folco explica que, na verdade, não há obstáculos a esta idéia na legislação italiana nem na francesa. Argumenta, porém, que a ela se opõe a vontade expressa do beneficiário, o qual tem interesse em obter com o crédito confirmado uma obrigação do banco direta e independente daquela originária do comprador. Fosse o banco um fiador — complementa —, poderia opor ao beneficiário todas as exceções que competem ao comprador — o que não ocorre.[198]

Censurando tal teoria, Honório Monteiro declara que à primeira vista ela pode parecer verdadeira. Todavia, quando se leva em conta a função que o crédito confirmado desempenha, verifica-se que ele repele certas normas do contrato de fiança. Um de seus efeitos é assegurar ao vendedor o pronto pagamento da mercadoria, o que se torna possível com a assunção, pelo banco, de uma obrigação direta, autônoma e independente daquela assumida pelo comprador. Caso se tratasse de fiança, o banco poderia opor ao vendedor, não só as exceções pessoais, mas também as extintivas da obrigação afiançada, no caso, a obrigação original do comprador. Ambos os argumentos coincidem com os agitados por Folco. Reporta-se à lição de Carvalho de Mendonça para lembrar que o crédito confirmado é irrevogável, não podendo o banco suspendê-lo mesmo sob pretexto de resolução ou nulidade da compra e venda.[199]

Ramiro Rengifo, embora admitindo que o art. 825 do Cód. Civil da Colômbia prescreva que os fiadores se obrigam solidariamente, repele a teoria por não explicar todas as relações independentes que

198. Ob. cit., p. 54.
199. Ob. cit., pp. 69-70.

surgem da abertura de crédito documentário, nem o problema das exceções, incabíveis neste, enquanto que os fiadores podem demonstrar que a obrigação principal afiançada não existiu ou já deixou de existir.[200]

Pelo crédito documentário o emitente assume uma obrigação autônoma em relação à do ordenador, enquanto a fiança é obrigação acessória. A fiança também não explica o ônus do vendedor de entregar ao banco os documentos, não se prestando do mesmo modo a justificar a complexidade do crédito documentário, em suas várias espécies.

9.2.2.4 Novação

A teoria da novação é relatada por Álvaro Vives, que a refuta com argumento idêntico ao usado contra a teoria da assunção de dívida, vale dizer, a novação acarreta a extinção da obrigação originária, o que não se dá com o crédito documentário, em que subsistem duas obrigações distintas. Argumenta que neste existem dois devedores, enquanto em a novação só há um: o novo, porque o primitivo fica liberado.[201]

Também insuficiente a crítica — pelo menos à luz do nosso direito — porque a doutrina distingue vários tipos de novação, contemplando o Cód. Civil brasileiro três hipóteses, no art. 999: quando o devedor contrai com o credor nova dívida, para extinguir e substituir a anterior (I); quando novo devedor sucede ao antigo, ficando este quite com o credor (II); e quando, em virtude de obrigação nova, outro credor substitui o antigo, ficando o devedor quite com este.

É evidente que não se aplica o primeiro caso porque o ajuste do devedor é com um terceiro, o banco, e não com o credor. Também não se aplica o último porque, no crédito documentário o credor permanece.

200. Ob. cit., pp. 73-74.
201. Ob. cit., p. 34.

Finalmente, o segundo caso, a que parece ter-se referido Álvaro Vives, que não se ajusta ao crédito documentário pelas razões por ele apontadas.

9.2.2.5 Três contratos distintos

Segundo relataram Folco e Honório Monteiro, sustentava Salandra que a natureza do crédito documentário explica-se pela existência de três contratos distintos, embora entre eles haja uma relação de coordenação. Argumentava não haver no crédito confirmado um contrato simultâneo, mas três momentos distintos e sucessivos, em cada um dos quais algum participante do negócio assume a posição de terceiro em sentido jurídico em relação aos outros dois. Do contrato preliminar entre o comprador e o vendedor não participa o banco encarregado do pagamento, mesmo que seja designado em uma cláusula da convenção. O vendedor não participa do contrato de abertura de crédito, conquanto seja indicado como beneficiário do crédito aberto. E, finalmente, quando o crédito é confirmado, pela emissão da carta de confirmação, não participa o comprador-ordenador, embora o banco assuma uma obrigação perante o beneficiário para execução de um acordo feito com ele e em seu interesse. De igual modo, o ordenador não intervém no aceite da cambial, que é feito pelo banco em seu próprio nome. Pelo contrato de compra e venda, o comprador obriga-se a obter a abertura de crédito bancário, utilizável pelo vendedor na forma e nas condições convencionadas, ao passo que a obrigação do vendedor consiste em entregar os documentos ao banco junto ao qual será aberto o crédito, no momento do pagamento ou do aceite cambial.

Através de outro contrato — o de abertura de crédito —, agora entre o banco e o comprador, aquele assume o compromisso de antecipar o numerário necessário e a promessa de efetuar o pagamento ao vendedor, por conta do comprador (assunção de mandato), exigindo os documentos descritos nas instruções recebidas. Com a carta de confirmação o banco assume a obrigação de pagar ao beneficiário a importância ajustada, obrigação essa que é autônoma e abstrata em relação ao contrato de compra e venda e irrevogável em face do contrato de abertura de crédito firmado com o ordenador — conclui a tese.[202]

Folco, secundado por Honório Monteiro, assente que a descrição feita por Salandra retrata fielmente como se desenvolve na prática a abertura de crédito, tendo o mérito de esclarecer a função técnica e de apresentar algumas conseqüências jurídicas exatas. Entretanto, não consegue definir a natureza jurídica do crédito confirmado enquanto operação complexa e unívoca, não formula uma síntese jurídica que esteja contida em uma única figura de contrato, da qual decorram precisamente as relações entre os diversos elementos da operação: entre a abertura de crédito e o mandato, entre o mandato e a obrigação assumida pelo banco para com o beneficiário. Em suma — arremata Folco — Salandra preparou os elementos para a construção jurídica, mas não edificou uma figura jurídica que satisfizesse à unívoca função prática do crédito confirmado.[203]

### 9.2.2.6 Contratos coligados

Posição assemelhada à de Salandra, embora mais aperfeiçoada, é a defendida por Perez Fontana. Parece-nos que, partindo de análise semelhante à daquele, efetuou a síntese requerida por Folco e Honório Monteiro. Entende que o crédito documentário é um conjunto de três contratos coligados, que agem um como causa do outro, e cuja operação não pode ser concebida sem esta coligação, uma vez que a obrigação que surge do crédito documentário é uma obrigação causal, embora a causa não se exprima no documento ou na carta de crédito.[204]

No Brasil, Sergio Carlos Covello aderiu a esta tese e tenta explicá-la a partir da análise de cada um dos contratos que imagina ver no crédito documentário. Diz que, apesar de o crédito documentário apresentar semelhanças com diversos institutos do direito civil, nenhum deles é suficiente para explicar satisfatoriamente sua natureza jurídica, porque ele não é um contrato com pluralidade de partes, como pretende a maioria dos doutrinadores, mas um conjunto de contratos coligados que, possuindo a mesma finalidade econômica, atuam um como causa do outro, apesar de cada qual possuir causa específica ou particular, embora também não se trate de contrato misto. Como todos os contratos coligados, o crédito documentário é querido pelas partes como um todo e para isso há uma congregação de contratos ordenados a um único objetivo. Entre o ordenante e o banco existe um contrato de prestação de serviço que pressupõe uma abertura de crédito em favor de terceiro ou um depósito pecuniário com destinação especial, contrato bilateral, gerando obrigações para ambas as partes. Quando se trata de depósito, a bilateralidade persiste, dada a natureza da avença principal: obriga-se o ordenante a pagar comissão ao banco pelo serviço prestado além de ressarcir as despesas que este efetuar. O depósito permanece vinculado ao contrato de crédito documentário para que o banco possa prestar o serviço que estipulou com o cliente, sendo, pois, condição para o cumprimento da obrigação. O banco figura como mandatário do ordenante, tal qual no contrato de conta corrente. A relação do banco com o vendedor, por sua vez, nasce com a confirmação do crédito, pois o banco se obriga para com o vendedor a pagar-lhe o preço da compra e venda através da

202. Vittorio Salandra, "Aperture di Credito Utilizzabili da terzi", *Rivista del Diritto Commerciale*, 1926, I, pp. 332-333, *apud* Carlo Folco, ob. cit., pp. 45-46. Idem, *apud* Honório Monteiro, ob. cit., pp. 104-108.

203. Folco, ob. cit., pp. 45-46 e Honório Monteiro, ob. cit., pp. 107-108.

204. Perez Fontana, *El crédito documentado irrevocable*, Montevideo, 1966, referido por Balossini, ob. e v. cits., p. 330, nota 7.

emissão da carta de crédito. Neste caso, existe um mandato sem representação, pois, emitido o aviso de confirmação, fica o banco obrigado perante o beneficiário em seu próprio nome, de maneira autônoma e abstrata, não podendo se retratar mesmo quando o contrato de abertura de crédito seja anulado ou o depósito reavido pelo cliente. Intervindo mais de um banco desaparece a triangularidade de contrato dando lugar à quadrilateralidade, surgindo, entre o banco emissor e o correspondente, relações semelhantes entre aquele e o ordenante do crédito, vale dizer, um mandato sem representação.

Assim sintetiza as relações contratuais autônomas que compõem o crédito documentário: a) uma compra e venda com pacto de pagamento através de um banco contra apresentação de documentos; b) um contrato de prestação de serviço lastreado em abertura de crédito ou depósito com destinação especial entre o comprador e o banco emissor; c) uma relação de mandato sem representação entre o banco emissor e o beneficiário vendedor, bem como entre o banco emissor e seu correspondente pagador.

Conclui afirmando que as vantagens desta teoria seriam, em primeiro lugar, reconhecer que as partes em suas mútuas relações encontram-se nitidamente ligadas por causas diversas por meio de figuras jurídicas conhecidas, o que lhes permite a certeza de direitos e obrigações que nascem delas; e em segundo lugar, mostrar que cada contrato se extingue de per si, à medida que vão sendo executadas as prestações que obrigam as partes.[205]

O mérito desta teoria, como o de Salandra, consiste sobretudo em descrever o funcionamento do crédito documentário na prática, o que, entretanto, se valorizava aquele, que escreveu em momento inicial de uso do instituto, é irrelevante hoje, quando o mecanismo do crédito documentário é perfeitamente conhecido.

205. Ob. cit., pp. 232-234.

A solução não é satisfatória. Não levou em conta que o crédito documentário é regulado por normas de direito costumeiro, sistematizadas a nível internacional, tendo a Brochura 500 da Câmara de Comércio Internacional regulado de maneira minuciosa os deveres e obrigações de cada parte.

Ademais disso, toma como causa única do crédito documentário o contrato de compra e venda, o que não é exatamente verdadeiro. Se é certo que a compra e venda é, na grande maioria das vezes, esta causa, é igualmente correto que não é a única, haja vista o que dispõe o art. 3º das Regras e Usos Uniformes Relativos a Créditos Documentários.

Finalmente, mas não menos importante, é o fato de entender que a redução do crédito documentário a diversas *figuras jurídicas conhecidas* confere às partes "a certeza de direitos e obrigações que nascem delas".

Em primeiro lugar, tal certeza nasce exatamente da minuciosa regulamentação do crédito documentário, a nível internacional, que, não obstante, evidentemente não elimina a possibilidade de conflitos.

Em segundo lugar, deixou de considerar que tais figuras jurídicas estão sujeitas a tratamentos diferenciados nas diversas legislações nacionais, como, p. ex., o mandato sem representação, o que também afasta a existência de "certeza de direitos e obrigações".

### 9.2.2.7 Estipulação em favor de terceiro

Muitos autores sustentam que o crédito documentário confirmado é uma estipulação em favor de terceiro. Se a finalidade do instituto é a de proporcionar uma garantia firme de pagamento ao vendedor e tal garantia torna-se efetiva pela obrigação assumida pelo banco, em seu próprio nome, de efetuar o pagamento, concluem que a única teoria capaz de explicar essa figura jurídica é a da estipulação em favor de terceiro.

Mario Padiglioni, em nota a julgado do Tribunal de Bolonha, justifica a tese — segundo relato de Honório Monteiro — à luz, evidentemente, do direito italiano, nos termos a seguir descritos. A estipulação em favor de terceiro é facultada pelo Cód. Civil, que dispõe ser a mesma irrevogável depois de aceita pelo beneficiário (art. 1.128 do Cód. Civ. italiano). No crédito documentário, o comerciante, ao outorgar mandato de pagamento a um banco, com a indicação do terceiro a quem o pagamento deva ser feito, não faz outra coisa senão inserir no contrato uma condição em favor do terceiro beneficiário. É deste contrato que decorre, após a aceitação pelo beneficiário, o direito irrevogável ao pagamento pelo banco. Na estipulação em favor de terceiro, a obrigação do promitente para com o terceiro resulta imediatamente do ato de vontade do promitente, geralmente o interessado. O direito do terceiro, entretanto, permanece suspenso e só se integra em seu patrimônio em decorrência de sua aceitação expressa ou tácita, exatamente como ocorre no crédito confirmado.[206]

Bolaffio, comentando decisão do mesmo Tribunal, que considerou o crédito confirmado um contrato *sui generis* por não se enquadrar em qualquer figura jurídica codificada, afirma — ainda segundo a narração de Honório Monteiro — não ser verdadeira tal tese, haja vista que se trata de um contrato a favor de terceiros, previsto expressamente na lei (italiana). Apenas, enquanto no contrato em favor de terceiro a irrevogabilidade da obrigação resulta da aceitação do beneficiário, no crédito confirmado a irrevogabilidade é inerente à sua própria natureza.[207]

Esta posição é também perfilhada por Bonelli[208] e, em linhas gerais, por Carlo Folco.[209]

Folco desenvolve sua tese formulando uma série de perguntas, cujas respostas levam à confirmação de sua teoria. Afirma que o crédito confirmado visa constituir uma garantia firme em prol do beneficiário, que se concretiza quando um banco idôneo obriga-se diretamente a pagar ao vendedor determinado valor que lhe deve o comprador, vislumbrando nisto a figura precisa do *accollo*[210] em favor de terceiro. Reconhece que nem todo *accollo* produz os mesmos efeitos, pois, tanto pode ser restrito somente ao acolante e ao acolado, como pode dirigir-se também ao acolatário. Esta espécie pode ser ainda cumulativa ou privativa. A privativa libera o devedor colocando em seu lugar outra pessoa, no caso, o acolante, ao passo que o *accollo* cumulativo ajunta à obrigação do devedor a do acolado. O crédito confirmado pertence evidentemente à espécie de *accollo* cumulativo, uma vez que o instituidor fica obrigado perante o beneficiário da mesma forma que o banco. Entretanto, o banco fica obrigado para com o beneficiário sem ter contratado com ele. Porque o crédito confirmado origina-se de um contrato firmado entre o acolante e o acolado, de que não participa o acolatário é que se caracteriza precisamente como um contrato a favor de terceiro.[211]

Pontes de Miranda censura esta posição, em rápidas palavras, lembrando que a dívida assumida pelo prestador, no crédito documentário, é autônoma e abstrata, enquanto no contrato a favor de terceiro o

206. Ob. cit., pp. 107-108.
207. Ob. cit., pp. 93-94.
208. Bonelli, *Annuario Crítico della Giur. Commerciale*, 1904, p. 183, *apud* Honório Monteiro, ob. cit., p. 94, nota 85.
209. Ob. cit., pp. 57-58.

210. Honório Monteiro traduziu o termo por "assinação", porém o *accollo* é instituto diferente e não se confunde com a assinação, embora tenha com ela uma semelhança muito grande. A assinação é instituto do direito germânico, caracterizando-se como uma assunção cumulativa de dívida, transformada, posteriormente, em subespécie da *delegatio* romana, equivalente à delegação imperfeita. O *accollo*, por sua vez, surgiu na prática italiana como verdadeira assunção de dívida, que tinha lugar na hipótese de alienação de um prédio hipotecado. O adquirente tornava-se *accollans* (assuntor) da dívida garantida pelo imóvel. Por isso preferi manter o termo original e traduzir os nomes das partes como acolante, acolado e acolatário.
211. Ob. cit., pp. 57-58.

promitente pode opor algumas exceções tocantes ao negócio jurídico que efetuou com o ordenante. A carta de confirmação determina a assunção da dívida, sem que se precise de qualquer manifestação de vontade do acreditado.[212]

Carvalho de Mendonça também não avança muito em sua análise. Após descrever sucintamente o aspecto do crédito documentário considerado nesta teoria, declara, em termos mais de dúvida do que de negação, não saber "se se poderá aí enquadrar o crédito confirmado, tendo em vista os arts. 1.098 a 1.100 do Cód. Civil". Acrescenta que o contrato entre comprador e o banco não tem substancialmente por objeto mais do que a execução do contrato que aquele celebrou com o vendedor. O vendedor acha-se obrigado a uma contraprestação, qual a entrega da mercadoria vendida, representada pelos documentos.[213]

Um dos grandes críticos dessa teoria foi Asquini. O próprio Folco enumera suas objeções e tenta respondê-las.[214] A primeira delas é quanto à inexistência, no crédito confirmado, de interesse do comprador, enquanto segundo o art. 1.128 do Código Civil italiano o contrato em favor de terceiro deve contemplar um interesse do estipulante. Responde Folco que não pode haver maior interesse para o comprador do que a extinção de sua dívida para com o vendedor e basta por certo tal interesse para satisfazer a exigência da lei. Quanto a este argumento, observa Honório Monteiro que, caso tivesse fundamento com base no direito italiano, não poderia prosperar entre nós, porque o nosso Cód. Civil, como o alemão e o suíço, não contém restrições à estipulação em favor de terceiros idênticas às do art. 1.128 do Código italiano.[215]

Afirma também Asquini que o crédito confirmado não cria imediatamente a obrigação do banco para com o beneficiário, que fica dependendo de um ato de vontade do próprio banco, ao passo que, se fosse um contrato a favor de terceiro, dependeria exclusivamente da vontade do beneficiário para concretizar seu direito perante o banco. Assim, se o banco demorasse a emitir a carta de confirmação e o beneficiário viesse a tomar conhecimento do crédito aberto a seu favor, poderia, com um só ato de vontade, ligar definitivamente o banco. Rebate Folco, dizendo que os efeitos que Asquini quer atribuir à estipulação em favor de terceiro são praticamente desconhecidos, pois a quase unanimidade da doutrina considera a estipulação em favor de terceiro, enquanto não aceita, uma simples proposta endereçada a terceiro, a que se aplicam os princípios gerais da oferta de contrato. Assim é que o promitente não se torna devedor senão com uma manifestação de sua vontade de formar um contrato com o aceitante.

Folco, entretanto, não consegue responder satisfatoriamente à crítica de Asquini segundo a qual se o contrato de abertura de crédito fosse um contrato a favor de terceiro, o banco poderia opor ao vendedor-beneficiário todos os vetos que derivassem do contrato firmado com o comprador. Sua resposta começa por devolver a objeção à teoria da delegação, defendida por Asquini: seria fácil observar que na delegação cumulativa o delegado pode igualmente opor ao delegatário as exceções que poderia opor ao delegante. Acaba admitindo que efetivamente podem ser opostas ao beneficiário as exceções ligadas à existência do contrato formalizado entre o promitente e o estipulante, mas não aquelas baseadas em fato do estipulante, como a compensação ou o inadimplemento do contrato.

Honório Monteiro também relata a polêmica entre Folco e Asquini, adicionando as manifestações de outros juristas,[216] para observar que os contendores afastam-se muito do crédito confirmado, dando a

212. Ob. e v. cits., p. 265.
213. Ob. e v. cits., pp. 220-221.
214. Ob. cit., pp. 59-66.
215. Ob. cit., pp. 97-98.
216. Ob. cit., pp. 92-103.

impressão de que todas as proposições são verdadeiras. A seguir tenta delimitar o campo da discussão: o que se pretende demonstrar é que o crédito confirmado é uma estipulação em favor de terceiro, na qual o comprador é o estipulante, o banco o promitente e o vendedor o beneficiário.

A partir da descrição do crédito documentário, procura identificar o conceito da estipulação em favor de terceiro, com base nas lições de Pacchioni e Clóvis Beviláqua, coincidentes ambas em considerá-lo como um contrato em que duas partes atribuem um direito ou vantagem a um terceiro, que não participou do referido contrato. Fazendo a comparação entre as duas figuras, nota que no crédito confirmado o vendedor efetivamente não participa do contrato do qual resulta o crédito aberto pelo banco em seu benefício, mas não deixa de participar de sua causa próxima: o contrato de compra e venda, que deu origem ao crédito a ser pago pelo banco.

Ao contratar a venda da mercadoria, o vendedor aceitou o pagamento do preço em crédito confirmado, de modo que a carta de confirmação não lhe comunica somente uma estipulação em seu favor em virtude de contrato de que não participou, mas a execução de cláusula do contrato de compra e venda.

Por esses motivos, conclui que a figura do vendedor-beneficiário não coincide exatamente com a do beneficiário na estipulação em favor de terceiro. Não vê também identidade na formação do vínculo entre beneficiário e o promitente e entre o banco e o vendedor, porque na estipulação em favor de terceiro o direito do beneficiário não se origina da vontade isolada do promitente ou do estipulante e engendra relações indivisíveis entre três pessoas distintas, com direitos condicionados ao contrato gerador. O direito do terceiro resulta do próprio contrato, independentemente de aceitação ou ratificação. Tomando conhecimento do contrato, pode o beneficiário exigir o cumprimento da obrigação. No crédito confirmado, ao contrário, a obrigação do banco — e o conseqüente direito do vendedor — decorre da carta de confirmação, ato de vontade do banco.

Se o crédito confirmado fosse contrato em favor de terceiro, o direito do beneficiário dependeria apenas de ato de sua vontade. Demorasse o banco, p. ex., em emitir a carta de confirmação do crédito e o beneficiário poderia exigir do banco o cumprimento, o que não ocorre — conclui.[217]

Balossini também critica a teoria. Refere que Asquini descreve o crédito documentário como concebido de modo que o banco só se vincula em face do beneficiário através de um ato de vontade próprio, pelo que é livre para obedecer a sua contra-ordem do comprador recebida antes de ter expedido a carta de crédito para o beneficiário.

Então, menciona um trecho do segundo parágrafo do art. 1.411 do Cód. Civil italiano que, a seu ver, diferencia o crédito documentário da estipulação em favor de terceiro, porque, segundo tal dispositivo, a estipulação pode ser revogada ou modificada pelo estipulante enquanto o terceiro não manifestar ao promitente a sua aceitação, ao passo que, naquele outro, a obrigação do banco emitente (na posição de promitente) é desvinculada de qualquer declaração do terceiro beneficiário de querer aceitar o pagamento.[218]

Sergio Covello reconhece haver grande semelhança entre a estipulação em favor do terceiro e o crédito documentário, onde o estipulante é o solicitante do crédito, o promitente é o banco e o beneficiário é o vendedor, mas afirma que as diferenças também são grandes, passando a relacioná-las. No contrato em favor de terceiros é estabelecida uma vantagem para o beneficiário, enquanto no crédito documentário é estipulado o preço a que o beneficiário faz jus. Naquela, os efeitos jurídicos do contrato começam a partir da aceitação, ao passo que este se torna efetivo desde o

217. Ob. cit., pp. 92-103.
218. Ob. cit., v. I, p. 306.

momento em que o banco emite a carta de crédito. O direito do beneficiário, segundo Ferro Astray — continua — deriva do contrato entre estipulante e promitente, pelo que este pode opor ao terceiro as exceções do contrato originário, entre outras a do descumprimento daquele contrato por parte do estipulante, situação inadmissível no crédito documentário. Finalmente, na estipulação em favor de terceiro, o direito do beneficiário nasce no momento da conclusão do contrato e, em conseqüência, ele deve manifestar expressa ou tacitamente sua aceitação antes do aviso. No crédito documentário, ao contrário, o direito nasce no momento do aviso do banco.[219]

Não se pode negar, efetivamente, a estreita semelhança existente entre o crédito documentário e a estipulação em favor de terceiro. Mesmo os críticos dessa teoria — sem exceção — admitem a semelhança. Entretanto, são institutos diferentes.

A doutrina civilista é unânime em reconhecer que na estipulação em favor de terceiro não se pode estabelecer responsabilidade para o beneficiário, sob pena de descaracterizar-se o instituto. O próprio nome do instituto já explica a sua finalidade: a estipulação é *em favor* do terceiro. Portanto, deve representar uma vantagem para este, sem a exigência de qualquer contraprestação.

Assim ensina Orlando Gomes: "Para haver estipulação em favor de terceiros é necessário que do contrato resulte, para este, uma atribuição patrimonial gratuita. O benefício há de ser recebido sem contraprestação e representar vantagem suscetível de apreciação pecuniária. A gratuidade do proveito é essencial, não valendo a estipulação que imponha contraprestação. A estipulação não pode ser feita contra o terceiro. Há de ser a seu favor".[220]

Tal posição é compartilhada por Washington de Barros Monteiro[221] e Serpa Lopes.[222] Embora não sendo enfático, uma vez que ainda tentava demonstrar a validade do instituto, verifica-se do ensinamento de Clóvis Beviláqua que a estipulação em favor de terceiro não pode ser subordinada a contraprestação.[223]

Sendo indiscutível o fato de que a estipulação em favor de terceiro não comporta contraprestação por parte do beneficiário, fica prejudicada a tentativa de sua identificação com o crédito documentário, pois neste o pagamento ao beneficiário só se concretiza mediante uma contraprestação: a entrega dos documentos. E não se diga que essa contraprestação não é onerosa, pois os documentos representam a comprovação da remessa das mercadorias ou da prestação do serviço. De outra parte, a obrigação que assume o banco de pagar ao beneficiário também não nasce de mera liberalidade do ordenador, senão como forma de cumprimento de uma obrigação expressa em contrato anterior, o de compra e venda, pelo qual se tornou — ou se tornará — devedor do beneficiário.

*9.2.2.7.1* Características da teoria de Folco — A teoria de Folco, entretanto, não é exatamente a da estipulação em favor de terceiro em sua forma pura. Ela é mais complexa e envolve três institutos diversos. Para ele, o crédito confirmado deve ser definido como "um *accollo* cumulativo de débito operado mediante uma estipulação em favor de terceiros, o qual se concretiza num mandato sem representação".[224]

A doutrina, quase sem contestação, entende que a relação jurídica entre o banco emitente e o ordenador da carta de crédito documentário, autorizando o banco a pagar em nome próprio ao vendedor a dívida do comprador, envolve um mandato sem representação. Quer-nos parecer que Folco diz exatamente isso quando expressa que a for-

219. Ob. cit., pp. 231-232.
220. *Contratos*, Forense, 7ª ed., 1979, p. 199.
221. *Curso de Direito Civil*, 5º v., *Dir. das Obrigações*, Saraiva, 17ª ed., 1982, p. 49.
222. *Curso de Direito Civil*, 3º v., Freitas Bastos, 3ª ed., sem ano de publicação, p. 129.
223. *Direito das Obrigações*, Ed. Rio, 1977, pp. 199-203.
224. Ob. cit., p. 68.

ma de concretização do negócio é através de um mandato sem representação. Também não se afasta muito da teoria da delegação, embora inconscientemente, quando se reporta ao *accollo cumulativo*.

Em suma parece-nos que Folco não foi capaz de sustentar uma teoria única explicativa da natureza jurídica do crédito documentário, referindo-se a uma figura complexa, misto de estipulação em favor de terceiro, mandato sem representação e até mesmo de delegação cumulativa, que tanto combateu.

### 9.2.2.8 Negócio jurídico plurilateral típico do direito consuetudinário

O professor das Universidades de Verona e de Milão, Cajo Enrico Balossini, em alentado trabalho sobre o tema, ressuscitou a teoria aventada pela Corte de Bolonha e sustentada por Honório Monteiro, dando-lhe, porém, um novo contorno.

Caracteriza o crédito documentário como um "negócio plurilateral típico do direito consuetudinário", dizendo que esta posição corresponde, grosso modo, àquelas que, com exclusiva referência ao esquema do direito legislativo, define o instituto como um negócio jurídico *sui generis* citando Caemmerer e Carvalho de Mendonça.[225]

Critica Messineo que, numa postura "asquiniana", vê no instituto uma "delegação cumulativa porque um novo obrigado junta-se ao obrigado original, dando origem a uma tríplice ordem de relações entre as partes". Argumenta que se poderá dizer, neste caso, que a ordem de relações pode ser quádrupla, quíntupla e até mais, quando no crédito documentário intervierem também um banco avisador, um banco confirmador diferente do avisador, um segundo beneficiário, no crédito transferível, sem levar em conta a multiplicidade dos possíveis bancos operando no quadro do crédito documentário.[226]

Baseia-se numa evolução da doutrina segundo a qual o negócio plurilateral típico resulta da combinação dos seguintes elementos: uma pluralidade de sujeitos, que são entre si autônomos e permanecem assim na formação do negócio e depois, constituindo dessa forma diversas partes; uma multiplicidade de interesses diversos entre si e cada um exclusivo de algum dos sujeitos; e, em correlação, uma heterogeneidade de conteúdo das correspondentes vontades, que confronta cada uma delas a cada uma das outras.

Assim, sendo as partes A, B, C e D, as relações seriam A-B, A-C, A-D, B-C, B-D e C-D; onde uma só parte entra em relação com cada uma das outras, no caso, p. ex. A, gerando as seguintes relações: A-B, A-C e A-D.

Obedecido este esquema, no crédito documentário, havendo por hipótese cinco partes, sendo três necessárias (ordenador = A, banco emitente = B e beneficiário = C) e duas eventuais (banco avisador = D e banco confirmador = E), das dez relações teoricamente possíveis (A-B, A-C, A-D, A-E, B-C, B-D, B-E, C-D, C-E e D-E), nem todas adquirem efetivo relevo, como p. ex. aquela entre o ordenador e o banco avisador (A-D), entre o ordenador e o banco confirmador (A-E) ou entre o banco avisador e o confirmador (D-E), as quais parecem incidir sobre o negócio jurídico plurilateral no seu complexo sob dois perfis: a) o da faculdade de escolha, isto é, que vincula todas as partes interessadas, conforme a letra *e* das disposições gerais das Regras e Usos Uniformes; b) o da necessidade do acordo de todas as partes interessadas para que os compromissos de um crédito irrevogável (e eventualmente também confirmado) possam ser modificados ou anulados, nos termos do art. 3º, § 3º, das R.U.U.[227]

225. Ob. e v. cits., p. 366, e nota 2. Na edição que utilizamos de Carvalho de Mendonça (6ª ed., 1961) a afirmação está na p. 221, n. 1.519.

226. Ob. e v. cits., p. 376.

227. As referências de Balossini às R.U.U. dizem respeito à revisão de 1974, constante da Publicação n. 290 da ICC.

O primeiro dos esquemas acima mencionados "pode ser adaptado também ao crédito documentário com uma pequena modificação" dizendo-se que "cada uma das partes entra em relação *potencial* com cada uma das outras", onde a interposição do adjetivo *potencial* compreende ter em conta a estrutura do instituto. Com esta adaptação — continua literalmente Balossini — pode valer o relevo da diversidade do modo de participação de cada sujeito, ou porque diverso é o conteúdo de cada relação em face do conteúdo das outras, ou porque, permanecendo idêntico o conteúdo da relação, diverso dos outros é o objeto; e, portanto, num caso ou em outro, diversos são os direitos e as obrigações que derivam de cada parte.

Parece pois quase supérfluo — arremata — constatar que também o crédito documentário recorre a uma coligação entre várias relações que se constituem, ou porque são todas reciprocamente conhecidas, ou porque o conteúdo, o objeto ou os efeitos de cada uma delas são, de qualquer maneira, condicionadas pelo conteúdo, pelo objeto ou pelos efeitos das outras.[228]

Nenhuma crítica pode ser feita à parte da teoria que qualifica o contrato como *sui generis* dando a esta expressão o sentido de contrato típico de direito consuetudinário.

O mesmo não se pode dizer quanto à sua caracterização como negócio jurídico plurilateral. O próprio autor reconhece a deficiência da teoria quando adverte que, ao contrário do negócio jurídico plurilateral, cujas relações jurídicas envolvem cada um dos sujeitos com *todos* os outros, no crédito documentário nem todos os sujeitos têm relações com todos os outros. Para suprir a deficiência, sugere uma adaptação do esquema teórico, com a introdução do termo *potencial*. Assim, ao invés de "cada parte entra em relação com cada uma das outras" dir-se-ia que "cada parte entra em relação *potencial* com cada uma das outras".

Logo, é o próprio Balossini o primeiro a reconhecer que para considerar-se o crédito documentário como um negócio jurídico plurilateral é necessário fazer-se uma adaptação na teoria, o que coincide com uma das críticas feitas por Lanza Izaguirre — e por ele endossada — à teoria da delegação.[229]

Se o instituto analisado não se enquadra precisamente no modelo teórico, é evidente que não é possível modificar-se a teoria para que nela caiba o novo instituto, daí entendermos que, apesar também da semelhança, o crédito documentário não é um negócio jurídico plurilateral.

### 9.2.2.9 Delegação

Teoria muito difundida até hoje é a da delegação. Um dos seus primeiros elaboradores foi o Prof. Moraglia, que via o crédito confirmado sob a forma de delegação cumulativa ou imperfeita, tendo escrito, em 1919, estas palavras: "A relação que se estabelece entre o comprador e o banqueiro é uma delegação: o comprador (devedor originário delegante) delega ao banco (delegado) o pagamento do preço ao vendedor (delegatário). A relação não muda pelo fato de ter o vendedor pactuado com o comprador a delegação: a única coisa realmente importante é que o delegado obriga-se para com o delegatário, de modo que este pode agir contra ele; mas não é de fato necessário que o delegado seja devedor do delegante. A relação obrigatória se forma tão logo o banco efetua a abertura do crédito: não é necessário que o vendedor aceite expressamente a obrigação do banco, bastando o silêncio para aperfeiçoar o negócio".[230]

228. Ob. e v. cits., pp. 379-381. Balossini utiliza-se das noções de contrato plurilateral apresentadas por Messineo ("Il negocio giuridico plurilaterale", in *Annuario della Università Cattolica*, Milano, pp. 45-72) para tentar nele enquadrar o crédito documentário.

229. Vide nota 83.

230. Moraglia, "Sulla clausola cif nella compravendita", in *Il diritto commerciale*, Torino, 1919, p. 340, *apud* Balossini, ob. e v. cits., p. 332.

Entretanto, coube ao Prof. Alberto Asquini a tarefa de sistematizar a teoria, pelo que é tido por todos como o seu idealizador.[231]

Sabemos que a delegação pode ser ativa ou passiva. Naquela, o credor delega ao devedor um novo credor e nesta é o devedor quem delega ao credor um novo devedor. Pode ser ainda cumulativa ou imperfeita e privativa ou liberatória. Se o primitivo devedor continuar obrigado perante o credor, passando a existir dois devedores para a mesma dívida, é cumulativa. Ao contrário, se o devedor primitivo é exonerado da obrigação, a delegação é liberatória.

É certo que a delegação ativa guarda estreita semelhança com a cessão de crédito, a delegação passiva liberatória, com a assunção de dívida liberatória e a delegação imperfeita com a assunção cumulativa, por incorporação de devedor,[232] por adesão, por adjunção ou co-assunção.[233] Assemelha-se também, em todas as suas formas, com as diversas modalidades de *accollo*.

É igualmente verdade, conforme ensinam Planiol e Ripert, que na delegação imperfeita o delegado está vinculado por dívida diferente da primitiva, sem relações diretas com a obrigação assumida pelo delegante, nem quanto às exceções, nem quanto às garantias prestadas.[234]

*9.2.2.9.1* A fundamentação de Asquini — Asquini, portanto, elaborou sua teoria — que foi sintetizada por Honório Monteiro — a partir da conceituação da delegação.[235]

A delegação cumulativa ou imperfeita é uma espécie de delegação passiva, negócio que envolve três pessoas e pelo qual o delegante satisfaz o seu débito para com o delegatário através do pagamento feito pelo delegado, em nome próprio, mas por conta do delegante. Ocorre o entrelaçamento entre a delegação ativa e a passiva, quando o delegante é também credor do delegado, porque, neste caso, a prestação do delegado resolve as duas dívidas, a sua para com o delegante e a deste para com o delegatário.

A operação — prossegue Asquini, na síntese de Honório Monteiro — pode ser uma *delegatio solvendi*, se a ordem é para o delegado pagar por conta do delegante diretamente ao delegatário, sem obrigar-se previamente para com este. Pode ser *promittendi* se o delegado deve, preventivamente, obrigar-se pelo pagamento, diretamente ao delegatário, por conta do delegante.

Na *delegatio solvendi* não se altera o vínculo obrigacional entre delegante e delegatário, enquanto a *delegatio debendi* pode assumir três modalidades: *novativa,* quando surge uma nova obrigação em substituição à primitiva, que se extingue; *passiva*, quando, sem haver novação, ocorre a transferência da obrigação do delegante para o delegado, exonerando aquele; e *cumulativa ou imperfeita* quando uma nova obrigação vem juntar-se à primitiva. Neste último caso, portanto, o delegado se apresenta ante o delegatário como novo devedor principal, ao lado do delegante.

Toda delegação pressupõe a participação de três pessoas: delegante, delegado e delegatário. Desdobra-se em três momentos ou vínculos obrigacionais, sendo dois preparatórios: a) entre delegante e delegado, que se traduz na ordem de pagamento; b) entre delegante e delegatário, que se revela no direito assegurado a este de cobrar do delegado a ordem. O terceiro momento envolve o delegado e o delegatário, traduzido pela execução das obrigações nascidas dos dois vínculos anteriores, através do pagamento, na *delegatio solvendi*, ou pela aceitação da obrigação, na *delegatio promittendi.*

As relações entre delegante e delegatário têm a natureza de uma autorização,

231. Cf. Balossini, ob. e v. cits., p. 332, nota 12.

232. Segundo a nomenclatura adotada por Oertmann, referido por Roldão Gomes, ob. cit., p. 135.

233. Segundo Vaz Serra, citado por Roldão Gomes, ob. cit., p. 134.

234. *Tratado*, t. VII, n. 1.144, pp. 475-6, *apud* Roldão Gomes, ob. cit., p. 185.

235. Ob. cit., pp. 77 e ss.

ao passo que aquelas entre o delegante e delegado têm, em regra, a natureza jurídica de um mandato sem representação, podendo tomar também a forma de simples faculdade ou autorização para solver a obrigação.

Feitas essas considerações sobre a delegação, Asquini tenta provar a identidade entre o instituto e o crédito documentário. A finalidade do crédito confirmado consiste em extinguir uma dívida do comprador para com o vendedor, resultante de um contrato de compra e venda, através da intervenção de uma terceira pessoa, no caso, o banco. Este, na abertura do crédito confirmado, assume a obrigação de pagar. Verifica-se, portanto, verdadeira *delegatio promittendi* E como o encargo assumido pelo banco não visa a exoneração do comprador, quer através de novação, quer através de assunção de dívida, esta delegação é *cumulativa ou imperfeita.*[236]

*9.2.2.9.2* A visão de L. G. Paes de Barros Leães — Partidário entre nós da teoria da delegação cumulativa imperfeita, o Prof. Leães também analisa minuciosamente as características da delegação para, em seguida, tentar demonstrar que o crédito documentário nela se enquadra.

O direito moderno — começa sua explanação — acolhe a sucessão singular *inter vivos* pela substituição tanto do credor como do devedor. Com a superação da concepção romana da obrigação como vínculo estritamente pessoal, foi eliminado o obstáculo à substituição do devedor sem extinção da dívida. Em conseqüência, tanto a delegação quanto a expromissão adquiriram autonomia jurídica, desvinculando-se da novação para configurar institutos adequados à sucessão no débito, que pressupõe a continuação do mesmo vínculo obrigacional. Estas espécies modernas de delegação e de expromissão são denominadas *imperfeitas*, para diferenciar da *delegatio* e da *expromissio* romanas.

236. Cf. Honório Monteiro, ob. cit., pp. 77-80.

A delegação imperfeita — prossegue — é que é a verdadeira sucessão no débito e pode ser de duas ordens: *liberatória*, quando o devedor originário exonera-se da obrigação, sendo substituído pelo novo, que assume integralmente o débito; ou *cumulativa* ou seja, aquela em que o novo devedor entra na relação obrigacional, unindo-se ao devedor original, que permanece vinculado.

Quanto à função que lhe é atribuída pelas partes, a delegação divide-se ainda em *solvendi* e *promittendi*. Aquela, caracterizada por uma ordem dada pelo devedor primitivo a terceira pessoa para que pague a dívida em seu lugar. Esse terceiro, o delegado, comunica que pagará a obrigação diretamente ao credor, por conta do delegante, sem, contudo, assumir a obrigação do devedor frente ao credor. O vínculo obrigacional entre delegante e delegatário permanece inalterado até o momento do pagamento. Não implicando assunção da dívida ao lado do devedor ou sua substituição na relação obrigacional, é evidente que esta espécie não configura uma verdadeira delegação. A figura autêntica da delegação é a *delegatio promittendi,* porque nela, o delegado deve obrigar-se previamente perante o delegatário a solver a obrigação do delegante, sucedendo a ele ou a ele se unindo. Nesta hipótese ocorre a modificação subjetiva do lado passivo da relação obrigacional: ou o devedor primitivo é substituído, dando lugar ao delegado, ou este se ajunta àquele, ocupando cumulativamente a mesma função.

Em qualquer de suas formas, a delegação apresenta uma estrutura trilateral, conjugando três espécies de relações: 1º, entre delegante e delegado; 2º entre delegante e delegatário; e 3º entre delegado e delegatário. Para a constituição da *delegatio*, é preciso, em primeiro lugar, que o devedor de determinado credor convoque outra pessoa para substituí-lo ou para se juntar a ele, introduzindo-a na relação obrigacional. Aceita pelo terceiro a delegação, é necessária outra relação, entre o devedor e o credor, concordando este em receber o pagamento do crédito das mãos do delegado. A terceira relação, que se estabelece entre o terceiro e o credor, é executiva das duas precedentes, exaurindo-se no fato do pagamento, na *delegatio solvendi*, ou dando nascimento a uma obrigação de pagar, na *delegatio promittendi*. Conservando-se estruturalmente autônomas, existe, contudo, entre elas, uma *conexão funcional*.

Por força dessa autonomia estrutural das relações que compõem a *delegatio* — continua o Prof. Leães — a obrigação originária credor-devedor e a obrigação assumida pelo delegado constituem duas obrigações distintas e independentes. Assim, a obrigação assumida pelo delegado é *autônoma*, porque constitui um vínculo jurídico direto, imediato, independente, de onde deriva a impossibilidade de sua revogação ou modificação por vontade do delegante, sem o consentimento do delegatário; e *abstrata* porque separada da obrigação original constitui uma obrigação nova na qual não influem os efeitos do negócio fundamental.

Apesar de ambas as obrigações, a primitiva e a assumida pelo delegado, terem o mesmo objeto, não existe solidariedade entre delegante e delegado, uma vez que esta só ocorre quando, na mesma obrigação, concorre uma pluralidade de sujeitos, enquanto na delegação subsistem duas obrigações autônomas e independentes.

Continuando em sua argumentação, reconhece que o direito brasileiro não contempla a sucessão singular de dívidas entre vivos, limitando-se a regular a novação subjetiva passiva. Isto, porém, não deve ser interpretado como fato impeditivo da assunção de dívida. A doutrina e a jurisprudência admitem tranqüilamente que a delegação nem sempre importa novação e, pelo contrário, apresenta-se com mais freqüência sob a forma de delegação imperfeita, sem efeito novatório. O art. 1.000 do Cód. Civil admite implicitamente a sobrevivência da obrigação primitiva ao declarar que, não havendo o ânimo de novar, a segunda obrigação simplesmente confirma a primeira. Logo, havendo modificação no elemento passivo da obrigação, sem que haja a intenção de nová-la, sua individualidade não é afetada. Ademais disso, mesmo que não houvesse a disposição legal acima referida, existe o princípio da liberdade de contratar, limitado apenas à intangibilidade da ordem pública e dos costumes. Por conseguinte, não existe qualquer obstáculo legal à livre pactuação, na esfera privada, de negócio que tenha por fim a sucessão singular na dívida, sem novação.

Ora — arremata Barros Leães —, o crédito documentário ajusta-se perfeitamente ao instituo da delegação cumulativa passiva. Entre o comprador e o vendedor, por ocasião da celebração do contrato primitivo, fica estabelecido que o preço não será pago diretamente pelo comprador ao vendedor, mas através de um banco. Logo, embora conste do contrato de compra e venda, tal cláusula já consubstancia a primeira relação que integra o negócio delegatório: a relação delegante-delegatário. A seguir, pelo contrato de abertura de crédito documentado, celebrado entre o comprador e o banco, este último se obriga a solver o débito do primeiro frente ao vendedor e ao expedir, em seguida, a carta de crédito ao vendedor, comprometendo-se a aceitar o saque ou a pagar o preço contra a entrega dos documentos que menciona (relação delegado-delegatário), fecha-se o círculo da delegação.[237]

*9.2.2.9.3* Críticas à teoria da delegação imperfeita — Não obstante enunciar sua opção teórica por outro instituto, reconhece Folco que a teoria da delegação tem muitos adeptos, especialmente na doutrina francesa e na jurisprudência francesa e belga.

Ao lado disso, os tribunais americanos têm acolhido em diversos julgados uma

237. "O Uso das Cartas de Crédito Comerciais como Instrumento de Garantia", in *RDM* 15/16, pp. 51-67.

construção semelhante à da delegação, a qual não existe no *commom law* como figura autônoma. Segundo essa teoria, a carta de crédito nasce de um contrato entre o banco e o vendedor, cuja causa (*consideration*) é dada por outra pessoa que não o vendedor: é a promessa feita pelo comprador ao banco de reembolsá-lo da soma antecipada. Tal promessa, embora determine ao banco a feitura da oferta ao vendedor e a obrigar-se perante este, é absolutamente independente da obrigação do banco, que é abstrata.

A doutrina alemã tem visto no crédito confirmado uma variação da delegação, a assinação, que é definida pelo art. 783 do Cód. Civ. alemão como uma proposta endereçada por uma pessoa a outra, para fornecer a um terceiro dinheiro, valores mobiliários ou outra coisa fungível. A assinação é ato abstrato, que tem por conseqüência a inoponibilidade ao assinatário das exceções, que o assinado poderia opor ao assinante. Também a doutrina austríaca e a suíça acredita que o crédito confirmado é assinação, e com maior credibilidade porque os códigos de seus respectivos países não exigem que a assinação deva constar de um ato escrito a ser remetido ao beneficiário, como é prescrito pelo art. 783 do Código alemão.[238]

Folco, entrementes, censura a doutrina da delegação, afirmando que a função econômica da delegação contrasta com o crédito documentário porque a delegação objetiva a extinção do débito do delegado para com o delegante e também o do delegante para com o delegatário, visando ainda efetuar um ou mais pagamentos sem transporte de numerário: enquanto o crédito documentário, ao contrário, visa essencialmente constituir uma garantia do pagamento ao beneficiário, efetuando pois acessoriamente o próprio pagamento. Isto põe em relevo o diverso interesse a que satisfazem as duas operações: na primeira é o delegante, interessado na extinção do seu débito, quem toma a iniciativa da operação, enquanto na segunda, ao contrário, é o beneficiário interessado no surgimento da garantia que requer a operação.

Por outro lado, a função jurídica do crédito documentário contrasta com a da delegação. A delegação supõe um acordo a três: o delegante envolve na relação o delegado e o delegatário, os quais, a pedido do próprio delegante consentem respectivamente em obrigar-se e a aceitar a obrigação. A delegação implica, portanto, num tríplice consenso do delegante, do delegado e do delegatário, que agem simultaneamente. Já no crédito confirmado há dois acordos sucessivos: num primeiro momento entre o banco e o comprador, pela abertura de crédito, e em seguida, entre o banco e o beneficiário pela aceitação do crédito.[239]

A primeira objeção de Folco não parece ter fundamento. Com efeito, da mesma forma, o crédito confirmado objetiva a extinção do débito do banco para com o comprador-ordenante (nascido do contrato de abertura de crédito, do depósito ou de outro contrato bancário) e também da obrigação do comprador para com o vendedor, domiciliado em outra praça, sem transporte de numerário.

A segunda crítica é refutada por Honório Monteiro, uma vez que na delegação o acordo pode ser sucessivo, embora essencial entre as três pessoas. Se o vendedor não confirma a carta do banco aceitando o crédito, é porque essa aceitação já existe, prestada no contrato de compra e venda e firmado entre ele e o comprador. Sendo a carta do banco execução da obrigação assumida pelo comprador, independe de nova aceitação do vendedor, que já aceitara antecipadamente.[240]

Entretanto, dela dissente por outros motivos. Observa que os adeptos dessa teoria impressionam-se exclusivamente pela

238. Ob. cit., pp. 68-70.

239. Ob. cit., pp. 65-66.
240. Ob. cit., p. 91.

obrigação do banco, qualificando-a de unilateral, quando ela, na verdade, é bilateral, pois pressupõe a execução de um contrato bilateral (o de compra e venda), estando, por isso mesmo, subordinada a uma contraprestação: a entrega, pelo vendedor, dos documentos representativos da mercadoria.[241]

Asquini refutou essa crítica de modo muito claro, a nosso ver. Diz ele que o vínculo entre o banco e o vendedor tem por causa a carta de confirmação e nasce desde que o vendedor a recebe. A obrigação assumida pelo banco é em nome próprio e como devedor principal, não sofrendo nenhuma influência das relações existentes entre o vendedor e o comprador. A obrigação do banco para com o vendedor é autônoma e independente em relação ao contrato de compra e venda. É abstrata, semelhante ao vínculo que se estabelece entre delegante e delegatário, pois é pacífica a doutrina no sentido de considerar que o vínculo entre o delegado e o delegatário é uma relação abstrata em relação à causa obrigacional entre delegante e delegatário.

A entrega dos documentos pelo vendedor ao banco é contraprestação causal em relação ao comprador e, em relação ao banco, simples condição de fato que subordina a execução de sua obrigação abstrata de pagar.

Revida Honório Monteiro que o banco não assume a obrigação de pagar apenas se o vendedor lhe entregar os documentos; o pagamento, que é feito por conta do comprador, constitui a contraprestação da entrega dos documentos, a qual, por isso mesmo, age como determinante da vontade do banco de pagar. O interesse de que os documentos sejam entregues não é apenas do comprador, mas também do banco, pois eles constituem sua cobertura. Acrescente-se a isso o fato de que a entrega dos documentos tem efeito liberatório para o vendedor em face do comprador. Por isso, a entrega dos documentos ao banco não é elemento acidental, acessório, sem o qual o negócio jurídico pode existir. É elemento essencial, necessário à concepção do crédito confirmado.[242]

Dela também discorda Carvalho de Mendonça,[243] porque o direito decorrente da abertura de crédito é autônomo em face da vontade e da capacidade do ordenador e a obrigação do banco não tem o mesmo objeto da obrigação do comprador para com o vendedor. Segundo tal teoria o direito irrevogável do beneficiário contra o banco nasce no momento em que é recebida a carta de crédito, mas a verdade é que o direito do beneficiário nasce desde que o banco abre o crédito. Essa particularidade é de grande importância, porque, no caso de falência do comprador, ocorrida antes de o vendedor receber a carta de crédito, este não teria direito contra o banco, uma vez que a falência impediria o nascimento do direito, situação essa inadmissível. Acresce notar que a figura da delegação não foi reconhecida pelo Cód. Civil, ficando envolta na novação.

Pontes de Miranda que denomina a delegação de assinação, fiel à nomenclatura germânica, nega a existência de identidade entre ela e o crédito documentário ou acreditivo. Descreve o mecanismo da delegação, afirmando que nela há uma dupla autorização e que a mesma não se confunde com a assunção de dívida alheia, que é mudança do sujeito passivo da relação jurídica. O assinatário não deixa de ser credor do assinante.[244] Assim sintetiza o instituto: "Dá-se a *delegatio* quando o credor de Tício e devedor de Caio ordena ao próprio devedor que se obrigue, por si, perante Caio".[245] O acreditivo não é espécie de assinação: é instituto diferente, em que o assinado há de pagar, por exemplo, ao vendedor o que o comprador deve e o vende-

241. Ob. cit., p. 81.

242. Ob. cit., pp. 82-84.
243. Ob. e v. cits., p. 220.
244. Ob. cit., v. XXIII, p. 369.
245. Ob. cit., v. XXXII, p. 42.

dor é autorizado a receber, dependendo de "confirmação" do assinado a sua obrigação de prestar, confirmação que pode conter comunicação de se ter tornado irrevogável, por exemplo, a abertura de crédito. A "confirmação" é promessa abstrata de dívida por parte do assinado.[246]

Após analisar a assinação, dedica-se ao estudo do crédito documentário, não sem antes advertir que a assinação é negócio jurídico unilateral, mas, por sua semelhança com o acreditivo, exigiu que a pusesse num tomo sobre negócios jurídicos bilaterais, antes da parte sobre o acreditivo.[247]

Quanto à identificação do crédito documentário com a delegação, reconhece que esta é a teoria mais divulgada, porém falsa, apesar de apresentarem algumas semelhanças, que não justificam a identificação. Em ambos, não são oponíveis as exceções oriundas da relação jurídica de reabertura, nem as de cobertura. Só se atende ao que constava dos documentos. A abstração afasta tudo que se prende às duas relações jurídicas causais.

Para estabelecer a diferença entre os dois institutos, tenta afastar tudo o que possa haver de acidental em cada um deles. Assim, no crédito documentário, entre o ordenador e o banco pode haver contrato de serviço. Mas essa relação não é necessária, é acidental, podendo não existir. Afirma que o acreditivo não se compõe de três relações jurídicas, mas de apenas duas: uma entre o devedor e o credor e outra entre o prestador e o credor. A relação entre o devedor-ordenador e prestador não existe, pois resulta de outro negócio jurídico, que pode não ter existido. Além disso, o terceiro no crédito documentário é o prestador (banco). Já na delegação, as relações são entre o devedor e o prestador e entre este e o credor delegatário. A relação entre o devedor e o credor é que não integra o instituto, pois resulta também de outro negócio jurídico, que pode não ter existido, citando como exemplo o delegante que fez delegatário alguém que não era seu credor.[248]

Não podemos concordar com a afirmação de que no crédito documentário "a relação entre o devedor-ordenador e o prestador não existe" pois é ela que efetivamente dá lugar à emissão da carta de crédito, sendo, pois, fundamental para a existência do instituto.

Langa Izaguirre, em polêmica com Garrigues, alinha diversas objeções à teoria da delegação, sendo estas as principais: a) no crédito confirmado a intervenção do banco não tem finalidade solutória, mas principalmente de garantia; b) a teoria da delegação esquece a contraprestação do beneficiário, representada pela obrigação de entregar os documentos; c) na delegação, para que a obrigação do delegado produza efeito, é necessária a aceitação do delegatário, o que não ocorre no crédito confirmado; d) mesmo sendo certo que na delegação o delegado não pode opor ao delegatário as exceções que tenha contra o delegante, não é menos certo que o delegado obriga-se a pagar o mesmo débito que o delegante tem para com o delegatário e não outro; e) parece artificiosa a idéia de que o banco seja no momento da abertura do crédito devedor do ordenador.

Concluindo suas críticas, assevera que para defender a tese que identifica o crédito documentário com a delegação, é preciso forçar as coisas, pois se trata de uma construção jurídica já existente que oferece semelhança em alguns aspectos com a estudada e, integrando-se nesta o que falta para adequar-se àquela, aplica-se a ambas a mesma rubrica.[249]

Balossini considera discutíveis algumas das objeções referidas, mas concorda integralmente com a conclusão, especialmente como resultado de um confronto analítico com o crédito documentário como

246. Ob. e v. cits., p. 217.
247. Ob. cit., v. XLII, p. 259.
248. Ob. cit., v. XLII, pp. 259-266.
249. *El crédito*, pp. 36-38, referido por Balossini, ob. e v. cits., p. 334, nota 16.

disciplinado nas Regras e Usos Uniformes.[250] Diz que a tais objeções se deve acrescentar a única admitida pela maioria dos defensores da teoria da delegação, qual seja, a de que a delegação, por si só, é insuficiente para regular completamente as relações entre o comprador (ordenador) e o vendedor (beneficiário) e entre o comprador e o banco.[251]

Fernandez-Armesto recusa igualmente a teoria da delegação, lembrando que ela é acolhida sobretudo nos países cujas legislações regulam a delegação pelo que se converteu na postura tradicional da doutrina alemã, italiana, austríaca e suíça, tendo sido amplamente majoritária, mas hoje se encontra em retrocesso.

Eis seus principais argumentos:

a) a teoria, por si só, é insuficiente para regular o crédito documentário, pois os poucos dispositivos com que cada ordenamento regula a delegação não são suficientes e, muitas vezes, nem tampouco apropriados para explicar e regular as relações entre os diversos participantes do crédito documentário. Por isso é imprescindível a utilização de normas de outros institutos jurídicos, sendo usados no direito comparado, p. ex., o contrato de obra ou de mandato para explicar a relação entre o banco e o ordenante e a da promessa de dívida para a relação banco-beneficiário. Assim o fazem mesmo os autores que defendem a teoria da delegação;

b) é inaplicável em casos extremos, como p. ex. quando ocorrer a nulidade tanto do contrato subjacente quanto da relação jurídica entre o banco e o ordenante, hipótese em que, com base na teoria da delegação, o banco poderia negar-se a realizar o pagamento, o que não ocorre em sede de crédito documentário;

c) o crédito documentário não tem que cumprir necessariamente uma função de pagamento. Nos créditos documentários de garantia (*stand-by letters of credit*), cuja finalidade reside em que o banco garante o pagamento, não fica margem para interpretar que o ordenante está delegando uma dívida ao banco.

No caso específico espanhol, que não regula a delegação, a qualificação do crédito documentário como tal não ajuda a determinar qual é o regime jurídico aplicável.[252]

Também não concordamos com a teoria que identifica o crédito documentário com a delegação cumulativa. É inegável que existem diversos pontos de contato entre os dois institutos, mas daí a pretender uma perfeita identificação vai uma distância muito grande. Não se deve perder de vista que a delegação é um instituto muito complexo, "de penetração difícil e penosa" e "talvez o tema mais complexo e intrincado na área do Direito das Obrigações", no dizer de Orlando Gomes,[253] ou "um dos assuntos mais escaldantes da doutrina do Direito", como quer Barbero.[254]

A teoria da delegação não explica a obrigação do beneficiário de entregar os documentos como condição para receber o pagamento. Ademais disso, no crédito documentário é possível existir um acordo envolvendo todas as partes, quando um crédito irrevogável deva ser modificado ou revogado, situação incompatível com a delegação.

A delegação é posterior à constituição da dívida do delegante e, em conseqüência, a autorização dada ao credor para receber o pagamento é evidentemente posterior a ela. No crédito documentário, por sua vez, a autorização dada ao credor para receber o preço é prévia, pois nasce com o contrato de compra e venda e só num segundo momento o comprador contrata com o banco a abertura do crédito documentário.

250. Ob. e v. cits., p. 332, nota 16.
251. Ob. e v. cits., p. 334.

252. Ob. cit., pp. 46-48.
253. Orlando Gomes, ob. cit., p. 260.
254. *Sistema istituzionale del Diritto Civile Italiano*, t. II, p. 221, *apud* Orlando Gomes, ob. e p. cits., nota 9.

Não nos parece de bom alvitre tentar explicar uma figura jurídica nova sem que antes se estabeleçam de modo preciso os contornos do instituto que se quer utilizar como paradigma. E, como vimos acima (item IV), existem certos pontos de discordância doutrinária a respeito da delegação, alguns de influência capital na regulação do crédito documentário.

Portanto, é preciso cautela no estudo desse instituto e muito cuidado antes de se tentar a sua aplicação a este novo contrato, uma vez que ainda dissentem os estudiosos a respeito de muitos aspectos da delegação, tendo mesmo quem nela veja "uma espécie de estipulação em favor de terceiro".[255]

Vaz Serra[256] assinala as coincidências entre a assunção cumulativa e a delegação imperfeita, pois, nesta o credor também fica com dois devedores, uma vez que não ocorre a exoneração do delegante. Mas daí surgem dois problemas: a) determinar se os dois devedores são solidários, como acontece nos Direitos francês e alemão ou não; b) quais as exceções que pode o novo devedor opor ao credor.

O próprio Prof. Leães identifica a delegação com a assunção de dívida. Comentando o fato de não ter o direito civil brasileiro regulado a sucessão singular de dívida entre vivos, afirma: "Ora, a lacuna da lei não deve ser interpretada como inadmissibilidade da assunção de dívida".[257]

Gaudemet entende que a natureza jurídica da obrigação do delegado está mal definida, restando a dúvida sobre se ele estaria obrigado solidariamente ou mediante caução.[258]

Leciona Orlando Gomes que a *delegatio solvendi, delegação de cumprimento* ou ainda *delegação de pagamento*, pela qual o devedor originário ordena a terceiro para que pague a dívida em seu lugar, não configura realmente uma delegação, mas uma figura afim denominada de *assunção interna da dívida*, no direito suíço, ou *promessa de liberação*, segundo Von Tuhr, por não implicar em assunção da dívida ao lado do devedor ou substituição deste na relação obrigacional. O terceiro obriga-se simplesmente a pagar, não assumindo a obrigação do devedor.

A verdadeira figura da delegação — segundo o mestre baiano — é a *delegatio promittendi*, quer a liberatória, quer a cumulativa, pois só neste caso o terceiro contrai a obrigação, sucedendo ao devedor ou a ele se unindo,[259] posição aceita pelo Prof. Leães[260] que, não obstante, é partidário da teoria da delegação.

Sabe-se que pelo crédito documentário, o banco obriga-se perante o devedor originário a pagar, a aceitar letras sacadas pelo credor, a negociar tais letras, ou simplesmente a garantir o pagamento de devedor originário (através de carta de crédito *standby*). Não vemos como aplicar-se a todas estas quatro figuras, que geram relações jurídicas de diferentes naturezas, o instituto da delegação. Reconhece a melhor doutrina que a relação jurídica que envolve o delegante e o delegado, embora sobreviva à morte ou incapacidade daquele, extingue-se, especialmente, pela revogação. No crédito documentário, porém, a revogação da ordem pelo devedor-ordenante, não surtirá nenhum efeito se o banco já tiver expedido a carta, demonstrando a incompatibilidade entre os dois institutos. O mesmo se diga

255. Arnold Wald, *Curso de Direito Civil Brasileiro, Obrigações e Contratos*, Ed. RT, 5ª ed. revista com a colaboração de Semy Glanz, 1979, p. 126. Esta identificação está também implícita na descrição do instituto por Antunes Varela: "uma estipulação pela qual uma pessoa incumbe outra de efetuar certa prestação a terceiro, que fica autorizado a recebê-la em nome próprio" (*Direito das Obrigações*, v. II, p. 362, *apud* Roldão Gomes, ob. cit., p. 183).

256. "Delegação", in *Boletim do Min. da Justiça* 72, pp. 110-11, jan./1958, *apud* Roldão Gomes, ob. cit., p. 184, n. 199.

257. Ob. cit., p. 9.

258. *Théorie Générale de l'Obligation*, pp. 477-478, *apud* Roldão Gomes, ob. cit., p. 185, nota 329.

259. Ob. cit., pp. 261-262.

260. Ob. cit., n. 2-7, pp. 53-54.

no que concerne à relação entre o delegado e o delegatário, que se extingue se for nula a relação entre o delegante e o delegado, enquanto a nulidade do negócio entre o banco e o ordenador não pode ser oposta ao beneficiário do crédito documentário.

A delegação envolve três sujeitos, dando lugar a três relações jurídicas distintas, ligando dois contratantes de cada vez, em momentos diferentes, ou seja, o delegante ao delegado, o delegado ao delegatário e o delegante ao delegatário, daí ser vista pelos doutrinadores como uma situação jurídica de configuração trilateral,[261] não havendo contestação na doutrina ao reconhecimento de que há interdependência entre as três relações, de tal modo que o defeito apresentado em uma pode repercutir nas outras. A única exceção a este entendimento é a de Pontes de Miranda — a nosso modesto ver sem razão — que afirma haver apenas duas relações, uma vez que a relação entre o delegante e o delegatário resulta de outro negócio jurídico estranho à delegação, que pode não ter existido, como no caso de o delegatário não ser credor do delegante.[262]

Logo, admitindo-se que o crédito documentário seja uma espécie de delegação, deve-se igualmente admitir a possibilidade de ser oposto ao beneficiário algum vício da relação jurídica entre ele e o ordenador ou entre este e o banco, o que, na verdade, não acontece. Não se discute que a delegação é uma construção do direito germânico, que, embora adotando o nome tradicional, não se confunde com a *delegatio* romana. É igualmente certo que o crédito documentário apresenta muitos pontos de contato com outros institutos, sem que se possa pretender identificá-lo com todos eles.

Qual a natureza jurídica de um instituto pelo qual um terceiro assume a obrigação de pagar em nome próprio uma dívida alheia, sem liberar o devedor originário? Delegação? Assinação? *Accollo*? Estipulação em favor de terceiro? Promessa de liberação? Expromissão? Novação? Fiança? Reforço pessoal da obrigação? Mandato sem representação? São tantos os institutos que regem a matéria, alguns diferindo entre si por traços tão tênues, por minúcias quase imperceptíveis, muitas delas ligadas mais à tradição jurídica e denominação adotada por cada povo, que fica difícil atribuir-se a um instituto novo a perfeita identidade com alguma delas.

Finalmente, não se pode olvidar que — pelo menos no Brasil — os efeitos da delegação derivam meramente de construção doutrinária, pois nossa legislação não acolheu o instituto, limitando-se o Código Civil a regular a novação (arts. 999 a 1.008), a cessão de crédito (arts. 1.065 a 1.078) e a estipulação em favor de terceiro (arts. 1.098 a 1.100).

Em conseqüência, não vemos lógica na tentativa de se aplicarem normas de um contrato complexo, de uso restrito a alguns países e que ainda não tem o consenso da doutrina quanto a seus lineamentos, a outro, relativamente novo, porém de uso generalizado em todo mundo e, por isso mesmo, de contornos bem definidos.

### 9.2.2.10 Novo título de crédito

Em interessante trabalho, Waldirio Bulgarelli dá conta de um problema levantado por Boris Kozolchyk, abrindo a perspectiva de utilização do crédito documentário como novo título de crédito. Não se trata propriamente de uma tese procurando caracterizar de modo firme a natureza jurídica do crédito documentário como título de crédito. Há mais uma espécie de formulação de proposta a ser pensada e aprofundada pelos estudiosos. Entretanto, pela sua ousadia, a desafiar a argúcia dos doutos, é que achamos interessante a ela nos referir.

Waldirio Bulgarelli diz ser: "tentadora a teoria proposta por Boris Kozolchyk,

261. Cf. Orlando Gomes, ob. cit., pp. 264-266, Barros Leães, ob. cit., p. 8, e Mota Pinto, ob. cit., 115.
262. Ob. cit., t. XLII, pp. 223-226 e 265-266.

evidentemente à luz das concepções do direito anglo-saxônico, mais precisamente do direito norte-americano. Assim é que após tecer comparações entre o crédito documentado irrevogável e o dinheiro, acaba por considerá-lo como um instrumento típico mercantil (*mercantile specialty*), um título valor no qual se incorpora uma promessa formal de pagamento. Define-o, pois, como uma promessa formal e certa que contém uma obrigação abstrata de aceitar uma letra de câmbio ou uma promissória tão logo tenha sido dado cumprimento literal a seus termos, deduzindo, assim, que o crédito documentado não pertence à área do direito contratual mas se encontra no âmbito dos títulos de crédito, em que pese o fato de que a promessa que nele é incorporada pode não reunir necessariamente os requisitos de incondicionalidade que são exigidos por alguns ordenamentos".[263]

Em seguida, transcreve os pontos fundamentais do pensamento do Kozolchyk, que pode ser assim sintetizado:

1. Ao final da Primeira Guerra Mundial era muito importante distinguir entre a antiga carta de crédito e o novo crédito documentário, para poder atribuir certeza e exigibilidade à promessa emitida pelo banco.

2. Depois, tornou-se importante estabelecer a distinção entre a eficácia do crédito documentário irrevogável e os efeitos dos créditos revogáveis e os documentos de autorização para compra ou para realizar o pagamento.

3. Ao mesmo tempo, começaram a adquirir o sentido que têm na atualidade os requisitos formais e os princípios de certeza, literalidade, abstração e transmissibilidade.

4. O amplo uso internacional que hoje em dia se faz do crédito documentário deu lugar ao nascimento de normas reguladoras dos conflitos de leis em diversos ordenamentos jurídicos, surgindo daí a necessidade do estabelecimento de critérios uniformes.

5. No futuro, grande parte do esforço dos juristas deverá encaminhar-se para buscar soluções para os conflitos originados pela colisão de normas de dois ou mais países e pela discrepância que se observa entre o direito e a jurisprudência nacional e a prática bancária internacional. A título de exemplo cita os seguintes pontos: a) a responsabilidade adquirida pelo banco ordenante (*opening*) e pelo emissor de crédito (*isuing*) frente a seu cliente por haver incorrido em negligência ao comunicar os termos do crédito; b) o critério de presunção que deve vigorar em favor da revogabilidade ou da irrevogabilidade do crédito, no silêncio do instrumento, bem como o que se refere ao momento em que o crédito se aperfeiçoa; c) quanto à nulidade do contrato subjacente e a sua eficácia sobre a validade do crédito documentário; d) os efeitos que a fraude pode ter sobre os direitos do portador de boa-fé da letra sacada pelo beneficiário.

A partir dessas considerações, observa que se se considerar o crédito documentário irrevogável como uma nova espécie de título de crédito, as soluções para os aludidos problemas ganharão em coerência e uniformidade, pois, por este critério, a jurisprudência, a legislação e as partes interessadas no crédito documentário deverão prestar mais atenção aos seguintes fatores:

I) o crédito documentário, em sua condição de promessa formal, não poderá ser considerado como um instrumento cuja forma seja indiferente e cujos requisitos sejam deixados ao azar, mas, ao contrário, será necessário responsabilizar o elemento fundamental do negócio jurídico com o controle e vigilância da adequação formal do próprio instrumento de crédito;

II) o crédito documentário, enquanto título cuja utilidade é diretamente proporcional a sua certeza, não pode prestar serviços adequados enquanto recheado de presunções em favor de sua revogabilidade;

263. *O Crédito Documentado*, pp. 73-74.

III) inevitavelmente será necessário coordenar o momento do aperfeiçoamento ou estabelecimento do crédito com a recepção ou posse do instrumento, aplicando os princípios do direito dos títulos de crédito em lugar do direito dos contratos;

IV) em sua condição de promessa abstrata, só as hipóteses extremas de ilicitude deveriam afetar a sua validade;

V) enquanto instrumento de uma transmissibilidade limitada deveria gozar de um nível elevado de negociabilidade desde o momento em que alcançasse a etapa da aceitação;

Com isso — conclui — o ordenamento legal e jurisprudencial das faculdades do banco para emitir créditos documentários lograria uma perspectiva mais realista e funcional.[264]

Comentando esta tese, Waldirio Bulgarelli entusiasma-se, observando tratar-se de proposta fascinante que poderá trazer ao crédito documentário os benefícios de segurança e certeza que ainda lhe faltam, ressalvando porém a necessidade de ajustar as arestas para o seu efetivo enquadramento como título de crédito.

Aduz que a carta de crédito comercial poderia conformar-se ao conceito vivanteano, desde que fosse dada maior atenção ao seu aspecto formal, embora não na sua inteireza. Entende, porém, que isso não seria obstáculo: "posto que se vem notando, na marcha dos títulos de crédito, uma crescente tendência senão descaracterizadora dos elementos que compõem o conceito de Vivante, ao menos a atenuação e até o abandono de alguns. Tal fenômeno vem ocorrendo não só no campo dos títulos societários (como nas ações sem valor nominal, nas ações nominativas, nas ações sem cártula, ditas escriturais), mas, também na construção de outros títulos, tais os representativos de mercadorias, ou ligados a determinadas finalidades, como entre nós, os títulos de crédito rural, e nos certificados de depósito bancário (em que se abandonou a garantia 'bonitas' para o endossante)".[265]

Continuando em sua análise, transcreve o art. 635 do Cód. Comercial, que equipara a escritura ou letra de risco quando emitida à ordem, à letra de câmbio, para concluir: "A qualificação jurídica das cartas de crédito comerciais, como títulos de crédito, será talvez o caminho para o desate da infindável questão da sua natureza jurídica e possivelmente o melhor meio de se dar certeza e segurança à realização da obrigação nela contida, propiciando sua ampla utilização em inúmeros negócios como de fato já começa a ocorrer".[266]

Concordamos com Waldirio Bulgarelli quanto ao fascínio da tese. Entretanto, parece-nos conveniente apresentar algumas objeções à sua aceitação.

Em princípio, nada temos a opor quanto à apreciação histórica feita por Kozolchyk dos diversos problemas que foram surgindo com o incremento do uso do crédito documentário, nem quanto às projeções que faz para o que deverá ser o esforço futuro dos juristas (sintetizadas nos números 1 a 5 deste item).

Vale ressaltar, contudo, que nenhum dos problemas levantados aponta no sentido de demonstrar a caracterização do crédito documentário como título de crédito, ou que "as soluções para os problemas expostos" "ganharão em coerência e uniformidade" "se considerarmos o crédito documentário irrevogável como uma nova espécie de título de crédito" como pretende o autor.

Vejamos agora os fatores que enumera como os que deverão ser objeto de maior atenção da jurisprudência e da legislação (sintetizados nos números I a V deste item).

264. Boris Kozolchyk, *El Credito Documentario en el Derecho Americano — Un Estudio comparativo*, Madrid, 1973, Cap. 23, pp. 695 e ss., *apud* Waldirio Bulgarelli, *O Crédito Documentado*, p. 74.

265. *O Crédito Documentado*, p. 75.

266. *O Crédito Documentado*, p. 75.

O primeiro diz respeito à forma. O problema, na verdade, já é tratado no art. 5º da R.U.U., assim redigido:

"Art. 5º. As instruções para emissão de um Crédito, o próprio Crédito, as instruções no sentido de alterá-lo e a própria alteração devem ser completas e precisas.

"A fim de resguardar-se contra confusão e mal entendidos, os bancos devem desestimular qualquer tentativa de:

"i. incluir um excesso de detalhes no Crédito ou em qualquer alteração ao mesmo".[267]

Isto é o reconhecimento de uma situação prática, como, de resto toda a sistematização do instituto. O crédito documentário é emitido rigorosamente de acordo com as instruções do ordenador e, sendo ambos confusos e recheados de pormenores, podem prejudicar todas as partes envolvidas, em virtude da dificuldade do processamento e das confusões e dúvidas que podem gerar, ocasionando custos e atrasos no cumprimento.

O empresário é, antes de tudo, um prático, como diria Euclides da Cunha, caso tivesse que qualificá-lo de maneira sintética e definitiva. Por isso mesmo tanto o ordenador como o banco emissor têm o maior cuidado em elaborar documentos sintéticos, enxutos, sem quaisquer termos ociosos. A prática consagra verdadeiros formulários pelos quais o comerciante solicita ao banco a abertura do crédito e outros para a emissão da carta de crédito. Para isso — que já ocorre — é prescindível a caracterização do crédito documentário como contrato ou como título de crédito. Por outro lado, acreditamos que não se deve formalizar demais o instrumento, que tem entre suas vantagens exatamente a possibilidade de abrigar as diversas condições estipuladas pelas partes. Na verdade, já se verifica o justo equilíbrio entre a simplicidade e a praticidade.

O segundo fator alinhado por Kozolchyk, relativo à excessiva presunção em favor da revogabilidade do crédito, é em parte procedente. Na verdade, como vimos acima (Cap. III), tratando-se de típico contrato bancário, coube aos bancos as primeiras tentativas de uniformizá-lo e, naturalmente, o fizeram levando em conta preponderantemente os seus próprios interesses. Entretanto, para que se inverta a presunção existente no art. 7º das R.U.U., em favor da irrevogabilidade, como também defendemos, não é necessário que se considere o instituto como um título de crédito. Tanto assim, que a atual versão das R.U.U. (art. 6º, *c*) adotou a presunção da irrevogabilidade do crédito em caso de omissão.

Quanto ao terceiro fator alinhado, parece revelar um certo conservadorismo do autor. Com efeito, não podemos olvidar que a revisão das R.U.U. promovida pela CCI em 1983, teve por fim exatamente incorporar a evolução dos transportes utilizados no comércio internacional, bem assim — e com maior ênfase — a das comunicações, com a generalizada substituição das cartas e mesmo do telex pela integração eletrônica (*on line*), sendo o instituto aprimorado pela revisão de 1993. Por isso não vemos porque deva ser dada preferência ao critério da posse do instrumento (característica dos títulos de crédito), quando é muito mais prático que, através de um fax ou de uma simples mensagem eletrônica, o beneficiário tome conhecimento de que o banco abriu o crédito em seu favor, sob determinadas condições e, a partir daí, passe a tomar as providências necessárias à realização dos atos que lhe permitam exigir o cumprimento da obrigação. Entendemos que, neste ponto, a proposta em nada contribui para o incremento do instituto, ou, pelo contrário, cria óbices ao seu desenvolvimento.

No que diz respeito ao quarto fator, voltamos a um argumento praxista: especialmente em Direito Comercial, o jurista não deve tentar aprimorar doutrinariamente uma realidade que não conhece, sob o risco de causar mais malefícios que vanta-

267. Cf. Tradução Preliminar do Comitê Brasileiro da CCI, Edições Aduaneiras, SP, 1994.

gens. O instituto foi criado pelo mercado, a partir de uma necessidade real, desenvolveu-se e aprimorou-se com o tempo e continua funcionando de modo exemplar, adaptando-se paulatinamente à evolução dos transportes e dos meios de comunicação e incorporando em seus usos os recursos da informática. Ao que estamos informados, pelo menos no Brasil — e acreditamos que nos outros países não seja diferente —, o problema das fraudes no crédito documentário é praticamente inexistente. Daí porque entendemos ser de todo inconveniente uma sistematização que considere o crédito documentário como título de crédito, reconhecendo às cartas uma abstração absoluta — que não têm. Tal fato poderia até funcionar como um incentivo para que se multiplicassem as fraudes, hoje praticamente inexistentes — repetimos.

Finalmente, o último fator apontado por Kozolchyk: o crédito documentário tratado como título de crédito deveria gozar de um nível elevado de negociabilidade desde o momento em que alcançasse a etapa da aceitação.

Ora, a negociabilidade já existe, como reconhecido por ele, independentemente de ser ou não título de crédito. Com efeito, nos termos do art. 2º das R.U.U., o banco emitente obriga-se a: a) efetuar o pagamento ao beneficiário; b) efetuar o pagamento a terceiro (à ordem do beneficiário); c) pagar as letras de câmbio sacadas pelo beneficiário; d) aceitar as letras de câmbio sacadas pelo beneficiário; e) autorizar outro banco a efetuar o pagamento ao beneficiário; f) autorizar outro banco a efetuar o pagamento a terceiro (à ordem do beneficiário); g) autorizar outro banco a pagar as letras de câmbio sacadas pelo beneficiário; h) autorizar outro banco a aceitar as letras de câmbio sacadas pelo beneficiário; i) autorizar outro banco a negociar as letras de câmbio sacadas pelo beneficiário.

Temos, assim, que as hipóteses *a*, *b*, *c*, *e*, *f* e *g*, *supra*, tratam de cartas de crédito à vista, enquanto nas demais hipóteses, as cartas são a prazo.

Nos casos de carta de crédito à vista, a necessidade de negociação pelo beneficiário diminui consideravelmente, pois, logo que dispuser dos documentos necessários poderá procurar o banco e receber o pagamento. Além disso, o curto lapso de tempo não comporta logicamente uma longa cadeia de negociações.

Por outro lado, no saque a prazo também não é prático nem comum haver uma série de transferências sucessivas, porque cada nova transferência atribui ao portador o ônus de apresentar os documentos comprobatórios da remessa da mercadoria (ou do cumprimento de outro contrato que deu causa à emissão da carta de crédito, que não a compra e venda).

E nas hipóteses referidas nas letras *d* e *h*, extraídas do art. 2º das R.U.U., existe a possibilidade de aceite ou negociação das letras de câmbio pelo banco. Logo, o beneficiário goza de todas as vantagens do *nível elevado de negociabilidade*, pois disporá de cambiais aceitas por um banco, enquanto na hipótese *i* o próprio banco negociará as letras sacadas.

Por oportuno, é bom recordar a definição do crédito documentário oferecida por Kozolchyk, segundo o Prof. Bulgarelli: "uma promessa formal e certa que contém uma obrigação abstrata de aceitar uma letra de câmbio ou uma promissória tão logo tenha sido dado cumprimento literal a seus termos".[268]

Para melhor entendimento do tema é conveniente transcrever o art. 2º das R.U.U.:

"Art. 2º. Para as finalidades destas Regras, as expressões "Crédito(s) Documentário(s)" e "Carta(s) de Crédito *stand by*", doravante designados como "Crédito(s)", significam qualquer acordo, independentemente de sua denominação ou descrição, segundo o qual um banco (o Banco Emitente), agindo por solicitação e por instruções de um cliente (o "Tomador do Cré-

268. *O Crédito Documentado*, p. 74.

dito") ou em seu próprio nome: i) se obriga a efetuar pagamento a um terceiro (o "Beneficiário") ou à sua ordem, ou aceitar e pagar Letras de Câmbio (Saque(s)) emitidas pelo Beneficiário: ou ii) autoriza outro banco a efetuar tal pagamento, ou a aceitar e pagar as referidas letras de câmbio (Saque(s)); ou iii) autoriza outro banco a negociar, contra entrega do(s) documento(s) estipulados, desde que sejam respeitados os termos e condições do Crédito".[269]

O primeiro ponto a chamar a atenção, de logo, é que o conceito de Kozolchyk está em franco desacordo com o estabelecido no art. 2º das R.U.U., que faz referência expressa ao pagamento direto ao beneficiário ou à sua ordem, e aceite ou negociação de letras de câmbio sacadas pelo beneficiário. Ou, pelo menos, é uma conceituação parcial e incompleta, pois não contempla as hipóteses de aceite ou de negociação.

Ademais disso, seria pelo menos estranha a existência de um título de crédito que contivesse a obrigação de pagar, aceitar ou negociar um outro título de crédito.

Esta tese, portanto, nos lembra muito nitidamente as vetustas teses de Henri Rousseau e Albert Chéron, do *aceite antecipado* e *promessa de aceite*, tão combatidas por Carlo Folco e Honório Monteiro, e que não lograram prosperar, conforme expusemos acima (item 9.2.1.3.2).

Finalmente, vamos admitir — para argumentar — que o crédito documentário seja um título de crédito. Entendemos que ele constitui efetivamente uma promessa unilateral de pagamento ou de aceite, feita ao beneficiário, porém condicionada à apresentação dos documentos. Existe, pois, um ônus para o beneficiário. Se ele deixar de apresentar os documentos estipulados, não poderá exigir do banco o pagamento ou o aceite ou a negociação das letras que sacar. É verdade que existe a possibilidade da transferência da carta de crédito, assumindo o portador o ônus da entrega dos documentos, como vimos acima (item VII). Entretanto, não é prático que tal procedimento seja repetido várias vezes, envolvendo diversos portadores, cada um por sua vez aceitando o ônus de apresentar os documentos para poder exigir o cumprimento da carta pelo banco. Se a pretensão em considerar o instituto como título de crédito é dar-lhe maior praticidade, parece-nos que o efeito seria exatamente o contrário. É muito mais prático, na verdade, o beneficiário sacar as cambiais e negociá-las, do que tentar negociar a própria carta de crédito, transferindo também o ônus que lhe é inerente.

9.2.2.11 Contrato "sui generis"

O Tribunal de Bolonha, em 20 de novembro de 1920, decidiu que o crédito confirmado é "um instituto jurídico *sui generis* por força do qual o banqueiro torna-se devedor em nome próprio de um credor com quem não tivera qualquer relação jurídica anterior e por essa sua peculiaridade não pode enquadrar-se em nenhuma figura contratual codificada".[270]

Biagio Brugi, professor da Universidade de Pisa, não poupa elogios a esta decisão por haver interpretado corretamente o novo instituto.[271]

Honório Monteiro acolheu a tese e, após criticar toda as teorias até então apresentadas para explicar a natureza jurídica do crédito documentário, afirma que o crédito confirmado, em se desdobrando na prática, cria situações e acarreta conseqüências semelhantes às definidas em outros contratos. Mas isso se observa, apenas, nos momentos componentes dos elementos, os

269. Cf. tradução preliminar do texto da Publicação 500, da CCI, feita pelo Comitê Brasileiro, Edições Aduaneiras, 1994.

270. *Riv. del Dir. Comm.*, 1920, v. 18, Parte II, p. 544, referida por Honório Monteiro, ob. cit., p. 115, nota 104.

271. *Riv. del Diritto Commerciale*, 1920, v. 18, Parte II, p. 541, *apud* Honório Monteiro, ob. cit., p. 116.

quais, reunidos, integram o crédito confirmado. Acrescenta que apesar de o crédito confirmado ter surgido como complemento da compra e venda internacional e manter relações íntimas com outros contratos, a verdade é que ele se vai desprendendo desses contratos, para adquirir características peculiares e contornos próprios como figura autônoma.[272]

Assim pode ser resumido o seu pensamento: a) o interesse do vendedor é receber logo o preço, enquanto o do comprador é pagar só depois de recebida a mercadoria, pelo que o crédito documentário concilia estes dois interesses conflitantes; b) a cláusula inserta no contrato de compra e venda obriga o comprador a obter junto a um banco a abertura de crédito a favor do vendedor, o qual, para utilizá-lo obriga-se a entregar ao mesmo banco os documentos comprobatórios da exportação; c) estas obrigações não substituem nem extinguem as que decorrem do contrato de compra e venda, tanto que o banco, mesmo depois do saque, pode não honrar sua assinatura e os documentos apresentados pelo vendedor podem também não corresponder à mercadoria vendida; d) é por isto que a obrigação do banco não pode ser inteira e absolutamente abstrata, mas sujeita aos termos da carta de confirmação, que, por sua vez, deve subordinar-se às instruções do ordenador. Este, evidentemente deve respeitar as condições acordadas no contrato de compra e venda. Ademais disso, a obrigação do banco, sendo correlata à obrigação do beneficiário de entregar os documentos, também por isso não pode ser absolutamente abstrata; e) o banco, por sua vez, pagando ao vendedor, ficaria vulnerável em face do comprador cuja dívida ele honrou. Daí os documentos representativos das mercadorias, retidos em seu poder, constituindo garantia real do reembolso de crédito concedido.

Demonstra que, graças à intervenção do banco, o contrato de compra e venda realiza, incentiva e facilita a circulação da riqueza, com vantagens para todos. Garante ao comprador a expedição da mercadoria, assegura ao vendedor o pagamento do preço e resguarda o banco dos riscos do crédito concedido. Conclui tratar-se de contrato *sui generis* do ponto de vista da função econômica que exerce na vida comercial e do ponto de vista jurídico, por não se enquadrar em nenhum dos contratos definidos pela lei escrita.[273]

Carvalho de Mendonça faz rápida referência à teoria que considera o crédito documentário um contrato *sui generis,* para constatar não haver dúvida de que este contrato tende a deprender-se das relações aproximativas de outros institutos para constituir figura autônoma, *unum negotium*, uma categoria nova de contrato. Explica que nem é necessário enquadrá-lo entre as aberturas de crédito, e assim o fez para não sair do que ordinariamente se adota: os bancos classificam na sua contabilidade a operação como se fosse de crédito sobre mercadorias, em virtude da garantia real que lhe oferecem os documentos representativos destas, recebidos por eles para o aceite, ou o pagamento.[274]

Por estranho que possa parecer, esta tese tão interessante não despertou o entusiasmo dos doutrinadores, apesar de formulada há mais de sete décadas.

Na atualidade, foi retomada na Colômbia. Ramiro Rengifo, após criticar diversas teorias, afirmando que todas apresentam alguma semelhança com o crédito documentário, mas não abarcam todo o seu *modus operandi*, que contém segmentos de diversos contratos. Observa que tais figuras poderão ser úteis para dilucidar parcelas dele, quando for necessário interpretá-lo, tendo sempre em mente o fim ou as necessidades totais que pretende satisfazer.[275]

Álvaro Perez Vives adere à tese com entusiasmo. Apesar de reconhecer que as

272. Ob. cit., pp. 110-111.

273. Ob. cit., pp. 113-115.

274. Ob. cit., p. 221, ns. 1.518 e 1.519.

275. Ob. cit., p. 76.

teorias propostas possam servir em um dado momento, para complementar as regras próprias do crédito documentário, constata que ele é hoje um instituto com sua própria natureza, regido por normas fruto de uma elaboração através do tempo, inconfundível com outros institutos conhecidos. Mostra que as várias relações jurídicas nele existentes formam o marco que o rodeia, constituindo ao mesmo tempo o fundo que determina sua natureza, com características próprias e inconfundíveis. Finaliza com acuidade sua explanação, explicando que insistir na confusão do crédito documentário com qualquer outro contrato é desconhecer sua verdadeira natureza e renegar o progresso das instituições jurídicas, o que fez surgir com características próprias, tanto a carta de crédito como outras figuras do direito moderno.[276]

Embora insuficiente como teoria explicativa da natureza jurídica do instituto, a constatação de que o crédito documentário não pode ser reduzido a outra figura jurídica conhecida abre a perspectiva para um estudo mais completo visando caracterizá-lo. E Álvaro Vives dá um passo à frente, embora sem aprofundar o tema, ao referir-se a natureza própria "regida por normas fruto de uma elaboração através do tempo".[277]

### *9.3 Conclusão*

Analisando as diversas teorias que procuram explicar a natureza jurídica do crédito documentário tentando reduzi-lo a uma forma contratual conhecida ou procurando vê-lo como uma combinação de diversos contratos, chegamos à conclusão de que nenhuma delas é satisfatória.

Não queremos com isso dizer que muitas delas — na verdade, quase todas — deixem de apresentar algum ou mesmo muitos pontos de identificação com o contrato aqui estudado. Entretanto, a nosso ver, para que se possa reduzir um instituto a outro é absolutamente necessário que entre eles haja a mais perfeita identidade, sem qualquer discrepância. Havendo qualquer ponto, por mínimo que seja, de diferença entre ambos, a pretendida redução se torna impossível.

Aqui, cabe uma ressalva. Não somos partidários da teoria liberalista que, tratando igualmente os desiguais, tantas tragédias gerou, pelo que foi superada, dando lugar a legislações protecionistas no campo do trabalho, do consumo, do meio ambiente etc., daí vermos com preocupação o seu renascimento em todo o mundo como panacéia e forma de reinventar o paraíso.

Por outro lado, força é reconhecer a potencialidade dos agentes econômicos, o bom senso que lhes é inerente e a sua capacidade de evoluir e de adaptar-se a situações novas. Por isso que nos parece temerário tentar enquadrar o crédito documentário como título de crédito, colocando-o em uma camisa-de-força,[278] impedindo o seu desenvolvimento e inibindo a maleabilidade que é o seu traço marcante e que, partindo da vetusta carta de crédito deu lugar a um dos mais arrojados contratos de direito empresarial moderno.

Portanto, entendemos que o crédito documentário é um instituto que não se pode reduzir a qualquer outra figura jurídica conhecida.

## *X — TENTATIVA DE ESTABELECIMENTO DA NATUREZA JURÍDICA DO CRÉDITO DOCUMENTÁRIO*

### *10.1 Visão geral*

Analisadas sumariamente as diversas teorias que procuram explicar a natureza jurídica do crédito documentário, uma úni-

276. Ob. cit., pp. 35-37.
277. Ob. cit., p. 35.

278. Cf. advertiu Stouflet, *Le crédit documentaire (Étude juridique d'un instrument financier du commerce internacional)*, Paris, 1957, pp. 27-28, referido por Balossini, ob. e v. cits., p. 280.

ca verdade emerge clara e indubitável: nenhuma delas por si só é suficiente para tal mister, apesar de a maioria das figuras estudadas apresentar identidade com algumas das relações jurídicas nele envolvidas, enquanto outras mostram mesmo uma grande semelhança com tal instituto. Entretanto, nenhuma apresenta perfeita identidade de modo a permitir a afirmação de que representa efetivamente a natureza jurídica do crédito documentário.

Isto pode levar a que se pergunte se o crédito documentário é uma figura jurídica tão estranha que não possa caber em qualquer modelo teórico conhecido. A resposta é simples e já foi acentuada por Pontes de Miranda: "Um dos males das exposições da ciência do direito é a preocupação de se reduzir cada instituto a outro, mais conhecido, muito embora nem sempre mais encontrado".[279]

Portanto, é preciso que se entenda que o direito é algo dinâmico, refletindo a própria vida da sociedade em que é gerado. O direito não é estático, hibernado nem mumificado.

Tal qual a semente que germina na terra em que é plantada e, alimentando-se dela, dá lugar a uma árvore idêntica à de que proveio, mas autônoma, inconfundível, nova, não "a mesma" anterior, talvez já morta, quiçá ainda viva e frondosa, muitos vetustos institutos jurídicos vão germinando na sociedade que os acolhe e, bebendo a seiva dos costumes novos, dão lugar a novas figuras jurídicas, semelhantes, mas autônomas, inconfundíveis com aquelas de que derivaram.

Assim é o crédito documentário.

Por isso é que entendemos ser impossível caracterizá-lo como forma de algum instituto jurídico conhecido, embora seja também muito difícil negar sua semelhança com muitos deles.

Parece-nos que as diversas tentativas neste sentido não levaram em conta a diversidade de institutos similares, praticamente iguais, mas criados pela prática diária de países diversos. Aplicando-se tal raciocínio, chega-se à conclusão de que o instituto em estudo é um negócio jurídico com características próprias, nascido da prática do comércio internacional.

No decorrer do presente trabalho (itens IV e IX) tentamos demonstrar que apesar das eventuais semelhanças, existem alguns pontos que o distinguem das demais figuras jurídicas estudadas, pelo que, chegamos à conclusão de que o crédito documentário é um contrato típico de direito costumeiro internacional.

### *10.2 O crédito documentário como contrato típico de direito costumeiro internacional*

Analisando a formação e evolução do crédito documentário, nos convencemos da impossibilidade de compreendê-lo perfeitamente aplicando-lhe as normas de qualquer das figuras jurídicas conhecidas, pelo que voltamos à velha tese acatada por Carvalho de Mendonça[280] e Honório Monteiro[281] de que tal instituto constituiu-se em contrato *sui generis*, *unum negotium*, "figura autônoma", ou "nova categoria de contrato". Concordamos também com Honório Monteiro quando nega a classificação deste contrato como inominado, explicando que se trata de contrato dotado de normas próprias, fixadas pelos usos comerciais, com características substanciais perfeitamente determinadas. Ademais disso, tem denominação própria pela qual se tornou conhecido, regendo-se por corpo de preceitos peculiares, fixados pelo costume geralmente seguido, pelos usos comerciais, que suprem as deficiências do direito escrito.[282]

279. *Tratado de Direito Privado*, Ed. RT, 32ª ed., 2ª reimp., v. XLII, p. 263.

280. *Tratado de Direito Comercial Brasileiro*, Freitas Bastos, 6ª ed., 1961, v. VI, Livro IV, p. 221, n. 1.519.

281. *Do Crédito Bancário Confirmado*, Saraiva, 1933, pp. 113-116.

282. Ob. cit., p. 114.

É, portanto, um contrato nominado, típico de direito costumeiro internacional, com lineamentos próprios e inconfundíveis.

Vimos que ele surgiu a partir da carta de crédito tradicional para atender a novas necessidades específicas derivadas do desenvolvimento do comércio internacional, notadamente a partir da Primeira Guerra Mundial. Na primeira tentativa conhecida de sistematização do contrato, pela Associação de Bancos Finlandeses, ficou estabelecido que "O banco velará, na medida do possível, pelos interesses do ordenador e observará as instruções dadas".

Embora tal objetivo não fosse repetido expressamente nas regulamentações seguintes, salvo no Acordo da Associação Bancária de Berlim e de modo mais claro nas Regras estabelecidas pela Associação de Bancos Suecos, de 18.2.1925, cujo § 8º destaca que "o banco deve proteger da melhor forma possível os interesses do dador da ordem", está ele implícito em todas elas.

Podemos vislumbrar neste dispositivo um objetivo fundamental do crédito documentário, que não existe nos demais institutos estudados: a garantia dos interesses do ordenador. Com efeito, todos os demais institutos põem em relevo a figura do beneficiário apenas, enquanto o crédito documentário, garantindo efetivamente o pagamento a este, prioriza o ordenador, pela exigência da entrega dos documentos comprobatórios da remessa da mercadoria, pelo vendedor-beneficiário, como condição inafastável para que seja efetuado o referido pagamento ou aceitas as cambiais.

Nas normas elaboradas pelo Sindicato dos Banqueiros de Paris e das Províncias, em 14 de janeiro de 1924, foi incluído um artigo específico tratando expressamente da *natureza da abertura de crédito*, para declarar que ela: "constitui por sua natureza uma operação absolutamente independente do contrato de compra e venda firmado entre o ordenante e o beneficiário".

A nosso ver, este foi o primeiro passo para o reconhecimento da natureza autônoma do crédito documentário.

Dispositivo análogo foi acolhido já na primeira versão das R.U.U., de 13 de julho de 1929, e complementado pelo artigo 10 da versão aprovada em julho de 1951, *verbis*: "Nas operações com crédito documentário todas as partes interessadas devem basear-se em documentos, independentemente das mercadorias".

Do breve relato apresentado acima (item III), acompanhando a evolução da regulamentação do crédito documentário, podemos extrair algumas conclusões.

A primeira delas é a de que um dos objetivos declarados do instituto, desde o seu surgimento, é o resguardo dos interesses do ordenador, que se concretiza na certeza de que a mercadoria adquirida foi expedida de acordo com as especificações. O referido objetivo é atingido através da exigência de que o pagamento seja vinculado à apresentação por parte do beneficiário de um conjunto de documentos comprobatórios da remessa das mercadorias.

Ora, essa finalidade é completamente estranha a todos os outros institutos analisados, que, sem exceção, não passam de simples formas de cumprimento de uma obrigação ou de garantia do cumprimento da mesma, por um terceiro estranho à relação primitiva. Isso já seria por si só suficiente para demonstrar a impossibilidade de identificar-se o crédito documentário com qualquer um desses institutos.

Se a primeira conclusão leva-nos a afastar a identificação do crédito documentário com qualquer outra figura jurídica conhecida, as demais forçam-nos a reconhecê-lo como um contrato bancário típico de direito costumeiro internacional. Aliás, sua origem costumeira, evidente por si mesma, não deixa qualquer margem para divergência na doutrina, tendo Luiz Gastão Leães afirmado que: "tendo o crédito documentado, sob suas várias formas, se originado da prática, é com o seu uso nas principais praças de importação e exportação, à margem de cogitações de ordem legal, que foi adquirindo feição definitiva".[283]

Waldirio Bulgarelli, após apresentar a evolução do instituto a partir da carta ou ordem de pagamento dos sécs. XI e XII e da carta de crédito do séc. XVII é enfático ao reconhecer que "O crédito documentado constitui, como civil, uma criação da prática dos negócios, produto portanto dos usos e costumes. Ressente-se assim de uma disciplina jurídica nos ordenamentos dos países que o utilizam... "[284]

No mesmo sentido, já escrevia a mais de meio século atrás Honório Monteiro, afirmando que o surgimento do crédito documentário foi determinado por imperiosas necessidades do comércio, imposto pela força criadora da vida dinâmica do tráfico hodierno,[285] observando também que "Sendo produto das práticas bancárias, as normas regulamentares adotadas pelos bancos traduzem tão claramente quanto possível os diversos momentos em que se desdobra o instituto, objetivam-lhe a própria realização prática".[286]

Assim, confirmando as lições da doutrina, o exame perfunctório da evolução das normas sobre o crédito documentário, conduz ainda a outras conclusões, que podem ser assim sintetizadas:

a) O crédito documentário, salvo raríssimas exceções, não é objeto de disciplina legal nos diversos ordenamentos jurídicos nacionais;

b) As normas nacionais provieram todas da sistematização dos usos e costumes adotados pelos bancos;

c) Tais normas surgiram nos anos 20 como simples recomendações das associações de banco aos seus membros, e não sob a forma de leis;

d) Enfatizavam elas, sem exceção, a função do crédito documentário como auxiliar do comércio internacional;

e) Desde muito cedo o instituto passou a ser objeto de uniformização por um organismo internacional (CCI);

f) As normas da CCI (Regras e usos uniformes relativos aos créditos documentários, ou R.U.U.) são usadas sem contestação em praticamente todo o mundo;

g) Tais normas (R.U.U.) regularam de maneira minuciosa e completa o instituto, desde a sua formação, as relações que se estabelecem entre as diversas partes intervenientes na operação, até os efeitos do seu descumprimento;

h) O crédito documentário tem como objetivos assegurar ao ordenador a remessa da mercadoria na forma pactuada, ao beneficiário o pagamento do preço e ao banco o ressarcimento do pagamento feito, pela possibilidade de retenção das mercadorias.

Logo, outra conclusão não nos resta senão admitir que *o crédito documentário é uma operação bancária típica de direito internacional, sendo, portanto, instituto autônomo, inconfundível com qualquer outro existente em algum ordenamento nacional, pois apresenta lineamentos próprios perfeitamente conhecidos e praticados no comércio internacional.*

### *10.3 As normas aplicáveis*

Desse modo, tendo estabelecido a natureza jurídica do crédito documentário, o passo seguinte será a verificação das normas que lhe são aplicáveis.

No caso em estudo, surgem duas vertentes, a saber: a) no plano interno; b) no plano externo.

No plano externo, é indiscutível a aplicação das Regras e Usos Uniformes editadas através da Publicação n. 500, da CCI.

No plano interno, a solução poderia apresentar maiores dificuldades, uma vez

283. *Direito Comercial: Textos e Pretextos*, José Bushatsky Ed., 1976, p. 6.
284. "O Crédito Documentado Irrevogável, um novo título de crédito", in *RDM* 32, p. 62.
285. Ob. cit., p. 43.
286. Ob. e pp. cits.

que a matéria não é regulada em nosso ordenamento jurídico.

É verdade que o Projeto de Código Civil (Mensagem 160/75, Projeto de Lei 634, de 1975) cuidou de regulá-lo entre os contratos bancários, em apenas dois artigos (882 e 833), com a seguinte redação: "Artigo 882. Convencionada abertura de crédito documentado, o creditado pode exigir a importância respectiva contra a entrega da documentação completa.

"Artigo 883. O crédito documentado, uma vez confirmado pelo banco, torna-se irrevogável."

Entretanto, tal disciplina foi suprimida na redação final do projeto (634-B, publicada no *Diário do Congresso Nacional*, de 17.5.1984, em suplemento ao n. 047).

Foi mantida apenas a venda sobre documentos, incluindo o pagamento contra documentos, no Livro I da parte especial, tít. VI, cap. I, como subseção da compra e venda, arts. 529 a 532, em mera reprodução das disposições contidas nos arts. 1.527 a 1.530 do Cód. Civil italiano.

Mesmo que o referido projeto já se tivesse convertido em lei, é evidente que as disposições seriam insuficientes para regular o crédito documentário em toda sua complexidade.

Logo, se é correto que o crédito documentário é uma operação bancária típica de direito internacional, perante a legislação brasileira é ele um contrato atípico.

Entretanto, como vimos no item V, desde Roma são admitidos os contratos atípicos ou inominados, desde que obedeçam às condições gerais de validade dos negócios jurídicos e não violem norma de ordem pública, ou como ensina Waldirio Bulgarelli: "Essa formulação dos inominados ainda remanesce até hoje, nas classificações modernas para qualificar certos contratos não tipificados pela lei, em virtude da ampla liberdade contratual, que não se prende a *numerus clausus* podendo as partes livremente inventarem, por assim dizer, os tipos contratuais".[287]

Antônio Chaves distingue quatro períodos na evolução dos contratos: o romano, da Idade Média, da Revolução francesa e o atual. A Revolução francesa, com a valorização da ação pessoal, deu origem ao art. 1.134 do Código Civil, assim redigido: "As convenções legalmente constituídas têm o mesmo valor que a lei para aqueles que a fazem".[288]

Extrai dos ensinamentos de Jaime Santos Briz os seguintes postulados: a) respeito à iniciativa privada, fundamento da atividade econômica, e, como conseqüência, respeito à autonomia da vontade privada; b) os elementos dos contratos deverão basear-se na justiça e na recíproca lealdade, e os valores econômicos estão subordinados aos de ordem humana e social; c) dependência dos interesses individuais e familiares ao bem comum da nação; d) o princípio da igualdade jurídica dentro da contratação, traduz-se na necessidade de proteger de um modo especial a parte economicamente mais fraca, para evitar que fique à mercê da mais forte. A rigor não se trata de igualdade, mas de igualação, quer dizer, dar um tratamento igual às relações humanas, valorizando previamente os entes que devem ser igualados.[289]

Waldirio Bulgarelli, apoiado em Orlando Gomes e Caio Mário da Silva Pereira, ensina que a moderna teoria geral dos contratos alinha os seguintes princípios: a autonomia da vontade, o consensualismo, a obrigatoriedade das convenções, a relatividade das convenções e a boa-fé.[290]

Ensina Orlando Gomes que: "A liberdade de contratar propriamente dita é o poder conferido às partes contratantes de suscitar os efeitos que pretendem, sem que

287. *Contratos Mercantis*, Atlas, 2ª ed., 1981, p. 53.

288. *Tratado de Direito Civil*, v. 2, *Obrigações*, Ed. RT, 1984, t. I, p. 376.

289. Ob. e v. cits., p. 374.

290. *Contratos Mercantis*, p. 57.

a lei imponha seus preceitos indeclinavelmente. Em matéria contratual, as disposições legais têm, em regra, caráter supletivo ou subsidiário, somente se aplicando em caso de silêncio ou carência das vontades particulares. Prevalece, desse modo, a vontade dos contratantes".[291]

Algumas legislações tratam expressamente dos contratos inominados e estabelecem as normas gerais que lhe são aplicáveis. É o caso do Código Civil da Argentina (art. 1.143), da França (art. 1.107), da Itália (arts. 1.322 e 1.323). Dá conta ainda Antônio Chaves da excelência das disposições da parte especial do Código das Obrigações e Contratos do Líbano, que também estabelece a classificação dos contratos em nominados e inominados.[292]

Nosso Código Civil está entre os que não fazem referência aos contratos atípicos. Entretanto, estabelece o seu art. 81: "A validade do ato jurídico requer agente capaz, objeto lícito e forma prescrita ou não defesa em lei".

O art. 129, por sua vez, dispõe: "A validade das declarações de vontade não dependerá de forma especial, senão quando a lei expressamente a exigir".

Vale dizer, também o Direito brasileiro reconhece os contratos atípicos, desde que satisfaçam os pressupostos de validade do negócio jurídico em geral e não violem norma de ordem pública.

Em suma: o crédito documentário, a exemplo de uma infinidade de outros contatos atípicos, é válido perante o direito brasileiro.

O problema que surge é quanto às normas que lhe são aplicáveis. Com efeito, nos países como a Colômbia, o México e os Estados Unidos, que dispõem de legislação específica, o problema não existe. Entretanto, mesmo naqueles que não dispõem de normas sobre a matéria, como o Brasil, a dificuldade parece-nos mais aparente do que real. Entre estes, podemos ainda fazer uma distinção entre os que prevêem expressamente, em suas legislações, os contratos inominados — casos da Argentina, França, Itália e Líbano — e os demais.

Nestes, contudo, as normas comerciais, fiéis à origem consuetudinária deste ramo do Direito, dão grande valor aos usos e costumes. Assim é que o Cód. Civil da Itália preceitua que: "As cláusulas ambíguas interpretam-se segundo o que se pratica geralmente no lugar em que o contrato foi concluído".

Darcy Bessone esclarece que: "O BGB da Alemanha, além de declarar que os contratos devem interpretar-se atendendo aos usos sociais (§ 157), repete a referência a estes ao tratar da formação (§ 151) e da execução (§ 252) da convenção".[293]

O Código Comercial do Brasil está recheado de referências aos usos comerciais, usos da praça, usos do lugar, estilo da praça etc. Entretanto, interessa-nos mais de perto as disposições que tratam da interpretação dos contratos, constantes dos artigos 130, 131, n. 4, e 133, *verbis*: "Art. 130. As palavras dos contratos e convenções mercantis devem inteiramente entender-se segundo o costume e uso recebido no comércio, e pelo mesmo modo e sentido por que os negociantes se costumam explicar, posto que entendidas de outra sorte possam significar coisa diversa.

"Art. 131. Sendo necessário interpretar as cláusulas do contrato, a interpretação, além das regras sobreditas, será regulada sobre as seguintes bases:

"4. O uso e prática geralmente observada no comércio nos casos da mesma natureza, e especialmente o costume do lugar onde deva ter execução, prevalecerá a qualquer inteligência em contrário que se pretenda dar às palavras.

"Art. 133. Omitindo-se na redação do contrato cláusulas necessárias à sua execu-

291. *Contratos*, Forense, 7ª ed., 1979, p. 26.
292. Ob. e v. cits., p. 371.
293. *Do Contrato — Teoria Geral*, Forense, 1987, p. 227.

ção, deverá presumir-se que as partes se sujeitaram ao que é de uso e prática em tais casos entre os comerciantes, no lugar da execução do contrato."

Em notas ao Código, em 1878, o Comendador Orlando apresentava correspondência a tais dispositivos nos Códigos Comerciais de Portugal (arts. 256, 258, n. 3, 359 e 259) da Espanha (arts. 247, 249 e 250), da França (arts. 1.163, 1.159 e 1.160) e da Holanda (arts. 1.386, 1.382 e 1.383).[294]

Na 7ª edição, em 1912, revista e ampliada por M. G. de Alencastro Autran, a relação foi consideravelmente aumentada, com referência expressa aos seguintes Códigos: Comerciais: da Argentina (arts. 217 e ss.), do Uruguai (art. 295), do Chile (art. 6º), da Espanha (art. 57), da Alemanha (art. 346), e da Hungria (arts. 265 e 267); Civis: do Uruguai (art. 1.252), do Chile (arts. 1.560 e 1.563), de Portugal (art. 685), da Espanha (art. 1.287), da França (art. 1.163), da Bélgica (art. 1.163), da Holanda (art. 1.379 e 1.382), da Itália (art. 1.134) e Fed. Suíça (art. 16), para o art. 130. Códigos Comerciais da Argentina (art. 218, n. 6), do Uruguai (art. 296, n. 6), do Chile (art. 6º), da Alemanha (art. 346), da Hungria (art. 267), e Civis do Uruguai (art. 1.263), do Chile (art. 1.563), de Portugal (art. 685), da Espanha (art. 1.287), da França (arts. 1.135, 1.159 e 1.160), da Bélgica (arts. 1.135, 1.136 e 1.160), da Holanda (arts. 1.382 e 1.383) e Itália (art. 1.134), para o art. 131, n. 4 e, finalmente os Códigos Comerciais da Argentina (art. 219), do Uruguai (art. 297), do Chile (art. 4º e ss.), da Espanha (art. 2º), da Itália (art. 1º) e Códigos Civis do Uruguai (art. 1.259), do Chile (art. 1.563), do México (art. 1.276), de Portugal (art. 684), da Espanha (art. 1.287), da França (art. 1.160), da Bélgica (art. 1.160), da Holanda (art. 1.383) e da Itália (art. 1.135).[295]

Waldirio Bulgarelli analisa o espírito desses artigos, extraindo deles os princípios que os informam, demonstrando: "Como se verifica, o Código Comercial, no art. 131, dá ênfase à boa-fé dos contratantes, à verdadeira intenção das partes, aos usos e costumes (também no art. 130), ao contrato, como um conjunto, e à própria conduta dos contatantes posterior ao contrato, consagrando, portanto, em sua linguagem clássica, os princípios e métodos de que se serve a moderna teoria interpretativa dos contratos".[296]

Ora, é fora de dúvida que os usos desempenham importante papel na interpretação dos contratos comerciais.

No caso específico do crédito documentário, estes usos adquirem uma forma bem maior, porque consolidados e sistematizados por um organismo internacional (CCI), com a adesão de um grande número de países. Daí entendermos que o crédito documentário é reconhecido no Direito brasileiro, a ele aplicando-se as normas que forem convencionadas pelas partes e, em sua ausência, as regras e usos uniformes.

Esta posição é compartilhada pela boa doutrina nacional, tendo o Prof. Leães afirmado: "Força é concluir que, no Brasil, as Regras e Usos Uniformes hão de se aplicar aos contratos de crédito documentado, desde que não haja manifestação em contrário. É a função interpretativa ou integrativa da vontade, que os usos têm nos contratos. Mesmo quando o contrato de crédito documentado (e é o que mais das vezes ocorre) faz referência expressa às Regras e Usos Uniformes, como aplicáveis ao caso, sem contudo transcrevê-las em seu contexto, nem por isso as converte em cláusulas contratuais. Conservam as Regras o seu caráter de usos, a que os contraentes expressamente submeteram o contrato, passando a ser elemento integrante deste, com função interpretativa da vontade declarada".[297]

294. Orlando Salustiano de Araujo Costa, *Codigo Commercial do Imperio do Brazil*, Eduardo & Henrique Laemmert, 3ª ed., 1878, pp. 81-83.

295. Ob. cit., 7ª ed., revista e aumentada, Liv. Francisco Alves, 1912, t. I, pp. 176-178.

296. Ob. cit., p. 143.

297. Ob. cit., pp. 13-14.

No mesmo sentido e com idêntico fundamento leciona Waldirio Bulgarelli: "Afora assim, a existência de texto expresso, nada impede a adoção das Regras e Usos Uniformes sobre Crédito Documentado, ao teor das normas sobre interpretação dos contratos, conforme dispostas no Cód. Comercial de 1850".[298]

Após transcrever os arts. 131, IV, e 133 do Código Comercial, completa: "Trata-se pois de usos ditos interpretativos que além de orientar a boa compreensão do conteúdo contratual também integram-no. Desta forma, as Regras e Usos Uniformes são aplicáveis aos contratos de crédito documentados, salvo disposição em contrário das partes".[299]

Portanto, no caso de o crédito documentário ser aberto no Brasil para execução também aqui (o que é muito raro), as divergências serão resolvidas à luz das Regras e Usos Uniformes, da CCI (Publicação n. 500). Entretanto, no caso de a carta ter sido aberta no Brasil, para cumprimento no exterior, ou vice-versa, embora entendendo que todas as relações entre as partes envolvidas sejam submetidas às R.U.U., surge o problema da competência.

Assim, na carta aberta no Brasil para cumprimento no exterior (derivada de uma operação de exportação), as divergências (possivelmente entre o banco emissor e o beneficiário ou entre aquele e o banco avisador ou confirmador ou ainda entre o banco avisador ou confirmador e o beneficiário) serão resolvidas no foro do lugar do cumprimento e observadas as disposições legais do país em que o contrato tiver de ser cumprido.

O foro do Brasil, assim, ficaria reservado apenas para as divergências entre o ordenador e o banco emissor, a que se aplicam, evidentemente, as R.U.U.

Na hipótese inversa, de carta aberta no exterior para o cumprimento no Brasil (deriva de uma operação de importação), as divergências entre o banco ordenador (estrangeiro) e o beneficiário, ou entre o banco ordenador (estrangeiro) e o banco avisador ou confirmador (brasileiro) devem ser resolvidas pela justiça brasileira, mas à luz da legislação vigente no país em que o crédito foi aberto, por força do disposto nos arts. 9º, *caput*, e 12 da Lei de Introdução ao Código Civil, *verbis*:

"Art. 9º. Para qualificar e reger as obrigações, aplicar-se-á a lei do país em que se constituírem.

"Art. 12. É competente a autoridade judiciária brasileira, quando for o réu domiciliado no Brasil ou aqui tiver de ser cumprida a obrigação."

É aplicável também o art. 88, II, do Código de Processo Civil, que assim dispõe:

"Art. 88. É competente a autoridade judiciária brasileira quando:

"I — o réu, qualquer que seja a sua nacionalidade, estiver domiciliado no Brasil;

"II — no Brasil tiver de ser cumprida a obrigação."

Já os conflitos entre o ordenador e o banco emissor, ambos estrangeiros, partes de um contrato também firmado no exterior devem ser resolvidos pela justiça estrangeira, com base igualmente na legislação do país onde foi firmado o contrato.

## *CONCLUSÕES*

A seguir, apresentaremos as conclusões a que chegamos ao fim do presente trabalho. Entretanto, para evitar repetição evidentemente enfadonha, deixaremos de enunciar as diversas conclusões apresentadas no item X, no qual expusemos nosso pensamento. As conclusões a que chegamos são as seguintes:

1ª) Não existe um conceito definitivo de contrato internacional, embora já esteja ele caracterizado em linhas gerais pela doutrina.

298. *O Crédito Documentado Irrevogável*, p. 67.

299. Ob. cit., p. 68.

2ª) A Convenção de Viena de 1980 sobre a venda internacional de mercadorias é insuficiente, não tendo conseguido resolver o problema da necessidade de uma lei uniforme sobre a matéria.

3ª) No estudo do contrato internacional devem ser levados em conta três elementos, a saber: a existência de diversos contratos-tipo adotados pelas associações internacionais de compradores e vendedores, os INCOTERMS e as cláusulas reguladoras das formas de pagamento.

4ª) O crédito documentário caracteriza-se pelo fato de o pagamento, a negociação ou o aceite das letras ser vinculado a uma contraprestação do beneficiário, representada pela entrega de um jogo de documentos, comprovando a remessa das mercadorias ou a prestação do serviço na forma ajustada com o ordenador.

5ª) Poucos países regularam o crédito documentário;

6ª) Entre os países que trataram da matéria, a maioria o fez de forma insuficiente e incompleta, restringindo-se a dois ou três artigos.

7ª) As normas nacionais provieram da sistematização dos usos e costumes adotados pelos bancos e surgiram como simples recomendações das associações de bancos e não sob a forma de leis. As referidas normas enfatizaram sempre a sua função como auxiliar do comércio internacional.

8ª) Desde muito cedo o crédito documentário passou a ser objeto de uniformização por um organismo internacional (CCI).

9ª) Os contratos nascem naturalmente atendendo a necessidades reais de determinada sociedade e vão-se consolidando e aprimorando lentamente. Em conseqüência disso, em sua origem, todos eles são atípicos, baseados apenas na liberdade humana e na necessidade social. Somente num momento posterior, e depois de já vulgarizados pelo uso reiterado, é que os contratos vêm a ser incorporados pelas legislações.

10ª) No plano internacional, o processo de formação histórica dos contratos não apresenta qualquer diferença, sendo, portanto, idêntico ao dos contratos nacionais, observada a peculiaridade da norma de direito internacional, que não é dotada de sanção direta e incondicionada.[300]

11ª) O contrato típico ou nominado, no plano internacional distingue-se do contrato-tipo.

12ª) O contrato-tipo internacional é um subtipo de contrato conhecido, adaptado às peculiaridades de determinado produto, como *v.g.*, os contratos de venda de cereais adotados pela London Corn Trade Association.

13ª) Existe o contrato típico ou nominado de direito internacional, caracterizado como aquele autônomo, inconfundível com outro existente em algum direito nacional, mas cujos lineamentos são perfeitamente conhecidos e praticados no comércio internacional, podendo ou não já ter sido incorporado por alguma associação ou entidade internacional, como p. ex. o contrato *clé en main* ou *turn key*, contratos de transferência de tecnologia e o contrato de abertura de crédito documentário.

14ª) Não existe uma figura jurídica única e típica pela qual um terceiro estranho venha a substituir o devedor numa relação jurídica anterior, a sucedê-lo ou a ela aderir na posição passiva, sem liberar o devedor original, assumindo a condição de devedor principal, solidário ou subsidiário, extinguindo ou não tal relação. Na verdade, existem diversas formas, que geralmente se desdobram em subespécies, admitindo ou não a forma novativa, a substituição ou cumulação de obrigações. Estas figuras jurídicas freqüentemente confundem-se umas com as outras não existindo qualquer consenso na doutrina sobre a natureza jurídica ou a perfeita caracterização da maioria dessas formas de sucessão na dívida.

300. Cf. Nelson de Sousa Sampaio, *Prólogo à Teoria do Estado — Ideologia e Ciência Política*, Forense, 2ª ed., 1960, p. 256.

15ª) Nenhuma das teorias até hoje propostas é, por si só, suficiente para explicar a natureza jurídica do crédito documentário, apesar de a maioria delas apresentar alguma identidade com alguma das relações jurídicas nele envolvidas, enquanto que outras mostram mesmo grande semelhança com o instituto estudado. Entretanto, nenhuma apresenta perfeita identidade de modo a permitir a afirmação de que representa efetivamente a natureza jurídica do crédito documentário.

16ª) Dado o estágio atual do crédito documentário, é de todo conveniente a sua incorporação pela lei brasileira. A sistematização que vier a ser feita não deverá inovar, mantendo-se mais ou menos fiel aos termos das R.U.U., para não dificultar a atuação dos agentes econômicos.

17ª) Entretanto, sendo todos os dispositivos sobre a matéria originados de normas elaboradas inicialmente pelos bancos e suas associações, pecam por uma excessiva parcialidade em favor deste segmento.

18ª) Entendemos ser conveniente, quando da elaboração de norma sobre a matéria, a eliminação dos dispositivos claramente favoráveis aos bancos, em detrimento das demais partes contratantes, especialmente os seguintes:

a) presunção em favor da revogabilidade do crédito (art. 7º, alínea *c* das R.U.U.);[301]

b) isenção de qualquer responsabilidade do banco quanto à forma, suficiência, exatidão ou até mesmo pela autenticidade ou falsificação de quaisquer documentos (art. 17);[302]

c) isenção de qualquer responsabilidade dos bancos pelas conseqüências decorrentes da demora ou extravio no trânsito de quaisquer mensagens, cartas ou documentos, ou pela demora, mutilação ou outros erros ocorrentes na transmissão de qualquer telecomunicação ou mesmo na tradução e/ou interpretação de termos técnicos (art. 18).[303] A responsabilidade, a nosso ver, deve ser atribuída a quem lhe der causa;

d) isenção de qualquer responsabilidade dos bancos pelos atos de seus correspondentes, mesmo quando tenha sido sua a iniciativa da escolha (art. 20).[304]

301. Esta mudança já foi promovida na última edição das R.U.U., de 1993, através da Publicação n. 500, art. 6º, *c*.

302. Art. 15 da Publicação 500, em vigor.

303. Art. 16 da Publicação 500, em vigor.

304. Art. 18 da Publicação 500, em vigor.

## *BIBLIOGRAFIA*

AZEVEDO, Álvaro Villaça, *Teoria Geral das Obrigações*, Ed. RT, São Paulo, 3ª ed., 1981.

_____ *Contratos Atípicos*, José Bushatsky Ed., 1975.

BALOSSINI, Cajo Enrico, *Norme ed Usi Uniformi Relativi al Crediti Documentari*, Dott A. Giuffrè Ed., 3ª ed., Milano, v. I, 1978.

BESSONE, Darcy, *Do Contrato — Teoria Geral*, Forense, São Paulo, 1987.

BEVILÁQUA, Clóvis, *Direito das Obrigações*, Ed. Rio, Rio de Janeiro, edição histórica, 1977.

BULGARELLI, Waldirio, *Contratos Mercantis*, Atlas, São Paulo, 2ª ed., 1981.

_____ "O Crédito Documentado Irrevogável: um novo Título de Crédito?", in *Revista de Direito Mercantil* 32/57-76.

CÂMARA de Comércio Internacional, CCI — *Incoterms 1990*, Publ. 460, Edições Aduaneiras, 1991, trad. de Murta, Roberto de Oliveira.

CHAVES, Antonio, *Tratado de Direito Civil*, v. II, "Obrigações", Ed. RT, São Paulo, 3ª ed., 1984.

CORREIA, Alexandre e SCIASCIA, Gaetano, *Manual de Direito Romano*, vs. I e II, Saraiva, São Paulo, 3ª ed., 1957.

COSTA, Mário Júlio de Almeida, *Direito das Obrigações*, Ed. Coimbra, Coimbra, 1984.

COSTA, Salustiano Orlando de Araújo, *Código Comercial do Império do Brasil, Anotado*, Eduardo e Henrique Laemmert, Rio de Janeiro, 3ª ed., 1878.

_____ Idem, 7ª ed., revista e aumentada por M. G. de Alencastro Autran, Livraria Francisco Alves, Rio de Janeiro, 1912, t. I.

COURCELLE-SENEUIL, J. G., *Les Opérations de Banque*, Lib. Félix Alcan, Paris, 12ª ed., 1922.

COVELLO, Sérgio Carlos, *Contratos Bancários*, Saraiva, 1981.

DE PLÁCIDO E SILVA, *Noções Práticas de Direito Comercial*, Ed. Guaíra, Curitiba, 5ª ed., sem menção a ano de publicação.

FARIA, Bento de, *Código Comercial Brasileiro Anotado*, Jacintho Ribeiro dos Santos Editor, Rio de Janeiro, 1903.

_____ Idem, 3ª ed., v. I, 1920.

FERNANDEZ-ARMESTO, Juan, *Los Créditos Documentarios Irrevocables*, La Voz de Galicia, La Coruña, 1984.

FERREIRA, Waldemar, *Instituições de Direito Comercial*, Livraria Freitas Bastos, Rio de Janeiro, 2º e 4º vs., 1944.

FOLCO, Carlo, *Il Credito Confermato di Banca*, Athenaeum, Roma, 1931.

GALBRAITH, John Kenneth, *A Era da Incerteza*, Ed. Pioneira, São Paulo, 1983.

_____ *O Novo Estado Industrial*, Ed. Civ. Brasileira, Rio de Janeiro, 1968.

GARCIA, Luiz Martins, e VICTOR, Luiz Segundo, *Crédito Documentário (Comentário Analítico)*, Edições Aduaneiras, São Paulo, 1987.

GOLDMAN, Bertold, *Lex Mercatoria*, Forum Internationale, n. 3, 1983.

GOMES, Luiz Roldão de Freitas, *Da Assunção de Dívida e sua Estrutura Negocial*, Ed. Liber Juris, Rio de Janeiro, 1982.

GOMES, Orlando, *Obrigações*, Forense, São Paulo, 2ª ed., 1968.

_____ *Contratos Mercantis*, Forense, São Paulo, 7ª ed., 1979.

GUDIN, Eugênio, *Princípios de Economia Monetária*, Agir, Rio de Janeiro, 9ª ed., 1º v., 1974.

HUBERMAN, Leo, *História da Riqueza do Homem*, Zahar, 20ª ed., Rio de Janeiro, 1984.

LACERDA, Sampaio de, *Manual de Direito Falimentar*, Freitas Bastos, São Paulo, 12ª ed., revista e atualizada por Jorge de Miranda Magalhães, 1985.

LEÃES, Luiz Gastão Paes de Barros, *Direito Comercial: Textos e Pretextos*, José Bushatsky Ed., São Paulo, 1976.

_____ "O Uso das Cartas de Crédito Comerciais como Instrumento de Garantia", in *RDM*, vs. XV/XVI e também in *Direito Comercial*.

LOBATO, Wilson Sydney, *Comércio Exterior do Brasil, Dívidas e Dúvidas*, Ed. Civ. Brasileira, Rio de Janeiro, 2ª ed., 1977.

LYON-CAHEN & RENAULT, *Manuel de Droit Commercial*, Librairie Cotillon, F. Pichon Editeur, Paris, 1891.

MAGALHÃES, Descartes de, *Curso de Direito Comercial*, Salesianas, São Paulo, 1922.

MENDES, Octávio, *Direitio Comercial Terrestre*, Saraiva, São Paulo, 1930.

MENDONÇA, J. X. Carvalho de, *Tratado de Direito Comercial Brasileiro*, Freitas Bastos, São Paulo, 6ª ed. atualizada por Roberto Carvalho de Mendonça, v. VI, Livs. III e IV, 1961.

MIROW, Kurt Rudolf, *Condenados ao Subdesenvolvimento*, Ed. Civ. Brasileira, 2ª ed., 1978.

MONTEIRO, Honório, *Do Crédito Bancário Confirmado*, Saraiva, São Paulo, 1933.

MONTEIRO, Washington de Barros, *Curso de Direito Civil*, 5º v., "Direito das Obrigações", Saraiva, São Paulo, 17ª ed., 1982.

MURTA, Roberto de Oliveira, *"INCONTERMS": Sua Aplicação no Brasil*, Ed. Aduaneiras, São Paulo, 1987.

MYRDAL, Gunar, *Solidariedad o Desintegración*, Fondo de Cultura Económica, México, 1ª ed. em espanhol, 1956.

_____ *Perspectivas de uma Economia Internacional*, Ed. Saga, Rio de Janeiro, 1967.

NAVARRINI, Umberto, *Tratatto Elementare di Diritto Commerciale*, Fratelli Boca Ed., Turim, 2ª ed., v. I, 1914.

PEREIRA, Caio Mário da Silva, *Instituições de Direito Civil*, Forense, Rio de Janeiro, 2ª ed., 1972.

PERIA, Milve Antonio, *Câmbio: Conhecimentos Gerais*, Ed. Aduaneiras, 3ª ed., 1988.

PINTO, Carlos Alberto da Mota, *Cessão de Contrato*, Saraiva, São Paulo, 1985.

PONTES DE MIRANDA, F. C., *Tratado de Direito Privado*, Ed. RT, São Paulo, 3ª ed., 2ª reimp., 1984, ts. XXIII, XXVI, XXXII, XLII, XLIII, XLIV e LII.

RANGEL, Vicente Marotta, *Direito e Relações Internacionais*, Ed. RT, São Paulo, 3ª ed., 1988.

RENGIFO, Ramiro, *Crédito documentado (Las cartas de crédito)*, Ed. Temis, Bogotá, 2ª ed., 1983.

RIVIÈRE, H. F., *Répétitions Écrites sur le Code de Commerce*, A. Marescq Ainé Lib. Ed., Paris, 7ª ed., 1875.

ROCCO, Alfredo, *Il Falimento, Teoria Generale ed Origine Storica*, Torino, Fratelli Boca Ed., 1917.

ROUTTE, J., *Opérations et Travaux de Banque*, Marcel Riviére Lib., Paris, 10ª ed., 1921.

SANTOS, J. M. de Carvalho, *Código Civil Brasileiro Interpretado*, Freitas Bastos, São Paulo, 7ª ed., v. XIII.

SERPA LOPES, *Curso de Direito Civil*, v. 3º, Freitas Bastos, Rio de Janeiro, 3ª ed., sem ano de publicação.

STRENGER, Irineu, *Contratos Internacionais de Comércio*, Ed. RT, São Paulo, 1986.

VIVANTE, Cesare, *Instituições de Direito Comercial*, trad. J. Alves de Sá, 10ª ed., Ed. A. M. Teixeira & Cia., Lisboa, 1910.

VIVES, Álvaro Perez, *Variaciones Sobre la Carta de Crédito*, Ed. Temis, Bogotá, 1982.

WALD, Arnoldo, *Curso de Direito Civil Brasileiro, Obrigações e Contratos*, Ed. RT, São Paulo, 5ª ed., revista e atualizada por Semy Glanz, 1979.

WHITAKER, José Maria, *Letra de Câmbio*, Ed. RT, São Paulo, 3ª ed., 1957.

ZERBINI, Eugênia Cristina de Jesus, "A Convenção de Viena sobre a Venda Internacional de Mercadorias", in *Contratos Internacionais*, coord. por RODAS, João Grandino, Ed. RT, São Paulo, 1985.

# Atualidades

## PRIVATIZAÇÕES, MINORITÁRIOS E MORALIDADE ADMINISTRATIVA

Arnoldo Wald
e
Maílson da Nóbrega

O tratamento dos acionistas minoritários nas privatizações tem preocupado os investidores profissionais e a opinião pública e, conforme o caso, pode prejudicar a imagem do país no exterior. No passado, na maioria dos casos e dada a redação anterior da lei societária, os direitos dos minoritários obtinham um tratamento eqüitativo e adequado. Nas privatizações recentes, todavia decisões políticas e de privatização econômicas estão modificando essa situação, fazendo com que parte do fundo de comércio das empresas privatizáveis não mais reverta em favor de todos os seus acionistas, a não ser que façam novo investimento. O beneficiário tem sido exclusivamente a pessoa jurídica de direito público que detém o comando da sociedade.

Há, no caso, não só uma lesão, embora indireta, aos direitos dos acionistas não controladores, como ainda uma afronta ao princípio constitucional da igualdade de todos. Trata-se de fazer prevalecer a lealdade e a ética nos negócios, independentemente de saber se beneficiam ou não os cofres públicos. Existe pois uma obrigação de tratamento eqüitativo dos acionistas, que está na lei e em nossas tradições e deve aplicar-se tanto às empresas privadas quanto às sociedades de economia mista.

Constitui aliás uma das peculiaridades do capitalismo brasileiro o fato de terem sido — e de ainda serem — as sociedades mistas as maiores empresas abertas do país e representarem um movimento na Bolsa que ultrapassa quatro ou cinco vezes o realizado com títulos das empresas privadas. Essa composição do mercado, que não existe em nenhum outro país do mundo (e que está mudando em virtude das privatizações), cria para as entidades públicas uma maior responsabilidade na escolha dos processos de reestruturação que precedem a alienação das ações representativas do seu controle.

O problema do desrespeito aos direitos dos minoritários já surgiu no caso de venda das ações das subsidiárias da Petroquisa, tendo ensejado pronunciamento judicial no sentido de haver uma responsabilidade em virtude de abuso de controle, que a lei reprime. Posteriormente, algumas outras operações destinadas a sanear sociedades de economia mista, nas quais a responsabilidade dos prejuízos era da União Federal, também poderiam ter dado margem a discussões e impugnações por parte dos minoritários, embora tais operações tivessem sido feitas de boa-fé e com as melhores intenções.

Nos últimos dias, no caso da privatização da CESP, a imprensa tem apresentado dúvidas de especialistas quanto ao seu formato. A revogação, em maio de 1997, do art. 254 da lei das sociedades anônimas, que garantia tratamento igualitário aos minoritários, talvez não tenha sido a mais feliz. Mas a sistemática legal vigente não pode dar ao controlador o poder de praticar verdadeiro abuso de maioria, escolhendo forma de reestruturação que o beneficie em detrimento dos minoritários.

Ao contrário do que se alega, a forma adequada para respeitar os direitos de todos seria a cisão, atribuindo-se aos acionistas da empresa cindida ações da nova, decorrente da cisão, em proporção à participação que detinham e continuariam a deter na CESP. Mesmo considerando que o ágio pode ser atribuído ao controlador, não há dúvida que o preço obtido na venda do bloco de controle se reflete ou pode refletir-se em parte nas ações dos minoritários, que também podem ser adquiridas no curso da privatização. Cabe aliás lembrar que, pela lei societária, a cisão na qual as ações da nova empresa não são atribuídas proporcionalmente aos titulares requer aprovação de todos os titulares, inclusive das ações sem direito de voto.

Exercendo seu papel de tutela dos direitos dos minoritários, a CVM já se manifestou no sentido da inviabilidade jurídica da modelagem adotada pela CESP, que, em realidade alija os acionistas desta companhia do seu direito essencial de participar do acervo da sociedade.

Cabe, assim, reconhecer que a forma escolhida, por maior e mais respeitável que seja o interesse do Tesouro Estadual, representa uma cisão disfarçada com distribuição desproporcional das ações em detrimento dos minoritários. É interessante notar que, no plano federal, em casos análogos, sempre se recorreu à cisão, como ocorreu em relação à Light e está acontecendo na privatização das empresas de telecomunicações. Talvez ainda seja o momento de reexaminar a posição tomada no caso da CESP para acatar, no particular, o exemplo federal.

# A EXCLUSÃO DE SÓCIOS PELA MAIORIA SOCIAL NAS SOCIEDADES POR COTAS — A EVOLUÇÃO TIPO SOCIETÁRIO

João Luiz Coelho da Rocha

*A exclusão de sócios. O problema das causas da exclusão. O "due process" da exclusão. Conclusão.*

Não parece haver mais dúvidas em que, com o passar deste século, e a extrema adaptabilidade das sociedades por cotas de responsabilidade limitada aos pequenos e médios empreendimentos, aproximaram-se aquelas opções societárias no direito brasileiro, da natureza e do campo das sociedades de capitais, apresentando-se como uma espécie menos radical destas últimas — cujo modelo paradigmático ficou sendo o das sociedades anônimas.

As sociedades limitadas, então, como que se despersonalizaram, perdendo em muito aquele caráter que mestres clássicos como Valdemar Ferreira nelas viam inscrito, e passaram a ser um molde todo próprio de empresas de capital, cujas qualificações se revelaram um tanto mais agregadas, menos difusas na individualização de um sócio do que o modelo extremo das anônimas.

Ao compasso dessa sedimentação de sua natureza, provavelmente ditada pelas necessidades da evolução comercial no país, observa-se o roteiro jurisprudencial liberando as sociedades por cotas dos grilhões personalizadores do velho Cód. Comercial, quando ditava este (art. 335, V) a dissolução da sociedade de prazo indeterminado pela vontade unilateral de um dos sócios ou mesmo (art. 336, I) pelo desejo motivado de qualquer um deles (naquelas de prazo certo).

Refletindo a extrema necessidade, ou pelo menos a prioridade da prevalência, da continuação dos negócios sociais, os tribunais tiveram por convolar aquela arcaica dissolução total em uma dissolução parcial, naqueles eventos de vontade unilateral ou dissidência irreconciliável, pela solução justa, e tanto harmônica quanto possível na preservação da empresa: dissolução parcial, pagando-se ao(s) minoritário(s), que então se retiram, sua parcela atualizada no patrimônio social líquido.

Nessa rota irreversível da "despersonalização", também a jurisprudência teve por, em boa hora (*RTJ* 70/778, *RTJ* 85/749), conceder à maioria social estatutária o direito de proceder às deliberações sociais e tê-las arquivadas, para todos os fins e efeitos, sem necessidade da assinatura dos minoritários acaso dissidentes ou omissos.

A tal ponto ficou assente o princípio que o legislador enfim (Lei 8.934/94, art. 35, VI) houve por determinar que, somente cabe recusa do arquivamento de deliberação social majoritária sem assinatura dos sócios vencidos, quando e se houver a respeito cláusula restritiva no contrato social.

Proporcionava-se assim às sociedades por cotas uma motilidade semelhante à das anônimas, no sentido de que sua voz, sua expressão de vontade deliberativa, seria eficaz e válida desde que adotada pelo voto manifesto da maioria necessária, sem o entrave, derivado da antiga impregnação personalista da sociedade, de demandar-se a assinatura de todos os sócios no instrumento de alteração do contrato social.

Não cabendo, na dimensão destas notas, maiores aprofundamentos sobre a *ratio* jurídica dessa evolução, podemos apontar, com Waldirio Bulgarelli (*Direito Empresarial Moderno*, Ed. Forense, 1991, p. 276) como a "profunda carga institucional" revelada nos contratos de sociedade por cotas, apontaram para "uma acentuada aproximação com as sociedades de capitais...".

Ficaram as empresas por cotas portanto, em regra, salvo contemplações restritivas em seus estatutos básicos, com um arcabouço societário quase tão liberto quanto o das anônimas, no sentido de permitir mais facilidade de evolução social pela via deliberativa, e decisão de sua maioria, até alterando o contrato institucional.

## *A EXCLUSÃO DE SÓCIOS*

Observa-se de algum tempo para cá um desdobrar bem discutível dessa tendência que causou às empresas por cotas uma fluidez deliberativa próxima à das anônimas.

É a orientação de se admitir o arquivamento de deliberações sociais com a conseqüente alteração do contrato básico, excluindo, expelindo da empresa, sócios minoritários, pela simples vontade da maioria, ainda que assentadas em argumentação do tipo referido à ausência de *affectio societatis* — cuja ocorrência é, por óbvio, matéria de uma abrangência enorme e definição possivelmente custosa, pela sua intrínseca abstração.

"Os sócios que detêm a maioria das quotas sociais podem promover a alteração do contrato social, excluindo o sócio minoritário e o arquivamento da alteração na Junta Comercial, indiferentemente da assinatura do sócio excluído" (TJSP, ac. unân. da 10 C., j. 9.12.93/5, Apel. 226.285-2).

Os professores Mauro Brandão Lopes e Alcides Tomasetti Junior, da Faculdade de Direito da USP, publicaram um extenso e erudito parecer sobre a abusividade de certas exclusões de quotistas minoritários (*RT* 714, pp. 56 e ss.). Ali afirmam que a eficácia per si da deliberação exclusória seria tanto ofensiva ao princípio constitucional da isonomia (art. 5º da Carta) que se desdobra na espécie, na "igualdade de tratamento dos membros da pessoa jurídica" quanto também ofensiva ao "princípio da inexclusão arbitrária de integrante de pessoa jurídica privada".

Sobre esse último sustentáculo a palavra dos pareceristas acima é bem explícita e de inegável cotejo e ajuste com a prática cotidiana (ob. cit., p. 64): "Insista-se em que se cuida da exclusão de membro de pessoa jurídica, e não de destituição de membro investido na posição de órgão presentante ou não, do ente corporativo, e que dessa posição (gerência, por exemplo) é afastado, sem perder a membridade. Aqui, não há direito à conservação da posição jurídica, mas há esse direito no que tange à conservação da membridade".

Luiz Gastão Paes de Barros Leães, ao revés situa-se entre os que não vêem nenhuma afronta jurídica no procedimento de exclusão forçada do sócio por mera deliberação societária (*RDM* 100, p. 85): "Admitida a exclusão de sócio por via extrajudicial, através de deliberação unilateral da maioria do capital, não há como falar em agressão ao princípio do devido processo legal em sentido substantivo ou não, quando no afastamento do sócio, se observa pontualmente o procedimento instaurado nos exatos termos consagrados no direito material, sem dizer que a exclusão, importando na apuração de haveres do excluído, não o priva, em nenhum momento, de sua liberdade ou de seus bens.

"Por outro lado, operada a exclusão de sócio pela maioria, por motivo justificado segundo o procedimento sagrado pelo direito material, sempre subsistirá, sobranceira, a possibilidade da apreciação do fato *a posteriori* pela Justiça, podendo esta inclusive considerar improcedente a argüição de inadimplemento total ou definitivo."

Sabe-se por certo que, no fluxo dessa vertente moderna da despersonalização das sociedades por quotas, tem-se admitido alterações contratuais pelo simples voto majoritário, sem assinatura dos inconformados ou ausentes, cuidando dos mais variados assuntos institucionais, até da perda da gerência, dos poderes de gestão: "O gerente, nas sociedades por cotas de responsabilidade limitada, ocupando esse cargo na qualidade de sócio, por previsão estatutária não pode ser excluído da função, alterando-se o ato constitutivo pelo consenso dos sócios com maioria no capital, justificando-se tal hipótese quando se verifica inexistente disposição que exija a unanimidade dos sócios para decisão que implique alteração de cláusula constitutiva do estatuto social (STJ, ac. unân. da 3ª T., publ. em 27.9.93, REsp 33670-7-SP).

Mas a radicalíssima decisão de retirar à força o sócio, sonegar-lhe a "membridade" (de que fala Mauro Brandão Lopes) é algo de muito mais sério, envolvendo o contraponto de direitos essenciais.

### *O PROBLEMA DAS CAUSAS DA EXCLUSÃO*

Não se discute, por certo, assunto que é de grande sedimentação doutrinária, o direito de exclusão dos sócios na ocorrência das causas legais (art. 335, 2ª, 4ª e 5ª e 336, 2ª e 3ª do Código Comercial e 48 da Lei de Falências) ou convencionais, essas assentadas no estatuto básico da empresa.

José Waldecy Lucena, *Das Sociedades por Quotas de Responsabilidade Limitada* (Renovar, 1996, pp. 570 e ss.), tem um interessante estudo a respeito: "Em compêndio, de conseguinte, há de se concluir, segundo a doutrina até aqui cogitada, que as causas ensejadoras da exclusão de sócio são de duas ordens, ou seja, as legais (as catalogadas no Código e na lei de falências) e as convencionais (as insertas no contrato social)".

Mas, ficava por certo bem determinada a eventualidade da exclusão forçada do sócio àquelas ocorrências de expressão na lei ou no contrato social. Assim pois se devendo entender as decisões jurisprudenciais que dispensavam a existência da cláusula convencional, por isso que já existia ensejo legal para o ato excludente: "O sócio pode ser excluído da sociedade por cotas de responsabilidade limitada por manifestação de vontade da maioria dos sócios, independentemente de previsão contratual" (TJSP, ac. unân. da 10 Câm. Civ., j. 23.9.93, Apel. 222.739-2/9).

"Inexigível na doutrina moderna a previsão contratual para a exclusão do sócio da sociedade convencional, desde que evidente a causa justificada" (TJSP, ac. unân. da 15 Câm. Civ., j. 26.10.93, Apel. 196.571-2/9).

Fora daí, a doutrina (Carvalho de Mendonça, *Tratado de Direito Comercial*, n. 687, pp. 148-149; Pontes de Miranda *Tratado de Direito Privado*, t. XLIX, § 5.187-8, p. 126) afastava a possibilidade de retirada forçada, por inexistência da "causa justificada" legal.

Contudo, possivelmente a débito da tendência moderna em se conceder prevalência à persecução societária sem maiores concessões ao caráter pessoal dos agrupamentos sociais, parte da doutrina tem admitido a exclusão de sócios sem necessidade dos estritos fundamentos presentes na lei ou elencados no contrato social.

Naquele mesmo excelente estudo (ob. cit., p. 528) Waldecy Lucena adverte: "Ultimamente, contudo, transmudou-se a doutrina. E foi de um extremo ao outro. Hoje, é aturada a interpretação que admite a desnecessidade de cláusula contratual para a expulsão de sócio da comunidade societária".

E cita, a respeito, Fran Martins (*Direito Societário*, p. 361) Egberto Lacerda Teixeira (*Das Sociedades por Quotas de Responsabilidade Limitada*, pp. 274-275) e ainda Fábio Konder Comparato (*Ensaios e Pareceres de Direito Empresarial*, p. 143).

Muito cuidado é preciso, contudo, na percepção desse novo parâmetro admitido à exclusão não prevista de modo expresso na lei ou no contrato social.

Pode-se observar que nesse moderno *approach* doutrinário tanto Egberto Teixeira como Fran Martins expressam a necessidade da "justa causa" para envolver aquela extemporânea ejeção do sócio.

José Edvaldo Tavares Borba, no seu *Direito Societário* (2ª ed., 1995, p. 109), após asseverar que "quem tiver 50% do capital mais uma cota, terá, por conseguinte, o controle absoluto da sociedade", ressalva de modo bem expresso: "Observa-se, entretanto, que a deliberação alusiva à exclusão do sócio, como qualquer outra que apresente caráter punitivo, encontra-se vinculada à caracterização de justa causa, podendo essa condição ser objeto de apreciação judicial".

Egberto Lacerda Teixeira (ob. cit., p. 274) reitera: "Inclinamo-nos a crer que, em determinadas circunstâncias, mesmo em falta de previsão estatutária específica, poderão os sócios em maioria, por justa causa, decretar a exclusão ou eliminação de sócio faltoso. Normalmente, as causas da exclusão deverão constar do pacto social. Não é desarrazoado, contudo, afirmar que a ocorrência dessa justa causa (ainda que não prevista contratualmente) habilite a maioria dos sócios a votar a exclusão do sócio indesejável".

Mesmo Luiz Gastão Leães (ob. cit., p. 94), enfático defensor da exclusão forçada por ato meramente societário, ao contestar a tese de que o básico direito à "membridade" do sócio seria intocável pela simples expressão da maioria de seus associados, reconhece, com força em A. J. Avelãs Nunes (*Direito de Exclusão de Sócios nas Sociedades Comerciais,* Coimbra, 1968, p. 275), o *must* da fundamentação adequada: "Efetivamente, o que se quer significar com esse direito à qualidade de sócio é que nenhum dos sócios pode ser excluído da sociedade apenas pela vontade autoritária da assembléia, *au bon plaisir* da maioria".

Ficamos, pois, na estrita dependência do evento da "justa causa" para que aconteça a remoção forçada de um sócio. A nosso ver, o ponto sensível dessa questão, seu *punctum dolens*, está, não só na qualificação *do que será a causa justa* na eventualidade, mas — requisito imbricado com aquele outro — *como e quando* caracterizar-se tal motivo justo, falando-se aqui do *due process of law*.

Nossa preocupação, nosso questionamento, em face da indeclinável importância do corpo societário, da sinalização moderna para sua continuidade, e em face daquele que deve, sem embargo, continuar a ser o princípio de preservação e garantia do *status* do sócio, qualquer que seja seu percentual do capital, diz, pois, com a sintonia adequada da solução desse conflito óbvio: "Quem vai ter que evidenciar a ocorrência — ou a inocorrência — da justa causa, a par de tipificar tal evento dentro ou fora da excludente fundamentação do sócio?".

No extremo de um espectro de nossa análise, o mesmo Waldecy Lucena (ob. cit., p. 580) aponta para a ilicitude da exclusão fundada "apenas na vontade dos sócios majoritários, sem que tenha o excluído a ela dado causa"; mas, ainda, com assento em Miguel Reale (Parecer in *RT* 150/469) afirma pela ilicitude, invalidade, da própria cláusula do contrato social que permita a ejeção do sócio, sem justa causa, por isso que essa disposição contrariaria "... às escâncaras, a exigência do Código de que a expulsão somente se opere com 'causa justificada' (art. 339)".

A matéria já então pode ficar mais enquadrada, no sentido de que "nem mesmo a autonomia de vontade dos sócios na expressão de seu contrato social pode admitir que aconteça um ato de exclusão forçada do sócio sem assento em causa justa", por isso mesmo que a regra defensiva do art. 115 do Código Civil barrará a validade obrigacional das cláusulas puramente potestativas, tal como será deixar ao talante único e desarrazoado da maioria social, optar pela exclusão do sócio.

Muito ao contrário, aponta Waldecy Lucena na sua compreensiva obra (ob. cit., p. 582), assentado nas lições clássicas de Sylvio Rodrigues, a expressão contratual do possível *decisum* expulsório *pelo advento de* "justa causa" não delineia hipótese de cláusula *puramente* potestativa, mas de condição *meramente* potestativa, cuja validade é reconhecida.

Isso porque uma série considerável de fatores deve interferir na formação do convencimento da maioria, tais, por exemplo, "a conveniência para a sociedade de manter tal sócio em face da conjuntura dos negócios, o próprio comportamento do sócio excluído, a conveniência objetiva de renovação dos elementos, e muitas outras circunstâncias, externas às pessoas dos componentes da maioria".

## *O "DUE PROCESS" DA EXCLUSÃO*

Fica claro, pois, que a fundamentação da "justa causa", esteja ela assentada desde logo no contrato social ou não, fornece respaldo indispensável, e, em princípio, suficiente, à exclusão forçada do sócio, pela sociedade.

Resta, e não é nada desprezível o ponto, esclarecer-se o *due process* ou o *rito processual* da exclusão, pois que de grande relevância prática, na vida comercial, é saber-se se a deliberação majoritária já vai operar e produzir" per si seus efeitos (observada a eficácia meramente declaratória do Registro do Comércio).

Egberto Lacerda Teixeira entende que sim (ob. cit., p. 267). José Waldecy Lucena concorda (ob. cit., p. 603): "A nós nos parece, expresso ou omisso o contrato social sobre o instituto da exclusão, esta sempre poderá ser deliberada extrajudicialmente pelos consórcios em maioria".

Luiz Gastão Leães certamente concorre nessa vertente (ob. cit., p. 95): "Nesse caso, a exclusão operar-se-á extrajudicialmente, não se vislumbrando eiva de abuso, ou atentado aos princípios de isonomia, do devido processo legal ou da plenitude de defesa..."

Estamos, contudo, em que mais razão assiste a Fábio Konder Comparato (*Ensaios e Pareceres de Direito Empresarial*, Forense, 1978, p. 141) ao distinguir as hipóteses onde a sociedade já traga no seu estatuto básico a previsão da exclusão por justa causa, daquelas onde inexiste essa previsão: "O que a previsão contratual confere a mais é o direito potestativo de exclusão, sem necessidade de recurso ao Judiciário (cláusula resolutória expressa)".

Aqui não vemos similitude com a constituição da mora nas obrigações comuns (C. Civil, arts. 955, 960, C. Com., art. 138) que exige interpelação judicial, até porque não existe no caso da mora, jurisdição contenciosa de plena *cognitio*, senão a publicidade judicial da exigência credora e sua produção de efeitos.

O que há, na hipótese do advento, por deliberação da maioria social, de uma causa não expressamente acertada pelos sócios no contrato social, mas tida agora, ao depois, como justa, hábil, suficiente a proporcionar a expropriação da titularidade de um sócio, é a gritante necessidade de submissão da matéria à plena apreciação judicial.

A matéria não é, como se vê, das mais sedimentadas no direito comercial brasileiro.

Em suma, teremos 2 (duas) hipóteses básicas de retirada, exclusão forçada pelo voto majoritário, uma com previsão expressa no contrato social e outra sem que tal previsão exista.

Na primeira hipótese, estamos em que a sociedade, pela sua voz e voto majoritário, consoante os termos contratuais, pode deliberar a exclusão e já arquivar o instrumento no Registro competente de sorte a produzir os efeitos *erga omnes*.

Isto porque, é de assunção geral em direito societário que o instrumento do contrato social incorpora compromissos de todos os que ali se associam, e portanto, ao submeter-se à clausulação que enseja o voto majoritário excluindo qualquer sócio por causa justa, o sócio em tela não pode, senão através de um pronunciamento judicial competente, alterar os efeitos da deliberação conseqüente àquela condição societária.

Não assim se inexistente a cláusula no contrato social. Aqui, cabe à sociedade, pela voz de sua maioria interessada em se ver livre daquele sócio que terá proporcionado uma causação grave que se lhe emerge a expulsão, ir a Juízo obter a assertiva jurisdicional que, em cognição própria, verifique a indispensável ocorrência, na espécie, da motivação que permita o afastamento do sócio.

Não é difícil perceber o quão de radicalmente violento para um sócio inadvertido, em viagem, adoentado, fora do seu ritmo usual de vida, desprovido até de defesa pela publicidade convocatória que protege as sociedades anônimas, pode representar uma deliberação "feita à sorrelfa e de má-fé" (Waldecy Lucena, ob. cit., p. 594).

Algum parâmetro básico há de existir para que se evite as situações repulsivas ao bom direito. Não nos parece, *data vênia*, muito consistente, a tese do TACSP no acórdão, por maioria, de 28.8.80 (Embargos Infringentes n. 226.473), pelo voto vencedor do então Juiz Sydney Sanches enfrentando hipótese de exclusão do minoritário pelo efeito da simples decisão dos quotistas: "Aliás, se algum abuso houver de permitir, até que o Judiciário se manifeste, que seja o da maioria".

É difícil crer que a valoração a ser emprestada à hipótese seja tão-somente a aritmética da maioria. Se há no contrato social uma autorização expressa da força da maioria para retirar um sócio por justa causa, listadas tais motivações na sua expressão tipológica, concorda-se que assim ocorra, e que, até que o excluído logre pronunciamento judicial que desconstitua ou suspenda o *decisum* societário, este opera normalmente a seu curso.

Uma clausulação desse tipo assim diria, exemplificativamente:

"constituem motivos de justa causa para se deliberar a exclusão de um sócio:

"a) exercer atividade comercial concorrente com a empresa;

"b) ser condenado definitivamente por crime ou contravenção, etc."

Mas, se inexistente a cláusula e, pois, a permissão da vontade declarada dos sócios — para a exclusão por justa causa com a tipificação desses eventos de seqüelas tão radicais, seria uma total inversão do *due process* que a mera voz majoritária tenha força, por si só, de ejetar o sócio.

Na ocorrência de uma cláusula contratual como a acima, dada por exemplo, a assembléia dos cotistas de posse do documento que ateste o exercício de atividade comercial concorrente à da sociedade, pelo sócio, ou comprove a condenação judicial deste no crime ou contravenção, deliberará à exclusão com efeitos imediatos, cabendo ao excluído correr a juízo para desconstituir aquelas provas, ou desenquadrá-las na tipificação convencional. *Mas não assim se inexistir condição contratual daquela natureza.*

Porque fácil é perceber a extrema volatilidade do conceito de causa justa, já se ampare este no próprio princípio legal, já na mera repetição contratual do mesmo. Que "causa" será justa? Um ou dois votos contratuais ou contrários em assembléia? Mesmo a constante divergência nas votações? Desentendimento pessoal com os majoritários? Qual a mensuração volorativa desses eventos que pode embasar uma exclusão forçada, na base da impossível conivência social?

Deferir à voz interessada, envolvida nos seus interesses próprios, *biased* (no conceito anglo-saxão) da maioria, será enfim deferir a esta, a seu *bon plaisir*, qualificado acima por Avelãs Nunes, a decisão sobre a carga "justa", de um evento, possibilitando excluir a "membridade de um sócio".

A solução mais equilibrada e harmônica, nessas hipóteses, será a de demandar-se do Judiciário a real apreciação do motivo alegado, para que, sopesando-o no pleno e aparelhado exercício jurisdicional, pronuncie-se sobre sua adequação como causa justa ao afastamento postulado do sócio.

Ao aceno do possível abuso da minoria, obstruindo o curso social, não se pode deixar de lembrar a existência das medidas cautelares, ou da antecipação de tutela, pois que, nesses casos delineados de tal forma, teremos pressupostos processuais para se obter desde logo a exclusão ou afastamento do sócio. Mas, sem dúvida, por pronunciamento judicial.

Neste sentido, parece que o STJ, pela sua 3ª Turma, adotou posição protetora do *status* do sócio, negando à mera deliberação assemblear tal poder excludente, até que aceita a decisão em juízo (ac. unân. publicado no *DJ* de 16.9.96, p. 33.738, REsp 50.543-SP, Rel. Min. Milton Naves).

## CONCLUSÃO

Enfim, o que entendemos acima, não elide o inegável embaraço à vida social que um ou alguns minoritários em distonia com o corpo majoritário podem significar. E não há de se negar a tendência irreversível de proteção da continuidade societária.

Daí percebermos e reconhecermos não haver contraponto possível ao direito da maioria social habilitada deliberar livremente, mesmo sem o voto manifestado dos minoritários, e assim alterar o contrato social, resolver o que for necessário, inclusive retirar poderes de gestão, destituir sócios do exercício da gerência.

Mas, não tão simples assim se tratarmos da retirada à força da qualidade essencial de sócio, onde se afeta a "membridade" da pessoa, seu título de *propriedade* no capital social.

Nessa hipótese, não vemos como se possa dispensar a cognição judicial sobre o mérito, a essência da motivação justificativa.

O pré-condicionamento dos sócios, de qualquer deles, a esse possível evento traumático mediante a assumida submissão à regra expressa e tipológica do contrato social fornece o subsídio à imediata produção de efeitos do ato de exclusão, assim que deliberado.

Na inexistência da expressão convencional daquela maneira própria e especificada no estatuto básico parece-nos que a maioria haverá que buscar antes o pronunciamento judicial para conseguir os efeitos expulsórios.

# Atualidades

## SISTEMA FINANCEIRO IMOBILIÁRIO

EDUARDO SALOMÃO NETO

*I — Contratos de financiamento imobiliário: 1. Condições contratuais; 2. Garantias. II — Securitização de recebíveis imobiliários. Anexo: Lei 9.514, de 20.11.97.*

### I — CONTRATOS DE FINANCIAMENTO IMOBILIÁRIO

#### 1. Introdução

A Lei n. 9.514, de 20 de novembro de 1997, criou o Sistema Financeiro Imobiliário-SFI e dispôs sobre a concessão, a aquisição e a securitização de créditos imobiliários. O novo sistema busca fomentar os mercados primário (concessão do crédito) e secundário (negociação de títulos lastreados em recebíveis) de financiamentos imobiliários, através da criação de condições vantajosas de remuneração e de instrumentos especiais para a proteção dos direitos dos credores.

Estão compreendidas na nova sistemática as operações de financiamento imobiliário realizadas por caixas econômicas, bancos comerciais, bancos de investimento, bancos com carteira de crédito imobiliário, sociedades de crédito imobiliário, associações de poupança e empréstimo, companhias hipotecárias e outras entidades que vierem a ser habitadas pelo Conselho Monetário Nacional (art. 4º).

#### 2. Condições contratuais

As condições do crédito imobiliário podem ser livremente pactuadas entre as partes, observados os seguintes princípios: (i) reposição integral do valor empregado e respectivo reajuste; (ii) remuneração do capital empregado às taxas convencionadas no contrato; (iii) capitalização dos juros; e (iv) contratação, pelos tomadores de financiamento, de seguros contra os riscos de morte e invalidez permanente (art. 5º).

Continua aplicável, entretanto, a vedação à estipulação de correção monetária com período de referência inferior a um ano (art. 2º, § 1º da Medida Provisória n. 1.540-31, de 27 de novembro de 1997 e art. 5º, § 1º da Lei n. 9.514/97).

Admite-se a capitalização dos juros (art. 5º, III), ficando afastada, nesse contexto, a proibição estabelecida no artigo 4º do Decreto n. 22.626, de 7 de abril de 1933.

As operações de comercialização de imóveis com pagamento parcelado, de arrendamento mercantil de imóveis e de financiamento imobiliário em geral poderão ser pactuadas nas mesmas condições de remuneração do capital previstas para as operações de financiamento imobiliário (art. 5º, § 2º). Entidades não financeiras ficam portanto nessa hipótese autorizadas a aplicar, sobre as parcelas do preço, juros capitalizados e superiores a 12% a.a.

#### 3. Garantias

A nova lei prevê cinco modalidades de garantias reais (art. 17): (i) hipoteca; (ii) cessão fiduciária de direitos creditórios decorrentes de contratos de alienação de imóveis; (iii) caução de direitos creditórios ou aquisitivos decorrentes de contratos de venda ou promessa de venda de imóveis; (iv) alienação fiduciária de coisa imóvel; e (v) anticrese.

A hipoteca é modalidade de garantia já utilizada em operações de financiamento. Segundo a nova sistemática, contudo, as hipotecas celebradas com pessoas físicas no âmbito do SFI podem ser constituídas através de escritura particular (art. 38), o que elimina os custos anteriormente associados à lavratura de instrumentos públicos.

A lei prevê ainda a cessão fiduciária de recebíveis imobiliários, através da qual o financiamento é garantido pela transferência efetiva de créditos ao financiador, que se torna desde logo seu proprietário, assumindo a obrigação de restituí-los assim que a dívida seja paga.

Nas cessões fiduciárias de recebíveis imobiliários fica dispensada a notificação dos devedores (art. 35). A dispensa de notificação, entretanto, tem por efeito apenas afastar a possibilidade de oposição de exceções que os devedores eventualmente tenham contra o credor original (*v.g.* compensação). Não há, portanto, prejuízo ao devedor de boa-fé que, ausente a notificação, continue pagando ao antigo credor (cedente).

A título de comparação da cessão fiduciária com a caução de recebíveis, note-se que nesta última hipótese aplicam-se as regras gerais do penhor. A titularidade dos recebíveis não se transfere ao financiador, mas constitui direito real de garantia sobre o crédito caucionado. Exige-se a notificação do devedor para que a caução tenha efeito em relação ao mesmo, devendo o instrumento constitutivo da caução ser registrado em cartório de registro de títulos e documentos para ser oponível contra terceiros. Em caso de inadimplemento do financiado, não pode o financiador reter os créditos caucionados, devendo executá-los judicialmente (art. 765 do Código Civil).

A alienação fiduciária de bem imóvel, novidade introduzida pela Lei n. 9.514/97, é similar à alienação fiduciária de bem móvel, modalidade de garantia criada no fim dos anos sessenta e largamente utilizada no Brasil nos financiamentos para compra de bens duráveis de consumo. A alienação fiduciária de bem imóvel é definida como "negócio jurídico pelo qual o devedor, ou fiduciante, com o escopo de garantia, contrata a transferência ao credor, ou fiduciário, a propriedade resolúvel de coisa móvel" (art. 22).

Se a dívida é paga no modo ajustado, perde o financiador o domínio que lhe fora transferido, voltando o financiado a ser o proprietário do bem imóvel dado em garantia. Do contrário, vencida e não paga a dívida, consolida-se a propriedade fiduciária em nome do financiador, o qual deverá entretanto alienar o bem imóvel em leilão público para realizar o seu crédito (art. 27).

A consolidação da propriedade do bem imóvel na pessoa do financiador extingue a dívida do financiado mesmo que o valor do imóvel não baste para satisfazê-la (art. 27, § 5º), diferentemente portanto da alienação fiduciária de bem móvel, em que o financiado continua pessoalmente obrigado pela quantia faltante.

De outro lado, o valor obtido com a alienação do imóvel em leilão público que exceder ao valor da dívida deve ser entregue ao financiado em cinco dias (art. 27 § 4º).

A cessão do crédito garantido pela alienação fiduciária de bem imóvel transfere automaticamente a propriedade fiduciária do imóvel ao cessionário (art. 28) e dispensa notificação ao devedor (art. 35). Entretanto, a exemplo do que dissemos em relação à cessão fiduciária de créditos imobiliários, entendemos que a dispensa de notificação não prejudica os devedores de boa-fé que continuem pagando ao antigo credor.

Quando pactuada no âmbito do SFI com pessoa física, a alienação fiduciária de bem imóvel pode ser constituída através de escritura particular, a exemplo do que já dissemos em relação à hipoteca.

A alienação fiduciária de bem imóvel não é privativa das entidades que operam no SFI, podendo ser contratada por quaisquer pessoas físicas ou jurídicas (art. 22, parágrafo único).

Por fim, a nova lei prevê a possibilidade de utilização da anticrese como garantia de operações no âmbito do SFI que envolvam a locação de bens imóveis. Trata-se de modalidade de garantia de existência já secular mas pouco utilizada, em que o financiador adquire o direito à percepção dos frutos e rendimentos produzidos por bens imóveis a título de amortização do valor da dívida e/ou pagamento de juros.

## *II — SECURITIZAÇÃO DE RECEBÍVEIS IMOBILIÁRIOS*

A Lei n. 9.514, de 20 de novembro de 1997, que instituiu o Sistema Financeiro Imobiliário-SFI, incentiva a criação de um mercado secundário de créditos imobiliários mediante a disciplina da securitização desses créditos.

De acordo com o artigo 8º da referida lei, "a securitização de créditos imobiliários é a operação pela qual tais créditos são expressamente vinculados à emissão de uma série de títulos de crédito". Embora já fosse possível a securitização de recebíveis antes da nova legislação, a disciplina introduzida tende a tornar a estrutura menos custosa e mais atrativa.

A securitização de créditos no âmbito do SFI é efetuada através de companhias securitizadas de créditos imobiliários, instituições não financeiras constituídas sob a forma de sociedade por ações, que tem por finalidade a aquisição e securitização dos referidos créditos. A atividade dessas companhias não é, contudo, adstrita à securitização, sendo-lhes admitido "realizar negócios e prestar serviços compatíveis com as suas finalidades" (art. 3º).

Muito embora as companhias securitizadoras não estejam sob a fiscalização direta das autoriadades monetárias, uma vez que não são instituições financeiras, pode o Conselho Monetário Nacional fixar condições para o seu funcionamento (art. 3º, parágrafo único).

As cessões de créditos imobiliários para companhias securitizadoras dispensam a notificação dos devedores (art. 35). A dispensa de notificação, entretanto, tem por efeito apenas afastar a possibilidade de oposição de exceções que os devedores eventualmente tenham contra o credor original (p. ex., compensação), não havendo, portanto, prejuízo ao devedores de boa-fé que continuem pagando ao antigo credor (cedente).

A captação de recursos pelas companhias securitizadoras pode ser efetuada através da emissão de quaisquer dos títulos já conhecidos (debêntures, notas etc.), havendo sido criada ainda a possibilidade de emissão de novos títulos, denominados Certificados de Recebíveis Imobiliários – CRIs. Nos termos da lei, os CRIs são títulos de crédito de emissão exclusiva das companhias securitizadoras de crédito, com lastro em crédito imobiliário, livremente negociáveis, e que constituem promessas de pagamento em dinheiro (art. 6º). Dentre as características operacionais desses títulos mencionadas no artigo 7º da lei, destacam-se (i) a emissão em forma escritural (inciso IV); (ii) a possibilidade de pagamento parcelado (inciso VII); (iii) a possibilidade de estipulação de taxas de juros fixas ou flutuantes (inciso VIII); (iv) a possibilidade de previsão de reajuste (inciso IX); (v) o registro e negociação por meio de sistemas centralizados de custódia e liquidação financeira de títulos privados (§ 1º); e (vi) a possibilidade de estipulação de garantia flutuante sobre o ativo da companhia emissora (§ 2º).

As companhias securitizadoras que optem por emitir CRIs podem ainda estabelecer regime fiduciário sobre os créditos imobiliários que sirvam de lastro para a emissão. O regime fiduciário consiste na formação de patrimônio separado, o qual: (i) não está sujeito a qualquer ação ou execução pelo credores da companhia securitizadora por mais privilegiados que sejam, mesmo em caso de insolvência (art. 11, incisos IV e V, e art. 15, parágrafo único); (ii) não pode ser objeto de garantia de operações da companhia securitizadora (art. 11, V); e (iii) é destinado exclusivamente ao pagamento dos respectivos CRIs (art. 11, VI).

Com o regime fiduciário buscou-se em outras palavras isolar os riscos das carteiras de créditos imobiliários, possibilitando que uma mesma companhia securitizadora ofereça no mercado títulos lastreados em carteiras distintas e independentes umas das outras sem que as mesmas sejam afetadas pelo risco comercial da própria companhia.

A gestão de cada patrimônio separado continua a cargo da companhia securitizadora, sendo entretanto nomeado um agente fiduciário para representar os interesses dos beneficiários dos respectivos CRIs em relação aos créditos que compõem a carteira. O agente fiduciário deve ser instituição financeira ou companhia devidamente autorizada pelo Banco Central do Brasil, observados os mesmos impedimentos aplicáveis a agentes fiduciários de debenturistas (art. 13, § 2º).

O regime fiduciário extingue-se com a realização dos respectivos CRIs, reintegrando-se ao patrimônio comum da companhia securitizadora os recebíveis que sobejarem (art. 16, § 2º). No caso de insuficiência de recursos no patrimônio separado para honrar os respectivos CRIs não se estabelece concurso de credores, cabendo à assembléia geral de investidores determinar a forma de sua administração ou liquidação. Prevê ainda a lei a possibilidade de que a companhia securitizadora garanta a solvência do patrimônio separado, hipótese em que fica a companhia obrigada a cobrir qualquer insuficiência de recursos sofrida por esse patrimônio.

## *ANEXO*

### *Lei n. 9.514, de 20 de novembro de 1997*

*Dispõe sobre o Sistema de Financiamento Imobiliário, institui a alienação fiduciária de coisa imóvel e dá outras providências.*

O Presidente da República

Faço saber que o Congresso Nacional decreta e eu sanciono a seguinte Lei:

### Capítulo I — Do Sistema de Financiamento Imobiliário

#### Seção I — Da finalidade

Art. 1º. O Sistema de Financiamento Imobiliário-SFI tem por finalidade promover o financiamento imobiliário em geral, segundo condições compatíveis com as da formação dos fundos respectivos.

#### Seção II — Das entidades

Art. 2º. Poderão operar no SFI as caixas econômicas, os bancos comerciais, os bancos de investimento, os bancos com carteira de crédito imobiliário, as sociedades de crédito imobiliário, as associações de poupança e empréstimo, as companhias hipotecárias e, a critério do Conselho Monetário Nacional-CMN, outras entidades.

Art. 3º. As companhias securitizadoras de créditos imobiliários, instituições não financeiras constituídas sob a forma de sociedade por ações, terão por finalidade a aquisição e securitização desses créditos e a emissão e colocação, no mercado financeiro, de Certificados de Recebíveis Imobiliários, podendo emitir outros títulos de crédito, realizar negócios e prestar serviços compatíveis com as suas atividades.

Parágrafo único. O Conselho Monetário Nacional-CMN poderá fixar condições para o funcionamento das companhias de que trata este artigo.

Seção III — Do financiamento imobiliário

Art. 4º. As operações de financiamento imobiliário em geral serão livremente efetuadas pelas entidades autorizadas a operar no SFI, segundo condições de mercado e observadas as prescrições legais.

Parágrafo único. Nas operações de que trata este artigo, poderão ser empregados recursos provenientes da captação nos mercados financeiro e de valores mobiliários, de acordo com a legislação pertinente.

Art. 5º. As operações de financiamento imobiliário em geral, no âmbito do SFI, serão livremente pactuadas pelas partes, observadas as seguintes condições essenciais:

I — reposição integral do valor emprestado e respectivo reajuste;

II — remuneração do capital emprestado às taxas convencionadas no contrato;

III — capitalização dos juros;

IV — contratação, pelos tomadores de financiamento, de seguros contra os riscos de morte e invalidez permanente.

§ 1º. As partes poderão estabelecer os critérios do reajuste de que trata o inciso I, observada a legislação vigente.

§ 2º. As operações de comercialização de imóveis, com pagamento parcelado, de arrendamento mercantil de imóveis e de financiamento imobiliário em geral, poderão ser pactuadas nas mesmas condições permitidas para as entidades autorizadas a operar no SFI, observados, quanto a eventual reajuste, os mesmos índices e a mesma periodicidade de incidência e cobrança.

§ 3º. Na alienação de unidades em edificação sob o regime da Lei n. 4.591, de 16 de dezembro de 1964, a critério do adquirente e mediante informação obrigatória do incorporador, poderá ser contratado seguro que garanta o ressarcimento ao adquirente das quantias por este pagas, na hipóteses de inadimplemento do incorporador ou construtor quanto à entrega da obra.

Seção IV — Do Certificado de Recebíveis Imobiliários

Art. 6º. O Certificado de Recebíveis Imobiliários-CRI é título de crédito nominativo, de livre negociação, lastreado em créditos imobiliários e constitui promessa de pagamento em dinheiro.

Parágrafo único. O CRI é de emissão exclusiva das companhias securitizadoras.

Art. 7º. O CRI terá as seguintes características:

I — nome da companhia emitente;

II — número de ordem, local e data de emissão;

III — denominação "Certificado de Recebíveis Imobiliários";

IV — forma escritural

V — nome do titular

VI — valor nominal

VII — data de pagamento ou, se emitido para pagamento parcelado, discriminação dos valores e das datas de pagamento das diversas parcelas;

VIII — taxa de juros, fixa ou flutuante, e datas de sua exigibilidade, admitida a capitalização;

IX — cláusula de reajuste, observada a legislação pertinente;

X — lugar de pagamento;

XI — identificação do Termo de Securitização de Créditos que lhe tenha dado origem.

§ 1º. O registro e a negociação do CRI far-se-ão por meio de sistemas centralizados de custódia e liquidação financeira de títulos privados.

§ 2º. O CRI poder ter, conforme dispuser o Termo de Securitização de Créditos, garantia flutuante, que lhe assegurará privilégio geral sobre o ativo da companhia securitizadora, mas não impedirá a negociação dos bens que compõem esse ativo.

Seção V — Da securitização de créditos imobiliários

Art. 8º. A securitização de créditos imobiliários é a operação pela qual tais créditos são expressamente vinculados à emissão de uma série de títulos de crédito, mediante Termo de Securitização de Créditos, lavrado por uma companhia securitizadora, do qual constarão os seguintes elementos:

I – a identificação do devedor e o valor nominal de cada crédito que lastreie a emissão, com a individuação do imóvel a que esteja vinculado e indicação do Cartório de Registro de Imóveis em que esteja registrado e respectiva matrícula, bem como o número do registro do ato pelo qual o crédito foi cedido;

II – a identificação dos títulos emitidos;

III – a constituição de outras garantias de resgate dos títulos da série emitida, se for o caso.

Parágrafo único. Será permitida a securitização de créditos oriundos da alienação de unidades em edificação sob regime de incorporação nos moldes da Lei n. 4.591, de 16 de dezembro de 1964.

Seção VI — Do regime fiduciário

Art. 9º. A companhia securitizadora poderá instituir regime fiduciário sobre créditos imobiliários, a fim de lastrear a emissão de Certificados de Recebíveis Imobiliários, sendo agente fiduciário uma instituição financeira ou companhia autorizada para esse fim pelo BACEN e beneficiários os adquirentes dos títulos lastreados nos recebíveis objeto desse regime.

Art. 10. O regime fiduciário será instituído mediante declaração unilateral da companhia securitizada no contexto do Termo de Securitização de Créditos, que, além de conter os elementos de que trata o art. 8º, submeter-se-á às seguintes condições:

I — a constituição do regime fiduciário sobre os créditos que lastreiem a emissão;

II — a constituição de patrimônio separado, integrado pela totalidade dos créditos submetidos ao regime fiduciário que lastreiem a emissão;

III — a afetação dos critérios como lastro da emissão da respectiva série de títulos;

IV — a nomeação do agente fiduciário, com a definição de seus deveres, responsabilidade e remuneração, bem como as hipóteses, condições e forma de sua destituição ou substituição e as demais condições de sua atuação;

V — a forma de liquidação do patrimônio separado.

Parágrafo único. O Termo de Securitização de Créditos, em que seja instituído o regime fiduciário, será averbado nos Registros de Imóveis em que estejam matriculados os respectivos imóveis.

Art. 11. Os créditos objeto do regime fiduciário:

I — constituem patrimônio separado, que não se confunde com o da companhia securitizadora;

II — manter-se-ão apartados do patrimônio da companhia securitizadora até que se complete o resgate de todos os títulos da série a que estejam afetados;

III — destinam-se exclusivamente à liquidação dos títulos a que estiverem afetados, bem como ao pagamento dos respectivos custos de administração e de obrigações fiscais;

IV — estão isentos de qualquer ação ou execução pelos credores da companhia securitizadora;

V — não são passíveis de constituição de garantias ou de excussão por quaisquer dos credores da companhia securitizadora, por mais privilegiados que sejam;

VI — só responderão pelas obrigações inerentes aos títulos a ele afetados.

§ 1º. No Termo de Securitização de Créditos, poderá ser conferido aos beneficiários e demais credores do patrimônio separado, se este se tornar insuficiente, o direito de haverem seus créditos contra o patrimônio da companhia securitizadora.

§ 2º. Uma vez assegurado o direito de que trata o parágrafo anterior, a companhia securitizadora, sempre que se verificar insuficiência do patrimônio separado, promoverá a respectiva recomposição, mediante aditivo ao Termo de Securitização de Créditos, nele incluindo outros créditos imobiliários, com observância dos requisitos previstos nesta seção.

§ 3º. A realização dos direitos dos beneficiários limitar-se-á aos créditos imobiliários integrantes do patrimônio separado, salvo se tiverem sido constituídas garantias adicionais por terceiros.

Art. 12. Instituído o regime fiduciário, incumbirá à companhia securitizadora administrar cada patrimônio separado, manter registros contábeis independentes em relação a cada um deles e elaborar e publicar as respectivas demonstrações financeiras.

Parágrafo único. A totalidade do patrimônio da companhia securitizadora responderá pelos prejuízos que esta causar por descumprimento de disposição legal ou regulamentar, por negligência ou administração temerária ou, ainda, por desvio da finalidade do patrimônio separado.

Art. 13. Ao agente fiduciário são conferidos poderes gerais de representação da comunhão dos beneficiários, inclusive os de receber e dar quitação, incumbindo-lhe:

I — zelar pela proteção dos direitos e interesses dos beneficiários, acompanhando a atuação da companhia securitizadora na administração do patrimônio separado;

II — adotar as medidas judiciais ou extrajudiciais necessárias à defesa dos interesses dos beneficiários, bem como à realização dos créditos afetados ao patrimônio separado, caso a companhia securitizadora não o faça;

III — exercer, na hipótese de insolvência da companhia securitizadora, a administração do patrimônio separado;

IV — promover, na forma em que dispuser o Termo de Securitização de Créditos, a liquidação do patrimônio separado;

V — executar os demais encargos que lhe forem atribuídos no Termo de Securitização de Créditos.

§ 1º. O agente fiduciário responderá pelos prejuízos que causar por descumprimento de disposição legal ou regulamentar, por negligência ou administração temerária.

§ 2º. Aplicam-se ao agente fiduciário os mesmos requisitos e incompatibilidades impostos pelo art. 66 da Lei n. 6.404, de 15 de dezembro de 1976.

Art. 14. A insuficiência dos bens do patrimônio separado não dará causa à declaração de sua quebra, cabendo, nessa hipótese, ao agente fiduciário convocar assembléia geral dos beneficiários para deliberar sobre as normas de administração ou liquidação do patrimônio separado:

§ 1º. Na hipótese de que trata o artigo, a assembléia geral estará legitimada a adotar qualquer medida pertinente à administração ou liquidação do patrimônio separado, inclusive a transferência dos bens e direitos dele integrantes para outra entidade que opere no SFI, a forma de liquidação do patrimônio e a nomeação do liquidante.

§ 2º. A assembléia geral, convocada mediante edital publicado por três vezes, com antecedência de vinte dias, em jornal de grande circulação na praça em que tiver sido feita a emissão dos títulos, instalar-se-á, em primeira convocação, com a presença de beneficiários que representem, pelo menos, dois terços do valor global dos títulos e, em, segunda convocação, com qualquer número, sendo válidas as deliberações tomadas pela maioria absoluta desse capital.

Art. 15. No caso de insolvência da companhia securitizadora o agente fiduciário assumirá imediatamente a custódia e administração dos créditos imobiliários integrantes do patrimônio separado e convocará a assembléia geral dos beneficiários para deliberar sobre a forma de administração, observados os requisitos estabelecidos no § 2º do art. 14.

Parágrafo único. A insolvência da companhia securitizadora não afetará os patrimônios separados que tenha constituído.

Art. 16. Extinguir-se-á o regime fiduciário de que trata esta seção pelo implemento das condições a que esteja submetido, na conformidade do Termo de Securitização de Créditos que o tenha instituído.

§ 1º. Uma vez satisfeitos os créditos dos beneficiários e extinto o regime fiduciário, o Agente Fiduciário fornecerá, no prazo de três dias úteis, à companhia securitizadora, termo de quitação, que servirá para baixa, nos competentes Registros de Imóveis, da averbação que tenha instituído o regime fiduciário.

§ 2º. A baixa de que trata o parágrafo anterior importará na reintegração ao patrimônio comum da companhia securitizadora dos recebíveis imobiliários que sobejarem.

Seção VII — Das garantias

Art. 17. As operações de financiamento imobiliário em geral poderão ser garantidas por:

I — hipoteca;

II — cessão fiduciária de direitos creditórios decorrentes de contratos de alienação de imóveis;

III — caução de direitos creditórios ou aquisitivos decorrentes de contratos de venda ou promessa de venda de imóveis;

IV — alienação fiduciária de coisa imóvel.

§ 1º. As garantias a que se referem os incisos II, III e IV deste artigo constituem direito real sobre os respectivos objetos.

§ 2º. Aplicam-se à caução dos direitos creditórios a que se refere o inciso III deste artigo as disposições dos arts. 789 a 795 do Código Civil.

§ 3º. As operações do SFI que envolvam locação poderão ser garantidas suplementarmente por anticrese.

Art. 18. O contrato de cessão fiduciária em garantia opera a transferência ao credor da titularidade dos créditos cedidos, até a liquidação da dívida garantida, e conterá, além de outros elementos, os seguintes:

I — o total da dívida ou sua estimativa;

II — o local, a data e a forma de pagamento;

III — a taxa de juros;

IV — a identificação dos direitos creditórios objeto da cessão fiduciária.

Art. 19. Ao credor fiduciário compete o direito de:

I — conservar e recuperar a posse dos títulos representativos dos créditos cedidos, contra qualquer detentor, inclusive o próprio cedente;

II — promover a intimação dos devedores que não paguem ao cedente, enquanto durar a cessão fiduciária;

III — usar das ações, recursos e execuções, judiciais e extrajudiciais, para receber os créditos cedidos e exercer os demais direitos conferidos ao cedente no contrato de alienação do imóvel;

IV — receber diretamente dos devedores os créditos cedidos fiduciariamente.

§ 1º. As importâncias recebidas na forma do inciso IV deste artigo, depois de deduzidas as despesas de cobrança e de administração, serão creditadas ao devedor cedente, na operação objeto da cessão fiduciária, até final liquidação da dívida e encargos, responsabilizando-se o credor fiduciário perante o cedente, como depositário, pelo que receber além do que este lhe devia.

§ 2º. Se as importâncias recebidas, a que se refere o parágrafo anterior, não bastarem para o pagamento integral da dívida e seus encargos, bem como das despesas de cobrança e de administração daqueles créditos, o devedor continuará obrigado a resgatar o saldo remanescente nas condições convencionadas no contrato.

Art. 20. Na hipótese de falência do devedor cedente e se não tiver havido a tradição dos títulos representativos dos créditos cedidos fiduciariamente, ficará assegurada ao cessionário fiduciário a restituição na forma da legislação pertinente.

Parágrafo único. Efetivada a restituição, prosseguirá o cessionário fiduciário no exercício de seus direitos na forma do disposto nesta seção.

Art. 21. São suscetíveis de caução, desde que transmissíveis, os direitos aquisitivos sobre imóvel, ainda que em construção.

§ 1º. O instrumento da caução, a que se refere este artigo, indicará o valor do débito e dos encargos e identificará o imóvel cujos direitos aquisitivos são caucionados.

§ 2º. Referindo-se a caução a direitos aquisitivos de promessa de compra e venda cujo preço ainda não tenha sido integralizado, poderá o credor caucionário, sobrevindo a mora do promissário comprador, promover a execução do seu crédito ou efetivar, sob protesto, o pagamento do saldo da promessa.

§ 3º. Se, nos termos do disposto no parágrafo anterior, o credor efetuar o pagamento, o valor pago, com todos os seus acessórios e eventuais penalidades, será adicionado à dívida garantida pela caução, ressalvado ao credor o direito de executar desde logo o devedor, inclusive pela parcela da dívida assim acrescida.

## Capítulo II — Da Alienação Fiduciária de Coisa Imóvel

Art. 22. A alienação fiduciária regulada por esta Lei é o negócio jurídico pelo qual o devedor, ou fiduciante, com o escopo de garantia, contrata a transferência ao credor, ou fiduciário, da propriedade resolúvel de coisa imóvel.

Parágrafo único. A alienação poderá ser contratada por pessoa física ou jurídica, podendo ter como objeto imóvel concluído ou em construção, não sendo privativa das entidades que operam no SFI.

Art. 23. Constitui-se a propriedade fiduciária de coisa imóvel mediante registro, no competente Registro de Imóveis, do contrato que lhe serve de título.

Parágrafo único. Com a constituição da propriedade fiduciária, dá-se o desdobramento da posse, tornando-se o fiduciante possuidor direto e o fiduciário possuidor indireto da coisa imóvel.

Art. 24. O contrato que serve de título ao negócio fiduciário conterá:

I — o valor do principal da dívida;

II — o prazo e as condições de reposição do empréstimo ou do crédito do fiduciário;

III — a taxa de juros e os encargos incidentes;

IV — a cláusula de constituição da propriedade fiduciária, com a descrição do imóvel objeto da alienação fiduciária e a indicação do título e modo de aquisição;

V — a cláusula assegurando ao fiduciante, enquanto adimplente, a livre utilização, por sua conta e risco, do imóvel objeto da alienação fiduciária;

VI — a indicação, para efeito de venda em público leilão, do valor do imóvel e dos critérios para a respectiva revisão;

VII — a cláusula dispondo sobre os procedimentos de que trata o art. 27.

Art. 25. Com o pagamento da dívida e seus encargos, resolve-se, nos termos deste artigo, a propriedade fiduciária do imóvel.

§ 1º. No prazo de trinta dias, a contar da data de liquidação da dívida, o fiduciário fornecerá o respectivo termo de quitação ao fiduciante, sob pena de multa em favor deste, equivalente a meio por cento ao mês, ou fração, sobre o valor do contrato.

§ 2º. À vista do termo de quitação de que trata o parágrafo anterior, o oficial do competente Registro de Imóveis efetuará o cancelamento do registro da propriedade fiduciária.

Art. 26. Vencida e não paga, no todo ou em parte, a dívida e constituído em mora o fiduciante, consolidar-se-á, nos termos deste artigo, a propriedade do imóvel em nome do fiduciário.

§ 1º. Para os fins do disposto neste artigo, o fiduciante, ou seu representante legal ou procurador regularmente constituído, será intimado, a requerimento do fiduciário, pelo oficial do competente Registro de Imóveis, a satisfazer, no prazo de quinze dias, a prestação vencida e as que se vencerem até a data do pagamento, os juros convencionais, as penalidades e os demais encargos contratuais, os encargos legais, inclusive tributos, as contribuições condominiais imputáveis ao imóvel, além das despesas de cobrança e de intimação.

§ 2º. O contrato definirá o prazo de carência após o qual será expedida a intimação.

§ 3º. A intimação far-se-á pessoalmente ao fiduciante, ou ao seu representante legal ou ao procurador regularmente constituído, podendo ser promovida, por solicitação do oficial do Registro de Imovéis, por oficial de Registro de Títulos e Documentos da comarca da situação do imóvel ou do domicílio de quem deva recebê-la, ou pelo correio com aviso de recebimento.

§ 4º. Quando o fiduciante, ou seu representante legal ou procurador regularmente constituído se encontrar em outro local, incerto e não sabido, o oficial certificará o fato, cabendo, então, ao oficial do competente Registro de Imovéis promover a intimação por edital, publicado por três dias, pelo menos, em um dos jornais de maior circulação local ou noutro de comarca de fácil acesso, se no local não houver imprensa diária.

§ 5º. Purgada a mora no Registro de Imóveis, convalescerá o contrato de alienação fiduciária.

§ 6º. O oficial do Registro de Imóveis, no três dias seguintes à purgação da mora, entregará ao fiduciário as importâncias recebidas, deduzidas as despesas de cobranças e de intimação.

§ 7º. Decorrido o prazo de que trata o § 1º, sem a purgação da mora, o oficial do competente Registro de Imóveis, certificando este fato, promoverá à vista da prova do pagamento, pelo fiduciário, do imposto de transmissão *inter vivos*, o registro, na matrícula do imóvel, da consolidação da propriedade em nome do fiduciário.

Art. 27. Uma vez consolidada a propriedade em seu nome, o fiduciário, no prazo de trinta dias, contados da data do registro de que trata o § 7º do artigo anterior, promoverá público leilão para a alienação do imóvel.

§ 1º. Se, no primeiro público leilão, o maior lance oferecido for inferior ao valor do imóvel, estipulado na forma do inciso VI do art. 24, será realizado o segundo leilão, nos quinze dias seguintes.

§ 2º. No segundo leilão, será aceito o maior lance oferecido, desde que igual ou superior ao valor da dívida, das despesas dos prêmios de seguro, dos encargos legais, inclusive tributos, e das contribuições condominiais.

§ 3º Para os fins do disposto neste artigo, entende-se por:

I — dívida: o saldo devedor da operação de alienação fiduciária, na data do leilão, nele incluídos os juros convencionais, as penalidades e os demais encargos contratuais;

II — despesas: a soma das importâncias correspondentes aos encargos e custas de intimação e as necessárias à realização do público leilão, nestas compreendidas as relativas aos anúncios e à comissão do leiloeiro.

§ 4º. Nos cinco dias que se seguirem à venda do imóvel no leilão, o credor entregará ao devedor a importância que sobejar, considerando-se nela compreendido o valor da indenização de benfeitoria, depois de deduzidos os valores da dívida e das despesas e encargos de que tratam os §§ 2º e 3º, fato esse que importará em recíproca quitação, não se aplicando o disposto na parte final do art. 516 do Código Civil.

§ 5º. Se, no segundo leilão, o maior lance oferecido não for igual ou superior ao valor referido no § 2º, considerar-se-á extinta a dívida e exonerado o credor da obrigação de que trata o § 4º.

§ 6º. Na hipótese de que trata o parágrafo anterior, o credor, no prazo de cinco dias a contar da data do segundo leilão, dará ao devedor quitação da dívida, mediante termo próprio.

Art. 28. A cessão do crédito objeto da alienação fiduciária implicará a transferência, ao cessionário, de todos os direitos e obrigações inerentes à propriedade fiduciária em garantia.

Art. 29. O fiduciante, com anuência expressa do fiduciário, poderá transmitir os direitos de que seja titular sobre o imóvel objeto da alienação fiduciária em garantia, assumindo o adquirente as respectivas obrigações.

Art. 30. É assegurada ao fiduciário, seu cessionário ou sucessores, inclusive o adquirente do imóvel por força do público leilão de que tratam os §§ 1º e 2º do art. 27, a reintegração na posse do imóvel, que será concedida liminarmente, para desocupação em sessenta dias, desde que comprovada, na forma do disposto no art. 26, a consolidação da propriedade em seu nome.

Art. 31. O fiador ou terceiro interessado que pagar a dívida ficará sub-rogado, de pleno direito, no crédito e na propriedade fiduciária.

Art. 32. Na hipótese de insolvência do fiduciante, fica assegurada ao fiduciário a restituição do imóvel alienado fiduciariamente, na forma da legislação pertinente.

Art. 33. Aplicam-se à propriedade fiduciária, no que couber, as disposições dos arts. 647 e 648 do Código Civil.

**Capítulo III — Disposições Gerais e Finais**

Art. 34. Os contratos relativos ao financiamento imobiliário em geral poderão estipular que litígios ou controvérsias entre as partes sejam dirimidos mediante arbitragem, nos termos do disposto na Lei n. 9.307, de 24 de setembro de 1996.

Art. 35. Nas cessões de crédito a que aludem os arts. 3º, 18 e 28, é dispensada a notificação do devedor.

Art. 36. Nos contratos de venda de imóveis a prazo, inclusive alienação fiduciária, de arrendamento mercantil de imóveis, de financiamento imobiliário em geral e nos títulos de que tratam os arts. 6º, 7º e 8º, admitir-se-à, respeitada a legislação pertinente, a estipulação de cláusula de reajuste e das condições e critérios de sua aplicação.

Art. 37. Às operações de arrendamento mercantil de imóveis não se aplica a legislação pertinente à locação de imóveis residenciais, não residenciais ou comerciais.

Art. 38. Os contratos resultantes da aplicação desta Lei, quando celebrados com pessoa física, beneficiária final da operação, poderão ser formalizados por instrumento particular, não se lhe aplicando a norma do art. 134, II, do Código Civil.

Art.39. Às operações de financiamento imobiliário em geral a que se refere esta Lei:

I — não se aplicam as disposições da Lei n. 4.380, de 21 de agosto de 1964, e as demais disposições legais referentes ao Sistema Financeiro da Habitação-SFH;

II — aplicam-se as disposições dos arts. 29 a 41 do Decreto-lei n. 70, de 21 de novembro de 1966.

Art. 40. Os incisos I e II do art.167 da Lei n. 6.015, de 31 de dezembro de 1973, passam a vigorar acrescidos, respectivamente, dos seguintes itens:

"Art. 167. (...)

"I — (...)

"35) da alienação fiduciária em garantia de coisa imóvel.

"II — (...)

"17) do Termo de Securitização de créditos imobiliários, quando submetidos a regime fiduciário."

Art. 41. O Ministro de Estado da Fazenda poderá expedir as instruções que se fizerem necessárias à execução do disposto nesta Lei.

Art. 42. Esta Lei entra em vigor na data de sua publicação.

Brasília, 20 de novembro de 1997; 176ª da Independência e 109ª da República.

Fernando Henrique Cardoso

Pedro Malan

# Atualidades

## COMENTÁRIOS À LEI DE CULTIVARES, N. 9.456, DE 25.4.97 (*DOU* 28.4.97)

NEWTON SILVEIRA

*I — Considerações gerais. II — Do sujeito de direito. III — Do objeto do Direito. IV — Do procedimento administrativo. V — Do cancelamento e da nulidade. VI — Limitações ao direito de exclusividade. VII — Da licença compulsória e do uso público restrito. VIII — Infrações.*

### *I — CONSIDERAÇÕES GERAIS*

Antes mesmo da entrada em vigor da nova lei de propriedade industrial, n. 9.279, de 1996, foi editada a lei brasileira das cultivares.

Sua fonte recente é o tratado da UPOV, em fase de adesão por parte do Brasil. Sua fonte remota é o Código da Propriedade Industrial de 1945, o Dec. 7.903 (publicado no *Diário Oficial* de 29.9.45, com a redação do Dec-Lei n. 8.841, de 27.12.45). Seu art. 3º estabelecia que: "A proteção da propriedade industrial se efetiva mediante: a) concessão de privilégio de: patentes de invenção, modelos de utilidade, desenhos ou modelos industriais, variedades novas de plantas...".

No entanto, a única menção feita naquela lei foi no art. 219: "A proteção das variedades de plantas, previstas no artigo 3º, alínea *a*, deste Código, dependerão de regulamentação especial".

Ao que consta, a matéria nunca foi regulamentada. E ficou assim... até a edição desta nova lei, cujo art. 54 estabelece que "O Poder Executivo regulamentará esta Lei no prazo de 90 dias após sua publicação"...

Apesar de ter sido propugnada a proteção das cultivares como direito autoral (a exemplo da lei especial do *software*), tudo indica que esta lei foi calcada no sistema de propriedade industrial (aliás, boa parte de seus artigos foi copiada do Código de Propriedade Industrial de 1971).

A par da famosa ação do "Rapé Arêa Preta", promovida por Rui Barbosa em 16.4.1874, sua primeira derrota judicial, que, no entanto, gerou a Lei n. 2.682, de 23.10.1875, nossa primeira lei de marcas, Rui teve intensa participação no nascente direito industrial brasileiro. Deputado nas legislaturas de 1873/1880 e 1881/1884, teve oportunidade, nas sessões de 18/19 de agosto de 1880, de combater o privilégio para a fabricação de sulfureto de carbono.

Dario de Bittencourt, in "O direito industrial na vida e na obra de Rui Barbosa" (*Revista da Faculdade de Direito de Porto Alegre,* Ano II, n. 1, 1950, separata), bem descreve o evento: "Atacando o privilégio, alçou a flâmula da livre concorrência no setor industrial, infletindo pelo terreno da química e da agronomia, demonstrando grandes conhecimentos a respeito de tais assuntos".

Relata o autor, citando Gama Cerqueira, que a lei de privilégios de invenção de 1830 era atrasada e imperfeita e vigorou por mais de 50 anos "quase sem aplicação", exigindo completa reforma.

A iniciativa da reforma partiu do Ministro da Agricultura, que apresentou ao Parlamento, em 26.8.1880, um novo projeto de lei, que recebeu parecer de Rui, publicado no *Diário Oficial* de 10.12.1880. Pelo *Diário Oficial* de 18.12, o projeto n. 104 se converteu em lei.

Por essa trilha histórica, descambou o Brasil na Lei n. 9.456, cujos conceitos e normas são de difícil compreensão, apesar de seu constante apelo às normas da propriedade industrial, talvez inadequadas.

## *II — DO SUJEITO DE DIREITO*

Define o art. 3º, I, o *melhorista* como "a *pessoa física* que obtiver *cultivar* e estabelecer *descritores* que a diferenciem das demais" (sobre os conceitos de *cultivar* e *descritor*, ver adiante no título *objeto do direito).*

Assim, o melhorista é o *autor do cultivar.* Não será, necessariamente, o titular do direito.

Surge, no art. 5º, a figura do *obtentor*, definido como "a pessoa física *ou jurídica* que obtiver *nova cultivar* ou *cultivar essencialmente derivada* no País" (sobre o conteúdo das expressões *nova cultivar* ou *cultivar essencialmente derivada*, ver adiante). Essa pessoa física ou jurídica que *tiver obtido cultivar* será o titular do direito. Quando obtido o cultivar por duas ou mais pessoas em cooperação, serão elas "co-obtentores" (art. 5º, § 2º). Quando a obtenção for realizada por *melhoristas* contratados, o *obtentor* será o contratante (art. 5º, § 3º), devendo o pedido de proteção nominar os *melhoristas* (que são os autores da cultivar).

Embora o *caput* do art. 5º se refira à obtenção da cultivar *no País*, o art. 6º permite a concessão do direito a "cultivar proveniente do exterior", para quem tenha proteção assegurada por Tratado em vigor no Brasil ou aos nacionais ou domiciliados no país que assegure reciprocidade de direitos aos brasileiros ou pessoas domiciliadas no Brasil. Para esse fim, o art. 27 regula o *direito de prioridade* (o domiciliado no exterior deverá manter procurador no Brasil para receber notificações administrativas e citações judiciais — art. 50).

Os arts. 38 e 39, calcados na lei de propriedade industrial, regulam a "obtenção ocorrida na vigência do contrato de trabalho ou de prestação de serviços ou outra atividade laboral". Basicamente, a obtenção pertence ao contratante, tendo sido o melhorista contratado para essa finalidade. Se não foi, mas o melhorista utilizou "recursos, dados, meios, materiais, instalações ou equipamentos" do contratante, a cultivar pertencerá a *ambas as partes*, cabendo o direito exclusivo de exploração ao contratante, garantida ao melhorista *a remuneração que for acordada entre as partes* (art. 39). Não seria útil a lei ter previsto um árbitro para o caso de desacordo?

A titularidade da *proteção de cultivar* poderá ser transferida a terceiros mediante averbação (art. 24), a qual só produzirá efeitos em relação a outros terceiros depois de publicada. Embora a lei não se refira à averbação das licenças voluntárias, essa também deveria ser a regra para os fins de dedutibilidade fiscal e remessas para o exterior. Talvez a omissão do legislador tenha a mesma causa que fez a lei de direito autoral confundir *cessão* com *licença*, negócios jurídicos diversos, o que obrigará o Banco Central a baixar norma específica a respeito.

## *III — DO OBJETO DO DIREITO*

*Aparentemente*, o objeto do direito é uma *cultivar*, "considerado(a) *bem móvel* para todos os efeitos legais" (art. 2º).

A cultivar objeto da proteção legal deverá ser uma *nova cultivar* ou uma *cultivar essencialmente derivada.*

Conforme o inc. IV do art. 3º, a cultivar é a *variedade de qualquer gênero e espécie vegetal superior* (se se tratarem de microorganismos, a proteção decorre da lei de propriedade industrial; os animais superiores não encontram tutela nas leis de propriedade intelectual). Deve ser distinta de outras cultivares conhecidas, ter *denominação própria*, ser homogênea e estável, passível de uso pelo *complexo agroflorestal* e *descrita em publicação especializada disponível e acessível ao público*. A *nova cultivar* e a *cultivar essencialmente derivada* estão definidas nos incs. V e IX do art. 3º.

*Na verdade*, o direito exclusivo não é conferido à cultivar, mas à *semente*, definida no inc. XIV como "toda e qualquer estrutura vegetal utilizada na propagação de uma cultivar", ou ao *material propagativo*, definido no inc. XVI como "toda e qualquer parte da planta ou estrutura vegetal utilizada na sua reprodução e multiplicação".

Embora o art. 4º declare "passível de proteção a *nova cultivar* ou a *cultivar essencialmente derivada*, de qualquer gênero ou espécie vegetal", o art. 8º limita a proteção ao "material de reprodução ou de multiplicação vegetativa da planta inteira", que coincide com o conceito legal de *semente*. O art. 9º especifica que o direito exclusivo do titular consiste na "produção com fins comerciais, o oferecimento à venda ou a comercialização, do *material de propagação da cultivar*" (a semente ou material propagativo, nos conceitos legais).

Essa caracterização nos faz pensar em João da Gama Cerqueira, que dividia as invenções em invenções de *produtos* ou de *meios industriais*, os quais, por sua vez, consistiriam em processos de fabricação ou máquinas e instrumentos industriais.

A semente é um *meio* de produção da cultivar. Mas não é uma tecnologia, porque o maquinismo biológico não está na cabeça do ser humano, mas no interior da semente. Não se transfere a tecnologia, mas a semente...

## *IV — DO PROCEDIMENTO ADMINISTRATIVO*

Pelo art. 45 "fica criado, no âmbito do Ministério da Agricultura e do Abastecimento, o *Serviço Nacional de Proteção de Cultivares – SNPC*, a quem compete a proteção de cultivares".

O início de atividade do SNPC depende da regulamentação da lei (§ 1º).

O SNPC deverá manter o Cadastro Nacional de Cultivares Protegidas (§ 2º).

Os arts. 13 a 19 regulam o *pedido de proteção*, que deverá ser submetido ao *órgão competente* (SNPC – art. 45).

O art. 14 estabelece os requisitos do pedido: requerimento, ... o nome da cultivar, relatório descritivo..., declaração garantindo a existência de amostra viva..., nome e endereço do requerente e dos melhoristas, ... extrato capaz de identificar o objeto do pedido. Esse *extrato* será publicado, cabendo *impugnações* de terceiros no prazo de 90 dias (art. 16).

Uma curiosidade do sistema é a *denominação* da cultivar. Já o inc. IV do art. 3º indica como característico da cultivar ter ela denominação própria. Se não a tiver, nem mesmo será uma cultivar para os efeitos legais.

O art. 15 estabelece que "toda cultivar *deverá possuir denominação* que a identifique, destinada a ser sua denominação genérica", devendo ser *única,* diferente de cultivar preexistente e não induzir a erro (como veremos na parte *das infrações*, a denominação não pertence ao titular da cultivar, já que se destina a ser denominação genérica; pertence indiretamente enquanto perdurar o direito exclusivo sobre a própria cultivar).

Conforme o art. 18, "no ato de apresentação do pedido de proteção, proceder-se-á à verificação formal preliminar *quanto à existência de sinonímia* e, se inexistente, será protocolado, desde que devidamente instruído". Será, a seguir, procedido o exame de fundo, de acordo com os §§ do art. 18. Após a publicação (que deverá ocorrer em 60 dias da data da apresentação do pedido), "será concedido, a título precário, Certificado *Provisório* de Proteção, assegurando, ao titular, o *direito de exploração comercial* da cultivar, nos termos desta Lei" (art. 19).

A redação do art. 19 enseja dúvidas. Não poderá o titular explorar comercialmente a cultivar antes de obter o Certificado Provisório? (não consta tal proibição no texto legal). Não seria o direito *exclusivo* de exploração comercial?

Após o exame do pedido, eventuais exigências, impugnações e decisão de eventual recurso, será expedido o *Certificado de Proteção de Cultivar* (art. 20), que deverá ser objeto de divulgação mediante publicação oficial (art. 21). Obtido o certificado provisório ou o definitivo, o titular fica obrigado a manter, durante o *período de proteção,* amostra viva da cultivar e a enviar ao SNPC duas amostras vivas, uma para exame, outra para a *coleção de germoplasma* (art. 22 e parágrafo único).

A proteção da cultivar está sujeita ao pagamento de anuidades "a partir do exercício seguinte ao da data da concessão do Certificado de Proteção" (art. 26).

A proteção da cultivar vigorará *a partir da data de concessão do Certificado Provisório de Proteção* pelo prazo de 15 anos (art. 11). Para certas árvores, a duração será de 18 anos.

De acordo com o art. 40, a proteção da cultivar extingue-se pela expiração do prazo de proteção, pela renúncia do titular ou pelo cancelamento.

## *V — DO CANCELAMENTO E DA NULIDADE*

O art. 42 regula o cancelamento administrativo em casos de perda de homogeneidade ou estabilidade, falta de pagamento de anuidade, por falta de cumprimento das exigências do art. 49 (erro evidente – o art. 49 se refere à obtenção de certidões! – deve ser o art. 50: falta de procuração de titular estrangeiro), pela não apresentação da amostra viva, *pela comprovação de que a cultivar tenha causado, após a sua comercialização, impacto desfavorável ao meio ambiente ou à saúde humana* (atenção ambientalistas!).

A nulidade é regulada nos arts. 43/44, sem esclarecer se é administrativa ou judicial (certamente ambas). É nula a proteção por falta de novidade e distinguibilidade da cultivar, por ter sido concedida contrariando direitos de terceiros, por o título não corresponder ao seu verdadeiro objeto ou por falta do devido procedimento legal.

## *VI — LIMITAÇÕES AO DIREITO DE EXCLUSIVIDADE*

O art. 10 estabelece certas exceções ao direito exclusivo do titular: plantar ou armazenar sementes para uso próprio, usar ou vender o *produto* resultante do plantio da semente protegida, usar a cultivar como fonte de variação no melhoramento genético, multiplicar sementes para *doação ou troca* (sendo pequeno produtor rural e para outros pequenos produtores rurais). O § 1º estabelece condições especiais para a cultura da cana-de-açúcar. O § 2º regulamenta o uso da cultivar como fonte de variação, condicionando à autorização do titular a produção da cultivar derivada ou híbrido. O § 3º define *pequeno produtor rural.*

## *VII — DA LICENÇA COMPULSÓRIA E DO USO PÚBLICO RESTRITO*

O parágrafo único do art. 28 remete a matéria à lei de abuso do poder econômico, n. 8.884, de 1994, art. 21. A licença compulsória tem por fim assegurar a disponibilidade da cultivar no mercado a preços razoáveis, sua regular distribuição e a manutenção de sua qualidade, mediante *remuneração razoável* ao titular do direito.

A competência para a concessão de licença compulsória é delegada ao CADE (art. 31). Declara o art. 33 que "da decisão do CADE que conceder licença requerida não caberá recurso no âmbito da Administração nem medida liminar judicial" (aceitará o Judiciário essa provocação inconstitucional?).

Além da licença compulsória, a lei prevê o instituto do Uso Público Restrito (art. 36) em casos de necessidades da política agrícola, emergência nacional, *abuso do poder econômico,* "ou outras circunstâncias de extrema urgência e em casos de uso público não comercial".

### *VIII — INFRAÇÕES*

A venda, o oferecimento à venda, a reprodução, importação, exportação, embalagem ou armazenamento para esses fins e a cessão a qualquer título (sic) *de material de propagação de cultivar protegida* sem autorização do titular, implica em obrigação de indenizar, apreensão do material e pagamento de multa. Diz o art. 37 que o responsável pela infração incorre, "ainda, *em crime de violação dos direitos do melhorista, sem prejuízo das demais sanções penais cabíveis*".

Como essa *não* é uma típica norma penal, devemos aguardar o novo Código Penal!

O resultado da apreensão será destinado a "agricultores assentados em programas de Reforma Agrária".

Como se vê, para bem aplicar esta lei, deveremos levar em conta a lei de propriedade industrial, a lei de abuso do poder econômico, as leis de meio ambiente e de reforma agrária, pelo menos...

# PROTESTO DE DUPLICATA SIMULADA E PROCEDIMENTOS JUDICIAIS DO SACADO

Celso Barbi Filho

*1. Introdução. 2. O protesto cambiário. 3. O protesto cambiário e a duplicata simulada ou "fria". 4. Os procedimentos do sacado. 5. A legitimação passiva no procedimento judicial do sacado. 6. Procedimentos no exercício do direito de regresso do endossatário. 7. Indenização por danos ao sacado. 8. Breve conclusão.*

## *1. INTRODUÇÃO*

Tema de grande interesse prático e que vem sendo abordado com certa vacilação nos tribunais é o protesto cambiário das chamadas duplicatas simuladas ou "frias". Tais duplicatas, como se sabe, são aquelas sacadas pelo empresário sem que tenha realizado a venda de mercadorias ou a prestação de serviços a que deveriam corresponder os títulos.

Dito procedimento é comumente adotado para o chamado "desconto" desses títulos. As duplicatas são irregularmente criadas por empresários em dificuldades financeiras, a fim de obterem recursos com sua transferência, por endosso traslativo, a bancos ou empresas de *factoring*, que adiantam ao sacador-endossante parte da importância das cártulas, na expectativa de receber seu valor integral do sacado por ocasião do vencimento.

Se o sacado, por nada ter adquirido do sacador, recusa o aceite ou o pagamento da duplicata, o protesto do título será necessário ao portador que, tendo recebido-o por endosso, deseja voltar-se regressivamente contra aquele que, sacando a duplicata, nela obrigou-se anteriormente.

Ocorre que, quem será intimado da realização do protesto e terá seu nome registrado nos assentamentos do cartório e nas certidões respectivas não será o sacador, mas sim o chamado devedor principal que, nos títulos sujeitos a aceite como a letra de câmbio e a duplicata, é o sacado, a despeito de não ter ainda sequer se obrigado cambiariamente.

Assim, quando esse sacado é vítima da emissão contra si de duplicata não correspondente a qualquer relação negocial com o sacador, surge um conflito de direitos tuteláveis entre o sacado vitimado e o portador de boa-fé, relativamente ao protesto do título.

Enquanto o portador necessita do protesto para se voltar contra o sacador-endossante, que lhe transferiu o título não honrado, o sacado vê-se prejudicado, pelo menos do ponto de vista comercial, com o registro de seu nome no protesto de duplicata que não aceitou e de que não é devedor.

Nesses casos, o aludido confronto de interesses jurídicos entre o sacado vitimado e o endossatário de boa-fé, quanto ao protesto da duplicata simulada, tem sido levado aos tribunais, que ainda não definiram solução técnica e justa, que tutele adequadamente os interesses de ambos.

E o tema ganha relevo com a recente edição da Lei n. 9.492/97, que passou a disciplinar vários aspectos do protesto cambiário no Brasil.

Em seqüência dessa Lei vieram polêmicas normatizações regionais como o Provimento n. 30/97, da Corregedoria da Justiça do Estado de São Paulo, que, amparado em norma da própria Lei de Duplicatas (n. 5.474/68, art. 20, § 3º) proíbe aos cartórios daquele Estado lavrarem protestos de duplicatas sem aceite que não estiverem acompanhadas de prova da efetivação da compra e venda ou da prestação de serviços (nota fiscal-fatura e comprovante de entrega da mercadoria ou da prestação do serviço).

Daí porque a questão merece ser melhor analisada no plano doutrinário, justificando ensaios como o presente que, sem pretender definir o que seja acertado, propõe-se apenas a levantar e encaminhar idéias para uma futura solução da controvérsia.

## 2. *O PROTESTO CAMBIÁRIO*

Protestar tem o sentido etimológico de afirmar solenemente ou declarar publicamente um fato. Há em direito pelo menos três tipos de protesto: o cambiário, o falimentar e o judicial.

Os dois primeiros realizam-se por uma serventia de registro público, que é o tabelionato de protestos, podendo, nos termos do art. 1º da Lei n. 9.492/97, efetivar-se quanto a títulos de crédito e "outros documentos de dívida",[1] como, por exemplo, um contrato ou uma sentença judicial. Já o protesto judicial nada tem a ver com isso, sendo apenas manifestação formal de uma parte a outra, feita através do juiz, para se prevenir responsabilidades e ressalvar direitos concernentes a determinado fato jurídico (art. 867 do CPC).

Note-se que, tanto no protesto extrajudicial quanto no judicial, seu autor é quem o requer e não o tabelião ou o juiz, simples agentes do ato público de tutela do interesse privado.[2]

O protesto que aqui interessa é o cambiário. Pode ser definido como o registro formal, de natureza administrativa, praticado por oficial de registro público, o titular do cartório de protestos, sem intervenção judicial, e destinado a comprovar a falta da prática de ato a que estava obrigado o devedor principal de um título ou outro documento de crédito. Esse ato poderá ser o pagamento, o aceite ou a devolução do título, sendo os dois últimos casos aplicáveis às letras de câmbio e duplicatas. O protesto, portanto, na clássica definição de José Maria Whitaker "é o ato oficial pelo qual se prova a não realização da promessa contida no título".[3]

O protesto se faz necessário porque "as obrigações oriundas dos títulos cambiais, entre os quais se encontra a duplicata, envolvem a responsabilidade de várias pessoas, motivo por que a comprovação da falta de aceite ou de pagamento não deve ficar adstrita a uma declaração particular do sacado para o tomador".[4] Assim, o protesto, como registro público, tem finalidade probatória e publicitária, destinando-se a atestar que todos os coobrigados no título tenham ciência, pelo menos presumida, da falta de aceite ou pagamento da cártula, assumindo as conseqüências jurídicas desses fatos sobre as obrigações cambiárias.

É incomum a concorrência de tantos diplomas legais disciplinando um mesmo instituto, como ocorre com o protesto cam-

1. O texto desse dispositivo da nova Lei de Protestos, pela indefinição e incerteza que traz, tem sido criticado pela melhor doutrina, como se vê em Villela, João Baptista, "Inadimplência e descumprimento? A propósito do art. 1º, da Lei n. 9.492/97", *Repertório IOB de Jurisprudência*, São Paulo, n. 3/98, 1ª quinz. fev./98, pp. 68-69.

2. Santos, Cláudio, "Do Protesto de Títulos de Crédito", *RT* 678, 1992, pp. 14-22.

3. Whitaker, José Maria, *Letra de Câmbio*, 3ª, ed., Saraiva, 1942, p. 214.

4. Cunha Peixoto, Carlos Fulgêncio, *Comentários à Lei de Duplicatas*, 1ª ed., Forense, 1970, p. 131.

biário no Brasil. Cronologicamente, tem-se o Decreto n. 2.044/08, em seu art. 28, regulando o prazo e o local do protesto da letra de câmbio e da nota promissória. Na Lei Uniforme de Genebra, promulgada pelo Decreto n. 57.663/66, encontram-se os arts. 44, 45 e 46, prevendo a finalidade do protesto daqueles títulos, os prazos de aviso dos coobrigados de regresso e a possibilidade de dispensa do protesto. A Lei n. 5.474/68, em seus arts. 13, 14 e 20, disciplina o prazo, local e peculiaridades do protesto das duplicatas mercantis e de prestação de serviços. No Código de Processo Civil de 1973, estão os arts. 883 a 885, regulando a forma de intimação do devedor no protesto de títulos, bem como a possibilidade de apreensão judicial de título enviado para aceite ou pagamento e não devolvido, além da prisão civil de quem o reteve indevidamente. Mencione-se ainda a Lei n. 7.357/85, que cuida em seu art. 48 do prazo, local e de outras particularidades do protesto dos cheques.

Surge agora a Lei n. 9.492/97 que, sem revogar expressamente os citados diplomas legais, passa a disciplinar o protesto de títulos e "outros documentos de dívida", definindo-o, em seu art. 1º, como o ato formal e solene pelo qual se prova a inadimplência e o descumprimento de obrigação originada desses títulos e documentos de dívida.

Não se pode concluir que nenhum dos mencionados textos legais esteja integralmente revogado pela nova Lei. Ela cuidou basicamente dos procedimentos internos dos cartórios na lavratura dos protestos, respeitando as normas particulares que existiam sobre o protesto de cada espécie título de crédito. Todavia, destacam-se dois relevantes pontos, que eram disciplinados concorrentemente pelos diplomas anteriormente referidos, e passaram a ter regulamentação única na nova lei, quais sejam, o prazo em que o oficial deve tirar o protesto (art. 12) e os elementos do registro de protesto que constam do respectivo instrumento (art. 22).

Vigentes ainda as normas especiais sobre local e prazo de apresentação a protesto de cada espécie de título, tem-se sobre a duplicata que, de acordo com o art. 13, § 4º, da Lei n. 5.474/68, deve ser levada a protesto nos trinta (30) dias que se seguirem ao vencimento, o que significa dever o título ser entregue ao tabelião de protestos nesse prazo. Recebido o título, o oficial intimará o obrigado principal, sacado, para aceitar, pagar ou justificar porque não o fez, lavrando o protesto em três dias úteis, contados da protocolização do título no cartório.

Até o advento da Lei n. 9.492/97, face ao disposto no art. 25, da Lei de Duplicatas, considerava-se que esse prazo de três dias úteis para a lavratura do protesto era o previsto no art. 28, do Decreto n. 2.044/08, cujo texto, não absolutamente claro, admitia a interpretação de que os dias fossem contados da data em que o devedor recebeu a intimação do protesto, e não daquela em que título deu entrada no cartório. Com efeito, havia nos tribunais o entendimento de que "o prazo de três dias para ser tirado o protesto conta-se a partir da efetiva intimação do sacado. Não se pode contá-lo a partir da apresentação do título em cartório, porque a intimação do devedor pode não ocorrer e ela é da essência do ato".[5]

Essa exegese da Lei Cambial, mais benéfica aos devedores, restou prejudicada pela nova Lei n. 9.492/97, cujo art. 12 foi claro ao estabelecer que "o protesto será registrado dentro de três dias úteis contados da protocolização do título ou documento de dívida". Dispôs mais a nova Lei que, na contagem desse prazo, exclui-se o dia da protocolização e inclui-se o do vencimento, entendendo-se por dias úteis aqueles em que houver expediente bancário com horário normal. Excepcionalmente, quando a intimação for efetivada no último dia do prazo ou além dele, o protesto será tirado no primeiro dia útil seguinte (art. 13).

5. TAPR, AC 65.193-8, Rel. Juiz Rosene Arão de Cristo Pereira, *DJPR* 12.4.96, e *Repertório IOB de Jurisprudência*, 1ª quinz. jun./96, Código 3/12.056.

Conforme dispõe o art. 13, § 4º, da Lei n. 5.474/68, o protesto da duplicata pode ser por falta de pagamento, aceite ou devolução do título, norma coincidente com a do art. 21, da Lei n. 9.492/97. Assim, o protesto cambiário das duplicatas presta-se à comprovação da falta de pagamento do título aceito; da falta de aceite e de pagamento do título não aceito; e ainda da falta de devolução do título remetido ao sacado e não pago, aceito ou restituído.

O protesto da duplicata, ou de qualquer outro título, é sempre facultativo ao seu portador, mas pode lhe ser necessário em quatro situações: se a duplicata não contém aceite, a fim de se suprir tal declaração cambial para execução do título, na forma do art. 15, II, da Lei n. 5.474/68; se o portador é endossatário, com a finalidade de assegurar seu direito de regresso contra o endossante, como determina o já citado art. 13, § 4º, da mesma Lei; se o portador deseja requerer a falência do sacado, aceitante ou não, ou impedir o pedido de concordata preventiva deste, conforme preceitua o Decreto-lei n. 7.661/45, em seus arts. 10, 1º, § 3º e 158, IV; e se o portador deseja constituir em mora do devedor, com fito de cobrar-lhe os encargos correspondentes.

Só o protesto para assegurar direito de regresso contra o endossante tem prazo de realização, devendo efetivar-se em trinta dias do vencimento da duplicata, na forma do citado art. 13, § 4º, da Lei de Duplicatas. Os protestos para suprimento de aceite, previsto no art. 15, inciso II; para pedido de falência, exigido pelo art. 10, do Decreto-lei n. 7.661/45; e para constituição do devedor em mora podem ser tirados a qualquer tempo, tendo como limite máximo de apresentação o último dia do prazo prescricional da ação de execução.[6]

Para a execução singular do aceitante ou de seus avalistas, não é necessário o protesto da duplicata aceita, a não ser com o fim de caracterizar a mora do devedor, fazendo contra ele computarem-se os juros moratórios, na forma do art. 1º, § 3º, do Decreto n. 26.626/33 (Lei de Usura).[7] A correção monetária, a despeito de haver ou não protesto, corre desde o vencimento do título, nos termos do art. 1º, § 1º, da Lei n. 6.899/81, que instituiu a atualização monetária dos débitos judiciais.

O protesto destinado a comprovar a mora do devedor e o chamado protesto especial para a falência são sempre por falta de pagamento.[8] Já aquele tirado para se assegurar o direito de regresso do portador contra os coobrigados será apenas por falta de aceite, quando o sacado recusá-lo, ou por falta de pagamento, quando o aceitante não pagar o título.

O protesto por falta de devolução, que pode ser realizado conjuntamente aos demais, somente se dá quando o título foi enviado ao sacado para aceite ou pagamento e não devolvido. Presta-se o protesto por falta de devolução a justificar a ausência do original da duplicata instruindo a ação de execução[9] ou o pedido de falência, bem como para se pedir a apreensão do título retido, ou até a prisão do sacado, na forma do art. 885, do CPC. De outro lado, os efei-

6. Santos, Cláudio, ob. cit., p. 19.

7. Cunha Peixoto, C.F., ob. cit., p. 132.

8. A doutrina é enfática nesse ponto, como se vê das palavras de Fran Martins, quando assinala que "só o protesto por falta ou recusa de pagamento pode ensejar o pedido de falência do devedor comerciante; o por falta ou recusa de aceite não facultará o pedido de falência, pois, na hipótese o sacado não assumiu nenhuma obrigação no título". *Títulos de Crédito*, v. I, 6ª ed., Forense, 1989, p. 289.

9. Nesse sentido, recente decisão do STJ: "Em tese, a falta dos originais das duplicatas nos autos da execução não constitui vício passível de impugnação via exceção de pré-executividade, tendo em vista que os mesmos podem ser dispensados na hipótese de retenção dos títulos, atendidos os demais requisitos previstos em lei". REsp 40.078-RS, Rel. Min. Sálvio de Figueiredo Teixeira, *DJU* 6.3.98. E também, julgado do 1º Tribunal de Alçada Civil de São Paulo: "Duplicata – Protesto por indicação Desnecessidade da juntada do título original – Execução fundada no próprio instrumento de protesto. Duplicata – Prova da efetiva prestação de serviços e do vínculo contratual – Impossibilidade de apresen-

tos cambiários desse protesto são idênticos àqueles por falta de aceite.[10]

Embora o protesto possa ser tirado por falta de pagamento, aceite ou devolução que, como visto, são fundamentos distintos, com motivos e finalidades diferentes, alguns cartórios adotavam a praxe, tecnicamente incorreta, de efetivar o protesto sempre pelos três motivos ao mesmo tempo: pagamento, aceite e devolução, que já vêm inclusive impressos nas certidões emitidas. Esse procedimento, a princípio, simplifica as providências do credor leigo, que já obtém de uma vez todos os efeitos que poderia pretender com o protesto. Porém, cria outros problemas muito graves, em face da inadequação jurídica de um protesto fundamentado nos três motivos possíveis, quando ele só pode destinar-se a comprovar a obrigação cambial efetivamente descumprida.

Tais problemas ocorrem, comumente, nos casos das chamadas duplicatas simuladas ou "frias".

E a questão ganha mais relevo porque o protesto assumiu no cenário dos negócios função de autêntico atestado de insolvência. Doutrina e jurisprudência reconhecem que a prática comercial deu ao protesto cambiário uma dimensão que não corresponde à sua correta acepção técnica e nem aos seus efeitos jurídicos. Isso decorre, a meu ver, de dois fatores.

O primeiro concerne à possibilidade legal e conhecida de que, tendo o devedor um título protestado, qualquer de seus outros credores possa, com base nesse protesto, pedir sua falência.[11] Contudo, trata-se de uma má interpretação da lei e da alu-dida prática dos cartórios. O protesto que autoriza o pedido de falência é apenas aquele por falta de pagamento, como já referido. Mas, como os cartórios, por vezes, tiram o protesto pelos três motivos, aquele que não se prestaria a tal fim, como o de uma duplicata simulada ou "fria", acaba ensejando a mencionada temeridade de seu registro.

O segundo fator de desvirtuamento do real efeito jurídico do protesto decorre do primeiro, vindo da própria incompreensão do sentido técnico do protesto, que não é feito contra ninguém, sendo apenas um registro público sobre o título. O protesto não significa necessariamente desabono creditício do obrigado principal da duplicata, contra o qual, se não aceito o título e não provada a entrega da mercadoria, nada se pode fazer.

João Eunápio Borges, há muitos anos, já advertia que "o protesto não é feito contra ninguém e destina-se apenas, como prova legal insubstituível, a documentar a falta de aceite ou de pagamento. Tanto assim, que o sacado — a quem a intimação é feita — não é um devedor cambial e, como sacado, nunca poderá ser responsabilizado pelo pagamento da letra que não aceitou, da qual não é signatário".[12]

E, em matéria de duplicatas mercantis e de prestação de serviços, as conseqüências da utilização inadequada do protesto cambiário se fazem sentir de forma especialmente intensa, como se passa a verificar.

### *3. O PROTESTO CAMBIÁRIO E A DUPLICATA SIMULADA OU "FRIA"*

Um expediente comum que se desenvolve em tempos de recessão econômica é a emissão das chamadas duplicatas simula-

tação do título por ter o mesmo ficado retido com o executado – Desnecessidade de extração de triplicata – Regularidade formal do título – Possibilidade de execução – Recurso não provido" (Ag. 740.306-3, Rel. Juiz Roberto Bedaque, *DJSP* 3.9.97, p. 81 e *Repertório IOB de Jurisprudência*, 2ª quinz. fev./98, p. 79).

10. Santos, Cláudio, ob. cit., p. 19.

11. A propósito, veja-se Abrão, Nelson, "Protesto e Direito de Regresso", *RDM* 113, 1975, pp. 113-115 e Santos, Cláudio, ob. cit., p. 22.

12. Borges, João Eunápio, *Títulos de Crédito*, 2ª ed., 5ª tir., Forense, 1975, p. 111. No mesmo sentido, Requião, Rubens, *Curso de Direito Falimentar*, v. I, 14ª ed., Saraiva, 1991, p. 101.

das, vulgarmente conhecidas como "frias", que são títulos não correspondentes a verdadeiras faturas de compra e venda ou prestação de serviços.

Os empresários lançam mão desse procedimento porque, emitindo tais duplicatas, podem negociá-las por via de endosso traslativo com bancos ou empresas de *factoring*, obtendo recursos imediatos, através das chamadas operações de desconto.

Esses títulos simulados são, por vezes, emitidos com base na perspectiva de negócios futuros ou em andamento, que os vendedores têm expectativa de ultimar com potenciais clientes. Assim, é comum que estes confirmem verbalmente aos gerentes de bancos ou *factorings* a existência do relacionamento comercial, sem, contudo, aceitarem as duplicatas descontadas. Outras vezes, os títulos são simulados mesmo, inexistindo qualquer relação negocial entre sacador e sacado.

Os empresários sacam tais duplicatas na esperança de que, quando chegar seu vencimento, já disporão de recursos para resgatá-las junto aos bancos ou *factorings*. Quando assim sucede, nenhum problema há. A discussão só surge quando o título não é saldado no vencimento e o credor/endossatário precisa tomar suas providências legais.

Vejamos, então, alguns dos problemas que ocorrem nesse contexto e sua possível solução jurídica.

De acordo com o art. 13, § 4º, da Lei de Duplicatas, o portador que não tirar o protesto do título em até trinta dias do seu vencimento perderá direito de regresso contra os endossantes e respectivos avalistas.

Com isso, a primeira providência que o credor, banco ou *factoring*, tem a tomar após o vencimento do título é protestá-lo para poder exercer seu direito de regresso contra o sacador/endossante.

A teor dos arts. 14 e 21, § 4º, inc. VII, da Lei n. 9.492/97, que atualmente disciplina protesto cambiário, quem deve ser intimado do protesto, e, portanto, ficar com o nome registrado no respectivo instrumento, é o devedor do título, no caso da duplicata, o aceitante ou, inexistindo aceite, o sacado.

Ocorre que, sendo a duplicata simulada, esse sacado não tem nenhuma obrigação pelo título e será vitimado pelo registro do seu nome no protesto da cártula. Diante disso, é comum em tais casos o sacado sustar, por via judicial, a realização do protesto, movendo a seguir ação para declarar que nada deve ao sacador ou ao endossatário, impedindo-se definitivamente o protesto. O pedido contido nessa ação é, regra geral, pois a duplicata foi simulada.

Contudo, em não se efetivando o protesto da duplicata "fria", como poderá o portador/endossatário exercer seu direito de regresso contra o sacador/endossante, à luz do citado art. 13, § 4º, da Lei n. 5.474/68?

Surge aí uma questão tormentosa, sobre a qual a jurisprudência apresenta incertezas.

Os tribunais, inclusive STF e STJ,[13] nunca negaram o direito do portador/endossatário levar o título a protesto para exercício do regresso cambial, mesmo quando seja uma duplicata simulada. Por isso mesmo, a jurisprudência, tanto daqueles pretórios superiores,[14] quanto das cortes estaduais, repele os pleitos indenizatórios de sacados contra os endossatários que levam duplicatas simuladas a protesto. Assentou-se o entendimento de que "não se pode responsabilizar por perdas e danos o endossatário que leva duplicata a protesto, pois tal ato é necessário para a preservação do direito de regresso contra o sacador/endossante, afastando-se, com isso, qualquer caráter abusivo de conduta".[15]

13. STF, RExtr 97.571-3-RJ, Rel. Min. Neri da Silveira, citado em acórdão do 1º TACSP, *RT* 737, 1997, p. 281, e STJ, REsp 43.849-7-RS, Rel. Min. Sálvio de Figueiredo Teixeira, *DJU* 9.5.94.

14. STJ, REsp 5.337-RJ, Rel. Min. Athos Carneiro, *Revista do Superior Tribunal de Justiça*, v. 21, 1991, p. 329.

15. 1º TACSP, AC 675.631-8, Rel. Juiz Álvares Lobo, *RT* 737, 1997, p. 281.

Entretanto, persiste o problema do sacado vitimado com o protesto da duplicata simulada, pois, a despeito desse protesto não modificar sua situação jurídica, são graves as repercussões na esfera comercial. Os tribunais partiram então para a busca de uma solução para o conflito de interesses entre portador/endossatário e sacado prejudicado, quanto ao protesto da duplicata "fria".

Em acórdãos mais antigos, o STJ reconheceu ser o protesto realmente necessário ao portador/endossatário, face ao art. 13, § 4º, da Lei de Duplicatas, mas ressalvou que "embora legítimo o protesto, poderá a pessoa a quem o ato cartorial haja prejudicado em seu crédito mercantil e em sua reputação, requerer o respectivo cancelamento, após haver o requerente do protesto dele extraído as conseqüências em lei previstas". Esse julgado contém ainda a assertiva de que "a perpetuidade não é inerente ao protesto".[16]

Referida solução judicial, além de não ser técnica, permite que a indefinição persista. Afinal, por quanto tempo ficaria pendente esse protesto? Até o final da execução movida pelo endossatário? Até seu ajuizamento? E como ficaria a situação do sacado nesse entrecho?

Note-se, inclusive que, atualmente, a teor do art. 30, da Lei n. 9.492/97, é vedada ao tabelião a exclusão ou omissão, em suas certidões, de nomes e de protestos, ainda que provisória ou parcial.

No próprio STJ, vieram depois julgados em sentido um pouco diverso, entendendo que o protesto poderia ser impedido judicialmente, mas seus efeitos permaneceriam apenas em relação ao endossante, para ressalva do direito de regresso do credor. Admitiu-se então uma "permissão do protesto apenas concernentemente ao endossante". Entendeu aquela Corte que, "em princípio, cuidando-se de protesto necessário ao ajuizamento de ação regressiva, Lei n. 5.474/68, art. 13, § 4º —, estaria o portador da cambial no exercício regular de um direito. Mas como o protesto visa a comprovar a negativa do aceite, tal negativa já exsurge evidente da propositura da ação de sustação do protesto. Tal ação poderá, pois, em princípio, ser julgada procedente, embora com a expressa ressalva do eventual direito de regresso em caso de endosso por desconto bancário".[17]

Nessa linha, surgiram várias decisões daquela Corte superior, assentando o entendimento de que "declarada nula duplicata sem lastro, com sustação definitiva do pretenso protesto da mesma, faz-se necessário constar ressalva à endossatária da possibilidade de exercer seu direito de regresso contra endossantes e avalistas, uma vez que imprescindível o protesto para tal mister".[18]

Semelhante orientação também teve o 1º TACSP, decidindo ser cabível na ação contra o endossatário apresentante de boa-fé, a sustação definitiva do protesto, com "ressalva do protesto necessário promovido pelo endossatário, para assegurar-se do direito de regresso".[19]

O Ministro Sálvio de Figueiredo Teixeira expressou bem tal entendimento em voto proferido no STJ, no qual diz que "considerando a obrigatoriedade do protesto pelo endossatário para o exercício de seu direito de regresso contra endossante e avalistas, a solução dada pela jurisprudência está em fazer constar expressa ressalva com o escopo de possibilitar o regresso,

16. STJ, REsp 17.227-0-ES, Rel. Min. Athos Carneiro, *DJU* 30.8.93.

17. STJ, REsp 12395-0-SP, *DJU* 2.8.93, no mesmo sentido dessa ressalva, *RTJ* 24/478.

18. STJ, REsp 38.517-MG, *DJU* 10.6.96, Rel. Min. Sálvio de Figueiredo Teixeira. Do mesmo relator nesse sentido, REsp 20.148-MG, *RSTJ* 45/309 e 43.489-RS, *DJU* 9.5.94. Relatados pelos Ministros Eduardo Ribeiro e Costa Leite, respectivamente, REsp 2.166-RS, *DJU* 25.6.90 e 63.212-9-MG, *DJU* 2.10.95.

19. 1º TACSP, AC 558.567-7, Rel. Juiz Campos Mello, *DJSP* 11.10.95, e *Repertório IOB de Jurisprudência*, 1ª quinz. nov./95, Código 3/11.383.

mesmo ante a efetivação do cancelamento do protesto".[20]

Essa solução, todavia, também não me parece a mais acertada juridicamente, porquanto nunca existiram, e agora o art. 30, da Lei n. 9.492/97, deixou bem claro, protesto cambiário parcial, ressalva em protesto sustado, ou protesto apenas contra o endossante.

Surgiu ainda outra linha de entendimento sobre o tema, aplicável ao protesto das duplicatas simuladas ou já pagas, dispensando sua exigência, a despeito da norma expressa do art. 13, § 4º da Lei de Duplicatas. Em acórdão de 1995, a 4ª Turma do STJ decidiu que "o sacado que não aceita duplicata já paga tem o direito de ver reconhecida em juízo a inexigibilidade do título, mesmo com endosso pleno em favor de estabelecimento bancário. Em relação ao banco, é ressalvado o direito de regresso contra o endossante, independentemente de protesto".[21]

A posição desse julgado, relativo a duplicata já paga mas aplicável ao título simulado, pois em ambos inexiste o aceite ou o débito do sacado, segue um raciocínio coerente, de que o ato inequívoco do sacado, buscando a sustação ou a anulação judicial do protesto, evidencia sua recusa no cumprimento da obrigação que lhe é atribuída no título, suprindo os efeitos que fazem o protesto necessário ao portador/endossatário.

E a tendência foi seguida em acórdãos posteriores e recentes, como um relatado pelo Ministro Waldemar Zveiter, julgando que "o protesto constitui peça dispensável em casos de duplicatas emitidas sem causa, ressalvado, expressamente, o direito de regresso do endossatário."[22] No corpo desse aresto são indicados outros procedentes daquela Corte na linha de que "a jurisprudência do STJ acolhe o entendimento no sentido de que a duplicata sem aceite, posto que esvaziada de seu conteúdo causal, uma vez endossada, o endossatário, mesmo sem protesto, poderá exercer o direito de regresso".[23]

Nesse sentido, vale menção ainda a julgado do TARS, que concluiu ser "razoável e criativa a sentença que, comprovada a não-perfectibilização da compra e venda, reconhece a nulidade da duplicata em relação à sacada, admitindo, na decisão, independentemente da realização do protesto, o direito regressivo dos endossatários do título. Protesto obrigatório que se mostra, assim, inócuo e desnecessário" (TARS, AC 197.054.521, Rel. Juiz Ricardo Raupp Ruschel, *RJTARS* 104/370, dez. 97).

Paralelamente, algumas Cortes estaduais, como o TAMG, têm acórdãos na mesma linha, mas quanto ao suprimento do protesto pela recusa do sacado, ao aceite e pagamento, manifestada pelo seu ingresso em juízo. Em caso de título não simulado, sem aceite, acompanhado de prova da entrega da mercadoria, julgou-se que "a duplicata não aceita, acompanhada de documentos comprobatórios da entrega e recebimento da mercadoria e do encaminhamento do título a protesto, não tirado em virtude de liminar em ação cautelar de sustação ajuizada pelo devedor, é título hábil ao processo de execução, consoante o art. 15, II, *a*, *b* e *c*, da Lei 5.474/68".[24]

Dito raciocínio coaduna-se com a conclusão, já há muito prevalecente na jurisprudência, de que o ajuizamento da ação de anulação do título não impede sua execução. Este entendimento, a propósito, construído para a celeridade da justiça e contra os expedientes de devedores inescrupulosos, acabou convertido em norma legal, presente no art. 585, § 1º, do CPC, com a redação que recebeu após a reforma de 1994.

Entretanto, nenhuma dessas posições resolve técnica e juridicamente o proble-

20. STJ, REsp 38.517-MG. Rel. Min. Sálvio de Figueiredo Teixeira, *DJU* 10.6.96.

21. STJ, REsp 55.072-6-MG, Rel. Min. Ruy Rosado de Aguiar, *DJU* 12.6.95.

22. STJ, AgReg 131.963-PR, Rel. Min. Waldemar Zveiter, *DJU* 3.11.97.

23. STJ, REsp 57.249-MG, Rel. Min. Waldemar Zveiter, *DJU* 22.5.95.

24. TAMG, AC 216.968-8, Rel. Juiz Ximenes Carneiro, *DJMG* 17.9.96.

ma do protesto da duplicata simulada para efeito de se assegurar o direito de regresso do endossatário de boa-fé, na forma do art. 13, § 4º, da Lei n. 5.474/68. Afinal, a necessidade de o portador/endossatário tirar o protesto do título para assegurar sua ação contra os coobrigados de regresso é um princípio cambial secular, que, no Brasil, já vem desde o Decreto n. 2.044, de 1908 (art. 32), passando pela Lei Uniforme de Genebra (art. 40), e presente na Lei n. 5.474/68 (art. 13, § 4º). O protesto destina-se a comprovar formalmente perante os coobrigados na cártula a recusa de aceite ou de pagamento pelo sacado, assegurando ao portador a cobrança regressiva.

Por outro lado, quando o devedor obtém a sustação judicial do protesto, o correto é que nenhum de seus efeitos se produza. A ordem liminar é de sustação do ato formal, sem qualquer ressalva. Assim, não me parece acertado o entendimento da jurisprudência de que se têm por supridos os efeitos do protesto judicialmente sustado pelo sacado da duplicata simulada.

A meu ver, o problema decorre de um equívoco jurídico na interpretação das modalidades do protesto e de seus efeitos. O protesto para se assegurar ao endossatário o exercício do direito de regresso não tem que ser necessariamente por falta de pagamento, podendo sê-lo apenas pela ausência do aceite. E, no caso da duplicada simulada, antes de inexistir pagamento, não há aceite.

Pedro Vieira Mota, examinando a questão há algum tempo atrás, anotava que "muitas vezes será vantajoso protestar o título contra a vítima da fraude, que não assinou o título, ou contra o incapaz, que o assinou ilegalmente. Isso acontecerá quando essa vítima ou esse incapaz figurarem no título como devedor principal, e o possuidor do título precisar protestá-lo para ressalva de direito regressivo. Tal protesto será regular? Sim, e poderá ser tirado por falta de aceite, pois servirá para resguardar direito de regresso, uma das finalidades do protesto. Seria porém irregular, e deveria sustar-se se fosse por falta de pagamento, pois viria compelir a pagamento que não se obrigou, contrariando os fins do protesto".[25]

A solução pois, sob o aspecto jurídico, é simples e está na lei. O protesto da duplicata simulada, levado a efeito pelo portador/endossatário de boa-fé deve ser apenas por falta de aceite, e não de pagamento. E esse protesto por falta de aceite, que inclusive dispensa a posterior apresentação a pagamento e o próprio protesto por falta de pagamento,[26] não pode, juridicamente, causar nenhum efeito contra o sacado, pois não se presta a fundamentar pedido de sua falência e nem para se promover a execução do suposto crédito.

Isso porque, se o aceite foi justificadamente recusado, com base em um dos motivos do art. 8º da Lei de Duplicatas, ele é insuprível e, mesmo protestado o título, nada se pode fazer contra o sacado. Como ensinava João Eunápio Borges, "se a mercadoria não foi recebida, ou não é a mesma que foi adquirida, ou se o valor da duplicata não corresponde ao que foi pactuado, em tais casos, o comprador pode recusar tranqüilamente o seu aceite. A lei o ampara, e o aceite recusado por um dos motivos do art. 8º é, para todos os efeitos, insuprível. Protestada ou não a duplicata, nenhuma obrigação resultará para o comprador".[27]

O problema, pois, vem, entre outros fatores, da praxe inadequada de alguns cartórios de sempre fazerem o protesto das duplicatas pelos três motivos ao mesmo tempo: aceite, devolução e pagamento.

Essa questão foi muito bem analisada e resolvida em acórdão do Tribunal de Alçada do Estado de Minas Gerais, relatado pelo Juiz Wander Marotta, no qual asseverou-se "revelar-se abusivo o protesto por falta de pagamento contra o sacado que não

25. Mota, Pedro Vieira, *Sustação do Protesto Cambial*, 6ª ed., São Paulo, Saraiva, 1984, p. 43.
26. Santos, Cláudio, ob. cit., p. 20, citando Cláudio Martins.
27. Borges, João Eunápio, ob. cit., p. 217.

assinou a duplicata, sendo regular apenas o protesto por falta de aceite, a fim de resguardar o direito de regresso do endossatário".[28] Em seu voto, o Relator observa que "seria o protesto, em princípio, exercício regular de direito, a fim de resguardar o direito de regresso do endossatário frente ao endossante. Mas não qualquer protesto, e sim o protesto por falta de aceite".

O próprio STJ tem precedente nesse sentido, em julgado no qual se concluiu que "o protesto por falta de aceite é ato lícito, praticado no exercício regular de um direito, e não pode dar causa à obrigação de indenizar".[29]

Pontes de Miranda, analisando o problema do exercício do direito de regresso na duplicata descontada, cita antigo acórdão da 1ª Turma do STF, que elucida bem a questão. Segundo nossa Corte maior, como "título formal, a duplicata só pode dar lugar à cobrança executiva quando integrada em seus elementos constitutivos. E, sendo-lhe aplicáveis as regras regulamentares da cambial, é bem de ver que a ação cambiária somente poderá surgir da assinatura, aposta pelo obrigado. Isto, entretanto, não impede que, antes do implemento da formalidade do aceite, possa o título girar pelo endosso. Tocará, então, ao endossatário providenciar sobre a integração. E foi o que, na espécie, fez o banco portador, notificando o sacado para o aceite, sob pena de protesto, que, dada a recusa, foi levado a efeito. O ato é incensurável, e por isso mesmo não passível de originar reparação. Se o título, uma vez emitido, pode ser descontado, conquanto não completo com a assinatura do sacado-comprador, este o assinará, ou deixará de fazê-lo. Na primeira hipótese, fará brotar uma dívida líquida e certa, a merecer cobrança pelo executivo. Na segunda, dando as razões da recusa, por certo que não se obrigará cambiariamente, mas dará oportunidade para o protesto por falta de aceite. E esse protesto está previsto em lei, quer como prova do não aceite, quer para o regresso contra o endossador. Descontado o título, o portador só poderá agir contra o endossante provando a recusa do aceite, recusa só a tornar-se certa com a prática da medida estabelecida em lei (art. 13 da Lei n. 2.044). Nem se diga que o sacado tinha motivo para não lançar o aceite. Esse motivo subsistirá com a declaração, mas não excluirá o protesto, que a lei garante ao portador".[30]

Portanto, tecnicamente falando, o correto procedimento do portador/endossatário da duplicata simulada que não foi paga no vencimento é proceder ao seu protesto exclusivamente por falta de aceite, para assegurar o direito de regresso contra o sacador/endossante, sem qualquer comprometimento jurídico para o sacado vitimado.

Note-se, contudo, que, a teor do art. 21, § 1º, da Lei n. 9.492/97, o protesto por falta de aceite somente poderá ser efetuado antes do vencimento da obrigação e após o decurso do prazo legal para o aceite ou a devolução. Assim, cabe ao portador/endossatário da duplicada "descontada" observar o disposto no art. 6º, § 2º, da Lei n. 5.474/68, e, em até dez dias do recebimento do título, remeter aviso de que a duplicata foi endossada e aguarda aceite. Se o sacado não vier aceitar o título nem informar as razões da sua recusa em dez dias do aviso, deverá o portador/endossatário tirar o protesto exclusivamente por falta de aceite para exercício do direito de regresso.

Assim sendo, cumpre ao endossatário diligenciar para só receber duplicatas endossadas sem aceite até no máximo vinte dias antes do seu vencimento, para que possa cumprir os prazos acima referidos.

Demonstra-se assim que, do ponto de vista estritamente técnico-jurídico, cabe ao

28. TAMG, AC 199.230-3, Rel. Juiz Wander Marotta, *DJMG* 8.2.96.

29. STJ, REsp 5.337-RJ, Rel. Min. Athos Carneiro, *Revista do Superior Tribunal de Justiça*, v. 21, 1991, p. 329.

30. Pontes de Miranda, Francisco Cavalcanti, *Tratado de Direito Privado*, v. XXXVI, Rio de Janeiro, Borsói, 1961, § 4.018, n. 3, pp. 60-61.

endossatário de boa-fé, portador de duplicata simulada, avisar ao sacado, na forma e prazos da Lei n. 5.474/68, para que aceite o título, e só então tirar seu protesto, antes do vencimento, exclusivamente por falta de aceite, habilitando-se a exercer seu regular direito de regresso contra o sacador/endossante que lhe transferiu a cártula. Tal protesto, como visto, é essencialmente legítimo para o portador exercer seu direito de regresso e não invade a esfera jurídica do sacado.

Apesar de ser esse o procedimento legal e correto para o protesto da duplicata simulada pelo endossatário de boa-fé, sem prejudicar direitos do sacado vitimado, bem se sabe do abalo que, no contexto atual, o protesto cambiário traz ao comerciante, seja qual for o seu motivo.

Como bem assinalou o Juiz Wander Marotta no acórdão do TAMG há pouco citado, "é correto que o protesto não cria direitos, mas a inocorrência de efeitos jurídicos não afasta as indesejáveis conseqüências práticas que o protesto origina, denegrindo o conceito do comerciante". O Ex-Ministro Cáudio Santos, também observando o desvirtuamento do instituto, constatou que o protesto "passou a ser usado como cobrança, como ameaça de ruína ao comerciante, honesto ou desonesto, ou como estorvo ao cidadão na obtenção do crédito, através da distribuição de informações pelos serviços de proteção ao crédito".[31]

Não vingaram as propostas, como de Nelson Abrão, para que o protesto fosse legalmente substituído como meio de prova do inadimplemento necessário ao exercício do direito de regresso.[32]

Por causa disso, o problema do protesto da duplicata, simulada ou não, para exercício do direito de regresso do endossatário contra os coobrigados tem sido enfrentado pela jurisprudência, inclusive do STJ, sob a ótica dos reflexos comerciais, e não jurídicos, desse ato.

Se a questão fosse analisada na perspectiva exclusivamente jurídica, reconhecer-se-ia ao portador/endossatário da duplicata simulada o direito de, antes do vencimento e depois de notificado o sacado, requerer o protesto do título apenas por falta de aceite, para o legítimo exercício do seu direito de regresso, e que, como visto, não gera conseqüência jurídica alguma para o sacado vitimado.[33]

Nesse impasse entre efeitos jurídicos e comerciais do protesto cambiário, talvez a reflexão dos tribunais e doutrinadores sobre o assunto devesse buscar a própria conscientização dos empresários, que negam crédito pela simples existência do registro de protesto, sem indagar sobre os motivos daquele registro ou de suas conseqüências reais.

E, mais ainda, da atitude abusiva e inconseqüente dos órgãos de cadastro de crédito, que coletam e divulgam informações parciais a seus consulentes, deixando de noticiar adequadamente os registros apurados, diferenciando bem a motivação e as implicações jurídicas dos protestos que divulgam.

## *4. OS PROCEDIMENTOS DO SACADO*

Analisando a questão pelo outro lado, há uma vítima inocente dos efeitos comerciais do protesto da duplicata simulada: o sacado, que necessita então resguardar seus direitos.

Intimado da iminente realização do protesto, o sacado da duplicata simulada

31. Santos, Cláudio, ob. cit., p. 21.

32. Abrão, Nelson. *Protesto e...*, cit., pp. 113-115

33. Mesmo sabendo-se que esse protesto exclusivamente por falta de aceite não gera qualquer conseqüência jurídica para o sacado, há decisões entendendo que ele é absolutamente descabido quando a duplicata é simulada, e condenando o portador a pagar perdas e danos. Nesse sentido, acórdão do Tribunal de Justiça da antiga Guanabara, na Apelação 10.397, Rel. Des. Osni Ferreira, *Revista Forense*, v. 204, p. 162.

pode tomar atitudes administrativas ou judiciais.

### 4.1 *Procedimentos administrativos*

De acordo com o disposto no art. 14, da Lei n. 5.474/68, o instrumento de protesto da duplicata conterá os requisitos enumerados no art. 29, do Decreto n. 2.044/08, hoje presentes no art. 22, da Lei n. 9.492/97, que agora disciplina o protesto cambiário no direito brasileiro. Entre esses requisitos está, no inciso IV do citado art. 22, a resposta dada pelo sacado quanto à intimação para pagar, aceitar ou devolver o título sob pena de protesto. E, de acordo com o art. 8º, da Lei n. 5.474/68, o sacado pode deixar de aceitar a duplicata por não recebimento das mercadorias ou dos serviços.

Dessa forma, inexistindo comprovante de entrega da mercadoria ou da prestação do serviço, pois a duplicata é simulada, nada impede que o sacado, intimado da iminente realização do protesto, simplesmente compareça ao cartório respectivo e justifique porque não aceita nem paga o título. Tal justificativa constará da certidão de protesto, a teor do art. 22, IV, da Lei n. 9.492/97, e o credor não poderá executar ou pedir a falência do sacado, mesmo que lavrado o protesto.

O mesmo se diga quando o título não for simulado, mas houver vícios ou diferenças quantitativas ou qualitativas na mercadoria. Para tal hipótese, contudo, o comprador tem que devolver a duplicata recebida para aceite e pagamento no prazo de dez dias de sua apresentação com a justificativa de porque não o aceitou, na forma do art. 7º, da Lei n. 5.484/68. No entanto, intimado do protesto, pode simplesmente responder ao tabelião porque não aceita nem paga o título, e o credor não poderá executá-lo ou pedir sua falência, tendo em vista a previsão do art. 15, II, *c*, da Lei de Duplicatas.

Destaquem-se ainda as hipóteses de erro de procedimento do portador quanto ao protesto. São casos como o de protesto por falta de aceite de título já vencido, agora vedado pelo art. 21, § 1º, da Lei n. 9.492/97; título enviado pelo emitente para aceite mais de 30 (trinta) dias após a emissão, ou enviado pela instituição financeira mais de 10 (dez) dias após o recebimento da cártula, situações que violam o art. 6º, da Lei n. 5.474/68. Em tais hipóteses, o sacado pode legitimamente recusar a declaração cambial face ao erro procedimental do emitente ou do portador, prejudicial aos direitos do sacado.

Entretanto, como já exposto, os sacados das duplicatas simuladas, por razões comerciais e não jurídicas, preferem que o protesto não seja lavrado, ainda que o mesmo não tenha efeitos jurídicos contra o suposto devedor.

Teoricamente, os tabeliães de protesto poderiam deixar de lavrá-lo frente à justificativa apresentada pelo sacado para a recusa de aceite ou pagamento.[34] Entretanto, na prática isso não ocorre, pois os oficiais preferem não atrair para si a discussão relativa ao título, e só deixam de lavrar o protesto mediante ordem judicial. Surge aí o conhecido problema da sustação judicial do protesto.

### 4.2 *Procedimentos judiciais*

Houve inicialmente na jurisprudência um entendimento de que a sustação judicial do protesto não seria juridicamente possível. Todavia, com o passar do tempo e o trabalho de juristas como Pedro Vieira Mota,[35] consolidou-se nos tribunais e na doutrina que o protesto cambiário pode ser sustado por ordem judicial.

Esse pleito de sustação do protesto é usualmente formulado por via de ação cautelar, aforada urgentemente quando o sacado recebe a intimação do cartório para pagar o título sob pena de protesto. A ordem

34. Martins, Fran, *Títulos...*, cit., p. 310.
35. Mota, Pedro Vieira, ob. cit.

judicial liminar tem que ser obtida e cumprida, por óbvio, no prazo legal de 3 dias úteis da protocolização do título no Cartório (art. 12 da Lei 9.492/97), antes que o protesto seja tirado. Como bem anota o Ministro Cláudio Santos, "a sustação, obviamente, deve ser pleiteada antes de efetivado o protesto, sob pena de quedar sem razão de ser",[36] posto que, após lavrado o registro público nos assentamentos do tabelião, só poderá ser objeto de cancelamento ou anulação judicial.[37]

Assim, se já registrado o protesto, descabe falar-se em sustação, mas sim em cancelamento ou anulação. E tal cancelamento não poderá se dar por medida acautelatória ou precária, face à natureza de registro público do protesto. Nessas hipóteses, a jurisprudência tem admitido que, "já efetuada a lavratura do ato, deve ser consignada restrição à publicidade frente a terceiros".[38] Todavia, esse tipo de provimento cautelar encontra óbice, a meu ver, no art. 30, da vigente Lei n. 9.492/97, que veda aos oficiais de protestos a emissão de certidões que excluam ou omitam nomes e protestos, ainda que provisória ou parcialmente.

Para o deferimento da sustação, é comum a exigência pelo juízo de depósito em dinheiro. A tal propósito, na XI Reunião de Juízes de Varas Cíveis de São Paulo, aprovou-se a resolução de que "nas sustações de protesto, sugere-se cuidadoso exame do pedido, impondo-se, como regra, o depósito da quantia". Mas a jurisprudência tem pendido para aceitar caução real ou fidejussória (art. 804 CPC) judicial, a fim de não prejudicar o sacado vítima da duplicata simulada e com eventual dificuldade de liquidez. A esse propósito, cumpre assinalar que caução é gênero do qual são espécies todas as formas de garantia, sejam reais, como a hipoteca, o penhor ou o depósito, ou fidejussórias, como a fiança ou o aval. Assim sendo, a caução de um imóvel, por exemplo, tem que se traduzir, ainda que posteriormente, na outorga de uma hipoteca, a de um bem móvel na constituição de um penhor etc., sob pena de que não haja caução efetiva.

Isto feito, no prazo de trinta dias da efetivação da medida cautelar, terá que ser proposta a competente ação principal, sob pena de perda de eficácia da ordem judicial de sustação (arts. 806/808 CPC), com conseqüente lavratura do protesto.

Com o advento do instituto da tutela antecipada, previsto no art. 273, do CPC, parece-me que a sustação do protesto pode ser judicialmente deferida por antecipação de tutela. Com efeito, a sustação é um provimento que antecipa os efeitos do pleito principal de impedimento definitivo do protesto. Ao mesmo tempo, é um provimento tipicamente reversível. Assim, sempre que o julgador convencer-se da verossimilhança do direito invocado na ação e, trazendo o protesto, pelo menos no plano comercial, fundado receio de dano de difícil reparação, infere-se ser perfeitamente cabível a sustação de protesto por antecipação de tutela.

A tal respeito, oportuno citar algumas palavras de Luiz Guilherme Marinoni, processualista paranaense que tem se destacado no estudo da antecipação de tutela. Anota ele que "a tutela de sustação de protesto, em caso de inexistência de relação jurídica, é tutela antecipatória preventiva. A tutela visa a impedir que seja praticado um ato enquanto pende a demanda que irá deixar clara a sua ilegitimidade. A tutela de sustação de protesto, no caso de demanda desconstitutiva, também é antecipatória, já que impede a prática de um ato que não poderia ser efetivado se já houvesse sido pronunciada a desconstituição".[39]

Vale destacar pelo efeito prático que, com a sustação do protesto por antecipa-

36. Santos, Cláudio, ob. cit., p. 20.

37. Lei n. 6.690/79, arts. 2º e 4º.

38. TARS, AGI n. 197076965.

39. Marinoni, Luiz Guilherme. "Tutela Antecipatória nas Ações Declaratória e Constitutiva", *Genesis Revista de Direito Processual Civil*, v. 4, Curitiba, 1997, p. 80.

ção de tutela na ação em que se formula o pleito declaratório ou desconstitutivo da cobrança ilegítima, já fica previamente resolvida a questão da necessidade de propositura tempestiva (trinta dias) da ação principal, quando a sustação se dá por via de medida cautelar preparatória.

Sustado o protesto, por medida cautelar ou antecipação de tutela, ou mesmo ordenada a restrição de sua publicidade frente a terceiros (ao arrepio do art. 30, da Lei n. 9.492/97), haverá um pleito principal aduzido em juízo. Mas que pleito será esse?

Sendo a cobrança da duplicata simulada promovida por um endossatário de boa-fé, como é comum, a ação a ser movida pelo sacado atenderá ao rito ordinário ou sumário, na Justiça Comum, ou no Juizado Especial, conforme o valor do título em questão, e terá por pedido, a declaração de inexistência de relação de débito/crédito entre o sacado e o sacador. Será, portanto, uma ação declaratória negativa.

É comum na prática forense denominar-se tal ação de "anulatória de título de crédito", ou pior, formular-se pedido de anulação da duplicata simulada. Tal procedimento é duplamente equivocado, embora aceito pela jurisprudência.

Primeiramente, porque ação anulatória de título de crédito é um procedimento especial, previsto nos arts. 36 do Decreto n. 2.044/08 e 907 e seguintes do CPC, cabível nas hipóteses de desapossamento injusto, extravio ou destruição do título, e destinado à obtenção de sentença que o substitua. Essa ação, cuja legitimidade é do portador do título extraviado ou destruído nada tem a ver, portanto, com aquela a ser movida pelo sacado de uma duplicata simulada, que não se encontra extraviada ou destruída, e que não se quer ver substituída por sentença. Não se pode dar a um pleito judicial que nada tenha a ver com esse procedimento especial a sua denominação.

Em segundo lugar, e com maior relevância, o pedido judicial de anulação da duplicata simulada endossada é totalmente incabível porque nela há uma relação cambiária autônoma, existente entre o sacador/endossante e o portador/endossatário. Tal relação é perfeita e nada tem a ver com a eventual inexistência de causa para o título. Como bem anotava Tullio Ascarelli, a entrega da mercadoria é condição de regularidade da emissão da duplicata, mas não de sua validade.[40]

Interessante esclarecimento sobre tal problema é encontrado em julgado do Tribunal de Alçada do Estado de Minas Gerais, quando o Juiz Garcia Leão anotou em seu voto que "não é cabível, no caso (da duplicata simulada), a ação de anulação do título, porque está revestido das formalidades legais necessárias à sua criação, não sendo, por isso, passível de anulação, pois não encerra defeito de forma. A alegação de que não existe base para a sua emissão é outro problema, que encontra solução por meio da ação de inexistência de débito ou outra com o mesmo objetivo, mas não embasa pedido anulatório, pois isso tem a ver apenas com defeitos formais, no caso inexistentes".[41]

Na jurisprudência do Superior Tribunal de Justiça também se encontram precedentes esclarecedores a esse respeito, em julgados nos quais entendeu-se que, "não havendo satisfatória comprovação da realização do negócio mercantil subjacente,

40. Nesse sentido, rejeitando o pleito de nulidade da duplicata simulada quando existe endossatário de boa-fé, 1º TACSP, AC 326.686, Rel. Juiz Reis Kuntz, 27.6.84, onde se concluiu: "O apelante, endossatário que é, se constituiu num credor caucionário e terceiro de boa-fé, porquanto não lhe era obrigado a exigir da endossante prova do negócio subjacente ou o aceite da sacada". Pacheco, José Ernani de Carvalho, ob. cit., p. 112. Também na mesma linha o já citado acórdão do TAMG na AC 199.230-3, Rel. Juiz Wander Marotta, *DJMG* 8.2.96, em que se concluiu: "É válida a duplicata emitida sem a efetiva entrega da mercadoria, inexistindo, todavia, obrigação do sacado que não aceitou a cártula, podendo o endossatário exercer seus direitos somente contra quem se vinculou cambialmente".

41. TAMG, AC 104.237-5, 3.12.90, Rel. Juiz Garcia Leão, vencido.

impende declarar-se a inexigibilidade das duplicatas em relação ao sacado, embora válidos seus efeitos no que tange ao exercício do direito de regresso pelo banco endossatário contra o sacador endossante".[42]

Diferente, contudo, é a situação quando o título ainda não circulou, isto é, se inexistiu endosso e, por conseqüência, relação cambiária autônoma. Aqui seria possível tanto o pedido declaratório de inexistência de débito do sacado perante o sacador, quanto o pedido desconstitutivo de anulação do título. Nessa situação admite-se o pleito anulatório porque ele não afeta outras relações cambiárias autônomas, de vez que o título não circulou. Mas anulação do título é apenas o pedido e não a denominação da ação, sob pena de que se confunda o pleito com o citado procedimento especial dos arts. 36 do Decreto n. 2.044/08 e 907 e seguintes do CPC, que, como visto, nada têm a ver com duplicata simulada.

## 5. *A LEGITIMAÇÃO PASSIVA NO PROCEDIMENTO JUDICIAL DO SACADO*

Ao propor ação judicial contra a cobrança indevida da duplicata simulada, o sacado depara-se com outra questão tormentosa: contra quem o pleito é dirigido. Isto é, devem figurar no pólo passivo tanto o sacador/endossante quanto o endossatário que levou o título a protesto, ou apenas o primeiro.

O problema tem grande relevo prático, porque comumente as duplicatas simuladas são cobradas pelos bancos ou empresas de *factoring*, que as recebem por endosso nas operações creditícias realizadas com os sacadores e, diante da recusa do sacado ao pagamento, levam o título a protesto para o exercício do direito de regresso (art. 13, § 4º, da Lei n. 5.474/68).

42. REsp 20.148-MG (*RSTJ* 43/309) e 43.489-RS (*DJU* 9.5.94), Rel. Min. Sálvio de Figueiredo Teixeira.

Nesse contexto, é comum que os sacados direcionem seus pleitos judiciais de sustação do protesto e declaração negativa de débito (ou da malsinada "anulação" do título) contra sacador/endossante e o endossatário.

O endossatário, presumivelmente de boa-fé, busca então sua exclusão da lide, pois apenas leva o título a protesto para exercer seu legítimo direito de regresso contra o sacador/endossante. Surge então boa e conhecida controvérsia na jurisprudência.

A questão tem que ser resolvida a partir da modalidade do endosso pelo qual a duplicata simulada foi transferida ao portador que a levou a protesto. A vigente Lei de Duplicatas não contém dispositivo sobre o endosso, limitando-se a admiti-lo quando prevê, em seu art. 2º, que o título deve conter a cláusula à ordem. À luz do seu art. 25, aplicam-se às duplicatas os dispositivos da Lei Uniforme de Genebra concernentes à circulação dos títulos, pelo que a disciplina do endosso das duplicatas é a mesma das letras de câmbio.

Segundo bem esclarece Fran Martins,[43] a Lei Uniforme de Genebra (arts. 15, 18 e 19) venceu o princípio vigente no Decreto n. 2.044/08 (arts. 8º e 43), de que o endosso cambial sempre transfere a propriedade do título e dos direitos nele incorporados, obrigando o endossante pelo aceite e pagamento da cártula.

Com efeito, admite-se no regime da LUG que o endosso possa ser dado sem garantia de aceite e pagamento (art. 15), que seja um endosso-mandato, aposto apenas para que o endossatário cobre, em nome do endossante, os direitos emergentes da letra (art. 18), ou ainda um endosso-caução, pelo qual o título é transferido em garantia do pagamento de outra obrigação (art. 19).

Disso infere-se que o endosso de uma duplicata, simulada ou não, pode ser pleno, sem garantia, por mandato ou em cau-

43. Martins, Fran, *Títulos...*, cit., p. 161.

ção. E, a eventual inclusão do endossatário no pólo passivo da ação a ser movida pelo sacado do título vai depender da modalidade desse endosso. Vejamos cada uma delas.

### *5.1 Endosso pleno ou traslativo*

Se o endosso for pleno, ou seja, se transferir a propriedade e os direitos emergentes da duplicata simulada, com responsabilidade do endossante por seu aceite e pagamento, como ocorre no desconto bancário, fica evidente que ambos, endossatário e endossante, deverão figurar no pólo passivo das ações judiciais destinadas à sustação do protesto e à declaração de inexistência de débito do sacado. Até porque o endossatário de boa-fé deverá defender a necessidade do protesto do título para o exercício do direito de regresso e o descabimento de sua anulação (se for requerida), em face da existência da relação cambiária autônoma entre ele e o sacador/endossante.

Nesse sentido, a jurisprudência admite a presença do endossatário no pólo passivo da relação processual, como se vê de recente julgado do STJ, concluindo que "o banco endossatário – que recebeu por endosso traslativo duplicata sem causa, correndo os riscos do negócio, e a leva a protesto, que vem a ser sustado em juízo, em ações promovidas pela sacada contra o endossante e o endossatário, — responde pelos ônus da sucumbência juntamente com o endossante".[44]

O Tribunal de Alçada de Minas Gerais também decidiu ser "a empresa de 'factoring' parte legítima passiva na ação anulatória de duplicata, em face de seu interesse jurídico na solução da causa, porquanto, na qualidade de endossatária do título, sub-roga-se nos direitos do credor, não podendo ser excluída da lide, sob pena de cerceamento de defesa".[45]

Não obstante, há entendimento contrário no próprio STJ, onde já se julgou que, "não sendo oponíveis exceções de direito pessoal, existentes entre credor e devedor, à endossatária de boa-fé, instituição financeira que descontou o título, injustificável tê-la como parte no processo".[46]

A meu ver, este último julgado não espelha a exegese mais acertada do tema pois, como dito, o endossatário pleno tem interesse e obrigações legítimas na defesa da necessidade do protesto da duplicata (por falta de aceite), para exercício do direito de regresso, e na proteção à validade do título para preservação de sua relação cambial autônoma com o sacador endossante.

### *5.2 Endosso sem garantia*

Como se sabe, a LUG, em seu art. 15, admite seja o título de crédito transferido por endosso sem que o endossante se responsabilize por seu aceite e pagamento. E tal disciplina aplica-se às duplicatas, em face do disposto no art. 25, da Lei n. 5.474/68.

O endosso sem garantia, aliás, deveria ser a única forma de se transferir títulos às empresas de *factoring*. Com efeito, não sendo elas instituições financeiras, não podem realizar operações de crédito, "descontando" títulos por endosso pleno e assegurando seu regresso contra o endossante, mas apenas efetuar operações de risco, "comprando" títulos, que lhe são transferidos por endosso sem garantia.[47]

44. STJ, REsp 123.073-GO, Rel. Min. Ruy Rosado de Aguiar, *DJU* 1, 27.10.97, p. 54.811 e *Repertório IOB de Jurisprudência*, São Paulo, 1ª quinz. dez./97, p. 463.

45. TAMG, AC 184.831-7, Rel. Juiz Cruz Quintão, *DJMG*, 11.8.95, p. 15, e *Repertório IOB de Jurisprudência*, 2ª quinz. set./95, p. 283.

46. STJ, REsp 38.517-MG, Rel. Min. Sálvio de Figueiredo Teixeira, *DJU* 10.6.96.

47. Lei n. 4.595/64, art. 17, que define as instituições financeiras e suas atividades. Veja-se a respeito, Carmo, Eduardo de Sousa, "Endosso sem Garantia e *Factoring*", *RDM* 71, p. 55. Na jurispru-

Aqui, podem ocorrer duas situações. A do endossante da duplicata que é também seu sacador e a do endossante que recebeu o título por endosso do sacador, tranferindo-o depois ao endossatário.

Na primeira hipótese, a despeito do endosso ser sem garantia, o endossante tem a sua responsabilidade cambial como sacador. Assim, terá que figurar no pólo passivo da ação judicial de sustação do protesto e declaração da inexistência do débito. Já na segunda situação, sendo o endosso sem garantia e não estando o endossante obrigado por qualquer outra declaração cambial (como o saque), ele não responde pelo aceite nem pelo pagamento. Dessa forma, a ação judicial deverá ser endereçada somente contra o endossatário apresentante do título.

Vale lembrar aqui preciosa conclusão do Prof. Eduardo de Sousa Carmo sobre essas duas possíveis situações no endosso sem garantia: "É preciso dizer, de modo claro e inequívoco que, se o faturizado (endossante) negociar com a sociedade de fomento comercial tão apenas como endossante de título de crédito, a este ele não se vinculará. Mas, se se obrigar no documento, representando tantas ou quantas figuras cambiais, responderá pelas suas outras assinaturas". Esclarece ainda o saudoso professor mineiro que "o portador poderá exercer o direito de cobrança do valor consignado no documento de todos os demais coobrigados cambiais, solidariamente, inclusive da pessoa física ou jurídica, que endossou o título, sem garantia, desde que tenha ela também firmado o documento como sacadora, avalista do sacador, aceitante ou avalista do aceitante".[48]

Assim, o endossante da duplicata figurará ou não no pólo passivo da ação judicial movida pelo sacado, conforme seja ou não, simultaneamente, sacador do título, ou tenha nele assumido outra obrigação cambial além do endosso.

Mas, em qualquer caso, o pleito judicial será de declaração da inexistência do débito do sacado e nunca de anulação da duplicata, pois, como visto, haverá necessariamente no endosso sem garantia relações cambiárias autônomas entre o endossatário e o sacador ou outros coobrigados cambiais, o que impede a desconstituição da cártula.

### 5.3 *Endosso-mandato*

De acordo com o art. 18 da LUG, aplicável às duplicatas pelo art. 27 de sua Lei, o título pode ser transferido ao endossatário apenas para que este realize a cobrança do mesmo, bastando, para tanto, que o endosso contenha a menção "valor a cobrar", "para cobrança", ou qualquer outra que evidencie o mandato.

Nessa hipótese, o endossatário portador do título não exerce direito próprio, mas sim do endossante que lhe transferiu a duplicata para simples recebimento. É uma prática comum nos serviços de cobrança bancária, em que o sacador/endossante não desconta o título junto ao banco, mas apenas contrata sua prestação de serviços para cobrança. A tal propósito, já decidiu o Tribunal de Justiça do Distrito Federal que "o estabelecimento bancário que recebeu o título apenas para cobrança não é credor, mas mero procurador, sendo válido o pagamento efetuado diretamente ao endossante, verdadeiro titular do crédito".[49]

dência, o entendimento é pacífico, como se vê de acórdão do TJRGS: "O contrato de faturização caracteriza-se pelo risco que corre o faturizador com a aquisição dos créditos do faturizado. Risco porque a falta de pagamento, pelo devedor do título, não acarreta o direito de regresso contra o faturizado". AC. 596146035, Rel. Des. Osvaldo Stefanello, *Revista de Jurisprudência do Tribunal de Justiça do Rio Grande do Sul*, v. 185, 1997, p. 285. No mesmo sentido, as lições de Arnaldo Rizzardo e Caio Mário da Silva Pereira, citadas no referido acórdão.

48. Carmo, Eduardo de Sousa, ob. cit., p. 60.

49. TJDF, AC 42.896/96, Rel. Des. Maria Beatriz Parrilha, *DJU* 3, 29.10.97 e *Repertório IOB de Jurisprudência*, 2ª quinz. nov./97, p. 445.

Com isso, fica evidente que a eventual ação judicial do sacado vitimado com a cobrança indevida de duplicata simulada não poderá dirigir-se contra o endossatário/mandatário. Como prevê o próprio art. 18 da LUG, só se pode invocar contra o portador as exceções oponíveis ao endossante. O endossatário/mandatário não adquire a propriedade da letra e não é titular dos direitos dela emergentes, pelo que não pode ser réu nos pleitos judiciais formulados pelo sacado.

Em face dessa realidade legal e conceitual, a jurisprudência do STJ revela-se bem definida no sentido de que "a segunda parte do art. 18 da Lei Uniforme, que confere aos coobrigados o direito de opor ao endossatário-mandatário apenas as exceções oponíveis ao endossante-mandante, não confere legitimação passiva àquele para responder em juízo perante o coobrigado, mas tão-somente assegura ao devedor o direito de defesa plena caso seja acionado pelo endossatário-mandatário em nome do endossante-mandante."

Por isso mesmo, em outros julgados daquela Corte tem-se como consolidado "o entendimento de que o endosso-mandato, não transferindo a propriedade do título, desqualifica o endossatário-mandatário como parte passiva em ação cautelar para sustação do protesto de título de crédito".[50]

Todavia, há que se atentar para a forma pela qual o mandato efetivou-se. Com efeito, é comum que a contratação dos serviços de cobrança bancária seja feita por instrumento à parte, em que se pactua a entrega de títulos para simples cobrança, sem que conste da cártula a natureza do endosso. Tal estipulação, por óbvio, só tem validade *inter-partes*. Para que o sacado não se submeta a ela, é imperativo que conste do título em questão a referência expressa à transferência "para cobrança". Rubens Requião adverte para a importância de que conste do endosso-mandato a cláusula esclarecedora de sua natureza — "para cobrança", "valor em cobrança" ou "por procuração".[51] Isso porque, se assim não o for, o endosso é pleno perante o sacado que não tinha como saber de sua natureza, tendo, portanto, legítimo direito — e até necessidade — de acionar o portador/endossatário, que não poderá, nessa hipótese, ser excluído da lide ao argumento de ser mero mandatário do emitente/endossante.

Por tal razão, não fazem a melhor exegese do tema julgados em que se aceita como válido frente ao sacado, para efeito de exclusão do portador/endossatário-mandatário da lide, o mandato constituído em instrumento à parte da cártula. Foi o que ocorreu em decisão do Tribunal de Alçada do Estado de Minas Gerais, relatada pelo Juiz Herondes Andrade, quando se concluiu que "sendo, sem dúvida nenhuma, aconselhável, não é, contudo, obrigatória aquela cláusula expressando a finalidade do endosso (procuração, caução, fiduciário) no próprio título, podendo constar de documento à parte e, até mesmo, no caso do endosso-mandato, ser inferida do procedimento do endossatário, que, ao cobrá-lo, demonstre agir como seu proprietário ou como mero intermediário".[52]

### *5.4 Endosso-caução*

Cumpre examinar ainda a hipótese do endosso-caução, sobre o qual se verificam algumas controvérsias conceituais nos julgados.

50. STJ, REsp 73.473-GO, Rel. Min. Carlos Alberto Menezes Direito, *DJU* 9.6.97, e *Repertório IOB de Jurisprudência*, 1ª quinz. jul./97, p. 248, e ainda REsp 52.937-GO, *DJU* 3.2.97.

51. Requião, Rubens, ob. cit., p. 342.

52. TAMG, AC 177.768-8, Rel. Juiz Herondes de Andrade, *DJMG*, 2.8.94. Na mesma linha de entendimento, acórdão do 1º TACSP, julgando que "o endosso, ainda que não contenha as expressões 'para cobrança' e 'por procuração', estando inserida determinação de seu pagar ao endossatário ou à sua ordem, pode ser considerado com a única finalidade de cobrança, sem que se configure como ato traslativo da propriedade do título", *RT* 658, p. 117.

Ao tempo do Decreto n. 2.044/08, discutia-se sobre a possibilidade de constituição de penhor sobre os títulos de crédito, que não era previsto naquele diploma. Com o advento do Código Civil (arts. 789/795) e do Decreto n. 19.473/30, que regula os conhecimentos de transportes (art. 4º), o endosso pignoratício passou a ser generalizadamente admitido pela doutrina, sendo o penhor dos títulos de crédito denominado caução ou penhor cedular. Na vigência da LUG, a discussão acabou, passando o instituto a ser expressamente previsto no art. 19.

Pelo endosso-caução, aplicável às duplicatas por força do art. 25, da Lei n. 5.474/68, o portador transfere o título a um credor seu em garantia do pagamento de dívida. Este credor, na condição de endossatário pignoratício, pode praticar todos os atos necessários à defesa e conservação dos direitos emergentes do título sob sua posse. E, entre os direitos do portador-endossatário-credor está o de receber a importância dos títulos caucionados em pagamento de seu crédito, devendo restituir ao devedor-endossante o que tiver recebido além do que este lhe devia (arts. 792, IV, e 793, do Código Civil).

Lamentavelmente, é comum na prática bancária o recebimento de duplicatas simuladas para a caução de empréstimos. Teoricamente, o emitente-devedor-endossante deveria saldar seu débito antes do vencimento, impedindo a cobrança do título caucionado contra o sacado. Contudo, quando esse resgate tempestivo da dívida não ocorre, o banco leva o título a protesto, ensejando ações judiciais do sacado, contra o protesto e a cobrança que lhe é dirigida. Essas ações deveriam então ser propostas conjuntamente contra emitente-endossante e portador-endossatário?

Muitos entendem que o endosso-caução é apenas uma subespécie de endosso-mandato. Magarinos Torres anotova que "o endosso penhor é um endosso-procuração restritivo. A entrega da nota promissória com a cláusula de penhor cria um mandato condicional, para que o endossatário a tenha pelo proprietário até que seja paga a outra dívida. O título dado em garantia continua a ser propriedade do endossador".[53]

Nessa linha, encontrou difusão nos tribunais o entendimento de que "ao fazer a caução, o devedor-caucionante transfere o título ao credor mediante endosso. Esse endosso equivale à constituição de um mandato, autorizando o credor pignoratício a receber, em nome do mandante, o título, a imputar a importância recebida na dívida e a compensá-la com seu crédito, devolvendo ao credor o remanescente, se houver".[54]

Tal concepção levaria a se ter por ilegítima a inclusão do endossatário-caucionado no pólo passivo de ações judiciais eventualmente movidas pelo sacado contra a cobrança de uma duplicata simulada, pois, como visto e demonstrado anteriormente, o endossatário-mandatário age apenas em nome do endossante-mandante, não podendo ser envolvido em eventuais discussões judiciais.

Contudo, não me parece que seja o entendimento mais correto. O endosso-mandato não se confunde com o endosso-caução. Conforme já examinado, pela regra prevista no art. 18, da LUG, para o endosso-mandato, os coobrigados só podem invocar contra o endossatário-mandatário exceções que eram oponíveis ao endossante-mandante. No caso do endosso-caução, diferentemente, o art. 19 determina que os coobrigados não podem alegar contra o portador/endossatário as exceções oponíveis ao endossante-caucionante, salvo se aquele tiver procedido de má-fé. Essa, aliás, é a regra geral da inoponibilidade de exceções prevista no art. 17, da LUG, para o endosso pleno.

Isso significa que, embora o penhor cedular não acarrete transferência da propriedade do título, os demais efeitos cam-

53. Torres, Magarinos, ob. cit., n. 109.

54. TJES, AC 024960026979, de 29.10.96, Rel. Des. Pedro Valls Feu Rosa, *JUIS-Jurisprudência Informatizada Saraiva* 07, p. 1.

biais decorrentes do endosso-caução aproximam-se, nesse aspecto, aos do próprio endosso pleno, distanciando-se daqueles do endosso-mandato.

Por essa razão, julgados do STJ têm ressaltado a distinção entre os endossos pleno, mandato e caução, para concluir que neste último o endossatário-caucionado tem legitimidade passiva para figurar nas ações movidas pelo sacado. Assim já decidiu aquela Corte que, "no endosso decorrente de desconto bancário, o protesto do título poderia ser considerado necessário ao resguardo da pretensão regressiva, a teor do art. 13, § 4º, da Lei 5.474/68. No simples endosso-mandato, responsável é exclusivamente o mandante pelos atos praticados por sua ordem pelo banco endossatário. Mas, no endosso de títulos em caução, garantindo financiamento concedido ao endossante e servindo sua cobrança para a liquidação total ou parcial da dívida, em tal caso apresenta-se a responsabilidade civil do sacado da duplicata 'fria', e do banco que a recebeu em caução e que, embora advertido, veio a protestá-la".[55]

O endosso-caução acarreta, assim, a aquisição de um direito próprio pelo endossatário, que assume todas as prerrogativas e ônus dessa aquisição. Nesse sentido, vem se pacificando no STJ o entendimento de que "o banco que leva a protesto duplicata sem causa, recebida em caução, pode figurar no pólo passivo da ação anulatória promovida pelo sacado, com ressalva do direito de o Banco endossatário agir contra o endossante".[56]

Na mesma linha decidiu o 1º Tribunal de Alçada Civil de São Paulo, entendendo que "no endosso-caução, o endossatário exerce direito que lhe é próprio, assegurado pelo título creditício, não sendo mero representante do credor originário".[57]

A conclusão é, portanto, de que, no endosso-caução, ficando o portador-endossatário-caucionado investido dos mesmos direitos do emitente-endossante-caucionante, a eventual ação judicial do sacado vitimado pela cobrança de título simulado deve ser endereçada contra os dois, endossatário e endossante.

Mencione-se, por fim, que os bancos, quando recebem duplicatas em endosso-caução, devem exigir do sacador-caucionante-endossante, que comprove a notificação do sacado sobre a caução oferecida, conforme exigem os arts. 792, II e 795, do Código Civil. Tal notificação, além de evidenciar desde logo eventual caráter simulado da duplicata, evita ainda que o sacado não avisado pague legítima e validamente o débito ao sacador-caucionante-endossante da duplicata não simulada. Tal pagamento, se inexistente a notificação, é perfeitamente válido, conforme orienta a jurisprudência.[58]

### *6. PROCEDIMENTOS NO EXERCÍCIO DO DIREITO DE REGRESSO DO ENDOSSATÁRIO*

Nas operações de desconto bancário de duplicatas, os títulos são transferidos às instituições financeiras por endosso traslativo ou pleno. Assim, o endossatário torna-se efetivamente o proprietário da duplica-

55. STJ, REsp 12128-RJ, Rel. Min. Athos Gusmão Carneiro, *DJU* 21.9.92, p. 15.694. No mesmo sentido o REsp 3266-PR, Rel. Min. Fontes de Alencar, *DJU* 25.11.91, p. 17.078, julgando que "É parte legítima para estar no pólo passivo da ação de anulação de título de crédito quem o tenha recebido através de endosso-caução". E ainda a AC 340.758, da 7ª Câm. do TJSP, *RT* 604/85, relatada pelo Des. Luiz de Azevedo, concluindo que "o portador de duplicata recebida com endosso-caução é parte legítima ativa ou passiva, conforme o caso, para litigar em função de direitos e ações que dela resultarem".

56. STJ, REsp 123.560-GO, Rel., Min. Ruy Rosado de Aguiar, *DJU* 30.3.98.

57. *RT* 669, p. 106.

58. 1º TACSP, AC 436.329-8, Rel. Juiz Vasconcellos Pereira, *RT* 681, p. 118, demonstrando que "o devedor da duplicata precisa ter ciência de a quem se deve dirigir a fim de realizar o pagamento. Se não recebe aviso do estabelecimento bancário, credor pela caução, haverá de procurar aquele perante quem se obrigou como adquirente das mercadorias e, pois, como sacado".

ta, podendo exercer todos os direitos dela decorrentes, inclusive o de regresso, contra o endossante.

Fica óbvio, portanto, que, nessas operações de desconto de duplicata, a cártula tem que ser efetivamente emitida e entregue ao banco, pois só nela pode ser aposto o endosso traslativo que transfere sua propriedade ao endossatário. Descabe falar aqui na hipótese de supressão documental da duplicata, porquanto o que o emitente do título faz não é simples cobrança bancária de seu crédito, mas recebimento antecipado do mesmo mediante contração de um débito junto ao banco pelo desconto da duplicata.

Sendo simulada ou "fria" a duplicata endossada, o banco endossatário, ao tentar cobrá-la do sacado no vencimento, não receberá o valor e não terá ação contra aquele, porquanto inexiste comprovante de entrega da mercadoria ou da prestação do serviço.

Assim, deverá o banco endossatário levar o título a protesto no prazo de até trinta dias do vencimento, consoante os art. 13, § 4º, da Lei n. 5.474/68, para assegurar seu direito regressivo contra o endossante sacador. Esse protesto deveria ser exclusivamente por falta de aceite, pelas razões já anteriormente demonstradas, e realizado até o vencimento, na forma do art. 21, § 2º, da Lei n. 9.492/97. Mas, se já vencido o título terá que ser por falta de pagamento, com todos os riscos desse procedimento que, como visto, a essa altura será irregular. Não obstante, o protesto, mesmo por falta de pagamento, será imprescindível para habilitar o endossatário a exercer seu direito de regresso contra o endossante.

Esse direito autônomo de regresso nada tem a ver com a entrega das mercadorias. Ele decorre da criação e transferência da duplicata simulada que, a despeito de irregular é perfeitamente válida entre endossante e endossatário. Como bem anota Carlos Fulgêncio da Cunha Peixoto, "cada signatário da duplicata é um devedor autônomo e independente, que nada tem a ver com os demais. De forma que, contra qualquer deles, pode ser promovida a ação para o reembolso da totalidade da dívida. (....) Protestando o título dentro de trinta dias a partir de seu vencimento, mantém o portador íntegro seu direito contra todos os participantes da duplicata".[59]

Na jurisprudência, o Tribunal de Alçada do Estado de Minas Gerais já decidiu que "o sacador, na condição de endossante da duplicata levada a desconto, responde perante o banco pelo pagamento do título, devidamente protestado, não podendo alegar, para eximir-se da obrigação, falta de aceite ou de comprovante da entrega da mercadoria, por se tratar de defesa própria do sacado".[60]

Não obstante essa realidade cambiária, alguns gerentes de banco, por falta de conhecimentos jurídicos mais detalhados, recebem duplicatas sem aceite, por endosso traslativo de seus clientes em dificuldades financeiras, que as emitem e descontam para fazer dinheiro. Ao recebê-las, tais gerentes limitam-se a confirmar por telefone com os sacados a procedência desses créditos, na maioria das vezes ainda inexistentes e relacionados com transações comerciais em andamento. Quando os títulos não são pagos nos seus vencimentos, os bancos querem cobrar os títulos dos sacados, que tinham apenas confirmado verbalmente a existência de operações rotineiras com os sacadores-endossantes. Aí descobrem que os títulos sem aceite ou comprovação da entrega das mercadorias ou serviços nada valem contra os sacados.

Cabe aí uma reflexão prática das instituições financeiras. Se o que se busca são garantias de sacados solventes nessas operações de crédito, têm os bancos que exigir dos sacadores endossantes o aceite dos sacados nas duplicatas, ou o comprovante de

59. Cunha Peixoto. Carlos Fulgêncio, ob. cit., pp. 147 e 138.

60. TAMG, AC 204.497-3, Rel. Juiz Aloysio Nogueira, *DJMG* 3.5.96.

entrega das mercadorias ou da prestação dos serviços a que se referem os títulos endossados. Caso contrário, o direito dos bancos endossantes é exclusivamente contra o sacador-endossante, inteiramente autônomo daquele que existiria contra o sacado se a duplicata não fosse simulada.

Na execução judicial das duplicatas endossadas para desconto bancário, deve o banco endossante apresentar tão somente o original das cártulas de que conste o endosso translatício da propriedade dos títulos, e as certidões comprobatórias de seu protesto cambiário no prazo de até trinta dias do vencimento, previsto no art. 13, § 4º, da Lei n. 5.474/68.

### *6.1 Falta de devolução do título enviado para aceite*

Uma questão que merece referência quanto às duplicatas endossadas para desconto bancário refere-se à possibilidade de o banco endossatário enviar os originais dos títulos para aceite e pagamento pelos sacados e estes não aceitarem, pagarem ou devolverem as cártulas.

Tal procedimento não é o mais seguro por parte dos bancos, porquanto, se não devolvido o título, ainda que se faça o protesto do mesmo por indicação, o endossatário não terá ação executiva contra o sacador endossante, porquanto inexistente o original da duplicata no qual se apôs o endosso.

Mas, de qualquer forma, será assegurado ao endossatário ação ordinária de cobrança contra o endossante, conforme decisão do STJ[61] que confirmou acórdão do Tribunal de Justiça do Estado de Santa Catarina.

Nesses casos, o mais adequado é o banco reter consigo o original da duplicata endossada, comunicando ao sacado, em até dez dias do recebimento do título, na forma do art. 6º, § 2º, da Lei n. 5.474/68, que a duplicata foi endossada e aguarda aceite. Se o sacado não vier aceitar o título nem informar as razões da sua recusa em dez dias do aviso, deverá o portador/endossatário tirar o protesto exclusivamente por falta de aceite para exercício do seu direito de regresso, podendo então executar a duplicata contra o endossante.

## *7. INDENIZAÇÃO POR DANOS AO SACADO*

Último aspecto sobre a duplicata simulada que merece relevo é o direito do sacado a ser indenizado por prejuízos morais e materiais decorrentes da emissão e do protesto do título.

O saque e eventual protesto de duplicata simulada pode causar dano à imagem, reputação e até à credibilidade do sacado. Isso não se dá em função dos efeitos jurídicos do protesto que, como sabido, não afetam o sacado que não aceitou o título. A questão decorre dos conhecidos e propalados efeitos comerciais do protesto cambiário.

Conforme demonstrado, o protesto cambiário de uma duplicata simulada por falta de aceite, com a finalidade legítima de assegurar ao endossatário seu direito de regresso contra o sacador-endossante, não poderia caracterizar ato ensejador de qualquer direito reparatório por parte do sacado. Contudo, tendo em vista que, na forma do art. 21, § 1º, da Lei n. 9.492/97, esse protesto não é mais possível após o vencimento do título, e que os efeitos comerciais do protesto se fazem sentir, a despeito do motivo que o enseja, em face do registro do nome do sacado no assentamento respectivo, torna-se forçoso admitir-se o direito indenizatório ao sacado vitimado com o protesto de título "frio" contra ele emitido.

Os danos que esse sacado pode postular são de natureza material e moral. Os danos materiais são aqueles que decorrem da comprovação dos prejuízos efetivamente

61. STJ, REsp 58.614-SC, Rel. Min. Carlos Alberto Menezes Direito, *DJU* 24.3.97.

sofridos com o abalo de crédito decorrente do protesto. É o caso, por exemplo, da perda de uma concorrência pública pela não obtenção da certidão negativa de protestos. Já os danos morais referem ao prejuízo extrapatrimonial que defluem do protesto, relativos ao constrangimento, vexame, degradação pública da imagem etc.

Comumente, o sacado da duplicata simulada é pessoa jurídica, porquanto são as empresas que inspiram no endossatário, banco ou *factoring*, a credibilidade que o leva a descontar o título. Indagar-se-ia, pois, se as pessoas jurídicas poderiam ser vítimas de danos morais. A jurisprudência tem respondido em sentido afirmativo, entendendo que "a ofensa à imagem e à reputação de pessoa jurídica enseja reconhecimento de dano moral, ainda que não apresente reflexo patrimonial."[62]

No que tange especificamente ao dano moral decorrente do protesto "indevido" de títulos de crédito, tem se decidido que "a honra objetiva da pessoa jurídica, consoante entendimento consagrado pelo Superior Tribunal de Justiça, pode ser ofendida pelo protesto indevido do título cambial, cabendo indenização pelo dano expatrimonial daí decorrente".[63] E, de fato, os julgados do STJ têm assentado que "a honra objetiva da pessoa jurídica pode ser ofendida pelo protesto indevido de título cambial."[64]

Quanto à quantificação do dano, se for material, decorre da prova apresentada pelo autor da ação, dos prejuízos efetivamente sofridos em face do protesto do título simulado ou que, por outra razão, não era devido.

Nessas hipóteses, a jurisprudência pende para o arbitramento da indenização do prejuízo sofrido, na forma do art. 1.553, do Código Civil, tomando-se como referência o evento danoso. Por exemplo, se o sacado prova que ficou impossibilitado de participar de uma licitação ou firmar um contrato em face do protesto indevido, considera-se como base indenizatória o valor do negócio perdido. Se o sacado teve que depositar o valor do título em juízo para sustar seu protesto, pode-se ainda arbitrar perdas e danos pelo tempo em que perdurou tal depósito, tendo em vista os prejuízos que a indisponibilidade do dinheiro causou.[65]

Já se o dano for moral, inexiste critério próprio na lei para a definição do valor. Alguns julgados arbitram valores aleatórios, ou fixados por critérios analógicos a outras espécies de dano moral.[66]

A meu ver, cuidando-se na espécie de lesão relacionada a título de crédito, a melhor forma de estipular o valor do dano é com base no próprio valor da duplicata. Nesse sentido, Tribunal de Alçada do Estado de Minas Gerais, admitindo o direito da pessoa jurídica em postular dano moral por protesto indevido de título, entendeu ser "razoável a fixação do dano moral em dez vezes o valor do título protestado".[67]

62. TJRS, EI 597025691, Rel. Des. Paulo Augusto Monte Lopes, *Revista de Jurisprudência do TJRS*, v. 182, Porto Alegre, 1997, p. 387.

63. TJRJ, AC 8.203/96, Rel. Des. Sérgio Cavalieri Filho, *DJRJ*, 19.6.97, p. 187, e *Repertório IOB de Jurisprudência*, 2ª quinz. ago./97, Código 3/13.498, p. 313. Também admitindo o dano moral à pessoa jurídica por protesto indevido de título, acórdão do TAMG na AC 246.075-7, Rel. Juiz Francisco Bueno, *DJMG* 20.2.98 e 28.2.98.

64. STJ, REsp 58.660-7-MG, Rel. Min. Waldemar Zveiter, *DJU* 22.9.97. No mesmo sentido REsp 60.033-2, *DJU* 27.11.95, admitindo o dano moral à pessoa jurídica, acórdão do TAMG na AC 246.075-7, Rel. Juiz Francisco Bueno, *DJMG* 20.2.98 e 28.2.98.

65. Nesse sentido, acórdão do STF *Revista Trimestral de Jurisprudência*, Brasília, v. 108, p. 185.

66. Considerando-se as dificuldades da positivação, traços, contornos do "dano moral", há julgados que entendem dever-se levar em conta para a sua fixação a regra do art. 84 do Código Brasileiro de Telecomunicações (Lei 4.117/62) que prevê a reparação do dano moral de 5 a 100 salários mínimos, por injúria, difamação, calúnia, considerando-se ainda o art. 52 da Lei de Imprensa (Lei 5.250/67), que permite o arbitramento do dano moral até 200 salários mínimos, sendo também matéria de ponderação os dispositivos dos arts. 4º e 5º da Lei de Introdução ao Código Civil.

67. TAMG, AC n. 224.947-4, Rel. Juiz Maciel Pereira, *DJMG* 13.8.97.

Vale ainda assinalar que o dano, material ou moral, só se verifica pela efetiva lavratura do protesto, descabendo falar-se em indenização pelo simples apontamento do título. A jurisprudência é firme a respeito, tendo o Tribunal de Alçada do Rio Grande do Sul acertadamente julgado que "somente o protesto indevido do título, porque ato público de sérias e nefastas conseqüências (causando inúmeros e inesperados constrangimentos tanto à pessoa física quanto à jurídica) impõe a responsabilidade pela indenização ao apresentante do título. O simples aponte, porque se constitui em ato sem qualquer publicidade, eis que realizado *intra muros*, não tem esse condão".[68]

## *8. BREVE CONCLUSÃO*

Em suma do exposto, verifica-se que toda a polêmica aqui analisada decorre, na verdade, de uma distorção do sentido técnico-jurídico do protesto que, inexistindo aceite no título, nenhuma conseqüência traz para o sacado.

Mas, conforme demonstrado, se o título simulado é enviado antes do vencimento para aceite pelo devedor, sua não devolução tempestiva na forma e prazo do art. 7º, da Lei n. 5.474/68, autoriza ao portador-endossatário promover legitimamente o protesto por falta de aceite, antes do vencimento da cártula, na forma do art. 21, § 1º, da Lei n. 9.492/97, o que não deveria dar ao sacado direito a qualquer pleito, declaratório ou indenizatório contra o portador.

Todavia, a prática não tem prestigiado essa solução, (reconhecida até pelo STF) em vista dos efeitos comerciais do protesto cambiário.

Assim, em se admitindo, como sói ocorrer, o pleito judicial do sacado contra a emissão e protesto da duplicata simulada, há de se atentar para os pedidos, destacando-se que, quanto ao valor cobrado, não se trata de anulação do título, mas de declaração da inexistência de débito. E, para identificar quem estará no pólo passivo da ação, ao lado do sacador-endossante, importa verificar a natureza do endosso pelo qual o título foi transferido ao portador que vem cobrá-lo.

Longe de esgotar o assunto, espero que o presente trabalho tenha, pelo menos, encaminhado adequadamente soluções para as controvérsias suscitadas.

68. TARGS, AC 196138028, Rel. Juíza Terezinha de Oliveira Silva, *Revista de Julgados do TARGS*, v. 103, 1997, p. 192.

# Atualidades

## DAS INSTITUIÇÕES FINANCEIRAS DE FATO OU IRREGULARES — ANÁLISE COM BASE NA LEI N. 4.595/64

LUIZ ALFREDO PAULIN

*I — Introdução. II — Intermediários financeiros: a) Conceito; b) Necessidade de intermediação; c) Usura; d) Intermediação lícita. III — Instituições financeiras "latu sensu": a) Instituições auxiliares; b) Instituições equiparadas. IV — Conclusão.*

### *I — INTRODUÇÃO*

*1.* O conceito de instituição financeira de fato ou irregular é tema que de há muito preocupa os estudiosos do Direito Bancário. Realmente, decorridas mais de três décadas, desde a entrada em vigor da Lei n. 4.595, de 31 de dezembro de 1964, subsiste acesa discussão, a respeito do assunto. Aliás, impossível se olvidar que, em parte, a polêmica está ligada à forma pouco clara com que a matéria foi veiculada naquele diploma legal. Objetiva-se, com este trabalho, externar algumas opiniões a respeito da proposição, de sorte a poder contribuir com o debate que ainda subsiste.

*2.* Dito isto, impõe-se rememorar que a legislação pátria não deixa dúvida quanto à necessidade de prévia autorização para que uma instituição financeira possa funcionar. É o que se infere dos termos do artigo 18 da Lei n. 4.595, de 31 de dezembro de 1964. A despeito da clareza desse comando legal, é sabido que determinadas pessoas, especialmente jurídicas, praticam, com habitualidade, e visando lucro, atos que a lei entende serem privativos de instituição financeira, sem estarem habilitadas para tanto. São as chamadas instituições financeiras irregulares ou de fato. Por via de conseqüência, instituição financeira irregular ou de fato é aquele ente que age no campo reservado às instituições financeiras, sem, contudo, estar habilitado.

Assim, para que se julgue se um dado ente pode ser classificado como instituição financeira de fato, é imprescindível que, previamente, se circunscreva o espaço que a lei reservou à atuação exclusiva das instituições financeiras. Desse modo, para melhor compreensão da temática, primeiramente, mister se faz buscar o campo reservado para as instituições financeiras para, a partir daí, se alcançar a definição de instituição financeira de fato.

*3.* Inicialmente, atente-se ao fato de as instituições financeiras (*latu sensu*) poderem ser divididas em dois grandes grupos, a saber: de um lado tem-se os intermediários financeiros, ou instituições financeiras propriamente ditas, e de outro as instituições auxiliares ou instituições equiparadas às instituições financeiras. Cada um destes grupos apresenta particularidades tais que impossibilita tratar a matéria de forma conjunta. Assim sendo, e para boa ordem, procurar-se-á, primeiramente, discorrer a respeito dos intermediários financeiros, para, posteriormente, debruçar-se sobre as instituições auxiliares e equiparadas.

## *II — INTERMEDIÁRIOS FINANCEIROS*

### *a) Conceito*

*4.* Muito antes da ciência jurídica se ocupar das instituições financeiras, a economia já o fazia. Nesta área, a conceituação do termo não provocou maiores polêmicas. Segundo os economistas, as instituições financeiras, especialmente os bancos, são entes que intermediam capitais. Por tal motivo também são denominadas de intermediários financeiros. A definição de instituição financeira ou intermediário financeiro é facilmente encontrada na literatura especializada. Thomas Mayer,[1] por exemplo, diz que: "*Intermediários financeiros* são firmas, como os bancos, que funcionam como os intermediários do sistema financeiro. Emitem direitos sobre si mesmas (como os depósitos que as associações de crédito imobiliário, ou caixas econômicas, emitem) e usam os fundos que obtêm em troca desses direitos para conceder empréstimos a terceiros" (itálico no original). Por seu turno, Samuelson,[2] nome que dispensa apresentações, posicionando-se sobre o tema, assim se expressa: "A moeda escritural e muitos outros serviços são proporcionados por intermediários financeiros. Os *intermediários financeiros* são instituições como os bancos, companhia de seguros e um número decrescente de associações de poupança e empréstimo que recebem depósitos ou fundos de um grupo e emprestam esses a outro grupo" (itálico no original). Vê-se, pois, inexistir discrepância na ciência econômica no que concerne ao assunto.

*5.* No campo jurídico, em princípio, não haveria razão para celeuma. Ora, o Código Comercial de 1850, conquanto não se refira à instituição financeira, termo popularizado contemporaneamente, faz menção ao banqueiro que, sabidamente, é o mais importante intermediário financeiro. Dizia o citado diploma legal, em seu art. 119, que eram considerados "banqueiros os *comerciantes* que têm por profissão habitual do seu comércio as operações chamadas de Banco" (itálico não consta no original). Do conceito legal defluem várias conclusões. Tendo em vista os fins almejados neste trabalho, a mais importante refere-se ao fato de o banqueiro ser classificado como comerciante. A compreensão do vocábulo comerciante não desperta nenhuma dificuldade. Segundo a definição clássica de Fran Martins,[3] comerciante é "...a pessoa, natural ou jurídica, que realiza, em caráter profissional, atos de intermediação, com intuito de lucro". Resulta disso que o comércio está ligado a três elementos. Em primeiro lugar, vincula-se à especulação. E, neste ponto, impende verbalizar que, a despeito do sentido negativo com que o termo vem sendo vulgarizado, especulação não é outra coisa senão o intuito de lucro.[4] Em segundo lugar, o comércio está ligado à prática de atos em caráter profissional, ou seja, de forma habitual e repetidamente.[5] Aliás, neste sentido, Sérgio Covello.[6] vai até mais longe ao defender que a empresa bancária pressupõe atividade em massa.

*6.* Por derradeiro, e nem por isso menos importante, é ínsito ao comércio a intermediação. Tendo se tocado neste assunto, indispensável recordar que o banqueiro, comerciante que é, pratica atos de intermediação da mercadoria com a qual

1. Thomas Mayer *et alii*, *Moedas, bancos e economia*, Rio de Janeiro, Ed. Campus, 1993, p. 43.
2. Paul A. Sanderson e Willian D. Norhaus, *Economia*, 14ª ed., Lisboa, McGraw Hill, 1993, p. 582.
3. Fran Martins, *Curso de direito comercial*, 11ª ed., Rio de Janeiro, Forense, 1986, p. 23.
4. Fran Martins, ob. cit., p. 91.
5. Cf. Fran Martins, ob. e loc cits.
6. Sérgio Carlos Covello, *Contratos bancários*, 2ª ed., São Paulo, Saraiva, 1991, p. 3.

transaciona, vale dizer: capital. Observe-se, por exemplo, o que diz Lauro Muniz Barreto:[7] "O Banco pode, pois, definir-se "a empresa intermediária do crédito", na frase de D'Angelo. Exerce uma intermediação econômica. Existem, como se sabe, outros elementos de mediação, de onde convir precisar-se que a mediação operada pelos Bancos, não é aquela que se caracteriza pela simples aproximação realizada entre aqueles que dão crédito e aqueles que recebem a crédito, sem assumir, entretanto, uma responsabilidade própria, direta e pessoal. O Banco realiza essa interposição por meio de dois atos, que constituem, "prima facie", aquilo que se pode chamar de "o binômio bancário". Toma dinheiro emprestado, a crédito, e o dá, também por empréstimo".

*7.* A doutrina estrangeira também esposa posições assemelhadas à acima exposta. Verifique-se, neste sentido, Molle,[8] *verbis*: " L'impresa bancaria se caratterizza per l'attività che esplica di *intermediazione nel credito*, attraverso cioè la raccolta del reparmio fra il pubblico e l'esercizio del credito"(itálico no original). Vasseur,[9] por seu turno, afirma: "La définition française de la banque est au demeurant en accord avec la définition qu'en a donnée le Conseil des Ministres des Communautés Européenes par une directive du 12 décembre 1977. Celle-ci déclare entendre par établissement de crédit: "une enterprise dont l'activité consiste à recevoir du public des dépôts ou d'autres fonds remboursables et à octroyer des crédits pour son propre compte".

*8.* Em decorrência do aqui exposto, depreende-se que o banqueiro, intermediário financeiro por excelência, toma recursos de uns e os empresta a outros. Também assim são os intermediários financeiros em geral. Aliás, observe-se que a diferença básica existente entre o banqueiro e os demais intermediários financeiros é que o primeiro encontra-se autorizado a captar depósito à vista, o que lhe dá poder de criação de moeda escritural.

*9.* Assim, pode-se inferir que a instituição financeira habitualmente e com o intuito de lucro, atua no âmbito da intermediação de capital, tomando, em nome próprio, recursos de uns, e emprestando, também em nome próprio, recursos a outros. Aquele que estiver assim agindo, sem prévia autorização do Banco Central do Brasil, deve ser considerado instituição financeira irregular ou de fato, sujeitando-se às sanções previstas em lei.

### *b) Necessidade de intermediação*

*10.* Vê-se que, até o momento, inexistiria razão para controvérsia. Não haveria, não fosse a Lei n. 4.595, de 31 de dezembro de 1964, em seu artigo 17, ter utilizado de uma redação absolutamente inadequada. Confira-se o teor do dispositivo:

"Art. 17 - Consideram-se instituições financeiras, para os efeitos da legislação em vigor, as pessoas jurídicas públicas ou privadas, que tenham como atividade principal ou acessória a coleta, intermediação ou aplicação de recursos financeiros próprios ou de terceiros, em moeda nacional ou estrangeira, e a custódia de valor de propriedade de terceiros.

"Parágrafo único - Para os efeitos desta Lei e da legislação em vigor, equiparam-se às instituições financeiras, as pessoas físicas que exerçam qualquer das atividades referidas neste artigo, de forma permanente ou eventual."

*11.* Tal conceituação legal, como bem lembrado por Liane Maia Simoni,[10] "des-

7. Lauro Muniz Barreto, *Direito bancário*, São Paulo, Universitária de Direito, 1975, p. 31.

8. Giacomo Molle, *Manuale di diritto bancario*, 3ª ed., Milano, Dott. A Giuffrè Editore, 1987, p. 3.

9. Michel Vasseur, *Droit et economie bancaires*, fascículo I, 3ª ed., Paris, *Les Cours de Droit*, s/ d., p. 29.

10. Liane Maia Simoni, "O regime jurídico de responsabilidade dos administradores de instituições financeiras", *RDM* 44/31.

pertou severas críticas por parte dos doutrinadores, em razão de sua redação que, por ser extremamente abrangente, dificultou bastante a interpretação do conceito nela contido". Realmente, o teor do art. 17 da Lei 4.595/64, em função de sua pouca clareza e excessiva abrangência, deu origem a uma série de problemas de caráter interpretativo. Muitos argumentaram, através de uma exegese que levava em conta exclusivamente a literalidade, que qualquer um que tivesse como atividade principal ou acessória, a coleta, intermediação ou aplicação de recursos, *mesmo que próprios*, infringiria à disposição em tela. Ora, tal conclusão não se justifica. Até porque, como é sabido, a interpretação de um texto de lei não pode conduzir a resultados absurdos. E, assinale-se que, em rigor, caso prevalecesse esta interpretação, um número infindável de pessoas, que praticam atos absolutamente regulares, corretos e socialmente aceitos, passariam imediatamente à condição de desrespeitadores da lei.

*12.* Em tais condições, a única maneira possível de se obter o exato sentido da norma, é procurar estabelecer o bem jurídico que pretendeu o legislador proteger. E, para tanto nenhum esforço será preciso, já que se afiguram totalmente compreensíveis os motivos que indicaram a indispensabilidade da exigência do *nihil obstat* da autoridade, para que se pudesse atuar no mercado como intermediário. Em primeiro lugar, perseguiu-se preservar os poupadores. Ora, aquele que atua como intermediário financeiro, fica autorizado a captar junto à população, tendo acesso às suas economias. Sabe-se que é de responsabilidade do Estado a proteção destas economias. Porém, não é só isso. A norma visa, outrossim, a proteção do próprio sistema financeiro. Deveras, na hipótese de um dos intermediários agir de forma irresponsável, inadimplindo suas obrigações perante o público, as conseqüências negativas do ato não se resumirão aos que confiaram seus recursos àquela instituição. Isto porque, via de regra, a quebra de uma instituição — inevitável após esta deixar de cumprir suas obrigações — gera desconfiança em relação ao sistema financeiro como um todo, criando risco, ainda que potencial, à sua higidez. Portanto, cabe ao Estado prevenir que tais situações ocorram, selecionando previamente aqueles que pretendam adentrar ao ramo financeiro.

*13.* Observe-se, pois, que é somente quando ocorre a intermediação, e, portanto, permite-se o acesso à poupança popular, é que os bens juridicamente protegidos pela norma, quais sejam, o recurso do público em geral e a higidez do sistema financeiro nacional, encontram-se ameaçados. Assim é que, mostra-se plenamente racional pretender-se que, previamente ao início das atividades de intermediação financeira, o interessado submeta-se a uma rigorosa avaliação por parte do Banco Central do Brasil, o qual, com base em parâmetros legalmente estabelecidos, concederá ou não sua autorização. É certo que, muitos ainda apregoam que aquele que mútua capital próprio encontra-se sujeito às sanções constantes do art. 44, § 7º, da Lei n. 4.595, de 31 de dezembro de 1964. Em parte, as objeções destas pessoas serão devidamente rebatidas nos itens 17 e seguintes abaixo. Porém, no que se refere às pessoas que se disponham a emprestar capital próprio, no que consistiria a lógica de se pretender que estes obtivessem a prévia aquiescência do Banco Central do Brasil? Nenhuma. O pior que pode acontecer é o detentor do capital fazer mal uso do mesmo. Mas, em um sistema capitalista, no qual se proclama a existência da livre iniciativa, não é função do Estado supervisionar os negócios perpetrados pelos detentores de capital, que devem ter discernimento para decidir onde investir suas reservas.

*14.* Em termos doutrinários, o posicionamento acima exposto não encontra resistências mais ferrenhas. De fato, a melhor doutrina tem se inclinado em reconhecer que somente a intermediação é que caracteriza o exercício da atividade financeira, e, portanto, unicamente a intermediação de capital profissionalmente, e com o intuito de lucro, sem estar autorizado pelo Banco Central do Brasil para tanto, pode implicar no exercício irregular da atividade financeira. Tome-se, por exemplo, Wilson do Egito Coelho.[11] Diz o antigo chefe do Departamento Jurídico do Banco Central do Brasil: "Cremos mesmo que esses elementos não estiveram fora da cogitação do legislador contemporâneo. A lei define como operação privativa de instituição financeira "a coleta, intermediação ou aplicação de recursos financeiros" etc.

"Teremos, então, como coleta, a operação passiva (devedor direto) e como aplicação, a operação ativa (credor direto). Da inter-relação das duas surge a intermediação que, em Direito Comercial, significa intromissão especulativa. Os três elementos interligados, reciprocamente dependentes, formam uma unidade conceitual, portanto. Deste modo, a aplicação de recursos financeiros, próprios ou de terceiros, em moeda, só será atividade privativa das instituições financeiras quando ficar caracterizada a intermediação, ou coleta anterior dos mesmos recursos."

*15.* Por sua vez, o que há de mais moderno no Brasil a este respeito, Nelson Eizirik, mostra-se favorável ao posicionamento adotado por Wilson do Egito Coelho. Diz o lúcido Professor, citado por Liane Maia Simoni:[12] "Nelson Laks Eizirik, concordando com o ponto de vista adotado por Wilson do Egito Coelho, sugere seja substituída "a conjunção alternativa ou constante da expressão coleta, intermediação ou aplicação de recursos financeiros pela conjunção aditiva e, assegurando-se, por esse meio, uma correta e uniforme interpretação do dispositivo legal em questão".

*16.* Isto posto, parece claro que somente aqueles que, com habitualidade e intuito de lucro, intermediam capitais, sem estarem autorizados pelo Banco Central do Brasil para tanto, podem ser classificados como instituição financeira de fato.

### *c) Usura*

*17.* Algumas vozes discordantes, no que pertine à necessidade de intermediação para que haja sancionamento com base no art. 44, § 70 c/c o 18 da Lei n. 4.595, de 31 de dezembro de 1964, alegam que aqueles que mutuam capital próprio, com habitualidade e intuito de lucro, agiriam irregularmente, já que, via de regra, o custo da operação é superior a 12% ao ano. Primeiramente, não é possível deixar de dizer que, em face das taxas normalmente praticadas pelo mercado, na atualidade, impor aos particulares o limite de 12% ao ano implica, no mínimo, em agressão à realidade, quiçá ao bom senso. Ademais, haveria de se perquirir se, no caso do empréstimo entre particulares, a taxa de juro de 12% ao ano seria nominal ou real, e, neste último caso, qual o índice corretivo a ser utilizado. Portanto, desde logo, haveria dificuldade em aquilatar se o mutuante estaria transferindo recursos a taxas superiores a 12%.

*18.* Desprezando-se estes aspectos, é forçoso asseverar que, mesmo que mútuos nestas circunstâncias possam ser classificados como irregulares, nada autoriza o sancionamento do mutuante, com base na Lei n. 4.595, de 31 de dezembro de 1964. Ora, a Lei Bancária não se ocupa deste aspecto, o qual é regulado por leis específicas. De fato, as leis que tratam da usura são autônomas em relação à Lei Bancária. Aquelas, ao contrário desta, não têm por desiderato a proteção dos poupadores ou do Sistema Financeiro Nacional em si. Objetivam, isto sim, a proteção da *economia popular*. Tanto assim é que a lei de caráter penal que tipifica o delito de usura[13] dispõe especificamente sobre os *crimes*

11. Wilson do Egito Coelho, "Empréstimo de dinheiro por particulares: quando se caracteriza operação privativa dos bancos", *RDM* 41/69.

12. Liane Maia Simoni, ob. cit., p. 31.

13. Lei n. 1.521, de 26 de dezembro de 1951.

*contra a economia popular*. Por outro lado, não se olvide da existência de norma que regula as conseqüências, na órbita privada, da cobrança de juros superiores a 12% a.a. Isto posto, evidencia-se que mútuo de dinheiro, com cobrança de encargos superiores a 12% ao ano traz conseqüência na órbita das relações privadas, conforme dispõe o Decreto n. 22.626, de 7 de abril de 1933, e no campo penal, conforme dispõe a Lei n. 1.521/51. Contudo, não há base legal para que se pretenda infringir sanção a usurário com base no art. 44, § 7º, da Lei n. 4.595, de 31 de dezembro de 1964.

*19.* Afaste-se, a propósito, a falsa idéia de que o Banco Central do Brasil ou o Conselho de Recursos do Sistema Financeiro Nacional, ao deixar de sancionar o agiota, estaria co-onestando com a impunidade. Nada mais falso. Primeiro, porque, ainda que se julgue reprovável uma ação, do ponto de vista ético, aplicar uma dada sanção exige lei autorizatória. *In casu*, como já se viu não há. Portanto, em face da inexistência desta autorização legal, não poderia, qualquer destes órgãos, ser qualificado como omisso. Ademais, conforme também já relatado, o fato de o Banco Central do Brasil e de o Conselho de Recursos do Sistema Financeiro Nacional não sancionarem o infrator não implica em impunidade, já que, em outros campos, inclusive na órbita penal, a conduta gerará conseqüências.

***d) Intermediação lícita***

*20.* Conforme ficou assentado, somente a intermediação habitual de capitais é capaz de implicar em desobediência ao preceito contido no art. 18 da Lei n. 4.595, de 31 de dezembro de 1964. Contudo, como toda regra, esta também comporta exceções. Realmente, algumas vezes, certas pessoas jurídicas, a despeito de intermediarem valores, não podem ser consideradas como infratoras das disposições constantes do art. 18 da Lei n. 4.595, de 31 de dezembro de 1964. Tratam-se, normalmente, de pessoas jurídicas que praticam tais atos, em estrito cumprimento de seu objeto social. Assim, nas hipóteses em que a intermediação se dá dentro do curso normal dos negócios da empresa, e que tal ato é necessário para cumprimento de seu objeto social — objeto social este lícito, sublinhe-se — não se está a desrespeitar as normas multicitadas. Para melhor esclarecer este ponto, propõe-se três situações hipotéticas. Tome-se, assim, uma empresa industrial que produza bens destinados à exportação. Tal empresa depende de seus fornecedores. Estes, por sua vez, encontram-se subcapitalizados e, em vista disso, são incapazes de atender, em tempo hábil, o pedido da empresa industrial, para fornecimento de partes e componentes. Dada a necessidade que tem destes materiais, para viabilizar a produção de bens a serem exportados, a empresa opta por mutuar capital de movimento, para seus fornecedores, visando que, repita-se, estes possam atender aos seus pedidos, em curto espaço de tempo. Ainda que tais recursos tenham sido obtidos de terceiro, e, conseqüentemente, tenha havido a intermediação, e mesmo que a empresa industrial proceda a estes empréstimos com freqüência, não se pode alegar que houve desrespeito às normas da Lei Bancária. Muito pelo contrário. Aqui, a intermediação tem por objetivo possibilitar que a mutuante dê cumprimento ao seu objeto social, qual seja, produzir mercadorias para vender. Provavelmente, a não concessão destes empréstimos aos fornecedores impediria ou dificultaria, sobremaneira, a atividade da mutuante. Logo, não há aí desrespeito à Lei Bancária, mas sim, repise-se, uma estratégia que permite à empresa cumprir seus objetivos.

*21.* Tome-se, ainda, o caso das distribuidoras de combustível. É sabido que mutuam a postos de gasolina, para que estes possam proceder a reformas ou melhorias. Ora, o interesse da distribuidora é vender mais combustível, o que presumivelmente ocorrerá na medida em que os seus postos estejam bem equipados. Logo, também nesta hipótese, o empréstimo, ainda que habitual, tem por finalidade possibilitar o giro normal e eficiente de seus negócios, e, conseqüentemente, permitir a realização do objeto social da mutuante. Há um terceiro caso. Tratam-se de conglomerados nos quais a *holding* toma recursos no mercado e os repassa aos outros componentes. Como se vê, aqui está-se diante de mera otimização na captação. Com efeito, sabidamente ao tomar um volume maior de recursos, de uma só vez, é provável que se obtenha melhores condições para todos. Em assim agindo, pode-se viabilizar a emissão de debêntures, o que permite captar recursos a um custo menor. Por outro lado, não é totalmente estranho ao objeto social de uma *holding*, especialmente aquela que controla posições majoritárias, planejar e executar estratégias para todo o conglomerado. Destarte, nesta hipótese, a intermediação de capitais deve ser entendida como simples modo de cumprir suas funções de *holding* que planeja, coordena e executa as políticas comuns em relação às empresas componentes do conglomerado. Em suma, pode-se afirmar que as pessoas jurídicas estão autorizadas a praticar os atos necessários à realização de seu objeto social, sendo certo que, se a consecução de seu objeto, desde que lícito e atendendo os requisitos legais, exigir que se pratiquem certos atos de intermediação de capital, *dentro destes estritos limites*, não há que se falar em desrespeito às normas da Lei Bancária.

*22.* Nos exemplos acima declinados não é improvável que se levante a questão da existência ou não de lucro na operação. Isto porque, como assentado, o comércio além da intermediação exige a ocorrência de mais dois elementos, dentre os quais, a especulação. Quanto a este aspecto, algumas observações demonstram-se importantes. Primeiramente, é de se ter claro que o elemento necessário para que se caracterize o comércio não é o lucro, mas sim o intuito de lucro.[14] Em todos os casos acima relatados, na eventualidade de não haver intuito de lucro, a questão ficaria desde então resolvida. E, neste passo, um alerta mostra-se fundamental. Ora, o fato de a taxa de repasse ser um pouco acima do custo de captação não denota, aprioristicamente, estar presente o intuito de lucro. Isto porque, deve-se considerar que há custos para a sociedade que primeiramente tomou o empréstimo, como, exemplificativamente, custos fiscais, administrativos etc., os quais devem ser transferidos, sem que isto signifique especulação. Além destes, obviamente, não é possível olvidar a probabilidade de o tomador final deixar de quitar sua obrigação, no tempo oportuno. Destarte, não de todo incorreto se supor que a repassadora dos recursos embuta uma pequena taxa de risco. Obviamente, se este *spread* se situar em patamares capazes de compensar suas perdas históricas no repasse, não se pode afirmar encontrar-se presente o intuito de lucro.

*23.* Todavia, ainda que haja intuito de lucro no repasse, a sociedade não pode ser tida como infratora das disposições legais, se o objetivo *principal* da operação não for o lucro com a intermediação de capital, mas sim a realização do objeto social do ente. Ora, justifica-se isto, na medida em que é inerente ao comerciante, em qualquer ato, procurar maximizar o seu ganho. Desse modo, não é improvável que nas operações acima descritas ou equivalentes o comerciante haja de acordo com a sua natureza, procurando otimizar seus ganhos. É essencial, entretanto, que o *objetivo principal* do repasse seja dar cumprimento ao objeto social. Assim, sem que isto represente desrespeito às normas inscritas na Lei n. 4.595, de 31 de dezembro de 1964, permite-se que, de forma lateral e subordinada ao objetivo principal da operação, qual seja, dar cumprimento a seu objeto social, o comerciante possa pretender auferir lucro com o empréstimo.

## *III — INSTITUIÇÕES FINANCEIRAS "LATU SENSU"*

*24.* Conforme já explicitado no início deste trabalho, encontram-se submetidas ao

14. Cf. João Eunápio Borges, *Curso de direito comercial terrestre*, 5ª ed., Rio de Janeiro, Forense, 1971, p. 9.

poder de polícia do Banco Central do Brasil, poder este concedido pela Lei n. 4.595, de 31 de dezembro de 1964, não só os intermediários financeiros, ou seja, instituições financeiras *stricto sensu*, mas também outras instituições. Tais entes, conquanto não se enquadrem nos precisos termos da definição técnica de instituição financeira, foram submetidos, *ex vi legis*, a regime jurídico *assemelhado* à esta. É importante que se atente que estas pessoas, a despeito de não serem tecnicamente instituições financeiras, têm pontos em comum com estas últimas, de sorte a permitir que a lei lhes dê tratamento assemelhado. Neste momento, seria útil indagar se este tratamento legal implicaria na obrigatoriedade destes entes obterem a prévia aquiescência da autoridade, para poderem funcionar. A questão não desperta maiores dificuldades. É evidente que se a lei estabeleceu um regime jurídico assemelhado, quis o legislador que estes entes estivessem sujeitos ao mesmo tratamento que as instituições financeiras *stricto sensu*. Aliás, tais entes só se afastam do regime jurídico das instituições financeiras *stricto sensu* quando o comando a ser aplicado não se coadunar com a natureza do ente a este sujeito.

*25.* Todavia, para uma exata compreensão do caso específico ora tratado, é de todo oportuno verificar os exatos termos em que o art. 18 e seu § 1º da Lei n. 4.595, de 31 de dezembro de 1964, vem vazado:

"Art. 18 - As instituições financeiras somente poderão funcionar no País mediante prévia autorização do Banco Central do Brasil ou decreto do Poder Executivo, quando forem estrangeiras.

"§ 1º - Além dos estabelecimentos bancários oficiais ou privados, das sociedades de crédito, financiamento e investimentos, das caixas econômicas e das cooperativas de crédito ou a seção de crédito das cooperativas que a tenham, também se subordinam às disposições e disciplinas desta Lei no que for aplicável, as bolsas de valores, companhias de seguros e de capitalização, as sociedades que efetuam distribuição de prêmios em imóveis, mercadoria ou dinheiro, mediante sorteio de títulos de sua emissão ou por qualquer forma, e as pessoas físicas ou jurídicas que exerçam, por conta própria ou de terceiros, atividade relacionada com a compra e venda de ações e outros quaisquer títulos, realizando, nos mercados financeiros e de capitais, operações ou serviços de natureza dos executados pelas instituições financeiras."

*26.* Da leitura de referido dispositivo legal infere-se que o legislador separou os intermediários financeiros das demais instituições de caráter auxiliar ou equiparadas. Tanto assim o é que, na primeira parte do parágrafo primeiro, faz menção a uma série de intermediários financeiros bancários e não bancários, para, em seguida, dizer que outras instituições também se subordinam ao regime da Lei Bancária. E, a partir deste ponto, enumeram-se uma série de entes auxiliares e equiparados.

*27.* Forçoso também admitir que, impôs-se a todas as instituições, sejam intermediários ou entes auxiliares ou equiparados, a obrigatoriedade da prévia autorização do Banco Central do Brasil. Isto porque, o parágrafo primeiro estende o regime da lei a todos os entes auxiliares e equiparados. Logo, tomando-se em conta os termos de que se valeu o legislador, conforme acima transcritos, indubitável que se estendeu a disciplina da Lei Bancária a estes entes. Ora, pelas regras contidas no diploma legal é indispensável a prévia aquiescência da autoridade, na hipótese de funcionamento de instituição financeira. Há, entretanto, outro argumento a reforçar esta tese. Refere-se ao local onde o legislador positivou que as instituições auxiliares e equiparadas também se subordinam ao regime da Lei Bancária. É especificamente no parágrafo primeiro do artigo 18. E, o *caput* do artigo 18 é justamente aquele que cria a obrigatoriedade da prévia autorização. Neste passo, nunca é demais sublinhar que o parágrafo é sempre dependente do *caput* do artigo. Dessa forma, destaque-se, se dúvida existia, quanto a este aspecto, esta encontra-se devidamente espancada.

*28.* Dito isto, é de ser asseverado que, impondo-se aos entes auxiliares e equiparados as disposições da Lei Bancária, há de se aplicar, sem sombra de dúvida, o disposto no art. 44, § 7º. Conseqüentemente, aqueles que assumirem as funções de instituições financeiras *latu sensu* sem estarem autorizados previamente pelo Banco Central do Brasil a tanto incorrem nas sanções previstas no art. 44, § 7º.

***a) Instituições auxiliares***

*29.* Conforme já cientificado, além dos intermediários financeiros, subordinam-se ao regime de autorização previsto pela Lei n. 4.595, de 31 de dezembro de 1964, outros entes, classificados como instituições auxiliares e instituições equiparadas. As instituições auxiliares são normalmente estudadas pela doutrina. Alguns como Miguel Delmar Barbosa de Oliveira[15] classificam-nas como uma subespécie de instituição financeira não bancária. Por seu turno, Eduardo Fortuna[16] entende que as instituições se dividem em intermediários financeiros e instituições auxiliares. As primeiras, segundo o autor, caracterizariam-se por emitir seus próprios passivos, ou seja, captam recursos diretamente do público. Já as instituições auxiliares "propõem-se a colocar em contato poupadores com investidores, facilitando o acesso destes àqueles". Pelo que se viu anteriormente, defende-se, neste trabalho, que de um lado existem os intermediários financeiros, os quais se subdividem em instituições financeiras bancárias e não bancárias. De outro lado, encontram-se os entes que não têm característica de intermediários financeiros, os quais se subdividem em instituições auxiliares e equiparadas.

*30.* As instituições auxiliares são normalmente ligadas ao mercado de capital, como as corretoras, distribuidoras, bolsas etc. Vê-se, pois, que o legislador trouxe para o âmbito da Lei n. 4.595, de 31 de dezembro de 1964, todos aqueles entes componentes do sistema de distribuição, de que trata o art. 15 da Lei n. 6.385, de 7 de dezembro de 1976. Aliás, importante que se diga que, quando da edição da Lei n. 4.595, de 31 de dezembro de 1964, não havia ainda uma clara delimitação entre fiscalização de mercado de capitais e mercado financeiro. De tal sorte que, pouco tempo depois, foi editada a Lei n. 4.728, de 14 de julho de 1965, a qual diz textualmente, em seu primeiro artigo que os "... mercados financeiros e de capitais serão disciplinados pelo Conselho Monetário Nacional e fiscalizados pelo Banco Central da República do Brasil".

*31.* Com o advento da Lei n. 6.385, de 7 de dezembro de 1976, e da Lei n. 6.404, de 15 de dezembro de 1976, que estabeleceram nova disciplina no mercado de capitais, criando a Comissão de Valores Mobiliários, os componentes do sistema de distribuição, em vista do art. 15, § 2º, da Lei n. 6.385, de 7 de dezembro de 1976, passaram a ser fiscalizados simultaneamente pelo Banco Central do Brasil e pela Comissão de Valores Mobiliários. Portanto, parece claro que o âmbito de fiscalização do Banco Central do Brasil é, hodiernamente, inferior àquela que já deteve.

*32.* Não se desconhece que, por conta deste regime de dupla fiscalização, surgem sérias dúvidas quanto aos exatos limites do poder de polícia exercido por cada órgão. Todavia, situações como as aqui apresentadas, quais sejam, aquelas envolvendo atuação sem permissão para funcionamento, não despertariam qualquer dúvida. Deveras, está a se discutir o exercício irregular de atividade de instituição financeira. Ora, a maior parte das entidades do sistema de distribuição, corretoras e distribuidoras, necessitam da autorização para funcionamento concedida pelo Banco Central do Brasil. Compete, pois, àquele órgão fiscalizar se os entes que atuam como insti-

15. Miguel Delmar Barbosa de Oliviera, *Introdução ao mercado de ações*, Comissão Nacional das Bolsas de Valores, 1983, p. 62.

16. Eduardo Fortuna, *Mercado financeiro*, Rio de Janeiro, Qualitymark Ed., 1992, p. 16.

tuições auxiliares estão autorizados ou não a assim agirem. Caso não estejam, compete àquela autarquia exercer seu poder de polícia e sancionar os infratores.

*33.* Desse modo, atuando como instituição auxiliar, sem estar devidamente autorizada pelo Banco Central do Brasil, o ente encontra-se sujeito ao que determina o art. 44, § 7º, da Lei n. 4.595, de 31 de dezembro de 1964.

***b) Instituições equiparadas***

*34.* Todavia, não se esgota aí o rol das instituições financeiras. Com efeito, existem entes que, conquanto não se enquadrem nem como intermediários financeiros, tampouco como instituições auxiliares, são, por meio de diploma legislativo equiparadas às instituições financeiras. Poder-se-ia indagar a razão pela qual não se agregou, em um único conjunto, sem qualquer subdivisão, as instituições auxiliares e as equiparadas. Ora, as instituições auxiliares têm características próprias. Distinguem-se das demais pelo fato de atuarem preponderantemente no mercado de capitais. Destarte, inexistiria razão para classificá-las no mesmo grupo que as instituições equiparadas, que, em nenhum momento, têm como característica a intervenção no mercado de capitais.

*35.* As instituições equiparadas não têm características próprias, exceto que, não sendo intermediários financeiros, tampouco auxiliares, por força de lei foram submetidas a regime jurídico assemelhado às instituições financeiras. Utilizou-se, pois, de critério residual. Destaque-se, mais uma vez, que o legislador não tem total liberdade para equiparar qualquer ente às instituições financeiras. A equiparação exige um mínimo de pontos em comum entre as equiparadas e os entes financeiros, capaz de permitir que se conceda um regime jurídico assemelhado. Como exemplo clássico de ente equiparado tem-se as companhias de *leasing*. Indubitável a existência de pontos de contato entre esta atividade e o mercado financeiro, capaz de permitir a equiparação. O *leasing* envolve aspectos creditícios, que, sem sombra de dúvida, apresenta-se como alternativa aos empréstimos para aquisição de bens. Por tal razão permite-se a equiparação.

*36.* Sendo equiparadas, não há dúvida que o exercício destas atividades não prescinde da prévia autorização do Banco Central do Brasil. Em não havendo esta autorização, a pessoa que estiver operando ilegalmente, sujeita-se às sanções previstas no art. 44, § 7º da Lei n. 4.595, de 31 de dezembro de 1964.

## *IV — CONCLUSÃO*

*37.* Procurou-se, neste trabalho, sumariar aspectos relacionados àqueles entes que, embora não autorizados, atuam no mercado como se instituições financeiras fossem. Das reflexões feitas a respeito do tema, permite-se resumir os seguintes pontos:

a) em termos de ciência econômica, não há polêmica no que pertine a conceituação de instituição financeira, também conhecidas por intermediários financeiros;

b) do ponto de vista jurídico, instituição financeira é atividade comercial. Desta sorte, exige-se o intuito de lucro, a habitualidade e a intermediação, no caso específico, de capitais;

c) a melhor interpretação do artigo 17 da Lei n. 4.595, de 31 de dezembro de 1964, implica em considerar que o simples mútuo de dinheiro, mesmo que de forma habitual e especulativa não implica em desrespeito aos termos da Lei Bancária;

d) a existência de delito de usura não representa desrespeito à Lei n. 4.595, de 31 de dezembro de 1964;

e) em situações específicas, em se tratando de cumprimento do objeto social, a intermediação de capital não implica em infringência às normas da Lei Bancária;

f) a lei assemelha aos intermediários financeiros as instituições auxiliares e equiparadas. Assim, aquele que atuar como instituição auxiliar ou equiparada, sem estar autorizada para tanto, expõe-se às sanções discriminadas no art. 44, § 7º da Lei n. 4.595, de 31 de dezembro de 1964;

g) as instituições auxiliares são normalmente aquelas que realizam operações no mercado de capitais;

h) as instituições equiparadas são aquelas que não sendo intermediários, tampouco instituições auxiliares, subordinam-se, *ex vi legis*, aos termos da Lei Bancária.

# Jurisprudência comentada

## COMENTÁRIO DE ACÓRDÃO

# O CONCEITO DE "RESERVAS BANCÁRIAS" E AS CARACTERÍSTICAS DO MÚTUO E DO DEPÓSITO BANCÁRIOS

Haroldo Malheiros Duclerc Verçosa

Em execução movida contra banco, os exeqüentes indicaram, para efeito de penhora, dinheiro existente na tesouraria da instituição. O acórdão entendeu não caber a penhora por dois motivos: aqueles recursos integravam a conta *Reservas Bancárias*, impenhoráveis por força do art. 68, da Lei 9.069, de 29.6.95 e que, além disso, eles também seriam formados, ao lado de parcela pertencente à instituição financeira executada, por outra de propriedade de terceiros, estes na qualidade de correntistas, investidores e clientes.

Apresentam-se dois lamentáveis e claríssimos equívocos na decisão ora comentada, dos quais resultou uma solução completamente divorciada do bom direito.

Em primeiro lugar, quanto ao conceito de *reservas bancárias* não compreende este, absolutamente, importâncias em dinheiro no caixa de bancos. Trata-se de reservas mantidas pelas instituições financeiras no próprio Banco Central do Brasil, formadas por moeda escritural — não física — e como tais contabilizadas naquela autoridade monetária.

O *Manual de Normas e Instruções-MNI*, do Banco Central do Brasil, dispõe que *o objetivo das conta reservas bancárias* é centralizar as reservas bancárias *no Banco Central do Brasil*, com vistas a propiciar condições a um controle monetário mais eficiente (*MNI*, Título 2, Capítulo 11, Seção 1, grifos meus).

Como se verifica, as reservas bancárias não estão nos cofres dos bancos: elas estão no *cofre* do Banco Central. Tais reservas destinam-se ao controle da segurança do sistema financeiro e são, igualmente, utilizadas como instrumento de política monetária. Daí a sua impenhorabilidade, pois há um evidente interesse público na sua preservação, declaradas intocáveis por dívidas do banco, em obediência a lei especial. Houve, evidentemente, erro de interpretação na leitura do art. 68 da Lei 9.069/95, que absolutamente não cuida de recursos em espécie encontráveis nos cofres dos bancos.

De outro lado, a decisão demonstrou um completo desconhecimento das características das operações bancárias passivas, ou seja, as formas pelas quais as instituições financeiras arrecadam recursos no mercado para aplicação. Neste sentido, são dois os contratos bancários básicos: depósitos (à vista ou a prazo) e empréstimos.

Os depósitos bancários são conceituados por qualquer autor de manuais de Direito Comercial como do tipo *irregular*, ou seja, aqueles nos quais o depositário, recebendo uma coisa para guarda e conservação, obriga-se a restituir não a própria coisa recebida, mas outra do mesmo gênero, qualidade e quantidade (CC, art. 1.280), dando-se, no caso, a transferência da propriedade da coisa em favor do depositário (Waldirio Bulgarelli, *Contratos Mercantis*, ed. Atlas, São Paulo, 1993, 7ª ed., p. 609; Fran Martins, *Contratos e Obrigações Mercantis*, Forense, Rio de Janeiro, 1977, 14ª ed., pp. 380 e 381 etc.).

Também quanto ao mútuo bancário dá-se a transferência da propriedade para o depositário, conforme narram os mesmos autores acima citados (pp. 598-599 e 307, respectivamente). A esse respeito Fran Martins diz expressamente *que o primeiro elemento do mútuo, essencial à formação do contrato, é a transferência do domínio da coisa mutuada, que dá individualidade ao contrato*, característica que, por esse motivo, diferencia esse instituto do comodato.

E note-se que tais noções não são absolutamente novas no direito brasileiro — novidade que poderia explicar o seu desconhecimento —, já assim verificadas por nossos mais antigos autores. Teixeira de Freitas, por exemplo, em lição expressamente lembrada por Waldemar Ferreira, dizia que os depósitos feitos em bancos ou casas de banqueiros, subentende-se que são *irregulares* e, desde que entregues as importâncias correspondentes ao banco a que se destinem e deles se constituam depositários, entram em sua caixa e são postos no giro dos negócios bancários como se fizessem parte do capital do estabelecimento, diferenciando-se, portanto, do depósito mercantil (Waldemar Ferreira, *Tratado*, v. 9º, pp. 81 e 82). Esse mesmo ilustre comercialista observa que um dos elementos contratuais do mútuo está na transferência do domínio da coisa ao mutuário, resultante da tradição (ob. cit., p. 233).

Ora, se, no depósito e no mútuo bancários, a propriedade das importâncias depositadas ou emprestadas é transferida para o depositário ou mutuário, jamais seria o caso de afirmar-se, como se fez no caso concreto, que parte dos recursos encontrados nos caixas dos bancos possa pertencer a terceiros, sobre os quais não deveria recair a penhora intentada pelo credor. Sob esse aspecto, a penhora seria perfeitamente possível porque os correntistas, depositários e clientes dos bancos somente podem ser juridicamente enquadrados na condição de depositantes ou de mutuantes, pois aquelas empresas não fazem a custódia infungível de recursos financeiros de terceiros, única hipótese na qual os recursos encontrados em seus cofres não pertenceriam à instituição nos quais fossem fisicamente encontrados. Ademais disso, a infungibilidade não é instituto apropriado ao dinheiro, fungível por sua própria natureza.

Os conceitos acima mencionados são básicos em Economia, em Contabilidade e nos Direitos Civil e Comercial, não se revestindo de qualquer complexidade. E se seu desconhecimento assume expressão tão generalizada, até mesmo no âmbito dos tribunais, onde se reveste da qualidade de jurisprudência predominante — uma vez que o acórdão ora examinado reporta-se a outros no mesmo sentido — é porque a culpa de se manterem ignorados os princípios ora enfocados deve caber tão-somente a nós, professores dessas matérias. De minha parte, digo, *Mea culpa! Mea maxima culpa!*

São Paulo, maio de 1998.

**Agravo de Instrumento 754.471-4-SP-1º TACiv, 8ª C. Rel. Juiz Carlos Alberto Hernández, j. 11.2.98, maioria**

***Penhora - Numerário encontrado na tesouraria de instituição bancária - Ausência de discriminação sobre qual o pertencente ao banco é passível de ser penhorado. Dinheiro de terceiros incluído na reserva bancária. Impenhorabilidade. Artigo 68 da Lei n. 9.069/95. Recurso provido.***

## ACÓRDÃO

Vistos, relatados e discutidos estes autos de agravo de instrumento n. 754.471-4, da Comarca de São Paulo, sendo agravante... e agravado...

Acordam, em Oitava Câmara do Primeiro Tribunal de Alçada Civil, por maioria de votos, dar provimento ao recurso.

Agravo de instrumento tirado contra a r. decisão de fls. 09, que deferiu, "se em termos", o pedido de desentranhamento do mandado de citação e penhora, a fim de que esta se faça em dinheiro ou títulos encontráveis na tesouraria do Banco executado.

Formado o instrumento com efeito suspensivo, foram solicitadas informações ao Juiz da causa (fls. 45). Estas vieram às fls. 70/71.

É o relatório.

Os bens indicados pelos exeqüente — dinheiro existente na tesouraria da instituição financeira — não pertencem, necessariamente, somente ao Banco agravante: esse numerário integra a conta "Reservas Bancárias", abrangendo todos os recursos movimentados pelo Banco.

Trata-se, ademais, de bens impenhoráveis por força de lei: e o artigo 648 do Código de Processo Civil dispõe que "não estão sujeitos à execução os bens que a lei considera impenhoráveis ou inalienáveis".

Com efeito, o artigo 68 da Lei n. 9.069, de 29 de junho de 1995, determina, expressamente:

"Os depósitos das instituições financeiras bancárias mantidas no Banco Central do Brasil e contabilizados na conta "Reservas Bancárias" *são impenhoráveis* (grifei) e não responderão por qualquer tipo de dívida civil, comercial, fiscal, previdenciária, trabalhista ou de outra natureza, contraída por essas instituições ou quaisquer outras a ela ligadas."

A propósito dessa norma legal, resulta claro que o dinheiro existente na tesouraria do Banco integra a conta Reservas Bancárias, que abrange toda movimentação de recursos realizada pela instituição financeira. E, de acordo com entendimento deste mesmo Tribunal em v. aresto adiante invocado sobre o assunto (fls. 61), "tais recursos foram considerados impenhoráveis pelo legislador (Lei n. 9.069/95, artigo 68), restrição destinada à proteção do próprio depositante".

A pretensão da firma agravada não pode, pois, ser acolhida; se deferido tal pedido, ocorreria violação ao artigo 648 do Código citado e do artigo 68 da Lei n. 9.069/95, que dispõe sobre a impenhorabilidade das reservas financeiras sob a guarda das instituições bancárias.

É evidente, aliás, que o numerário encontrável na tesouraria do Banco executado é de propriedade não só do Banco, mas também de terceiros, como os correntistas, os investidores e seus clientes.

Nem poderia ser de outra forma, ante os termos precisos do artigo 1º da Lei n. 7.492, de 16 de junho de 1986, a seguir transcrito, conceituando e enumerando as atividades das instituições financeiras como a ora recorrente:

"Considera-se instituição financeira, para efeito desta lei, a pessoa jurídica de direito público ou privado, que tenha como atividade principal ou acessória, cumulativamente ou não, a captação, intermediação ou aplicação de *recursos financeiros de terceiros* (grifei, novamente), em moeda nacional ou estrangeira, ou a custódia, emissão, distribuição, negociação, intermediação ou administração de valores mobiliários."

Este E. Tribunal já tem firmado entendimento no mesmo sentido aqui sustentado pelo Banco agravante, conforme venerandos acórdãos proferidos, respectivamente, nos autos do Agravo de Instrumento n. 681.928-3, pela 12ª Câmara, Rel. o eminente Juiz Roberto Bedaque, e do Agravo de Instrumento n. 744.479-7, da 11ª Câmara, Rel. o douto Juiz Antonio José Silveira Paulilo, conforme se verifica às fls. 60/61 e 57/59, respectivamente.

Vale chamar a atenção, aliás, relativamente a este último julgado, para o seguinte trecho (fls. 59):

"De fato, e enfatize-se, sem a separação do que é do Banco do que constitui dinheiro de depositantes ou aplicadores, ou ainda do que constitui numerário destinado a depósito compulsório no Banco Central do Brasil, não pode haver penhora. E a r. decisão hostilizada, com o devido respeito e a necessária vênia, na sua letra não impõe ressalva alguma: autoriza a penhora sobre tudo."

Observa-se, além disso, que se trata de Carta de Sentença extraída de ação de procedimento ordinário proposta pela agravada, em face do agravante e ora em fase de execução provisória, objetivando a apuração do valor da condenação imposta ao réu, confirmada por esta C. Corte. Sucede que, segundo as informações do Juízo da causa (fls. 70/71) e o relatado na inicial do presente Agravo (fls. 05/06), o E. Superior Tribunal de Justiça deu provimento ao Recurso Especial, em sessão de 20 de maio de 1997, interposto pelo Banco, reformando a r. sentença de primeiro grau e o ven. acórdão do Primeiro Tribunal de Alçada Civil que a havia confirmado; conseqüentemente, foi julgada improcedente a demanda e invertidos os ônus da sucumbência.

Desaconselhável, assim, por mais esse motivo, o atendimento ao pleito da sociedade agravada, tanto mais se tratando de execução provisória (fls. 08, "in fine").

Por todo o exposto, dá-se provimento ao recurso, para reformar a r. decisão de fls. 09 (fls. 264 dos autos principais), determinando o cancelamento da ordem de penhora tal como ali estabelecida, sobrestados os autos executórios até que venha para os autos cópia autenticada do ven. acórdão do E. Superior Tribunal de Justiça que se alega ter dado provimento ao Recurso Especial do Banco agravado.

Presidiu o julgamento, com voto, o Juiz Franklin Nogueira e dele participou o Juiz Antonio Carlos Malheiros (vencido).

São Paulo, 11 de fevereiro de 1998. Carlos Alberto Hernández, Relator

**Apelação 493.004-2-Marília-SP - 2º TACiv, 11ª C. Rel. Juiz Artur Marques, j. 8.9.97, v.u.**

***Locação - Embargos a execução - Título extrajudicial - Liquidez - Apesar da periodicidade e dos índices de reajustes estabelecidos no contrato não terem sido obedecidos pela embargada, não se desnatura o título executivo extrajudicial, que é o contrato locatício.***

ACÓRDÃO

Vistos, relatados e discutidos estes autos, os juízes desta Turma julgadora do Segundo Tribunal de Alçada Civil, de conformidade com o relatório e o voto do relator, que ficam fazendo parte integrante deste julgado, nesta data, negaram provimento aos recursos, por votação unânime.

Artur Marques, Juiz Relator.

VOTO

1. Trata-se de embargos à execução, opostos por..., nos autos da ação de execução fundada em título extrajudicial que lhe move..., julgados parcialmente procedentes.

Inconformadas, recorrem as partes:

a) A embargante, aduzindo que não estão presentes os requisitos do artigo 586, do CPC, sendo o título ilíquido, posto que o MM. Juiz afirmou que o valor do débito deveria ser apurado pelo contador. Assevera que a embargada não conseguiu demonstrar o verdadeiro valor do título, através da liquidação apresentada na inicial, nos termos do artigo 604, do CPC, não havendo que se falar em liquidez do título executado, afirmando que a liquidez e a certeza do título devem ser verificadas no momento em que se inicia a execução. Questiona a sua condenação nas verbas da sucumbência relativas à ação de despejo por falta de pagamento, posto que não foi parte naquela ação, e que a sucumbência é instituto de direito processual e só existe em função da lide. Pleiteou, por fim, que a sucumbência seja fixada proporcionalmente, nos termos do artigo 21, do CPC;

b) A embargada, pleiteando que os fiadores sejam condenados no pagamento da dívida, tal qual se encontra discriminada nos anexos à inicial da execução, porquanto no contrato de locação está clara a responsabilidade solidária dos fiadores pelo que for devido pelo afiançado em virtude da locação, e porque foram cientificados na ação de despejo e permaneceram inertes.

Contra-razões da embargante às fls. 47/48.

É o relatório.

2. Na apelação da embargante, objetiva-se a carência da ação, por falta de título hábil, na esteira de que os aluguéis não restaram devidamente demonstrados, tendo determinado o MM. Juiz que tais valores seriam apurados pelo Contador judicial.

Este tema foi suscitado em primeiro grau e bem enfrentado na r. sentença. Apesar da periodicidade, bem como dos índices de reajustes estabelecidos no contrato não terem sido obedecidos pela embargada, não se desnatura o título executivo extrajudicial, que é o contrato locatício. Certo é que continha previsão de reajuste trimestral. Em relação aos índices adotados e seus respectivos valores, por ocasião da liquidação, o Sr. Contador fará a correta conta, observando-se os reajustes trimestrais, segundo os índices da variação do IGP, fornecido pela FGV e, na falta deste, será reajustado pelos índices IGPM — INPC e IPC, seguindo esta seqüência. Isto, contudo, não implica em nulidade do título. Este é o contrato que subsiste íntegro e permite o ajuizamento da execução.

A condenação da embargante nas verbas da sucumbência relativas à ação de despejo por falta de pagamento é devida. Neste aspecto já se decidiu que "a cientificação da fiadora tem sentido de comunicar a propositura da ação, abrindo-se, pois, oportunidade adequada para a sua intervenção na fase de conhecimento. Por isso, a jurisprudência admite a responsabilidade do fiador, na ação de despejo, pelos ônus da sucumbência e pela multa contratual (*JTA* 149/251)" (Ap. s/Rev. 466.322-0/8). Em outro julgado, destacou-se que: "as despesas judiciais da Ação de Despejo podem ser cobradas dos fiadores, independente de cientificação, haja visto que, em qualquer hipótese, a fiador solidário incumbe o adimplemento da obrigação, bem como das verbas da sucumbência, correspondente ao valor integral da dívida, quando não satisfeita pelo devedor" (Ap. c/Rev. 427.750 6ª Câm., Rel. Juiz Lagrasta Neto, j. 5.4.95).

No que pertine à fixação proporcional das verbas da sucumbência, esta foi determinada pelo MM. Juiz "a quo".

O recurso da embargada também não prospera.

Pelo demonstrativo de débito de fls. 07 (dos autos de execução) verifica-se que a embargada pleiteia a condenação dos embargantes — fiadores do ex-locatário... — no valor de R$ 9.988,91.

No entanto, a embargada não demonstrou nos autos o acordo entre as partes para as majorações dos locativos, bem como o cumprimento do contrato de locação no que pertine aos índices aplicados.

Assim, bem decidiu o ilustre sentenciante, aduzindo que a embargante é devedora da embargada, cujos aluguéis deverão ser apurados pelo Contador judicial, com observância das cláusulas contratuais.

3. Ante o exposto, nega-se provimento às apelações, devendo-se, contudo, na execução, observar-se o que ficou consignado a respeito da liquidação.

Artur Marques, Relator.

# Legislação

## CRÉDITO RURAL

# A REFORMA DA LEGISLAÇÃO DO CRÉDITO RURAL E DOS TÍTULOS DE CRÉDITO RURAL

WALDIRIO BULGARELLI

A Mesa da Câmara dos Deputados está divulgando para receber sugestões o Anteprojeto de Lei de Consolidação da Legislação do Crédito Rural, incluindo a dos títulos de Crédito Rural, elaborado pelo Grupo de Trabalho para a Consolidação da Legislação brasileira.

Ao difundirmos por meio desta *Revista* essa iniciativa, transcrevendo o texto oferecido, cabem algumas observações a respeito.

Trata-se, consoante informa a apresentação do texto, o "segundo produto" desse grupo, expressão no mínimo estranhável, acrescendo-se ainda o fato de que o que seria o "primeiro produto", permanece desconhecido.

Ao publicarmos pois o texto deste trabalho — pois a expressão produto, certamente, é inaceitável — cabe mencionar, desde logo, que não consolidou como afirma a legislação em causa, mas reformou-a e que utiliza por amor a novidade expressões incabíveis ou de difícil entendimento, como é o caso do uso da expressão Direito Cambial a qual ainda não consolidada na Doutrina, trará certamente incompreensões e desajustes na interpretação da *mens legis*.

De maneira geral, observa-se que a comistão entre as normas do crédito rural e as dos títulos de crédito rural, longe de se harmonizar como pretende o Anteprojeto se repelem, dada as características de uns e de outros. Vale lembrar que a sistemática do crédito rural assim como a dos títulos de crédito rural se distanciam pela sua especialidade e funções, estando o primeiro (crédito rural) ligado ao sistema financeiro nacional e os títulos de crédito rural vinculados ao que o Anteprojeto, até impropriamente, chamou de Direito Cambial (cf. a propósito o nosso livro *Títulos de Crédito*, além de outros, como as considerações de Pontes de Miranda). Do que se conclui, desde logo, que o texto do Anteprojeto ressente-se de coerência e uniformidade e, para não tornar muito acerba a crítica, do grau de tecnicalidade que os temas impõem. Observe-se, por exemplo, que tendo oferecido os conceitos, ou ao menos notas conceituais dos vários títulos de crédito, silencia sobre a nota de crédito rural, fazendo referências várias, sem que o aplicador do direito saiba exatamente o que a lei quer significar com tais títulos.

Tudo somado, além de erros primários de redação, como a palavra *correição* no art. 85, e a confusão com a invalidade do endosso, no que toca à garantia *bonitas*, mas sem a inclusão da invalidade do *aval*, como está na lei atual, o que revela total desconhecimento do histórico dos títulos de crédito rural, no Brasil, surge o Anteprojeto como mais uma tentativa de "mudar por mudar", aliás, como se está pretendendo, de certa forma, com a chamada nova lei de falências e concordatas, cujo texto final do anteprojeto estamos também publicando.

Fique claro que a nossa intenção nessa resumida nota não é a de apresentarmos uma análise pormenorizada do texto em discussão, apenas a de encaminhar a divulgação dessa iniciativa da Câmara dos Deputados.

## *ANTEPROJETO DE LEI DE CONSOLIDAÇÃO DA LEGISLAÇÃO DO CRÉDITO RURAL*

### *Apresentação*

A legislação brasileira, de um modo geral, vem sendo elaborada de forma fragmentária, muitas vezes em prejuízo da necessária coerência e harmonia que deve caracterizar todo sistema jurídico. Este fato decorre, entre outras razões, dos diferentes momentos políticos e institucionais que têm marcado a história recente do País. O mesmo fenômeno pode ser observado em quase todas as áreas do direito, onde a edição de uma grande quantidade de leis, decretos e outras normas legais dificulta o tratamento sistemático de matérias importantes.

Com o objetivo de consolidar a legislação dos ramos mais significativos do direito brasileiro, a Mesa Diretora da Câmara dos Deputados constituiu o Grupo de Trabalho para Consolidação da Legislação Brasileira. O segundo produto que este Grupo oferece para discussão pela sociedade brasileira — após a consolidação da legislação ambiental brasileira — é o presente anteprojeto de consolidação da legislação do crédito rural.

O texto do anteprojeto ora proposto procura consolidar uma série de diplomas legais, que ao final resultarão revogados no todo ou em parte. São eles os seguintes: Lei n. 4.829, de 5 de novembro de 1965; Decreto-lei n. 167, de 14 de fevereiro de 1967, Decreto-lei n. 784, de 25 de agosto de 1969; Lei n. 8.427, de 27 de maio de 1992; Lei n. 8.929, de 22 de agosto de 1994, o artigo 15 da Lei Delegada n. 9, de 11 de outubro de 1962; o artigo 53 da Lei n. 4.595, de 31 de dezembro de 1964; os artigos 48, 49, 50 e 52 da Lei n. 8.171, de 17 de janeiro de 1991 e o art. 4º da Lei n. 9.138, de 29 de novembro de 1995.

É princípio básico do Grupo de Trabalho para Consolidação da Legislação Brasileira obter o máximo de colaboração de órgãos públicos dos demais poderes da República, dos Estados e Municípios, de instituições de ensino e pesquisa, de organizações não-governamentais e outros setores organizados da sociedade, além, é claro, dos cidadãos em geral. Para isto, este anteprojeto de lei está sendo publicado e será enviado às entidades mais representativas da sociedade brasileira, além de ficar disponível para o público em geral.

Durante noventa dias, a Câmara dos Deputados receberá contribuições, críticas e sugestões. Passado este período, dar-se-á início a uma nova etapa de revisão do texto, para transformá-lo em projeto de lei.

A Mesa Diretora da Câmara dos Deputados, por meio do Grupo de Trabalho para Consolidação da Legislação Brasileira, submete à sociedade brasileira este novo produto de seu trabalho, confiante no alto significado desta iniciativa e contando com as muitas sugestões para aprimoramento que certamente advirão dos demais Poderes da República dos Governos Estaduais, do Distrito Federal e dos Municípios, da sociedade civil e dos cidadãos em geral.

Brasília (DF), em 22 de janeiro de 1998.

Deputado Bonifácio de Andrada
Coordenador

*Consolida a legislação brasileira relativa ao crédito rural, e dá outras providências.*

O Congresso Nacional decreta:

## Capítulo I — Dos Objetivos

Art. 1º. O crédito rural será suprido pelos agentes financeiros, com os seguintes objetivos:

I – estimular os investimentos rurais destinados à produção, ao extrativismo não predatório, ao armazenamento, ao beneficiamento de produtos de origem agropecuária e à instalação de agroindústria por produtor rural ou por qualquer forma de associação de produtores rurais;

II – favorecer o custeio oportuno e adequado da produção, do extrativismo não predatório e da comercialização de produtos agropecuários;

III – incentivar a racionalização dos métodos de produção com vistas ao aumento da produtividade, à melhoria do padrão de vida das populações rurais, à adequada conservação do solo e à preservação do meio ambiente;

IV – propiciar, mediante a modalidade de crédito fundiário, a aquisição e regularização de terras pelos pequenos produtores, posseiros, arrendatários e trabalhadores rurais;

V – desenvolver atividades florestais e pesqueiras.

## Capítulo II — Dos Beneficiários

Art. 2º. Serão beneficiários do crédito rural os produtores rurais, aqueles que se dedicam a atividades extrativistas, desde que não predatórias, os indígenas, desde que assistidos por instituições competentes, e pessoas físicas ou jurídicas que, embora não conceituadas como produtores rurais, se dediquem às seguintes atividades:

I – produção de mudas e sementes, desde que fiscalizadas e certificadas;

II – produção de sêmen e embriões;

III – pesca artesanal e aquicultura para fins comerciais;

IV – silvicultura.

## Capítulo III — Dos Tipo de Crédito

Art. 3º. Segundo o fim a que se destinarem, os financiamentos rurais serão classificados como de:

I – custeio, quando destinados a cobrir as despesas operacionais de um ou mais períodos de produção agrícola ou pecuária;

II – investimento, quando se destinarem a inversões em bens e serviços cujos desfrutes se realizem no curso de vários períodos;

III – comercialização, quando destinados, isoladamente ou como extensão do custeio, a cobrir despesas de estocagem de produtos agrícolas, transporte ou relacionadas à monetização de títulos oriundos da venda dos produtos agropecuários;

IV – industrialização de produtos agropecuários, quando esta for efetuada pelo produtor, em sua propriedade, ou por cooperativa ou outra forma de associação de produtores.

Art. 4º. Constituem modalidades de operações:

I – o crédito corrente, aquele concedido a produtores rurais cuja capacidade técnica e substância econômica forem reconhecidas;

II – o crédito orientado, aquele que, acompanhado de assistência técnica prestada pelo financiador, diretamente ou através de entidade especializada em extensão rural, tiver o objetivo de elevar níveis de produtividade e melhorar o padrão de vida do produtor e sua família;

III – o crédito a cooperativas de produtores rurais, aquele destinado ao aparelhamento e funcionamento das ditas cooperativas, inclusive para a integralização de cotas-partes de capital social, a programas de investimento e outras finalidades, a prestação de serviços aos cooperados, bem como ao repasse aos cooperados para fins de custeio, investimento ou comercialização;

IV – o crédito a programas de colonização e de reforma agrária, como os definidos na Lei n. 4.504, de 30 de novembro de 1964.

Art. 5º. É facultado às instituições financeiras conceder financiamento rural sob modalidade de crédito rotativo, com limite fixado com base em orçamento simplificado, considerando-se líquido e certo o saldo devedor apresentado no extrato ou demonstrativo da conta vinculada a operação.

Parágrafo único. Os financiamentos de que trata este artigo poderão ser formalizados mediante emissão de cédula de crédito rural.

## Capítulo IV — Do Sistema Nacional de Crédito Rural

Art. 6º. Integrarão o Sistema Nacional de Crédito Rural (SNCR)

I – o Banco Central do Brasil;

II – o Banco do Brasil S.A;

III – o Banco da Amazônia S.A;

IV – o Banco do Nordeste do Brasil S.A;

V – o Banco Nacional de Desenvolvimento Econômico e Social;

VI – bancos de que o Poder Público participe com a maioria de ações;

VII – caixas econômicas;

VIII – bancos privados;

IX – sociedades de crédito, financiamento e investimento;

X – cooperativas autorizadas a operar em crédito rural.

§ 1º. Poderão articular-se ao SNCR, mediante convênios, órgãos oficiais de valorização regional e entidades de prestação de assistência técnica e econômica ao produtor rural, cujos serviços sejam passíveis de ser utilizados em conjugação com o crédito.

§ 2º. Poderão incorporar-se ao Sistema outras entidades que o Conselho Monetário Nacional venha a admitir.

Art. 7º. As entidades financiadoras participantes do SNCR poderão designar representantes para acompanhar a execução de convênios relativos à aplicação de recursos por intermédio de órgãos intervenientes.

Parágrafo único. Em caso de crédito a cooperativas, poderão os representantes mencionados neste artigo prestar assistência técnica e administrativa, como também orientar e fiscalizar a aplicação dos recursos.

Art. 8º. O Conselho Monetário Nacional, de acordo com as atribuições estabelecidas na Lei n. 4.595, de 31 de dezembro de 1964, disciplinará o crédito rural do País e estabelecerá, com exclusividade, normas operativas traduzidas nos seguintes tópicos:

I – avaliação, origem e dotação dos recursos a serem aplicados no crédito rural;

II – diretrizes e instruções relacionadas com a aplicação e controle do crédito rural;

III – critérios seletivos e de prioridade para a distribuição do crédito rural;

IV – fixação e ampliação dos programas de crédito rural, abrangendo todas as formas de suplementação de recursos, inclusive refinanciamento.

V – os termos, prazos, juros e demais condições das operações de crédito rural, sob quaisquer de suas modalidades, observadas as disposições específicas não expressamente revogadas pela presente Lei, inclusive o favorecimento previsto no artigo 4º, inciso IX, da Lei n. 4.595, de 31 de dezembro de 1964.

Parágrafo único. As operações de crédito rural, sob quaisquer modalidades, de valor até 50 (cinqüenta) vezes o valor do salário-mínimo pagarão somente a taxa de juros e, quando for o caso, seguro obrigatório, ficando isentas de taxas e comissões relativas ao serviços bancários.

Art. 9º. O cumprimento das deliberações do Conselho Monetário Nacional, aplicáveis ao crédito rural, será dirigido, coordenado e fiscalizado pelo Banco Central do Brasil.

Art. 10. Compete ao Banco Central do Brasil, como órgão de controle do Sistema Nacional de Crédito Rural:

I – sistematizar a ação dos órgãos financiadores e promover a sua coordenação com os que prestam assistência técnica e econômica ao produtor rural;

II – elaborar planos globais de aplicação de crédito rural e conhecer de sua execução, tendo em vista a avaliação dos resultados para introdução de correções cabíveis;

III – determinar os meios adequados de seleção e prioridade na distribuição do crédito rural e estabelecer medidas para o zoneamento agroecológico dentro do qual devem atuar os diversos órgãos financiadores em função dos planos elaborados;

IV – incentivar a expansão da rede distribuidora do crédito rural, especialmente através de cooperativas.

## Capítulo V — Dos Recursos para o Crédito Rural

Art. 11. Constituem recursos do crédito rural:

I – dotações orçamentárias aportadas a entidades integrantes do Sistema Nacional de Crédito Rural, com destinação específica ao crédito rural;

II – valores que o Conselho Monetário Nacional venha a isentar de recolhimento, na forma da alínea "c" do inciso XIV, do art. 4º da Lei 4.595, de 31 de dezembro de 1964;

III – recursos que são ou vierem a ser atribuídos ao Fundo Nacional de Reforma Agrária, instituído pela Lei n. 4.504, de 30 de novembro de 1964;

IV – recursos que são ou vierem a ser atribuídos ao Fundo Agroindustrial de Reconversão, instituído pela Lei n. 4.504, de 30 de novembro de 1964;

V – recursos, de qualquer fonte, que o Conselho Monetário Nacional venha a determinar sejam aplicados em crédito rural;

VI – recursos próprios dos agentes integrantes do Sistema Nacional de Crédito Rural;

VII – recursos decorrentes de empréstimos ou acordos, de âmbito interno ou externo, que incluam destinação ao crédito rural;

VIII – recursos integrantes de fundos, inclusive os Fundos Constitucionais instituídos pela Lei n. 7.827, de 27 de setembro de 1989, quando destinados a aplicação em crédito rural;

IX – recursos de qualquer origem, destinados à aplicação em crédito rural.

Art. 12. Os recursos orçamentários destinados ao crédito rural terão sua aplicação normatizada pelo Conselho Monetário Nacional, que fixará os critérios para sua distribuição entre os agentes financeiros.

Art. 13. O Conselho Monetário Nacional poderá definir incentivos que visem a aumentar a participação da rede bancária privada na aplicação de crédito rural.

Art. 14. Sem prejuízo do disposto no inciso II do art. 11, o Conselho Monetário Nacional poderá instituir aplicações compulsórias em crédito rural, a serem realizadas pelos agentes financeiros integrantes do Sistema Nacional de Crédito Rural, calculadas com base em percentuais dos recursos com que operam.

Art. 15. Os agentes financeiros que não desejarem ou não puderem cumprir o estabelecido no inciso II do art. 11 ou no art. 14, desta Lei, poderão, alternativamente, recolher ao Banco Central do Brasil os valores correspondentes, ou transferi-los, na forma determinada pelo Conselho Monetário Nacional, a outra instituição financeira, para aplicação específica em crédito rural.

§ 1º. Os valores recolhidos ao Banco Central do Brasil, na forma deste artigo vencerão juros à taxa que o Conselho Monetário Nacional fixar.

§ 2º. A inobservância ao disposto neste artigo sujeitará o infrator à multa variável entre 10% (dez por cento) e 50% (cinquenta por cento) sobre os valores não aplicados em crédito rural.

§ 3º. O não recolhimento da multa mencionada no parágrafo anterior, no prazo de 15 (quinze) dias, sujeitará o infrator às penalidades previstas no Capítulo V da Lei n. 4.595, de 31 de dezembro de 1964.

## Capítulo VI — Da Subvenção Econômica no Crédito Rural

Art. 16. É o Poder Executivo autorizado a conceder subvenção econômica nas operações de crédito rural, sob a forma de equalização de preços e de taxas de juros, observado o disposto neste Lei.

Art. 17. A equalização de preços consistirá em subvenção equivalente à parcela do saldo devedor de financiamento que exceder o valor de mercado do produto financiado, nas operações amparadas pela Política de Garantia de Preços Mínimos, de que trata o Decreto-lei n. 79, de 19 de dezembro de 1996, através de leilões em bolsas de mercadorias.

§ 1º. Considera-se, igualmente, subvenção de equalização de preços, ao amparo desta Lei, independentemente de vinculação a operações de crédito rural, o pagamento:

a) da diferença entre o valor de referência fixado pelo Poder Executivo e o do produto, apurado em bolsa de mercadoria ou licitação;

b) das despesas para assegurar o valor de referência fixado pelo Poder Executivo, inclusive na utilização de contratos de futuro e de opção.

§ 2º. A concessão de subvenção a que se refere este artigo exonera o Governo Federal da obrigação de comprar o produto, que deverá ser comercializado pelo setor privado.

Art. 18. Os Ministros de Estado da Agricultura e do Abastecimento, da Fazenda e do Planejamento e Orçamento proporão ao Presidente da República, em cada exercício financeiro, as necessárias providências de natureza orçamentária e, ouvido o Conselho Nacional de Política Agrícola, na forma de Lei n. 8.171, de 17 de janeiro de 1991, as providências de natureza operacional, para concessão de subvenção de equalização de preços, inclusive no que diz respeito à forma de apuração do valor de mercado do produto.

Art. 19. A subvenção da equalização de taxa de juros ficará limitada ao diferencial de taxas entre o custo de captação de recursos, acrescidos dos custos administrativos e tributários a que estão sujeitas as instituições financeiras oficiais, nas suas operações ativas, e os encargos cobrados do tomador final do crédito rural.

Parágrafo único. A subvenção econômica a que se refere este artigo estende-se aos empréstimos concedidos a partir de 1º de julho de 1991, pelas instituições financeiras oficiais federais aos produtores rurais.

Art. 20. A concessão de subvenção de equalização de juros obedecerá aos limites e normas operacionais estabelecidos pelo Ministério da Fazenda, especialmente no que diz respeito a custos de captação e de aplicação dos recursos.

Art. 21. Cabe ao Banco Central do Brasil acompanhar e fiscalizar as operações de crédito rural beneficiárias das subvenções concedidas por esta Lei.

## Capítulo VII — Das Condições para a Concessão de Crédito Rural

Art. 22. A concessão do crédito rural observará:

I – idoneidade do tomador;

II – fiscalização pelo financiador;

III – apresentação de orçamento de aplicação nas atividades específicas;

IV – liberação dos recursos diretamente aos beneficiários, ou indiretamente, via associações formais ou informais de produtores, ou suas cooperativas;

V – cronograma de liberação dos financiamentos sujeito ao ciclo da produção e à capacidade de aplicação dos recursos;

VI – prazos e épocas de reembolso ajustados à natureza e especificidade das operações rurais, à capacidade de pagamento e às épocas normais de comercialização da produção.

Art. 23. Faculta-se a exigência de contrapartida de recursos próprios dos produtores rurais, em percentuais diferenciados, tendo em conta a natureza e o interesse da atividade específica para a sociedade.

Art. 24. A concessão do crédito rural levará em conta o zoneamento agroecológico.

Art. 25. A concessão do crédito rural, em todas as suas modalidades, bem como a constituição das respectivas contrapartidas ou garantias, ficam condicionadas à comprovação do recolhimento do Imposto Territorial Rural–ITR, relativo ao imóvel rural, correspondente aos últimos 5 (cinco) exercícios, ressalvados os casos em que a exigibilidade do imposto esteja suspensa ou em curso de cobrança executiva em que tenha sido efetivada a penhora.

Parágrafo único. É dispensada a comprovação da regularidade do recolhimento do imposto relativo ao imóvel rural, para efeito de concessão de financiamento ao amparo do Programa Nacional de Fortalecimento da Agricultura Familiar – PRONAF.

Art. 26. O Poder Público assegurará crédito rural especial e diferenciado aos produtores rurais em regime de economia familiar e aos assegurados em áreas de reforma agrária.

## Capítulo VIII — Dos Títulos de Crédito

### Seção I — Do Financiamento Rural

Art. 27. O financiamento rural concedido pelos órgãos integrantes do sistema nacional de crédito rural a pessoa física ou jurídica poderá efetuar-se por meio das cédulas de crédito rural previstas nesta Lei.

Parágrafo único. Faculta-se a utilização das cédulas para os financiamentos da mesma natureza concedidos por cooperativas ou outras organizações associativas rurais a seus associados ou as suas filiadas.

Art. 28. O emitente da cédula fica obrigado a aplicar o financiamento nos fins ajustados, devendo comprovar essa aplicação no prazo e na forma exigidos pela instituição financiadora.

Parágrafo único. No caso de pluralidade de emitente e não constando da cédula qualquer designação em contrário, a utilização do crédito poderá ser feita por qualquer um dos emitentes, sob a responsabilidade solidária dos demais.

Art. 29. A aplicação do financiamento poderá ajustar-se em orçamento assinado pelo financiado e autenticado pelo financiador, dele devendo constar expressamente qualquer alteração que convencionarem.

Parágrafo único. Na hipótese, far-se-á, na cédula, menção do orçamento, que a ela ficará vinculado.

Art. 30. Quando for concedido financiamento para utilização parcelada, o financiador abrirá, com o valor do financiamento, conta vinculada à operação, que o financiado movimentará por meio de cheques, saques, recibos, ordens, cartas ou quaisquer outros documentos, na forma e tempo previstos na cédula ou no orçamento.

Art. 31. As importâncias fornecidas pelo financiador vencerão juros às taxas que o Conselho Monetário Nacional fixar e serão exigíveis em 30 de junho e 31 de dezembro ou no vencimento das prestações, se assim acordado entre as partes; no vencimento do título e na liquidação, ou por outra forma que vier a ser determinada por aquele Conselho, podendo o financiador, nas datas previstas, capitalizar tais encargos na conta vinculada à operação.

Parágrafo único. Em caso de mora, a taxa de juros constante da cédula será aumentada em um ponto percentual ao ano.

Art. 32. O financiado facultará ao financiador a mais ampla fiscalização da aplicação da quantia financiada, exibindo, inclusive, os elementos que lhe forem exigidos.

Art. 33. O credor poderá, sempre que julgar conveniente e por pessoas de sua indicação, percorrer todas e quaisquer dependências em que se localize o empreendimento financiado e verificar o desenvolvimento das atividades ali exercidas.

Art. 34. Para ocorrer às despesas com os serviços de fiscalização, poderá ser ajustada, na cédula, taxa de comissão de fiscalização exigível na forma do disposto no art. 31, a qual será calculada sobre os saldos devedores da conta vinculada à operação, respondendo ainda, o financiado, pelo pagamento de quaisquer despesas decorrentes de vistorias frustradas ou realizadas extraordinariamente em virtude de irregularidades de sua conduta.

Art. 35. O emitente da cédula de crédito rural, com ou sem garantia real, manterá em dia o pagamento dos tributos e encargos fiscais, previdenciários e trabalhistas de sua responsabilidade, inclusive a remuneração dos trabalhadores rurais, exibindo ao credor os respectivos comprovantes sempre que lhe forem exigidos.

Seção II — Das Cédulas de Crédito Rural

Art. 36. A cédula de crédito rural é promessa de pagamento em dinheiro, sem ou com garantia cedularmente constituída, sob as seguintes denominações e modalidades:

I – Cédula Rural Pignoratícia;

II – Cédula Rural Hipotecária;

III – Cédula Rural Pignoratícia e Hipotecária;

IV – Nota de Crédito Rural.

Art. 37. A cédula de crédito rural é título civil líquido e certo, exigível pela soma dela constante ou do endosso, além dos juros, da comissão de fiscalização, se houver, e demais despesas que o credor fizer para segurança, regularidade e realização de seu direito creditório, ressalvado o disposto no parágrafo único do art. 8º.

§ 1º. Se o emitente houver deixado de levantar qualquer parcela do crédito ou tiver feito pagamentos parciais, o credor descontá-los-á da soma declarada na cédula, tornando-se exigível apenas o saldo.

§ 2º. Não constando do endosso o valor pelo qual se transfere a cédula, prevalecerá o da soma declarada no título, acrescido dos acessórios, na forma deste artigo, deduzindo o valor das quitações parciais passadas no próprio título.

Art. 38. Importa vencimento antecipado do título, independentemente de aviso ou interpelação judicial ou extrajudicial, o inadimplemento de qualquer dever cedular ou legal do emitente ou, sendo o caso, do terceiro prestante da garantia real.

Parágrafo único. Verificado o inadimplemento, poderá ainda o credor considerar vencidos antecipadamente todos os financiamentos rurais concedidos ao emitente e dos quais seja credor.

Art. 39. A cédula de crédito rural poderá ser aditada, ratificada e retificada por meio de aditivos ou menções adicionais, datados e assinados pelo emitente e pelo credor, lavrados em folha à parte do mesmo formato, e que passarão a fazer parte integrante do documento cedular.

Art. 40. A cédula de crédito rural admite amortizações periódicas e prorrogações de vencimento, que serão ajustadas mediante a inclusão de cláusula, na forma prevista nesta Lei.

Art. 41. A cédula de crédito rural conterá:

I – denominação "Cédula Rural Pignoratícia"; "Cédula Rural Hipotecária"; Cédula Rural Pignoratícia e Hipotecária" ou "Nota de Crédito Rural", conforme o caso;

II – data e condições de pagamento; havendo prestações periódicas ou prorrogações de vencimento, acrescentar: "nos termos da cláusula Forma de Pagamento abaixo" ou "nos termos da cláusula Ajuste de Prorrogação abaixo";

III – nome do credor e cláusula à ordem;

IV – valor do crédito deferido, lançado em algarismos e por extenso, com indicação da finalidade a que se destina o financiamento concedido e a forma de sua utilização;

V – taxa de juros a pagar e da comissão de fiscalização, se houver, e tempo de seu pagamento;

VI – praça de pagamento;

VII – data e lugar da emissão

VIII – assinatura do próprio punho do emitente ou de representante com poderes especiais.

§ 1º. A cédula rural pignoratícia conterá, ainda, a descrição dos bens vinculados em penhor, que se indicarão pela espécie, qualidade, quantidade marca ou período de produção, se for o caso, além do local ou depósito em que os mesmo bens se encontrarem;

§ 2º. A cédula rural hipotecária conterá, ainda, a descrição do imóvel hipotecado, com indicação do nome, se houver, dimensões, confrontações, benfeitorias, título e data de aquisição e anotações (número, livro e folha) do registro imobiliário;

§ 3º. A cédula rural pignoratícia e hipotecária conterá, ainda, os aspectos referidos nos §§ 1º e 2º deste artigo.

§ 4º. A descrição dos bens vinculados à garantia poderá ser feita em documento à parte, em duas vias, assinadas pelo emitente e autenticadas pelo credor, fazendo-se, na cédula, menção a essa circunstância, logo após a indicação do grau do penhor e de seu valor global.

§ 5º. Se a descrição do imóvel hipotecado se processar em documento à parte, também deverão constar da cédula rural hipotecária ou da cédula rural pignoratícia e hipotecária todas as indicações mencionadas no § 2º deste artigo, exceto confrontações e benfeitorias.

§ 6º. A descrição do imóvel hipotecando poderá ser substituída pela juntada à cédula de certidão de inteiro teor da matrícula do imóvel, na forma do § 1º do art. 19 da Lei n. 6.015, de 31 de dezembro de 1973, a qual será parte integrante, devendo figurar no contexto da cédula o número da matrícula e a individuação do Cartório de Registro de Imóveis.

§ 7º. As cláusulas "Forma de Pagamento" ou "Ajuste de Prorrogação". Quando cabíveis, serão incluídas logo após a descrição da garantia, estabelecendo-se, na primeira, os valores e datas das prestações e, na segunda, as prorrogações previstas e as condições a que está sujeita sua efetivação.

Seção III — Da Nota Promissória Rural

Art. 42. Nas vendas a prazo de bens de natureza agrícola, extrativa ou pastoril, quando efetuada diretamente por produtores rurais ou por suas cooperativas; nos recebimentos, pelas cooperativas, de produtos da mesma natureza entregues pelos seus cooperados, e nas entregas de bens de produção ou de consumo, feitas pelas cooperativas aos seus associados, poderá ser utilizada, como título de crédito, a nota promissória rural, nos termos desta Lei.

Parágrafo único. A nota promissória rural emitida pelas cooperativas a favor de seus cooperados, ao receberem produtos entregues por estes, constitui promessa de pagamento representativa de adiantamento por conta do preço dos produtos recebidos para venda.

Art. 43. A nota promissória rural conterá:

I – denominação "Nota Promissória Rural";

II – data do pagamento;

III – nome do beneficiário do pagamento e cláusula à ordem;

IV – praça do pagamento;

V – soma de dinheiro a pagar, lançada em algarismos e por extenso;

VI – indicação dos produtos objeto da compra e venda ou da entrega;

VII – data e lugar da emissão;

VIII – assinatura do próprio punho do emitente ou de representante com poderes especiais.

Seção IV — Da Duplicata Rural

Art. 44. Nas vendas a prazo de quaisquer bens de natureza agrícola, extrativa ou pastoril, quando efetuadas diretamente por produtores rurais ou por suas cooperativas, poderá ser utilizada também, como título de crédito, a duplicata rural, nos termos desta Lei.

Art. 45. Emitida a duplicata rural pelo vendedor, este ficará obrigado a entregá-la ou a remetê-la ao comprador, que a devolverá depois de assiná-la.

Art. 46. A duplicata rural conterá:

I – denominação "Duplicata Rural";

II – data do pagamento, ou a declaração de dar-se a tantos dias da data da apresentação ou de ser à vista;

III – nome e domicílio do vendedor;

IV – nome e domicílio do comprador;

V – soma de dinheiro a pagar, lançada em algarismos e por extenso;

VI – praça do pagamento;

VII – indicação dos produtos objeto da compra e venda;

VIII – data e lugar da emissão;

IX – cláusula à ordem;

X – reconhecimento de sua exatidão e a obrigação de pagá-la, para ser firmada de próprio punho do emitente ou de representante com poderes especiais;

XI – assinatura do próprio punho do emitente ou de representante com poderes especiais.

Art. 47. A perda ou extravio da duplicata rural obriga o vendedor a extrair novo documento que contenha a expressão "Segunda via" em linhas paralelas que cruzem o título.

Art. 48. A remessa da duplicata rural poderá ser feita diretamente pelo vendedor ou por seus representantes, por intermédio de instituições financiadoras, procuradores ou correspondentes, que se incumbem de apresentá-la ao comprador na praça ou no lugar de seu domicílio, podendo os intermediários devolvê-la depois de assinda ou conservá-la em seu poder até o momento do resgate, segundo as instruções de quem lhe cometeu o encargo.

Art. 49. Quando não for à vista, o comprador deverá devolver a duplicata rural ao apresentante dentro do prazo de dez dias, contados da data da apresentação, devidamente assinada ou acompanhada de declaração por escrito, contendo as razões da falta de aceite.

Parágrafo único. Na hipótese de não devolução do título dentro do prazo a que se refere este artigo, assiste ao vendedor o direito de protestá-lo por falta de aceite.

Seção V — Da Cédula de Produto Rural

Art. 50. A Cédula de Produto Rural (CPR) é título representativo de promessa de entrega de produtos rurais, com ou sem garantia cedularmente constituída.

Art. 51. Têm legitimação para emitir CPR o produtor rural e suas associações, inclusive cooperativas.

Art. 52. A CPR conterá:

I – denominação "Cédula de Produto Rural";

II – data da entrega;

III – nome do credor e cláusula à ordem;

IV – promessa pura e simples de entregar o produto, sua indicação e as especificações de qualidade e quantidade;

V – local e condições de entrega;

VI – descrição dos bens cedularmente vinculados em garantia;

VII – data e lugar da emissão;

VIII – assinatura do emitente.

§ 1º. Sem caráter de requisito essencial, a CPR poderá conter outras cláusulas lançadas em seu contexto, as quais poderão constar de documento à parte, com a assinatura do emitente, fazendo-se, na cédula, menção a essa circunstância.

§ 2º. A descrição dos bens vinculados em garantia pode ser feita em documento à parte, assinado pelo emitente, fazendo-se, na cédula, menção a essa circunstância.

§ 3º. A descrição do bem será feita de modo simplificado e, quando for o caso, este será identificado pela sua numeração própria e pelos números de registro ou matrícula no registro oficial competente, dispensada, no caso de imóveis, a indicação das respectivas confrontações.

Art. 53. A CPR é título líquido e certo, exigível pela quantidade e qualidade de produto nela previsto.

Parágrafo único. O cumprimento parcial da obrigação de entrega será anotado, sucessivamente, no verso da cédula, tornando-se exigível apenas o saldo.

Art. 54. A CPR poderá ser aditada, ratificada e retificada por aditivos, que a integram, datados e assinados pelo emitente e pelo credor, fazendo-se, na cédula, menção a essa circunstância.

Art. 55. A entrega do produto antes da data prevista na cédula depende da anuência do credor.

Art. 56. A CPR poderá ser considerada vencida na hipótese de inadimplemento de qualquer das obrigações do emitente.

Art. 57. A CPR poderá ser negociada nos mercados de bolsas e de balcão.

§ 1º. O registro da CPR em sistema de registro e de liquidação financeira, administrado por entidade autorizada pelo Banco Central do Brasil, é condição indispensável para a negociação referida neste artigo.

§ 2º. Nas ocorrências da negociação referida neste artigo, a CPR será considerada ativo financeiro e não haverá incidência do imposto sobre operações de crédito, câmbio e seguro, ou relativas a títulos ou valores mobiliários.

Seção VI — Das Garantias

Art. 58. A garantia cedular da obrigação relativa a cédula de crédito rural ou CPR poderá, conforme o caso, consistir em:

I – hipoteca;

II – penhor;

III – alienação fiduciária.

Art. 59. Podem ser objeto de hipoteca cedular imóveis rurais e urbanos.

Art. 60. São abrangidos pela hipoteca constituída as construções, respectivos terrenos, instalações e benfeitorias.

§ 1º. Incorporam-se na hipoteca constituída as instalações e construções, adquiridos ou executados com o crédito, assim como quaisquer outras benfeitorias acrescidas aos imóveis na vigência da cédula, as quais uma vez realizadas, não poderão ser retiradas, alteradas ou destruídas, sem o consentimento do credor, por escrito.

§ 2º. Faculta-se ao credor exigir que o emitente faça averbar à margem da inscrição principal, a constituição do direito real sobre os bens e benfeitorias referidas neste artigo.

Art. 61. Podem ser objeto de penhor cedular, nas condições desta Lei, os bens suscetíveis de penhor rural e de penhor mercantil, bem como os bens suscetíveis de penhor cedular.

§ 1º. Salvo se se tratar de títulos de crédito, os bens apenhados continuam na posse imediata do emitente ou do terceiro prestador da garantia, que responde por sua guarda e conservação como fiel depositário.

§ 2º. Cuidando-se de penhor constituído por terceiro, o emitente da cédula responderá solidariamente com o empenhador pela guarda e conservação dos bens.

Art. 62. Aplicam-se à garantia cedular a legislação sobre o penhor, hipoteca e alienação fiduciária e, especialmente quanto ao penhor, as disposições das Leis ns. 492, de 30 de agosto de 1937, 2.666, de 6 dezembro de 1955, e os preceitos da legislação sobre penhor mercantil, rural e o constituído por meio de cédulas, no que não colidem com a presente Lei.

Art. 63. A não identificação dos bens objeto de alienação fiduciária não retira a eficácia da garantia, que poderá incidir sobre outros do mesmo gênero, qualidade e quantidade, de propriedade do garante.

Art. 64. Incluem-se na garantia os bens adquiridos ou pagos com o financiamento, feita a respectiva averbação nos termos desta Lei.

Art. 65. Antes da liquidação da cédula, não poderão os bens apenhados ser removidos dos imóveis de localização, sob qualquer pretexto e para onde quer que seja, sem prévio consentimento escrito do credor, exceto no caso de veículos e embarcações, que poderão ser utilizados segundo as necessidades da atividade desenvolvida pelo devedor.

Art. 66. Os bens apenhados poderão ser objeto de novo penhor cedular e o simples registro da respectiva cédula equivalerá à averbação, na anterior, do penhor constituído em grau subseqüente.

Art. 67. Em caso de mais de um financiamento, sendo os mesmos o emitente da cédula, o credor e os bens apenhados, poderá estender-se aos financiamentos subseqüentes o penhor originariamente constituído, mediante menção da extensão nas cédulas posteriores, reputando-se um só penhor com cédulas rurais distintas.

§ 1º. A extensão será apenas averbada à margem da inscrição anterior e não impede que sejam vinculados outros bens à garantia.

§ 2º. Havendo vinculação de novos bens, além da averbação, estará a cédula também sujeita a inscrição no Cartório do Registro de Imóveis.

§ 3º. Não será possível a extensão da garantia se tiver havido endosso ou se os bens vinculados já houverem sido objeto de nova gravação para com terceiros.

Art. 68. É vedada a venda dos bens vinculados à cédula de crédito rural sem prévia anuência do credor, por escrito, sob pena de ineficácia.

Art. 69. Dentro do prazo da cédula, o credor, se assim o entender, poderá autorizar o emitente a dispor de parte ou de todos os bens da garantia, na forma e condições que convencionarem.

Art. 70. Os bens dados em garantia assegurarão o pagamento do principal, juros, comissões, pena convencional, despesas legais e convencionais com as preferências estabelecidas na legislação em vigor.

Art. 71. Se, deteriorando-se ou depreciando-se a coisa dada em segurança, desfalcar-se a garantia, o devedor deverá reforçá-la no prazo de quinze dias da intimação que lhe fizer o credor.

Parágrafo único. Nos casos de substituição de animais por morte ou inutilização, assiste ao credor o direito de exigir que os substitutos sejam da mesma espécie e categoria dos substitutos.

Art. 72. Quando o penhor for constituído por animais, o emitente da cédula fica obrigado a manter todo o rebanho, inclusive os animais adquiridos com o financiamento, se for o caso, protegidos pelas medidas sanitárias e profiláticas recomendadas pela autoridade competente, em cada caso, contra a incidência de zoonoses, molétias infecciosas ou parasitárias de ocorrência freqüente na região.

Art. 73. Nos financiamentos pecuários, poderá ser convencionado que o emitente se obriga a não vender, sem autorização por escrito do credor, durante a vigência do título, crias fêmeas ou vacas aptas à procriação, assistindo ao credor, na hipótese de não observância dessas condições, o direito de dar por vencida a cédula e exigir o total da dívida dela resultante, independentemente de aviso extrajudicial ou interpelação judicial.

Art. 74. Se os bens vinculados em penhor ou em hipoteca à cédula de crédito rural pertencerem a terceiros, estes subscreverão também o título, para que se constitua a garantia.

### Seção VII — Da Inscrição e Averbação dos Títulos

Art. 75. As cédulas de crédito rural e a CPR, para terem eficácia contra terceiros, inscrevem-se no Cartório de Registro de Imóveis:

I – a cédula rural pignoratícia, no da circunscrição em que esteja situado o imóvel de localização dos bens apenhados;

II – a cédula rural hipotecária, no da circunscrição em que esteja situado o imóvel hipotecado;

III – a cédula rural pignoratícia e hipotecária, no da circunscrição em que esteja situado o imóvel de localização dos bens apenhados e no da circunscrição em que esteja situado o imóvel hipotecado;

IV – a nota de crédito rural, no da circunscrição em que esteja situado o imóvel a cuja exploração se destina o financiamento cedular;

V – a CPR, no da circunscrição do domicílio do emitente.

§ 1º. Sendo nota de crédito rural emitida por cooperativa ou outra organização associativa rural, a inscrição far-se-á no Cartório de Registro de Imóveis do domicílio da emitente.

§ 2º. Em caso de hipoteca e penhor, a CPR deverá também ser averbada na matrícula do imóvel hipotecado e no Cartório de localização dos bens apenhados.

§ 3º. Quando do penhor ou da alienação fiduciária fizerem parte veículos automotores que disponham de registros próprios para a expedição de licença, o gravame será também neles registrado.

Art. 76. A inscrição far-se-á na ordem de apresentação da cédula a registro em livro próprio denominado "Registro de Cédulas de Crédito Rural", observando o disposto nos artigos 183, 188, 190 e 202 do Decreto n. 4.857, de 9 de novembro de 1939.

§ 1º. Os livros destinados ao registro das cédulas de crédito rural serão numerados em série crescente, a começar de 1 (um), e cada livro conterá termo de abertura e termo de encerramento assinados pelo Juiz de Direito da Comarca, que rubricará todas as folhas.

§ 2º. As formalidades a que se refere o parágrafo anterior precederão à utilização do livro.

§ 3º. Em cada Cartório, haverá, em uso, apenas um livro "Registro de Cédulas de Crédito Rural", utilizando-se o de número subseqüente depois de findo o anterior.

Art. 77. A inscrição consistirá na anotação dos seguintes requisitos cedulares:

I – data do pagamento: havendo prestações periódicas ou ajuste de prorrogação, consignar, conforme o caso, a data de cada uma delas ou as condições a que está sujeita sua efetivação;

II – nomes do emitente, do financiador e do endossatário, se houver;

III – valor do crédito deferido e o de cada um dos pagamentos parcelados, se for o caso;

IV – praça do pagamento;

V – data e lugar da emissão.

§ 1º. Para a inscrição, o apresentante de título oferecerá, com o original da cédula, cópia tirada em impresso idêntico ao da cédula, com a declaração impressa "via não negociável", em linhas paralelas transversais.

§ 2º. O Cartório conferirá a exatidão da cópia, autenticando-a.

§ 3º. Cada grupo de duzentas cópias será encadernado na ordem cronológica de seu arquivamento, em livro que o Cartório apresentará, no prazo de quinze dias da completação do grupo, ao Juiz de Direito da Comarca, para abri-lo e encerrá-lo, rubricando as respectivas folhas numeradas em série crescente a começar de 1 (um).

§ 4º. No caso do § 6º do art. 41, à via da cédula destinada ao Cartório será anexada cópia da certidão de inteiro teor da matrícula, salvo se o imóvel hipotecado achar-se registrado no mesmo Cartório.

Art. 78. Ao efetuar a inscrição ou qualquer averbação, o Oficial do Registro Imobiliário mencionará, no respectivo ato, a existência de qualquer documento anexo à cédula e nele aporá sua rubrica, independentemente de outra qualquer formalidade.

Art. 79. O Cartório anotará a inscrição, com indicação do número de ordem, livro e folhas, bem como o valor dos emolumentos cobrados, no verso da cédula, além de mencionar, se for o caso, os anexos apresentados.

Parágrafo único. Pela inscrição da cédula serão cobrados do interessado, em todo o território nacional, emolumentos que não poderão exceder o montante estabelecido pelas Corregedorias de Justiça dos Estados e do Distrito Federal para o registro de títulos sem valor.

Art. 80. O oficial recusará efetuar a inscrição se já houver registro anterior no grau de prioridade declarado no texto da cédula, considerando-se nulo o ato que infringir este dispositivo.

Art. 81. Para eficácia contra terceiros, averbar-se-ão, à margem da inscrição da cédula, os endossos, as menções adicionais, aditivos, avisos de prorrogação e qualquer ato que promova alteração na garantia ou nas condições pactuadas.

§ 1º. Dispensa-se a averbação dos pagamentos parciais e do endosso das instituições credoras em operações de redesconto ou caução.

§ 2º. Os emolumentos devidos pelos atos referidos neste artigo serão calculados na base de 10% (dez por cento) sobre os valores estabelecidos no parágrafo único do art. 79 desta Lei.

Art. 82. Os emolumentos devidos pela inscrição da cédula ou por averbação poderão ser pagos pelo credor, a débito da conta a que se refere o art. 30 desta Lei.

Art. 83. A inscrição ou averbação das cédulas de crédito rural ou da CPR serão efetuadas no prazo de três dias úteis, a contar da apresentação do título, sob pena de responsabilidade funcional do oficial encarregado de promover os atos necessários.

§ 1º. A transgressão do disposto neste artigo poderá ser comunicada ao Juiz de Direito da Comarca pelos interessados ou por qualquer pessoa que tenha conhecimento do fato.

§ 2º. Ciente da transgressão do disposto neste artigo, o Juiz instaurará imediatamente inquérito administrativo.

§ 3º. Apurada a irregularidade, o oficial pagará multa de valor correspondente aos emolumentos que seriam cobrados, por dia de atraso, aplicada pelo Juiz de Direito da Comarca, devendo a respectiva importância ser recolhida, dentro de quinze dias, a estabelecimento bancário que a transferirá ao Tesouro Nacional.

Art. 84. Cancela-se a inscrição mediante a averbação, no livro próprio, da ordem judicial competente ou prova da quitação da cédula, lançada no próprio título ou passada em documento em separado com força probante.

§ 1º. Da averbação do cancelamento da inscrição constarão:

I – o nome do quitante e da data da quitação;

II – declaração de que a quitação foi passada na própria cédula, se for o caso;

III – número e natureza do processo, data do mandado, Juízo de que procede, nome do Juiz que a subscreve, no caso de ordem judicial de cancelamento, ou declaração de autorização de cancelamento e respectiva data.

§ 2º. Arquivar-se-á no Cartório a ordem judicial de cancelamento da inscrição ou uma das vias do documento particular da quitação da cédula, procedendo-se como se dispõe no § 3º do art. 77 desta Lei.

§ 3º. Aplicam-se ao cancelamento da inscrição as disposições do § 2º do art. 81 e as do art. 83 e seus parágrafos.

Art. 85. O Juiz de Direito da Comarca procederá à correção no livro "Registro de Cédulas de Crédito Rural", uma vez por semestre, no mínimo.

Seção VIII — Dos Prazos e das Prorrogações dos Títulos

Art. 86. O prazo do penhor agrícola não excederá de três anos, prorrogável por até mais três, e o penhor pecuniário não admite prazo superior a cinco anos, prorrogável por até mais de três e embora vencidos permanece a garantia, enquanto subsistirem os bens que a constituem.

Parágrafo único. Vencidos os prazos de seis anos para o penhor agrícola e de oito anos, para o penhor pecuário, devem ser reconstituídos, mediante lavratura do aditivo, se não executados.

Art. 87. As prorrogações de vencimento de que trata o art. 40 desta Lei serão anotadas na cédula pelo próprio credor, devendo ser averbadas à margem das respectivas inscrições, e seu processamento, quando cumpridas regularmente todas as obrigações cedulares e legais, far-se-á por simples requerimento do credor ao Oficial do Registro de Imóveis competente.

Parágrafo único. Somente exigirão lavratura de aditivo as prorrogações não previstas na cédula e as que forem concedidas sem o cumprimento das cláusulas a que se subordinarem.

Art. 88. A nota de crédito rural terá o prazo mínimo de três meses e o máximo de três anos.

**Capítulo IX — Dos Direitos, das Ações e das Penalidades**

Art. 89. As normas de direito cambial aplicam-se, no que forem cabíveis, às cédulas de crédito rural, à nota promissória rural, à duplicata rural e à CPR, inclusive quanto a aval, dispensado porém o protesto para assegurar o direito de regresso contra endossantes e seus avalistas.

§ 1º. O endossatário ou o portador de Nota Promissória Rural ou Duplicata Rural não têm direito de regresso contra o primeiro endossante e seus avalistas.

§ 2º. É nulo o aval dado em Nota Promissória Rural ou Duplicata Rural, salvo quando dado pelas pessoas físicas participantes da empresa emitente, por esta ou por outras pessoas jurídicas.

§ 3º. Também são nulas quaisquer outras garantias, reais ou pessoais, salvo quando prestadas pelas pessoas físicas participantes da empresa emitente, por esta ou por outras pessoas jurídicas.

§ 4º. Às transações realizadas entre produtores rurais e entre estes e suas cooperativas não se aplicam as disposições dos parágrafos anteriores.

§ 5º No caso específico da CPR, as normas de direito cambial aplicam-se com as seguintes modificações:

I – os endossos devem ser completos;

II – os endossantes não respondem pela entrega do produto, mas, tão-somente, pela existência da obrigação;

III – é dispensado o protesto cambial para assegurar o direito de regresso contra avalistas.

Art. 90. Os bens objeto de penhor ou de hipoteca constituídos pela cédula de crédito rural ou vinculados à CPR não serão penhorados ou seqüestrados por outras dívidas do emitente ou do terceiro prestador da garantia real, cumprindo a qualquer deles denunciar a existência da cédula às autoridades incumbidas da diligência, ou a quem a determinou, sob pena de responderem pelos prejuízos resultantes de sua omissão.

Art. 91. Cabe ação de execução para cobrança de:

I – cédula de crédito rural;

II – nota promissória rural;

III – duplicata rural;

IV – Cédula de Produto Rural–CPR.

§ 1º. Penhorados os bens, assistirá ao credor o direito de promover, a qualquer tempo embargada ou não ação, a venda daqueles bens, observado o disposto nos artigos 1.113 e 1.114 do Código de Processo Civil, podendo ainda levantar desde logo, mediante caução idônea, o produto líquido da venda, à conta e no limite de seu crédito, prosseguindo-se na ação.

§ 2º. Decididos os embargos por setença passada em julgado, o credor restituirá a quantia ou o excesso levantado, conforme seja a ação julgada improcedente, total ou parcialmente, sem prejuízo de outras cominações legais.

§ 3º. Da caução a que se refere o § 1º, dispensam-se as cooperativas rurais e as instituições financeiras públicas.

§ 4º. Para cobrança da CPR, cabe a ação de execução para entrega de coisa incerta.

Art. 92. Além de responder pela evicção, não pode o emitente da CPR invocar em seu benefício o caso fortuito ou de força maior.

Art. 93. A busca e apreensão do bem alienado fiduciariamente, promovida pelo credor, não elide posterior execução, inclusive da hipoteca e do penhor constituído na mesma cédula, para satisfação do crédito remanescente.

Parágrafo único. No caso a que se refere o presente artigo, o credor tem direito ao desentranhamento do título, após efetuada a busca e apreensão, para instruir a cobrança do saldo devedor em ação própria.

Art. 94. A nota de crédito rural, a nota promissória rural e a duplicata rural gozam de privilégio especial sobre os bens enumerados no art. 1.563 do Código Civil.

Art. 95. Incorrerá na pena de reclusão de um a quatro anos, além da multa de 10% (dez por cento) sobre o respectivo montante, o que expedir duplicata rural que não corresponda a uma venda efetiva de quaisquer dos bens a que se refere o art. 44, entregues real ou simbolicamente.

Art. 96. Em caso de cobrança em processo contencioso ou não, judicial ou administrativo, o emitente da cédula de crédito rural, da nota promissória rural, ou o aceitante da duplicata rural responderá ainda pela multa de 10% (dez por cento) sobre o principal e acessórios em débito, devida a partir do primeiro despacho da autoridade competente na petição de cobrança ou de habilitação de crédito.

Art. 97. Pratica crime de estelionato e fica sujeito às penas do art. 171 do Código Penal aquele que fizer declarações falsas ou inexatas acerca dos bens oferecidos em garantia de cédula de crédito rural ou CPR, bem como omitir declaração de já estarem eles sujeitos a outros gravames ou responsabilidade de qualquer espécie, inclusive de natureza fiscal.

Art. 98. A aplicação irregular ou desvio de recursos provenientes da subvenção de que trata esta lei sujeitará o infrator à devolução em dobro da subvenção recebida, atualizada monetariamente, sem prejuízo das penalidades previstas no art. 44 da Lei n. 4.595, de 31 de dezembro de 1994.

## Capítulo X — Das Disposições Gerais

Art. 99. Dentro do prazo da nota promissória rural e da duplicata rural, poderão ser feitos pagamentos parciais.

Parágrafo único. Ocorrida a hipótese, o credor declarará, no verso do título sobre a sua assinatura, a importância recebida e a data do recebimento, tornando-se exigível apenas o saldo.

Art. 100. Na hipótese de nomeação, por qualquer circunstância, de depositário para os bens apenhados, instituído judicial ou convencionalmente, entrará ele também na posse imediata das máquinas e de todas as instalações e pertences acaso necessários à transformação dos referidos bens nos produtos a que se tiver obrigado o emitente na respectiva cédula.

Art. 101. Serão segurados, até final resgate da cédula, os bens nela descritos e caracterizados, observada a vigente legislação de seguros obrigatórios.

Art. 102. A concessão do crédito rural em todas as suas modalidades, bem como a constituição das suas garantias, pelas instituições de crédito, públicas e privadas, independerá da exibição de comprovante de cumprimento de obrigações fiscais ou de previdência social, ressalvado o disposto no art. 25, ou, ainda, de declaração de bens ou certidão negativa de multas por infringência do Código Florestal.

§ 1º. A exigência constante do art. 22 da Lei n. 4.947, de 6 de abril de 1966, não se aplica às operações de crédito rural propostas por produtores rurais e suas cooperativas.

§ 2º. A comunicação da repartição competente, de ajuizamento da dívida fiscal, de multa florestal ou previdenciária, impedirá a concessão do crédito rural ao devedor, a partir da data do recebimento da comunicação pela instituição financiadora, exceto se as garantias oferecidas assegurarem a solvabilidade do débito em litígio e da operação proposta pelo interessado.

§ 3º. A comunicação do Instituto Nacional de Colonização e Reforma Agrária –INCRA, de ajuizamento de dívida fiscal ou de multa, impedirá a concessão do crédito rural ao devedor, a partir da data do recebimento da comunicação pela instituição financiadora, salvo se for depositado em juízo o valor do débito em litígio.

Art. 103. As operações de crédito rural terão registro distinto na contabilidade dos financiadores e serão divulgadas com destaque nos balanços e balancetes.

Art. 104. Os modelos dos títulos a que se refere esta Lei serão definidos no seu regulamento.

Art. 105. Esta Lei entra em vigor na data de sua publicação.

Art. 106. Revogam-se a Lei n. 4.829, de 5 de novembro de 1965; o Decreto-lei n. 167, de 14 de fevereiro de 1967; o Decreto-lei n. 784, de 25 de agosto de 1969; a Lei n. 8.427, de 27 de maio de 1992; a Lei n. 8.929, de 22 de agosto de 1994; o artigo 15 da Lei Delegada n. 9, de 11 de outubro de 1962; o artigo 53 da Lei n. 4.595, de 31 de dezembro de 1964; os artigos 48, 49, 50 e 52 da Lei n. 8.171, de 17 de janeiro de 1991; o art. 4º da Lei n. 9.138, de 29 de novembro de 1995; e as demais disposições em contrário.

## *Correlação entre os dispositivos do anteprojeto e dispositivos de normas legais objeto desta consolidação*

| Dispositivo do anteprojeto | Dispositivo original | Norma legal de origem |
|---|---|---|
| art. 1º | art. 48 | L. 8.171, 17.1.91 (lei agrícola) |
| art. 2º | art. 49 | " |
| art. 3º | art. 9º | L. 4.829, 5.11.65 (crédito agrícola) |
| art. 4º | art. 11 | " |
| art. 5º | art. 4º | L. 9.138, 29.11.95 (securitização) |
| art. 6º | art. 7º | L. 4.829, 5.11.65 (crédito rural) |
| art. 7º | art. 13 | " |
| art. 8º | art. 4º | " |
| art. 8º inc. V | art. 14 | " |
| art. 8º § único | art. 34 | " |
| art. 9º | art. 5º | " |
| art. 10 | art. 6º | " |
| art. 11 | art. 15 | " |
| art. 12 | art. 16 | " |
| art. 13 | art. 18 | " |
| art. 14 | art. 21 | " |
| art. 15 | art. 21 § 1º | " |
| art. 15 § 1º | art. 21 § 2º | " |
| art. 15 § 2º | art. 21 § 3º | L. 4.829, 5.11.65 (crédito rural) |
| art. 15 § 3º | art. 21 § 4º | " |
| art. 16 | art. 1º | L. 8.427, 27.5.92 (subvenção) |
| art. 17 | art. 2º | " |
| art. 17 §§ 1º e 2º | art. 2º | MP 1.512 |
| art. 18 | art. 3º | L. 8.427, 27.5.92 (subvenção) |
| art. 19 | art. 4º | " |
| art. 20 | art. 5º | " |
| art. 21 | art. 7º | " |
| art. 22 | art. 10 | L. 4.829, 5.11.65 (crédito rural) |
| | art. 50 | L. 8.171, 17.1.91 (lei agrícola) |
| art. 23 | art. 50 § 2º | " |
| art. 24 | art. 50 § 3º | " |
| art. 25 | art. 20 | L. 9.393, 19.12.96 (ITR) |
| art. 26 | art. 52 | L. 8.171, 17.1.91 (lei agrícola) |
| art. 27 | art. 1º | DL 167, 14.2.67 (títulos) |
| art. 28 | art. 2º | DL 167, 14.2.67 (títulos) |
| art. 29 | art. 3º | " |
| art. 30 | art. 4º | " |
| art. 31 | art. 5º | " |
| art. 32 | art. 6º | " |
| art. 33 | art. 7º | " |
| art. 34 | art. 8º | " |
| art. 35 | art. 70 | " |
| art. 36 | art. 9º | " |
| art. 37 | art. 10 | " |
| art. 38 | art. 11 | " |
| art. 39 | art. 12 | " |
| art. 40 | art. 13 | " |
| art. 41 | arts. 14, 20, 25, 27 | " |
| art. 42 | art. 42 | " |
| art. 43 | art. 43 | " |
| art. 44 | art. 46 | " |
| art. 45 | art. 47 | " |
| art. 46 | art. 48 | " |
| art. 47 | art. 49 | " |
| art. 48 | art. 50 | " |
| art. 49 | art. 51 | " |
| art. 50 | art. 1º | L. 8.929, 22.8.94 (CPR) |
| art. 51 | art. 2º | " |
| art. 52 | art. 3º | " |
| art. 53 | art. 4º | " |
| art. 54 | art. 9º | " |
| art. 55 | art. 13 | " |
| art. 56 | art. 14 | " |
| art. 57 | art. 19 | " |
| art. 58 | art. 5º | " |
| art. 59 | art. 23 | DL 167, 14.2.67 (títulos) |
| | art. 6º | L. 8.929, 22.8.94 (CPR) |
| art. 60 | art. 21 | DL 167, 14.2.67 (títulos) |
| art. 60 §§ 1º e 2º | art. 22 | " |
| art. 61 | art. 7º | L. 8.929, 22.8.94 (CPR) |
| | arts. 15, 17,55,56 | DL 167, 14.2.67 (títulos) |

| | | |
|---|---|---|
| art. 62 | arts. 19 e 24 | DL 167, 14.2.67 (títulos) |
| | art. 6º § único | L. 8.929, 22.8.94 (CPR) |
| | art. 7º § 3º | " |
| art. 63 | art. 8º | " |
| art. 64 | art. 16 | DL 167, 14.2.67 (títulos) |
| art. 65 | art. 18 | " |
| art. 66 | art. 57 | " |
| art. 67 | art. 59 | " |
| art. 68 | art. 59 | " |
| art. 69 | art. 63 | " |
| art. 70 | art. 64 | " |
| art. 71 | art. 65 | " |
| art. 72 | art. 66 | " |
| art. 73 | art. 67 | " |
| art. 74 | art. 68 | " |
| art. 75 | art. 30 | " |
| | art. 12 | L. 8.929, 22.8.94 (CPR) |
| art. 75 § 1º | art. 30 § único | DL 167, 14.2.67 (títulos) |
| art. 75 § 2º | art. 12 § 1º | L. 8.929, 22.8.94 (CPR) |
| art. 75 § 3º | art. 56 § único | DL 167, 14.2.67 (títulos) |
| art. 76 | art. 31 | " |
| art. 77 | art. 32 | " |
| art. 78 | art. 33 | " |
| art. 79 | art. 34 | " |
| art. 80 | art. 35 | " |
| art. 81 | art. 36 | " |
| art. 82 | art. 37 | " |
| art. 83 | art. 38 | " |
| | art. 12 § 2º | L. 8.929, 22.8.94 (CPR) |
| art. 84 | art. 39 | DL 167, 14.2.67 (títulos) |
| art. 85 | art. 40 | DL 167, 14.2.67 (títulos) |
| art. 86 | art. 61 | " |
| art. 87 | art. 62 | " |
| art. 88 | art. 29 | " |
| art. 89 | art. 60 | " |
| art. 89 § 5º | art. 10 | L. 8.929, 22.8.94 (CPR) |
| art. 90 | art. 18 | " |
| | art. 69 | DL 167, 14.2.67 (títulos) |
| art. 91 | art. 41, 44, 52 | " |
| | art. 15 | L. 8.929, 22.8.94 (CPR) |
| art. 92 | art. 11 | " |
| art. 93 | art. 16 | " |
| art. 94 | art. 28, 45, 53 | DL 167, 14.2.67 (títulos) |
| art. 95 | art. 54 | " |
| art. 96 | art. 71 | " |
| art. 97 | art. 17 | L. 8.929, 22.8.94 (CPR) |
| | art. 21 § único | DL 167, 14.2.67 (títulos) |
| art. 98 | art. 6º | L. 8.427, 27.5.92 (subvenção) |
| art. 99 | art. 74 | DL 167, 14.2.67 (títulos) |
| art. 100 | art. 75 | " |
| art. 101 | art. 76 | " |
| art. 102 | art. 37 | L. 4.829, 5.11.65 (crédito rural) |
| art. 102 §§ 1º e 3º | art. 78 | DL 167, 14.2.67 (títulos) |
| art. 103 | art. 38 | L. 4.829, 5.11.65 (crédito rural) |
| art. 104 | art. 77 | DL 167, 14.2.67 (títulos) |
| art. 105 | | cláusula vigência |
| art. 106 | | cláusula revogatória |

## *Remissões a dispositivos da consolidação*

| Dispositivo da Consolidação | Faz remissão a (Consolidação) | Fazia remissão a (original) |
|---|---|---|
| art. 14 | art. 11 | art. 1º L. 4.829 |
| art. 15 | arts. 11 e 14 | arts. 1º e 5º L. 4.829 |
| art. 34 | art. 31 | art. 5º DL 167 |
| art. 37 | art. 8º § único | |
| art. 77 § 4º | art. 41 § 6º | art. 20 § 3º DL 167 |
| art. 81 § 2º | art. 79 | art. 34 DL 167 |
| art. 82 | art. 30 | art. 4º DL 167 |
| art. 84 § 2º | art. 77 § 3º | art. 32 § 3º DL 167 |
| art. 84 § 3º | art. 81 § 2º | art. 36 § 2º DL 167 |
| art. 84 § 3º | art. 83 | art. 38 DL 167 |
| art. 87 | art. 40 | art. 13 DL 167 |
| art. 95 | art. 44 | art. 46 DL 167 |
| art. 102 | art. 25 | |

# Pareceres

## CONVENÇÃO IMPEDIENTE DE NOVO ESTABELECIMENTO

Luiz Gastão Paes de Barros Leães

*1. Exposição e consulta 2. A liberdade de iniciativa e de concorrência e suas limitações. 3. Condições de validade das convenções restritivas de concorrência. 4. As cláusulas de não-concorrência nos "shopping centers". 5. Ilicitude de cláusula proibitiva de outro estabelecimento fora do "shopping". 6. Conclusões.*

### *1. EXPOSIÇÃO E CONSULTA*

*1.1* Lojistas do *shopping center* ..., que abriram estabelecimentos no centro comercial ..., foram notificados pelos mantenedores do primeiro empreendimento de que teriam infringido as alíneas 5.9 e 5.10 da Cláusula V da "Escritura Declaratória de Normas Gerais Regedoras das Locações do *Shopping Center* ..." que faz parte integrante do contrato de locação existente entre os lojistas e os empreendedores, e que reza o seguinte, *in verbis*:

"5.9 Os locatários não poderão ter outro estabelecimento, sede, ou filial, explorando o mesmo ramo de atividade, por eles exercida, em suas respectivas lojas, dentro de um raio de dois mil metros, contados do centro do terreno do *Shopping Center*, salvo autorização expressa das declarantes.

"5.10 A proibição mencionada no item anterior inclui as empresas ou firmas de que os sócios das sociedades locatárias participem, ou venham a participar, direta ou indiretamente, como quotista ou acionista, ou que tenham vínculo comercial ou de qualquer natureza com o locatário, ainda que episódico."

*1.2* Como o centro comercial situa-se a menos de dois mil metros do terreno do ... onde se encontram as lojas locadas aos lojistas, estaria configurada a infração contratual, razão pela qual foram estes últimos notificados para que "providenciem o encerramento das atividades que vêm sendo desenvolvidas" pelos seus novos estabelecimentos no ..., "sob pena de, não o fazendo, rescindir-se o contrato de locação" celebrado com o ..., "ocasião em que serão tomadas as medidas judiciais aplicáveis à espécie".

*1.3* Somos consultados sobre a validade das cláusulas contratuais em apreço, e se realmente elas impedem possam os lojistas abrir outro estabelecimento no novo *shopping*, e devam encerrá-lo sob pena de verem os seus contratos com o velho *shopping* rescindidos.

*1.4* A resposta a esses quesitos impõe a análise preliminar dos princípios da liberdade de iniciativa e de concorrência, assim como das condições de validade das convenções restritivas de concorrência, para, a seguir, abordarmos as cláusulas de não-concorrência nos contratos pactuados nos *shopping centers* e, por fim, as cláusulas em exame, objeto da consulta, impedientes de estabelecimento em local próximo.

Na redação do presente parecer, distribuímos esses diferentes tópicos em quatro seções sucessivas.

## 2. *A LIBERDADE DE INICIATIVA E DE CONCORRÊNCIA E AS SUAS LIMITAÇÕES*

*2.1* As nossas Constituições sempre elegeram a liberdade de iniciativa como princípio informador da ordem econômica e social. A Constituição Federal de 1988 avança ainda mais, estabelecendo, em seu art. 1º, inc. IV, de nítido caráter preambular e geral, como um dos "fundamentos" da própria República Federativa do Brasil — constituída "em Estado Democrático e de Direito" — o "valor social" da livre iniciativa.

Quer dizer, a livre iniciativa é insculpida como postulado da República, não como expressão individualista, mas enquanto conceito socialmente valioso. Isso porque um dos "objetivos fundamentais" da República Federativa do Brasil — conforme expressamente determina o art. 3º, inc. I, da Lei Maior, igualmente de caráter preambular e geral — é o da "construção de uma sociedade livre, justa e solidária", razão pela qual a livre iniciativa deverá ser encarada como conceito polarizado no sentido de dar cumprimento a esses escopos basilares.

*2.2* Daí porque, ao tratar dos "princípios gerais da atividade econômica" na República, a Carta em vigor volta a afirmar que a ordem econômica está "fundada" na livre iniciativa e "tem por fim assegurar a todos existência digna, conforme os ditames da justiça social" (art. 170, *caput*), elevando também à posição de princípio constitucional a "livre concorrência" (art. 170, inc. IV).

Livre iniciativa e livre concorrência são, assim, princípios que se inter-relacionam e se complementam, de sorte que, ao consagrar a livre concorrência como tegumento informativo da ordem econômica, é também ao seu conteúdo social que a Carta Magna está se referindo.

*2.3* Com efeito, a livre concorrência foi expressamente alçada à condição de princípio constitucional, ao lado da livre iniciativa, no pressuposto lógico de que o mercado competitivo é uma garantia de eficiência econômica, e, como tal, fator determinante da construção de uma sociedade livre, justa e solidária, que é um dos objetivos fundamentais da República. Esse é o "valor social" da livre iniciativa e da livre concorrência, sob cujo prisma devem tais princípios ser necessariamente entendidos e interpretados.

*2.4* Ora, um mercado livre e competitivo, com essa orientação social, só é plenamente alcançado quando se assegura, a todos, "o livre exercício de qualquer atividade econômica".

Essa garantia de acesso livre à atuação no mercado — também pioneiramente introduzida pela Carta de 1988, no art. 170, parágrafo único — não é senão projeção, no plano da produção, circulação e distribuição de riquezas (ou seja, no plano empresarial), do direito individual ao "livre exercício de qualquer trabalho, ofício ou profissão garantido a todos "os brasileiros e estrangeiros residentes no país" pela própria Lei Maior (art. 5º, inc. XIII), já com assento nas Constituições anteriores.

Trata-se, assim, de uma prerrogativa fundamental, agora constitucionalmente garantida nos quadrantes de uma ordem econômica livre e competitiva.[1]

1. Nesses tópicos, concordam comentadores com os mais diferentes pontos de vista, como Miguel Reale, *Aplicações da Constituição de 1988*, Forense, 1990, pp. 13 e ss.; Raul Machado Horta, *A Constituição Brasileira, 1988, Interpretações*, Forense, 1988, pp. 388 e ss.; Eros Roberto Grau, *Contribuição para a Interpretação e a Crítica da Ordem Econômica na Constituição de 1988*, Ed. RT, 1990, pp. 197 e ss.

*2.5* Pois bem, essa liberdade de acesso e de competição no exercício da atividade econômica, a todos assegurada, não pode ser absoluta, a ponto de comprometê-la, estando sujeita a *limites*, que permitem conciliar a utilização dessa prerrogativa com o respeito à esfera jurídica alheia e ao cumprimento da sua função social. Como acentua o art. 2.595 do Código Civil Italiano, intitulado *limiti legali della concorrenza*, "a concorrência deve desenvolver-se de modo a não lesar os interesses da economia nacional e nos limites estabelecidos pela lei". Daí a existência de uma série de limites *legais* à liberdade de iniciativa e de competição, arrolados pela doutrina.[2]

*2.6* Entre os limites legais à livre iniciativa e à livre concorrência, costuma-se elencar, em primeiro lugar, a própria atuação "normativa e reguladora da atividade econômica", atribuída ao Estado, que é uma manifestação do poder de polícia que restringe a liberdade de ação econômica dos particulares (CF art. 174). Também a intervenção direta do Estado na atividade econômica, sempre através de lei, e só "quando necessária aos imperativos da segurança nacional, ou a relevante interesse coletivo", igualmente tem essa função limitadora da área de atuação dos particulares (CF art. 173). A constituição de monopólios públicos (CF arts. 177 e 21, XXIII), assim como a dos monopólios privados de inventos e sinais industriais (CF art. 5º, inc. XXIX) são, da mesma forma, fenômenos oriundos de prescrições legais que restringem a liberdade de atuação econômica do segmento privado. De maneira semelhante, a legislação de repressão ao abuso do poder econômico tem o condão de fixar freios à atividade econômica, quando esta venha a adquirir "formas" que visem à dominação dos mercados, à eliminação da concorrência e ao aumento arbitrário dos lucros (art. 173, § 4º).

2. Gustavo Ghidini, "La concorrenza e i consorzi", v. IV do *Trattato di diritto commerciale e di diritto pubblico dell'economia*, Pádua, 1981, pp. 13 e ss., onde distingue as *restrizioni legali* (encaradas como *naturalia negotii*) e as *restrizioni pattizie*.

Em todas essas hipóteses, os limites à liberdade de iniciativa e de competição econômicas são impostos justamente como maneira, mediata e indireta, de mantê-la e preservá-la.

*2.7* Ao lado dessas restrições à concorrência, determinadas por disposições legais, outras, porém, podem ser estabelecidas por estipulação convencional dos próprios concorrentes. São as chamadas convenções de não-concorrência, que são admitidas desde que preencham especialíssimas condições de validade.

Entre essas convenções, as mais comuns são as cláusulas de não-restabelecimento em caso de venda do fundo de comércio, as cláusulas de não-concorrência após a cessação do contrato de trabalho e as cláusulas de vedação de concorrência de sócio em sociedades comerciais.

Sem falar nos chamados pactos restritivos que, se não estabelecem propriamente obrigações de não-concorrência, restrigem as condições de exercício das atividades econômicas, como as convenções de exclusividade, o *pactum de non alienando*, a cláusula de preferência ou a denominada *clause de revente à prix imposés*.[3]

## *3. CONDIÇÕES DE VALIDADE DAS CONVENÇÕES RESTRITIVAS DA CONCORRÊNCIA*

*3.1* Quando o estabelecimento comercial é explorado, forma-se uma clientela, isto é, um conjunto de pessoas que mantém com o estabelecimento relações continuadas de procura de bens e serviços. A clientela não é, por certo, uma parte integrante do fundo de comércio, mas uma situação de fato, com valor econômico, dele decorrente, que, por atuação reflexa, influi no "aviamento" do estabelecimento. A tutela jurídica do valor econômico representado pela clientela está, destarte, inteiramente

3. Cf. Rubens Requião, *Curso de Direito Comercial*, v. 2, São Paulo, 1977, p. 200.

ligada à tutela do fundo empresarial, de que é uma conseqüência, e se efetiva através do instrumental de proteção à concorrência econômica.[4]

*3.2* Assim, na disputa pela conquista da clientela fundamental num mercado livre e competitivo os agentes econômicos devem abster-se de práticas desleais, que provoquem o indevido desvio da clientela de concorrentes, causando danos a seus fundos de comércio (de onde a legislação dedicada à *repressão à concorrência desleal*). Da mesma forma, devem eles abster-se de celebrar convenções abusivas, visando à preservação artificial da própria clientela e por conseguinte de sua fazenda mercantil ou industrial (de onde a legislação dedicada à *repressão ao abuso do poder econômico*).

Em ambas as hipóteses — competição desleal ou abusiva — o fenômeno é reprimido por disposição de lei, porque iria comprometer a própria concorrência, que não somente é o princípio nuclear da ordem econômica, como postulado da própria República do País. Mas ao lado da repressão à concorrência desleal e à concorrência abusiva, há ainda falar numa concorrência interdita ou limitada por estipulação convencional, como forma de proteção à concorrência livre e leal.

*3.3* Com efeito, algumas convenções impedientes ou restritivas da liberdade econômica individual, pactuadas entre empresários, com o objetivo de preservação da clientela, vêm sendo admitidas pela doutrina e pela jurisprudência, tanto aqui quanto alhures, desde que preencham duas *condições*, uma positiva e outra negativa: (a) que corresponda a um interesse legítimo da parte credora da obrigação de não-concorrência, via de regra a proteção direta ou indireta de uma clientela e de um fundo de comércio, e (b) que a liberdade individual da parte devedora não seja de todo suprimida mas sujeita a limites precisos de objeto, de tempo e de espaço,[5] a saber:

(1º) que a obrigação não imponha ao devedor uma abstenção permanente de concorrência a ponto de configurar renúncia definitiva do direito de exercer determinada atividade econômica (*limitação no tempo*);

(2º) que a obrigação de não-concorrer se limite à zona em que se trava a concorrência, não valendo fora do âmbito de influência dos estabelecimentos concorrentes (*limitação no espaço*); e

(3º) que a restrição se refira sempre ao ramo de atividade desenvolvida pelo estabelecimento titular da clientela, e não a outro tipo de atividade empresarial (*limitação de objeto*).

*3.4* Essas limitações são *cumulativas*, sendo necessária, para a validade das convenções de não-concorrência, a existência de todas as três limitações acima identificadas (de objeto, de tempo e de espaço), ou, ao menos, como sustentam outros, da limitação temporal, complementada pela presença alternativa do limite espacial ou de ramo de atividade.

Pois o limite temporal deve estar sempre presente nessas restrições, constituindo condição de validade *sine qua non* de todo e qualquer pacto de abstenção de concorrência empresarial, sob pena de este vir

4. Cf. Oscar Barreto Filho, *Teoria do Estabelecimento Comercial*, São Paulo, 1969, pp. 179 e ss.

5. Cf. Yves Serra, *L'obligation de non concurrence*, Paris, 1970, p. 12: "Ainsi, une interdiction de concurrence n'est valable qu'à une double condition, l'une, positive, — l'existence d'un intérêt légitime — qui doit exister dans la personne du créancier de non concurrence, l'autre, negative, — l'absence d'une atteinte trop grave, portée à la liberté individuelle — qui doit se vérifier dans la personne du débiteur de non concurrence. Autrement dit, la liberté du commerce et la liberté du travail peuvent faire l'objet d'une convention si cela est nécessaire à la protection d'un intérêt légitime et si ces libertés ne sont pas supprimées mais seulement restreintes (...) Une double limitation est considerée comme necessaire pour la sauvegarde de la liberté du débiteur de non concurrence: l'interdiction doit être limitée quant à son objet et l'interdiction doit être limitée, soit dans le temps, soit dans l'espace."

a ser considerado írrito e nulo, por consubstanciar renúncia abdicativa de um direito irrenunciável por excelência: o direito-garantia de exercer livremente qualquer atividade econômica, constitucionalmente declarado (CF art. 170, par. ún.).

*3.5* Na Itália, as regras legais que dispõem sobre a matéria reputam imprescindível a presença da limitação temporal na interdição convencional da liberdade empresarial, exigindo ainda a concorrência ao menos de uma das duas outras limitações.[6] Basta a leitura sistemática dos artigos 2.596, 2.125, 2.557, §§ 2º e 3º, do *Codice Civile*, e 222 de suas disposições transitórias.

Com efeito, no artigo 2.596, depois de dizer que o pacto que limita a concorrência é válido "se circunscrito a uma determinada zona ou a uma determinada atividade", o legislador frisa que, de qualquer forma, "não poderá exceder à duração de cinco anos", acentuando a seguir que "se a duração do pacto não estiver determinada ou for estabelecida para um período superior a cinco anos, será válido o pacto para a duração de um qüinqüênio".

Pelo art. 2.125, relativo à hipótese de limitação da atividade do empregado após a cessação do contrato de trabalho, o legislador considera nulo o pacto, "se o vínculo não estiver contido de limites determinados de objeto, tempo e lugar", ficando certo que "a duração do vínculo não pode ser superior a cinco anos, quando se tratar de dirigentes, e a três anos nos outros casos", reduzindo-se ao tempo acima, se for pactuada uma duração maior.

No art. 2.557, que versa sobre a hipótese de não-restabelecimento, no caso de alienação do fundo de comércio, a lei admite que o pacto de se abster de concorrência possa ultrapassar os limites de objeto, localização ou outras circunstâncias aptas a desviar a clientela do fundo cedido, mas "não pode ter ele duração excedente a cinco anos a contar da transferência".

6. Cf. Giannantonio Guglielmetti, *Limiti negoziali della concorrenza*, Pádua, 1961, pp. 155 e ss.

Por fim, o art. 222 das disposições transitórias, que disciplinavam os pactos limitatórios de concorrência concluídos antes de 27 de fevereiro de 1942 por tempo indeterminado, ou por data superior a cinco anos, estabelecia que eles passariam a ter eficácia "dentro de um qüinqüênio a contar desta última data", ou seja, da entrada em vigor do Código.

*3.6* Se a existência da limitação temporal constitui, como se vê, um imperativo para a validade da convenção de não-concorrência, lavra certa dúvida no direito peninsular quanto à necessidade adicional de ocorrer, ou não, a presença conjunta dos dois outros elementos, ou se seria suficiente a presença alternativa de apenas um deles.

Embora seja difícil pensar no exercício de uma atividade empresarial sem uma consideração conjunta sobre seu objeto e a sua localização, a dúvida se justifica em face da fórmula disjuntiva adotada pelo art. 2.596, acima reproduzido, havendo uma corrente que exige a concorrência das duas restrições, e outra para a qual basta a limitação alternativa de objeto ou de espaço.[7]

*3.7* No Brasil, onde inexiste regulamentação legal a respeito, coube à doutrina e à jurisprudência elaborar a teoria da obrigação de não-concorrência, restringindo-se ao caso de trespasse do estabelecimento. Nessa hipótese específica, firmou-se a orientação de que a interdição é lícita mas não pode ser a um tempo *permanente* (ilimitada quanto à duração) e *geral* (ilimitada quanto ao espaço e quanto ao objeto), sob pena de comprometer o direito, a todos assegurado a nível constitucional, ao "livre exercício de qualquer atividade econômica".[8]

7. A favor da tese que requer a existência de ambas as limitações, v. Tullio Ascarelli, *Teoria della concorrenza e dei beni immateriali*, Milão, 1960, p. 400; a favor da tese que seria suficiente um só requisito, v. Giuseppe Giacomo Auletta, *Commentario del Codice Civile*, arts. 2.555-2.642, Bolonha-Roma, 1961, p. 93.

8. Oscar Barreto Filho, ob. cit., p. 246.

No que toca especificamente à limitação temporal, prevalece em nosso País o entendimento de que não se deve permitir o pacto impediente de concorrência, na alienação do fundo de comércio, por prazo superior a cinco anos, por influência do Decreto n. 24.150, de 1934, que fixava esse prazo para efeito da ação renovatória, protetora do ponto comercial. No que, aliás, levava o direito pátrio a compartilhar o mesmo limite temporal geralmente aceito pela legislação e pela jurisprudência de outros países, como a Itália, como vimos, e a França.

Esse prazo qüinqüenal é reputado como lapso necessário e suficiente para estabilizar o aviamento do fundo, em relação ao seu titular.

## 4. AS CLÁUSULAS DE NÃO-CONCORRÊNCIA NOS "SHOPPING CENTERS"

*4.1* Nos centros comerciais chamados de *shopping centers* são comuns as regras que limitam o arco de atuação dos lojistas locatários, estabelecidas ora nos regimentos internos, a que os comerciantes lojistas aderem (aceitando-as assim convencionalmente), ora nos contratos de locação de espaço (ou outro nome que se lhes dê), que celebram com o empreendedor.

Com efeito, nesses instrumentos, são encontradiças cláusulas especiais, tais como as de fixação do aluguel em mínimo percentual, do aluguel em dobro em dezembro, da fiscalização na "boca do caixa", da obrigatoriedade de o lojista filiar-se e pagar as contribuições devidas à associação de lojistas, da vedação da cessão contratual sem a prévia anuência do empreendedor, da imutabilidade do ramo de comércio, do pagamento da *res sperata*, da que determina que o projeto da loja seja aprovado previamente pelo empreendedor, da determinação do tipo de mercadorias que podem ser comercializadas, da estipulação do horário e dos dias de abertura ao público — enfim, cláusulas que restringem a liberdade de atuação dos lojistas em benefício do *shopping center*, encarado como uma entidade coletiva.

*4.2* Pois os *shopping centers* constituem uma organização jurídica, não personalizada, e, como tal, um fulcro de interesses globais, comuns a todos os sujeitos nele envolvidos, se bem que nitidamente extremados dos interesses individuais de cada lojista em particular . Em suma, os *shopping centers* são entidades distintas dos membros que os compõem, com interesses nitidamente diferenciados.

*4.3* Como entidade distinta dos estabelecimentos que hospedam, os *shopping centers* têm um fundo empresarial diverso dos fundos particulares pertencentes aos lojistas que reúnem.[9]

É claro que, na construção dos *shoppings*, os fundos dos lojistas são levados em consideração pelos seus empreendedores, na orquestração dos diferentes ramos de negócio que pretendem congregar — o que, por sinal, é suficiente para que se lhes reconheça existência no interior dos centros que os alojam. Assim, na distribuição das unidades, são geralmente convidados comerciantes de sucesso em diferentes gêneros de atividade, a começar pelas chamadas "lojas-âncora" (que por si só valorizam os *shoppings*), que aportam ao empreendimento o suporte de clientelas pessoais expressivas.

9. Caio Mário da Silva Pereira foi um dos precursores da análise do fundo de comércio nos *shopping centers* e o primeiro a destacar que "dentro do *shopping center*, há essa duplicidade de conceito de fundo de comércio. É fundo de comércio o global do *shopping*, como e também aquele que é constituído pelo usuário" (in *Shopping Centers — aspectos jurídicos*, São Paulo, 1984, p. 17). Modesto Carvalhosa, divergindo de Caio Mário, entende existir um fundo, indivisível, e dois titulares, o empreendedor, de um lado, e os lojistas de outro (in *Shopping Centers — questões jurídicas*, São Paulo, 1991, p. 167). Dessa posição de Carvalhosa, discrepa Ives Gandra da Silva Martins, ao afirmar existirem dois fundos de comércio, sendo um dos lojistas e outro, do empreendedor, que se unem em um sobrefundo de dupla titularidade (idem, p. 83).

Mas o *shopping*, em si mesmo, tem também um fundo próprio, consubstanciado pelo conjunto de facilidades proporcionadas aos lojistas — facilidades essas que vão desde a própria concepção do empreendimento, a distribuição eficaz dos vários ramos de negócio (o chamado *tenant mix*), e a estrutura organizacional do centro comercial, até a administração e a idealização constante de campanhas promocionais do empreendimento.

*4.4* Esse sobrefundo dos *shopping centers* se agrega aos fundos singulares dos estabelecimentos, imprimindo-lhes uma maior capacidade na captação de clientes. Sem esse complexo de meios materiais e imateriais, que os *shoppings* lhes adicionam, os estabelecimentos nele situados não atingiriam a dimensão que passam a exibir, nem teriam a clientela de que se mostram detentores.

Com efeito, sem a agregação dos valores que compõem o fundo do *shopping*, os fundos comerciais de cada lojista teriam dimensão mais acanhada, como mais reduzida seriam as suas clientelas.

*4.5* Na verdade, por sua localização, organização e administração, esses centros exercem sobre o público uma atração muito mais expressiva da que resultaria da mera soma das clientelas de cada um dos estabelecimentos que hospeda.

Não se pode dizer que os clientes de um *shopping* acorram a uma de suas lojas, estimulados apenas pela imagem de que esta desfruta, pela qualidade de seus produtos ou qualquer outro atributo do seu específico fundo de comércio. Nem que são motivados exclusivamente pelas facilidades desses centros comerciais, que os levaram a adentrá-los. Ambos são focos de atração distintos para os seus usuários e clientes.

As pessoas que habitualmente adquirem os produtos de um estabelecimento mercantil, ou se prendem mais ao lugar ou ponto do negócio, ou são atraídas pela reputação da casa, adquirida graças às qualidades pessoais do comerciante. Os franceses utilizam os termos *achalandage* (de *chaland*, comprador) para designar o conjunto de pessoas ligadas ao estabelecimento em razão de considerações objetivas, e *clientèle* (de *clients*) para nomear o conjunto de pessoas atraídas pelas qualidades subjetivas do titular do estabelecimento. No *shopping*, a freguesia é caracterizada por uma simbiose desses dois tipos de freqüentadores, já que ela acorre a esses centros comerciais motivada por essa dupla ordem de atrações.

*4.6* No contexto de um centro comercial, existem, pois, dois fundos, um dos lojistas e outro, do empreendedor, sendo que o fundo pertencente a este, e representado pelos bens incorpóreos do *shopping*, se aglutina a cada um dos fundos pertencentes aos primeiros, aparelhando-os para um melhor desempenho no comércio. Assim também no que tange à clientela; nos centros comerciais, existe uma dupla clientela: uma que acorre ao local pelas facilidades propiciadas por esse empreendimento, e que é a clientela do *shopping*; e outra, do lojista, que é atraída pelas qualidades pessoais deste.

A essa clientela pessoal dos lojistas, soma-se aquela outra clientela gerada pelas facilidades dos centros comerciais, e que, se nada compra do *shopping center* propriamente dito (porque este, por si mesmo, nada vende), a ele acorre, como centro de compra e lazer. O centro comercial tem, em verdade, a sua clientela própria, atraída pelo agrupamento de lojas, e não por esta ou aquela loja em particular.

*4.7* Ora, assim sendo, havendo nos *shopping centers* dois fundos de comércio e duas clientelas, com dois titulares e dois centros de interesse, natural que possam surgir conflitos, não só nas relações entre os comerciantes, locatários das unidades autônomas dos *shopping centers*, entre si, como entre os interesses globais do *shopping* e os interesses particulares dos lojistas.

Daí a formulação de uma série de cláusulas especiais nos instrumentos celebrados entre o empreendedor do *shopping center* e os titulares das unidades locadas, procurando firmar a submissão dos interesses particulares dos lojistas ao interesse comunitário do centro comercial, a fim de evitar eventuais contrastes, já que o direito comunitário dos *shoppings*, "por ser de todos é intrinsecamente superior ao direito pessoal de um comerciante".[10]

Dentre essas cláusulas, encontramos algumas convenções de não-concorrência, visando a estabelecer limites à competição, dentro ou fora do centro comercial, entre lojistas, ou entre lojistas e o centro, encarado como um todo.

*4.8* Ora, algumas dessas limitações são válidas; outras, não. A licitude dessas cláusulas de não-concorrência, no contexto dos *shopping centers*, depende da medida em que atendam às condições de validade e eficácia atrás examinadas. Ou seja, são lícitas as convenções impedientes ou restritivas da liberdade de concorrência individual quando (a) correspondam ao legítimo interesse de dar proteção à clientela e ao fundo de empresa dos *shopping centers*, e (b) quando essas limitações se submetem a restrições de objeto, tempo e lugar, que não permitam se elimine a liberdade econômica individual dos lojistas, garantida em instância constitucional como direito inviolável.

## *5. ILICITUDE DE CLÁUSULA PROIBITIVA DE OUTRO ESTABELECIMENTO FORA DO "SHOPPING"*

*5.1* E aqui chegamos à hipótese objeto da consulta que nos foi formulada.

Segundo as alíneas 5.9 e 5.10 da cláusula V da "Escritura Declaratória de Normas Gerais Regedoras das Locações do ..." foi convencionado que:

1º) os locatários das unidades autônomas daquele centro comercial assumiram a obrigação de *não* "ter outro estabelecimento, sede ou filial, explorando o mesmo ramo de atividade, por eles exercida, em suas respectivas lojas, dentro do raio de dois mil metros, contados do centro do terreno do *shopping center*, salvo autorização expressa dos declarantes", donos do empreendimento;

2º) a proibição mencionada "inclui as empresas ou firmas que os sócios das sociedades locatárias participem, ou venham a participar, direta ou indiretamente, como quotista ou acionista, ou que tenham vínculo comercial de qualquer natureza com o locatário, ainda que episódico".

*5.2* Trata-se, como se vê, de obrigações de *non facere*, que impõem aos locatários (e pessoas a eles ligadas por qualquer vínculo comercial, ainda que eventual) limitações ao exercício do mesmo ramo de atividade econômica em local demarcado, mas sem nenhuma fixação de prazo, de forma a persistir enquanto durar a locação.

São obrigações de não-concorrência, já que o devedor, ou seja, o lojista locatário, se obriga a não abrir concorrência nas vizinhanças da loja que ele próprio mantém no centro comercial, em circunstâncias que ensejem o desvio da clientela do estabelecimento locado.

*5.3* Ora, bem examinadas, não se pode deixar de concluir que as cláusulas em tela não atendem às condições de validade e eficácia que permitem se admitam as convenções de não-concorrência, alinhadas páginas atrás.

Em primeiro lugar, essas cláusulas não preenchem o requisito de legítimo interesse, que as justificaria, pois a proibição de se estabelecer com o mesmo negócio só teria procedência quando possibilitasse o desvio de clientela do fundo objeto da locação, o que desenganadamente não ocorre na espécie, como veremos logo a seguir.

Em segundo lugar, não atendem às condições de validade e eficácia próprias dessas cláusulas, na medida em que estabelecem uma proibição ilimitada no tempo do exercício de uma atividade econômica, que, à evidência, é incompatível com o princípio da livre iniciativa individual, consagrado em várias instâncias pela Constituição Federal.

10. Cf. Alfredo Buzaid, *Da Ação Renovatória*, 2ª ed., 1981, v. 2, p. 666.

*5.4* Com efeito, no interior dos *shoppings*, existem dois fundos de comércio, o do empreendedor, de um lado, e o dos lojistas, de outro, que se somam, potencializando os estabelecimentos dos lojistas, com a convergência da clientela atraída pelas facilidades proporcionadas pelos *shopping centers* a essas lojas.

Ao instalar outro estabelecimento fora do âmbito do *shopping*, ainda que em local próximo, ou mesmo em outro centro comercial, o lojista — que de resto permanece no centro, onde loca uma unidade — não desvia, de forma alguma, a clientela atraída pelas facilidades propiciadas pelo *shopping*, que continuará a afluir à sua loja, lá instalada.

Ao novo estabelecimento , afluirá a sua clientela *pessoal*,[11] ou seja, o conjunto de pessoas a ele ligadas por laços subjetivos, que já tinha independentemente de estar a sua loja sediada ou não nas dependências do centro comercial. Para esses clientes em particular, é absolutamente indiferente que o lojista se instale no interior do *shopping*, ou em local próximo, ou remoto, do *shopping*: a sua clientela fiel sempre o acompanhará, onde quer que localize os seus estabelecimentos.

*5.5* De qualquer forma, essa "clientela pessoal" é de exclusiva titularidade do lojista, e não integra, de maneira alguma, o fundo de comércio do *shopping center*. Nessas específicas condições, não é lícito dizer que, com o novo estabelecimento do lojista, em local próximo, tenha o fundo do *shopping center* sofrido um agravo, em decorrência de um desvio de uma clientela que lhe seria pertinente.

Aliás, fora admitida essa cláusula obstatória e eis que, na verdade, o empreendedor estaria se apropriando, por via indireta, de uma parcela dos fundos de comércio pertencente aos lojistas, já que a clientela encaminhada ao novo estabelecimento seria da titularidade exclusiva destes.

5.6 Na realidade, a cláusula em apreço foi inadequadamente concebida à semelhança das convenções de não-restabelecimento no mesmo ramo de negócios, em caso de venda do fundo do comércio.

A convenção de não-restabelecimento, na hipótese de trespasse, versa hipótese completamente distinta. No trespasse, o titular vende o seu fundo de comércio e é proibido de se estabelecer no mesmo gênero de negócio, em circunstâncias de tempo e lugar que possibilitem o desvio de clientela, como forma de fazer boa ao adquirente a venda efetuada, e não inquietá-lo na sua posse e gozo.

No caso de estabelecimento de nova loja em local próximo ao *shopping*, a hipótese de fato é completamente diversa: o locatário, que organiza novo estabelecimento fora do *shopping*, não vende nada e portanto não assume as garantias *ex lege* pertinentes à compra e venda. Sequer abre mão da unidade que dispõe em locação no centro empresarial, mesmo porque lhe é vedado ceder o contrato sem o prévio consentimento do locador. E continua titular do seu fundo de comércio.

*5.7* Por outro lado, ao impor ao lojista locatário a abstenção permanente de se estabelecer em outro local, nas proximidades do *shopping*, sem apontar qualquer limite temporal, fere profunda e gravemente o direito de o lojista exercer livremente a atividade econômica, a todos garantido pela Lei Maior da República, pois implicaria na renúncia definitiva ao exercício de um direito irrenunciável, ainda que relativamente a uma restrita localidade.

Só por esse ângulo as cláusulas em apreço já estão contaminadas por nulidade insanável, constituindo regras não escritas, sem lograrem nenhuma das conseqüências por elas desejadas ou nelas indicadas.

*5.8* Ademais, ditas cláusulas são *abusivas* e *potestativas*. São arbitrariamente

11. Oscar Barreto Filho sugere a utilização da expressão *freguesia* para traduzir a idéia de um conjunto de pessoas ligadas a certo estabelecimento, em vista da sua localização ou outros fatores objetivos, "reservando-se o termo *clientela* para o conjunto de pessoas relacionadas com as qualidades subjetivas do titular da casa comercial" (ob. cit., p. 181).

potestativas *a parte creditoris* porque subordinam a validade da instalação do novo estabelecimento do lojista em local próximo à mera e eventual vontade dos credores da obrigação ("salvo autorização expressa das declarantes", alínea 5.9, *in fine*). São abusivas porque estendem a obrigação de não concorrer a devedores que sequer são partes dos contratos, como, *verbis*, "as empresas ou firmas de que os sócios das sociedades locatárias participem, ou venham a participar, direta ou indiretamente, como quotista ou acionista, ou que tenham vínculo comercial ou de qualquer natureza com o locatário, ainda que episódico".

A sujeição dos lojistas ao puro arbítrio do empreendedor e mantenedor do *shopping*, no cumprimento ou não da obrigação de abstenção de concorrência em local próximo, somada a essa extensão despropositada dada à referida obrigação, a ponto de alcançar *tout le monde et son père*, atingindo todas as pessoas "que tenham qualquer vínculo comercial ou de qualquer natureza com o locatário, ainda que episódico", são suficientes para evidenciar o grau de capricho e a petulante demonstração de força da parte contratante hipersuficiente.

Nem se diga que os locatários não poderiam se insurgir contra as cláusulas em pauta, já que as aceitaram. Dada a manifesta desigualdade entre as partes contratantes no negócio de locação com os centros comerciais, os instrumentos contratuais assinados tangenciam com a técnica contratual de adesão. Ora, é sempre lícito invocar, nos conflitos de interesses que surgem nesses tipos de contratos, os princípios gerais de Direito, que exigem a paridade e a mutualidade das prestações e contraprestações em toda relação de natureza contratual.

*5.9* Por derradeiro, as cláusulas em questão, "declaradas" unilateralmente pelos empreendedores do centro comercial, e às quais os lojistas aderem ao firmarem os contratos de locação das unidades, configuram também inegáveis infrações à legislação infraconstitucional de proteção à livre concorrência.

Com efeito, os arts. 20, alínea I, e 21, alíneas IV e V, da Lei n. 8.884, de 11 de junho de 1994, reprimem como hipóteses de infração da ordem econômica, os atos que venham a "limitar, falsear ou de qualquer forma prejudicar a livre concorrência e a livre iniciativa", tais como "limitar ou impedir o acesso de novas empresas ao mercado", e "criar dificuldades à constituição, ao funcionamento ou ao desenvolvimento de empresa concorrente".

Ora, as cláusulas sob exame, além de genericamente limitarem e prejudicarem a livre concorrência e a livre iniciativa, indubitavelmente procuram "impedir o acesso de novas empresas ao mercado", criando "dificuldades à constituição, ao funcionamento ou ao desenvolvimento de empresa concorrente". O próprio episódio de que ora nos ocupamos é prova disso.

## *6. CONCLUSÕES*

*6.1* Por tudo o que foi exposto, entendemos que as alíneas 5.9 e 5.10 da Cláusula V da "Escritura Declaratória de Normas Gerais Regedoras das Locações do ..." são nulas e ineficazes por:

(a) infringirem os princípios constitucionais que asseguram e impõem o regime jurídico da livre iniciativa e da livre concorrência (artigos 1º e 5º, incisos XIII e XXII, 170 e 173, § 4º, da Constituição Federal);

(b) inatenderem as condições de validade e os precisos limites de tempo das convenções restritivas da concorrência, admitidas pela doutrina e pela jurisprudência pátrias;

(c) violarem os artigos 20, alínea I, e 21, alíneas IV e V, da Lei de proteção da concorrência n. 8.884, de 11 de junho de 1994;

(d) constituírem cláusulas meramente potestativas e funcionalmente abusivas.

*6.2* É o nosso parecer, *sub censura*.

São Paulo, 30 de outubro de 1995

# Revista de Direito Mercantil

## industrial, econômico e financeiro

vol. 146
abr./jun. 2007